春潮

杜晓军◎著

经济日报出版社

图书在版编目（CIP）数据

春潮／杜晓军著. --北京：经济日报出版社，
2019. 4
ISBN 978-7-5196-0514-8

Ⅰ. ①春… Ⅱ. ①杜… Ⅲ. ①房屋拆迁-研究-中国
Ⅳ. ①F299. 233. 3

中国版本图书馆 CIP 数据核字（2019）第 059889 号

春潮

作　　者	杜晓军
责任编辑	黄新茹
出版发行	经济日报出版社
社　　址	北京市西城区白纸坊东街 2 号 A 座综合楼 710
邮政编码	100054
电　　话	010-63567684（总编室）
	010-63538621　63567692（发行部）
网　　址	www. edpbook. com. cn
E - mail	edpbook@ sina. com
经　　销	全国新华书店
印　　刷	北京鑫瑞兴印刷有限公司
开　　本	710 × 1000 毫米　1/16
印　　张	25. 25
字　　数	300 千字
版　　次	2019 年 4 月第一版
印　　次	2019 年 4 月第一次印刷
书　　号	ISBN 978-7-5196-0514-8
定　　价	68. 00 元

——四川省作家协会党组书记 侯志明 题字

目 录

序

在一片乱乱哄哄的拆迁环境中，我完成了拆迁题材的连续长篇小说的第二部——《春潮》。

第一部长篇《破冰》一出世就受到相当的关注，先是北青影视传媒集团、北京森林影画传媒有限公司和我签了约，他们决定把《破冰》改编成电视连续剧，非常高兴的是王海平先生亲自改编。之后北京市委宣传部把该剧列为北京市委宣传部重点剧目，又被中央电视台选定为改革开放四十周年献礼片，并确定在中央电视台一台放映。

2018年6月8日，《破冰》的电视剧版《启航》在北京国际饭店隆重开机，由著名导演王小列，著名编剧张栩进一步改编，众多实力派明星加盟。电视剧正在紧锣密鼓地拍摄中，希望在明年初能给大家奉献一台无论在思想性、艺术性还是观赏性上，都让大家耳目一新的优秀作品，让这部久违了的当代现实主义题材的作品，成为人们茶余饭后的热点。

电视连续剧《启航》对《破冰》改动很大，本人关于拆迁题材的系列长篇关注的是小人物，关心的是他们在遇到拆迁这样的大事件时的人生观和价值观，关心的是拆迁人及被拆迁人在拆迁整个过程中的喜怒哀乐。《启航》把拆迁放到了一个更大的背景下，从保护环境、实现智慧城市建设乃至政府新的政绩观，把原著记录历史提升到引领社会发展，期待我的系列长篇能在中国经济发展中也贡献一份力量。

本书中，原村书记万宝良为了保住山东堡村的宗氏祠堂，和拆迁公司的负责人秦岭百般周旋；牛有楼仰仗着公安局副局长的儿子和拆迁办玩起了捉迷藏；王焕春装疯卖傻，只要拆迁办出牌她就水涨船高；柳树林搂着日本人建的两个大碉堡非要据为已有……本书再次为读者描绘了拆迁中的众生相。

本书的主人公秦岭和简爱的爱情故事非常动人，简爱去世后，其双胞胎姐姐简晴的出现给读者留下了无限的想象空间。卓尔和冰凌都已大学毕业，青梅竹马的爱情也受到了大学同学沈小雨和廖静的挑战。

金海东、钟若明均已出狱。金海东帮助秦岭屡渡难关，而钟若明绝处逢生，也在排兵布局，准备和秦岭再来一次殊死的较量。

期待《春潮》有更不俗的表现。

杜晓军

2018年7月30日

第一章　上访巧遇

滨海市政府下令，西江区山东堡村启动拆迁。村民们得到消息后，高兴、担忧、怀疑……各种复杂的心情充斥着内心，被搅扰得彻夜难眠。山东堡村启动拆迁的消息听了不下七八次了，村民们怀疑，这次怕是又会雷声大雨点小了。

山东堡村地处滨海市城市西出口，随着政府西迁、城市西移，逐渐被城市包围了起来。村北部就是一条城市主干道，道北面就是全国著名的秦山大学。秦山大学有6万学生，6万学生的消费把一个山东堡村的村民养得富得流油。一些有眼光的市里的“能人”早就看出山东堡村拆迁是早晚的事，所以提前就在山东堡村买房买地，都指望在拆迁中能捞上一笔。多年来，滨海市启动山东堡村拆迁改造多次，但都因为村民要求的补偿标准过高，加上买房、买地的“能人”起哄，项目几经启动，又多次搁浅。这是滨海市拆迁老大难的地方。

尽管对拆迁是否能成功推进村民们持怀疑态度，但村民们还是把这个消息传递给了在外面打拼的山东堡的子弟们。生活在外地的山东堡村的后裔也都表示，在山东堡村拆迁真正启动后要赶回来，不为别的，就是为了那座山东堡村祖先的宗氏祠堂，他们也必须要赶回来。

山东堡村拆迁招标大会早在年前就落实了下来。中标的是孙保赢的金朝拆迁公司。滨海市有十多家大小拆迁公司，偏偏又被孙保赢中了标。此种缘由大家心知肚明，还不是人家有一个在住建委做主任的姐夫蔡静波。

山东堡村村民把在外地工作生活的人们召唤回来，说是修缮村中那座宗氏祠堂，可是祠堂是要拆掉的，修缮就是不想被拆掉，结果不就是想抗拆吗？这让一向飞扬跋扈的孙保赢有些犹豫。如果这些村民集体抗拆，拆迁的困难可就大了。孙保赢心里开始打鼓。

秦岭把林皎月母女送到首都机场，随着飞机起飞，秦岭的内心有种肋骨被抽走的感觉。这样的离别场面他经历了不知有多少次，唯有这次最令他刻骨铭心！远隔重洋的距离实在是无法丈量的，再见面会不会恍如隔世？人有时经不起离别的惆怅。若不是为了孩子，他们这会儿也该结婚了。秦岭本来有好多话要说给林皎月，可是真正到了离别的时刻，反而又不知该说些什么。银色的飞机呼啸着从眼前升入蓝天，秦岭目送飞机走远，离开他的视野。

他还要去看望病中的简爱。他为简爱的病情忧心，暗地里祈祷简爱能够逃过这场生死劫难。人真是感情的奴隶，冥冥之中，偏要为某人牵肠挂肚，让人的神思不受时空的限制，随着思念如河流四散而去。秦岭一方面要顾及工作，一方面被感情牵扯，年近五十岁的秦岭第一次诘问自己：为什么要被感情所累？

临行前林皎月嘱咐秦岭，一个人要照顾好自己，等东岭村的拆迁结束，她就想办法把秦岭带到国外，到时候，他们再一起生活，做他们喜欢做的事。

秦岭有时又何尝不想让自己卸下这副担子，可是，秦岭是个自尊心很强的人，他不可能去依靠一个女人生活，更何况林皎月到国外是去投奔她的前夫。秦岭也是一个不服输的人，万灵把他领上了拆迁这条路，他不可能辜负万灵，拆迁虽然累，但他也想在拆迁中实现自己的价值。他也想通过城中村的拆迁改造，看到一个全新的滨海市。

林皎月还嘱咐秦岭一件更重要的事：照顾好简爱，尽到朋友的义务。这句嘱咐的弦外之音秦岭当然心领神会。

“七九河开，八九燕来”。素有“天然不冻港”之称的滨海市，随着气温的转暖，海边仅有的一点冻冰也逐渐消融，小冰块被汹涌的海浪推上沙滩，在沙滩上堆成各种形状。白肚皮的海鸥凌空飞翔，鸣叫声划破大海的沉寂，奏出和谐美妙的春之曲。

上访专业户贾文海下半夜登上从北京开往关外的列车。滨海市明天两会开幕，贾文海要抓住这个大好的时机，设法混进会场，截堵参加会议的市领导喊冤告状。他急着赶回滨海市，想要再次碰碰运气，期望能面见市委书记，呈上上访材料，期待煎熬三年的拆迁上访能有个突破性的进展。

他吃力地背着行李卷儿，拎着黑挎包，随着东去的旅客一起涌上绿色铁皮列车。因为是夜车，车厢里的旅客不是太多，基本上都有座位。这些年，去关外打工谋生的人员锐减，车厢里不再能见下饺子一样横七竖八躺在过道上的旅客。贾文海仔细查看车票上的座位号，找到自己的座位，猫着腰把行李随便往座位下一塞，变戏法一样从兜子里掏出一瓶矿泉水，一包方便面，一包榨菜。他将吃食放到眼前桌子上，将装着上访材料的黑色挎包抱在怀里。

外面是灯火通明的站台，他经常在这里周而复始地被吸进铁皮火车里，又被一次次吐出来。因为上访，他成了北京的常客。三小时前，贾文海还在信访局门口软磨硬泡递交状子。早在五年前，贾文海就因为学校占地补偿达不到他的要求和村支部打官司。五年间的不断上访，接待处的工作人员都已经对他的上访理由了如指掌，劝他地方法院既然审理判他败诉，就别再告了。他不服气，硬是把厚厚的材料塞到接访人手里。人家就把他的材料往桌上一撂，他看到自己的上访材料被压在底下，马上把他的材料翻出来放到上面。等到把他的上访材料打回当地政府，他一百个不服，继续上访。这样的场景这些年不知反复演绎过多少遍。贾文海每次把上访材料送到接访人手中，浑身就像卸下了包袱一样舒坦。他听说北京一些律师事务所的律师们，伸张正义，免费为老百姓代理拆迁、征地补偿中不公平的案件。他抱着剩下的一沓上访材料，浑身轻松地坐上地铁，赶着去公主坟一家律师事务所，寻求北京律师帮助。这个地址是贾文海从“访友”嘴里问到的。

贾文海这些年在上访的路上极尽折腾，谙熟上访的路子，也掌握了很多上访的窍门。北京是天子脚下，接触大官和清官的机会多，那些有能力的律师都在京城，尤其是近年有善举的律师，可以免费为弱势群体代理冤假错案。贾文海心里有数，小到镇政府，大到北京国家信访局，自己上访不下200次。如果有人问厕所在哪贾文海会说不清，如果有人问信访部门在哪，贾文海闭着眼睛都能给你送去。在滨海他自封为“上访博士”，还有模有样地给滨海的上访户做起了代理。现在不让他告状，还不如说让他去死，虽然他经常被遣送回去，但是只要还有一口气，他就要把上访进行到底。这一次，贾文海找到北京的义鸣律师事务所，渴望碰上好运气。

在公主坟一带，贾文海找到了义鸣律师事务所。贾文海内心忐忑，这些年因为不断地上访，把先前的积蓄都贡献给了铁路，连律师费都掏不起。临行前，他和儿子贾保利要火车票钱，贾保利没给，他赞成父亲执着的精神，却不肯再给他上访的经费。父亲每次上访，都给他希望，每次上访回来，都让他垂头丧气。

义鸣律师事务所一位叫左证的律师接待了他。左律师代理过无数桩拆迁案件，为被强拆者打赢过多场官司。

贾文海抱着律师会凭着职业的正义感，会免费代理官司的想法，恳切地掏出上访材料拿给左律师看。左律师一页页翻看材料上各种判决书，都判贾文海败诉，一看就明白这是个无理取闹的上访户。左律师把材料还给他，直截了当地告诉他，这官司你赢不了。贾文海看左律师不仅不提代理的事，还直接告诉他赢不了，火气一下就上来了。他想问凭什么就赢不了？谁知道左律师根本不和他多说，摆手示意他走人，后面还有排队找他打官司的，让他给人家让位子。

贾文海有点泄气，抱着那叠上访材料，离开律师事务所。站在大街上，他心有不甘但又无计可施。他计算着滨海市两会马上就要召开，绝对不能放过每年一次两会的上访机会，要赶在滨海市两会召开前赶回。贾文海背着又脏又破的行李，在火车站买好车票。他上车坐下来喘口气，觉得肚子饿了，就拿出大茶缸，撕开方便面，连汤料一起放进去，去车厢中间接开水泡面。等他回来，看见两个年轻人在他的座位边上找座位。一个戴着眼镜、瘦瘦的，背着简单的背包，另一个背着装有相机的草绿色肩包，又高又胖。瘦高个坐在贾文海身旁，另一个坐在贾文海的对面。他们拎着一塑料袋零食，有方便面、火腿肠、鱿鱼丝等。胖子把零食放在桌子上，两人坐下来互相打趣调侃，听起来也是去滨海市的。

贾文海穿着一身铠甲一样的衣服，脏兮兮的，灰头土脸。上访不比在家，洗脸刷牙是件很困难的事，更别说洗澡，难免有各种味道，他自己已经习以为常，两个年轻人闻过一阵才勉强适应。贾文海则毫不在意，毫不客气地呼噜呼噜埋头对付眼前那盒热气腾腾的方便面。

列车在两个青年的谈笑中启动，车速越来越快，带起一阵风。贾文海感觉有些冷，弯腰从行李中抽出一条毯子披在身上取暖。有了暖意的贾文海下意识地把身子往里蜷曲，靠着车窗想睡觉。挨着他的男青年自己带的水杯，他接来开水，水杯里袅袅窜出的热气舔着杯口，飘在贾文海面前。疲倦袭来，贾文海眼神变得迷离，让他想好好睡一觉。这些年上访，他患上了神经衰弱，经常头疼睡不稳。

两个青年人天南地北地聊着，诸如各地下马官员背后的野史，还有贾文海不知道的明星绯闻。贾文海插不上话，昏昏欲睡之际，列车咣当一声急刹车，停靠在一个小站，桌上的水杯应声而落，保温杯掉到贾文海的大腿上，温吞吞的水把贾文海裤子洇湿。贾文海本就觉得冷，如此一来，冷气更是直往腿上扎。他很生气，站起来，一边抖落裤子一边说："这是谁的水？"身边戴眼镜的瘦子已经麻利地从挎包里掏出一卷卫生纸，一边为贾文海擦拭裤子上的水，一边说对不起。

贾文海看到两个年轻人态度很好，便不再计较，接过胖子递来的毛巾，把裤子擦干净，两个年轻人坐下来，问贾文海要去哪里，贾文海告诉他们回家。两个年轻人得知贾文海和他们是同路，便和贾文海家长里短地唠起来。贾文海问他们去滨海做什么，年轻人说他们是省报记者，是应滨海市委、市政府邀请参加明天上午开幕的两会。贾文海一听他们二人是记者，不禁激动起来，忙不迭地夸赞记者最能为老百姓主持正义，一边说着，一边掏出自己的上访材料，对两个年轻人倾诉他上访的来龙去脉。

瘦高个子的省报记者叫苏平，另一位胖子叫崔牛牛，都是二十四五岁的年纪，刚到报社工作不足一年。听到贾文海声情并茂的陈述，两个记者觉得自己肩负重任，遇上老百姓有冤屈不能坐视不管，决定抽空去深入了解情况，说不定在滨海市能够意外暗访出暴力拆迁、野蛮拆迁的重磅级新闻。这样的新闻如果发出去，说不定会在全国引起巨大的反响，他们俩没准会一炮打响，一举成为名记。

崔牛牛看了贾文海的“占地、强拆”上访材料，问明上访对象——德仁拆迁公司的负责人电话和公司所在的地址，他向贾文海承诺，他们会趁着两会报道间隙，抽空暗访这起野蛮拆迁事件。

长期苦于找省报记者无门的贾文海，激动地想给这两位省报记者磕头。真是肚子饿了，奶娘就来了，今年上访伊始，事情就像猴子坐滑梯，出奇的顺。他们戏称这次相识为“瓶水相逢”。这些年，贾文海早就把当地媒体记者找了个遍，想借他们之手把德仁拆迁公司野蛮拆除他家房屋的行为公之于众。为此，贾文海没少请记者吃螃蟹大虾，可就是不见有半个拆迁报道的字样。屡屡碰壁之后，贾文海再也不找本地记者了。他想找上级的新闻媒体，可他进不了大门，人家也不随便接待陌生的新闻线人。一直没寻到机会请省里记者站出来为他撑腰说话的贾文海，现在遇上千载难逢的机会，怎么能够放过。他找记者们要了名片，期待记者把他的“冤屈”见诸报端。贾文海迷茫的上访路上总算是又抓住一根救命稻草。

贾文海下车，面对黎明前黑漆漆的城市，心里对固守的佛塔村那个搭建的“家”也没有拆迁前那么眷恋。多年来，他对家的概念只剩下“补偿”二字。那间潮湿、寒冷的窝棚四处透风，连留下给他做伴儿的大黄狗都不肯睡在窝棚里。老伴早就对他的上访失去耐心，撇下他跟儿子生活。

贾文海下车时已经凌晨四点，两个记者被滨海市委宣传部派车接回宾馆。他没回佛塔村，怕错过上访的黄金时间，下了火车，背着行李，就坐上早上第一班公共汽车赶往会场。两会会场设在体育场礼堂。体育场建在海边，跟海打了一辈子交道，贾文海早已无心看海。天还没完全亮，海面有雾，一切都在朦胧之中。贾文海坐在自己的行李卷上，身后立着一根高大的航标灯灯塔，睁着雪亮的眼睛，巡视着迷蒙的海面。

贾文海脸颊有寒冷潮湿的感觉，铠甲一样的衣服爬上一层潮气，寒冷如海水一样，袭上前胸后背，他拢紧衣服，尽量把身体里的温度裹住。贾文海想起自己儿子贾保利，此时正应该搂着老婆孩子在热烘烘的炕上鼾声如雷。老伴儿此刻大概早起，正坐在儿子家西屋的火炕上，吧嗒吧嗒抽她的老旱烟。老伴早先不会抽烟，自打他五年前上访开始，为打发寂寞，学起抽烟。起初抽点烟卷，时间久了上了烟瘾，烟卷抽不起，买来烟袋和烟丝，买一回够抽个小半年，为此，老伴少了寂寞却添了个肺病，常常半夜起来咳嗽。贾文海想到老伴，觉得自己这个爷们真无能，上访多年，竟然没访出个子午卯酉来，还被镇里当作精神病关起来三四次。有时，自己都怀疑自己的精神是否真的出了问题。几场官司下来，大小法院都判他败诉，可他不服！他举证的宅基地、鸽子窝、狗棚子、旱厕怎么就成了什么天价补偿？贾文海这状一告就是五年。前几年告的是佛塔村村委会非法占地，补偿标准太低。前年又赶上拆迁，秦岭三番五次亲自登门找他谈话、做工作，让他签搬迁协议，无奈补偿款和他主张的数目相差甚远。三年时间，多次开庭，都因为他主张的天价补偿而败诉。佛塔村搬迁的邻居们，有的早就拿着补偿款，去世界各地旅游观光。贾文海又何尝不想，但是他说服不了自己，上访就是他的工作，不告状他就六神无主。每年进京告状不下十次，每次又都被滨海市驻京办事处把他接回市里处理。他有时会得到经济安抚，拿到安抚金他就可以安稳一阵子。钱花得差不多了，他再接着继续上访，周而复始。派出所也拘留过他，但拘留也打消不了他上访的决心。为此，村、镇、区及市里的相关部门没少往里搭钱。

贾文海从兜里掏出记者留给他的名片，心里对上访重燃希望，坚定了他继续上访的决心。

海水涨潮，把贾文海身下的行李打湿，他把两个记者的名片小心翼翼地揣到内衣兜里，夹起行李卷，走上高处，靠着灯塔粗大的柱子坐下来，看着东边的海面逐渐露出一抹红。看看手表，才六点多，距离开会还差两个半钟头，秒针咔哒咔哒地走着，贾文海的心也跟着不安地跳动。他多年的上访，滨海市各行政部门见了他都像避瘟神一样躲着走。今天，他想在两会上拦住市委书记，直接陈述自己的冤情，说不定他被强拆的冤屈就能昭雪。

乍暖还寒的滨海市，刚刚还在大雾笼罩中。此刻，太阳在大海的边沿露出红彤彤的脸庞。刚被晨雾洗过的城市建筑群像沐浴出水的仙女，清新靓丽。滨海市有古老的历史遗迹秦皇求仙入海处、孟姜女庙，有令别的海滨城市羡慕的百里沙滩，又有现代化的城市建筑群，城市规划正在人们的期待中迈向更现代的大都市行列。人们的脸上洋溢着幸福和满足，在两会即将开幕之际，滨海市像过年一样，到处充满了节日的喜庆气氛。

贾文海眯着眼睛，看阳光丝绸一样柔软地铺展在海面上，不用看表也知道这是几点钟的光景。有了阳光的抚慰，背上有了温暖，他舒展下筋骨，看着时间不早了，便背着行李回到体育场等候。

为了不引人注意，他先把行李包裹扔在体育场绿茵地的排水管子下面，观察着广场上的行人。这里闲杂人员很少，警察们很早就来维持会场秩序。他们负责警戒，查看来往行人的证件，非代表和委员不允许进入会场。贾文海决定等到市委书记任东出现时，再趁机跟上去。

第二章　记者暗访

贾文海这些年经常北京、省里和市里上访，几乎没时间看电视，省、市领导调换频繁，贾文海不认识新来的市委书记任东。他只是从电视里看到过任东书记一次，对他只有个大概的印象。他抱着准备好的文件袋，等在高大的体育场灯杆下，心里感觉像做贼一样忐忑，各种猜测搅得他惶惶不安。

秦岭从北京机场开车出来，接到天津同学沈雨霏给他回的电话，沈雨霏是天津市副市长，他告诉秦岭，他们大学的同学穆征的老婆黎锦，目前在北京市协和医院工作，是血液科的主治医生，临床经验丰富，不妨把简爱的病例拿给她看看。秦岭迟疑一下，还是答应了沈雨霏，说到时把病例给黎锦看看。

穆征在办公室查阅文件，看到陌生的号码，迟疑片刻，还是接听了电话。秦岭直截了当地说明了自己的身份，穆征对全班的同学记忆最深刻的应该就是秦岭。当初秦岭、钟若明、穆征共同追求万灵，万灵只对秦岭情有独钟，钟若明、穆征都对秦岭耿耿于怀。穆征生长在北京，秦岭生长在农村，有一次穆征出言不逊，秦岭忍无可忍还曾经给过他一砖头，打得他肩胛骨处现在还留有一块疤痕。穆征现在觉得年少无知的大学四年，哪怕留下的是伤痛，都是年轻时美好的回忆。他早就不恨秦岭了。秦岭对于穆征的印象也很深刻，他没想到，为了给简爱治病，他还要和穆征有交集，他早就知道穆征当了干部，门路也广，但他始终没联系过穆征，如果不是因为简爱，他们也许不会再联系。他打出那串号码，手机在手里辗转反复，才按下播出键。得知秦岭的女朋友生病急需找他妻子帮忙，穆征不加思考一口答应下来。他们约好在大有庄的零点咖啡厅见面。秦岭谢过穆征，把车开出北京机场。

省报记者苏平和背着相机的崔牛牛，排着队和代表们一起进入会场。他们要趁着政协、人大会各组讨论的间隙，下去暗访贾文海所说的“强拆事件”。

刚从市委书记位置上下来的黄昆仑被提名为市人大主任，他和其他市领导从一辆面包车上下来，行走在参加两会的代表中间。巧合的是市长吕铎和市委书记任冬无论身高、还是音容笑貌都有相似之处，这对于经常外出上访的贾文海来说，难免弄出差错。市委书记和市长一前一后下车，边交谈边往会场里走着。何依萍是市人大代表，她佩戴带着代表证，怀里夹着个笔记本，走在市人大主任黄昆仑的后面。

贾文海对黄昆仑有印象，但他知道市委书记已经换届，往年他总是采取场外拦车的形式给领导递状子，但几次均以失败告终，维持秩序的警察直接把他拖走，以闹事的名义把他关起来，两会一过，再把他放出来。今年他决定换个大胆的方式，不拦车，直接闯会场。他像是打伏击一样，等到任冬和吕铎分别从车上下来，分辨了好一会儿，才抱上怀里的一摞上访材料，以迅雷之势从角落里跑出来，还没等警戒的警察反应过来，他已经跑到任冬、吕铎、黄昆仑他们一行人面前，扑通一声跪下来，把上访材料举过头顶，往吕铎手里塞。任冬和黄昆仑被这突如其来的举动惊到，吕铎听着贾文海喊他任书记，不知如何是好，本能地缩回两手，随他拿着贾文海强塞给他的材料，转身递给身边的秘书，并没和贾文海说话，继续沉稳地走向会场。

任冬、黄昆仑看到有人上访，并且强行“闯关”给市长吕铎递材料，心里对巡警的大意和不严谨很不满意。他们停下脚步，看着这个蓬头垢面的上访男人，跪在会场门前大理石台阶下，心满意足的样子，不知道他有什么冤屈非要在这个时候申诉。有警察朝上访人跑过来，市领导们也不便再多问，就随着队伍，往会场里走去。

呼啦一下跑过来三名警察，其中一个敦实的警察一把拽起贾文海，把他提溜出警戒线外，警告他“再来还把你关起来。”贾文海这些年也不是没被关过，关够了还不是照样放出来。他不在乎，反正今天没白闯会场，上访材料交到了“市委书记”手里，吉凶祸福由他去，反正不解决还有明年。他揉揉被踢疼的屁股，夹起行李卷儿离开两会会场。

何依萍看过贾文海上访的材料，被他列为第一被告的是佛塔村支部书记康有法。2006年，修建污水处理厂需要征地，佛塔村有片山坡地，在征地范围内，贾文海家的地是三等地，补偿价格当然比不上一、二等地，贾文海不干，为了不耽误污水处理厂的施工，村里不经他签字就做主允许施工，污水处理厂如期完工。自此，贾文海开始和村里打官司，三番五次开庭。贾文海的诉求是按照他确定的产量和物价来定的。去年玉米九毛钱一斤，能亩产八百斤，他就按照每亩两千斤，每斤一块八来确定。如果今年玉米卖的是一元二角钱，他确定的价格就二元四角钱。按他的说法就是他是佛塔村种地能手，他贾家的地在滨海市是最好的。光这样还不够，他把污水处理厂一天处理多少污水，处理一吨污水能挣多少钱打进他的补偿请求里。他对法庭陈述：“要是没有我这块地，污水处理厂就建不起来，污水处理企业就收不到钱”。搞得法庭审理案件的法官哭笑不得。第二被告是秦岭，在拆迁补偿没谈拢的情况下，德仁拆迁公司私自拆掉自己的房屋，属于野蛮拆迁。

何依萍看到贾文海这次在会场外拦截市领导，并向市长递交了材料，担心这样对德仁拆迁公司和秦岭会有不良的影响。

得手后的贾文海回到佛塔村，想看看自己屹立不倒的房屋。在一棵枯败的柳树下，那座绿色帆布搭起的“家”，已经是荒草萋萋。在几十栋高大的回迁楼前，贾文海的“家”显得孤单荒凉。简易棚的篷布被风扯开一角，在风中不安地抖动。经过拼凑安装上去的窗户，没了玻璃，好像一双空洞的眼睛，茫然地望着晴空。贾文海亲手贴的封条耷拉下来，在春风里飘摇。大黄狗不愿意替他守家护院，跑出去流浪了。贾文海内心也不愿对这样破败的“家”多看一眼，要不是指望这个老窝可以给他生财，谁还愿意遭这个罪？他站在远处端详够了，看到不远处完好无损的佛塔，想起了消失大半年的刘海葵，她也该回佛塔了吧。贾文海决定索性先去佛塔看看，顺便和看塔的刘海葵打探一下东岭村的拆迁情况。他惦记着儿子贾保利在东岭村买的房子。

春节前来滨海和秦岭一起过年的秦开山，晨练回来，老伴高淑彩把早餐端上桌，卓尔半个月前就从滨海回学校了，家里有点冷清。秦开山念叨着想卓尔，高淑彩就把卓尔给爷爷买的手机拿给他看。秦开山摆弄着手机，听着滨海市电台播音员口齿清晰地播报两会情况，一时入迷忘记了吃饭。高淑彩生气地走上前，关闭半导体收音机，让秦开山去卫生间洗手吃饭。

秦开山擦把手，走过来，看着桌上黄澄澄的小米粥、煮鸡蛋、杏仁拌西芹、炒花生米、咸鸭蛋，胃口大开，高淑彩看着心里暗自高兴。秦开山提出要带她在滨海市的商场逛逛。高淑彩第一次来滨海时，秦岭一直忙得连轴转，没有时间带他们逛街。去北京前，秦岭给他留下零花钱，让父亲带高姨在滨海市逛逛商场，给她买几件衣服，秦开山痛快地答应下来。

这时，秦开山的手机突然响起来，他连忙接听电话，电话是文慧打来的，听着电话，秦开山的眉头慢慢皱了起来，说：“文慧，你别着急，我们明天就回淞江看你去。”

高淑彩紧张地问：“怎么回事老秦？”秦开山告诉老伴，刚才卓尔的妈妈文慧打来电话，说是生病了，刚在淞江市中心医院查完，医院怀疑是乳腺问题，需要去大医院确诊。他打算明天回淞江老家看看。高淑彩看着秦开山问："那要不要给秦岭和卓尔打电话？"秦开山思考一下说，卓尔还在上学，秦岭到北京有事，卓尔就先不告诉了，我找个机会把这事告诉秦岭。

秦岭在北京见到了大学同学穆征。穆征特地在工作地点附近的零点咖啡厅接待了秦岭。老同学见面，不仅没有隔阂，反而显得异常亲热，他们谈了很多。穆征现在任中央党校培训部副主任，妻子是北京协和医院血液科权威医生名叫黎锦。两人自毕业后没再见面，但却都对彼此记忆深刻。聊起大学生活，两人都很感慨，时间如白驹过隙，大学时期无论对与错，都是非常值得追忆的一段美好时光。秦岭告诉穆征，自己的女朋友得了急性白血病，有没有好的医生可以推荐给他。穆征很为秦岭着急，答应一定帮忙。他建议秦岭耐心等待，他会把病例交给妻子，看看是否有好的办法可以治疗。穆征又问了钟若明的情况，秦岭如实相告，穆征为他惋惜，钟若明一副犀利聪慧的头脑，可惜用错了地方。秦岭喝口咖啡，想了想，还是把万灵正在党校学习的事情告诉了穆征。穆征很意外，觉得万灵可能还是对当年他竭尽全力追她的事耿耿于怀，秦岭的话，引他心里怦然一动，但他很快压制下骤然悸动的内心，也没多问万灵的情况。秦岭着急去看望简爱，很快就和穆征告辞。

秦岭拿出车钥匙，准备启动宝马车，正在这时，秦开山的电话打进来，告知了他文慧生病住院的消息，并表示明天要去探望。

文慧自离婚到现在，没和秦岭主动联系过，秦岭心里对文慧虽然不满，但毕竟卓尔是她的儿子，父亲代替孙子去探望，他不能阻拦。因此，他考虑一下，给公司的于君打电话，让他明天一早送父亲和高姨回淞江市。

刚挂断父亲的电话，拆迁指挥部政委游鸿的电话又打了进来，游鸿焦急地让秦岭回去，秦岭想肯定是为了佛塔村回迁的事。游鸿告诉他，市里开两会，有两个省报记者来到拆迁指挥部，要调查佛塔村钉子户贾文海的事，一会还要去德仁拆迁公司。秦岭一听，配合采访是理所应当的，但是赶在两会期间，贾文海的事整不好，见诸报端，德仁拆迁公司臭名昭著不说，更会给滨海市市政府抹黑，严重了领导的乌纱帽都容易丢。秦岭大脑急速旋转，这个贾文海怎么会在此期间找来省报记者！好在德仁拆迁公司一向没有黑暗内幕，每一宗拆迁都做得无愧于良心，除这个最难缠的钉子户贾文海以外，其他的被拆迁户都是自愿签署的拆迁补偿协议，不怕记者采访。他对游鸿说："游政委，我在北京回不去，我安排武军和兰梅接待记者。"游鸿说："也好，告诉你们公司接待记者的，通知他们不要整出什么事情来。市里领导前天把东岭村、山东堡村、营盘村的拆迁进展情况材料要去，大概想摸摸底。武军汇报的材料上，东岭村还有外来买房的二十多户，在贾文海儿子贾保利怂恿下也有上访的势头。你还是尽早把这个事解决一下，别再火上浇油。"秦岭答应游鸿他会想出解决问题的办法。秦岭和贾保利有过交涉，本村村民集体组织成员都能享受到拆迁的优惠政策，政府对外来户在拆迁前买房者，具体补偿标准没有明文规定，外来买房者不仅主张高额补偿，而且动不动以上访相威胁，称得上拆迁中的一种乱象。秦岭打算回去后找西江区政府和拆迁指挥部协商解决。

秦岭不敢对暗访的记者掉以轻心，他马上给武军打电话，告诉他，省里有记者要去拆迁公司，请他和兰梅接待，实事求是接受采访，让他们尽量为记者提供方便，必要时，可以带着记者走访村民，听听群众的声音。武军满口答应下来。一切都安排妥当，见简爱心切的秦岭启动了停在零点咖啡厅门前的宝蓝色宝马车，驶上通往301医院的宽阔马路。

贾文海像只猫似的，踮着脚尖趴在佛塔旁边的小屋前，隔着玻璃往里张望。屋里收拾得干净整洁，但却没人。刘海葵养的小白从窝里跑出来，冲着贾文海吠叫。贾文海有些生气，踢了小狗一脚，嘴里嘟哝："这老刘太太长膀子飞了？"正说着，一个面容祥和的老人，身穿酱紫色居士袍，剃着光头，脚穿浅灰色僧鞋，怀里抱着一把扫帚，神态安静地从佛塔后走过来，显然是刚扫完佛塔。听见小白吠叫，见到贾文海在门前站着，便说：“是贾施主啊，许久没见，你可显老啊，看你这身打扮，又去上访了吧？”贾文海本来没认出来人是男是女，听见说话声，才知道是刘海葵。原来刘海葵消失大半年，是去寺院剃度了。贾文海讪笑几声：“是的，他婶子还真出家剃度了？何苦来着！”贾文海摇头叹息。刘海葵笑得很自在，她说：“咱们俩，还不知道谁是真的苦。”贾文海不和刘海葵争辩，眼睛四处踅摸说：“我在你这洗把脸，刮个胡子。免得我家保利嫌我臭。”刘海葵给他打来洗脸水，贾文海哗啦哗啦洗完脸，拿着自己黑黢黢的毛巾擦脸，看着刘海葵不禁又问：“他海葵婶子，无良回心转意，再等半年，把楼房装修上，你都该享清福了，干嘛非要守古塔青灯？怪寂寞的。”刘海葵放下手里的水瓢说：“我都这把年纪了，早想抽身离开这五尘六欲场、心在你争我夺中，我喜欢现在的清净日子。”贾文海找个板凳垫在屁股下面，不知道他是听得懂还是听不懂刘海葵的话。他从口袋里摸出根皱巴巴的烟卷，点着后，吸了一口，才把话题绕到正路上来，他看着低头剥花生的刘海葵问：“听说，西江区的山东堡拆迁开始了，娘的真后悔没在山东堡再买块地。孙保赢竞标拆迁，这老狐狸又要敲老百姓一笔。对了，东岭村的拆迁到哪一步了？我走了快一个月，摸不准信，我家保利老跑车，也不和我联系。这小子，他老子死在外头，都不会查问，也不想想我要钱是给哪个龟儿子享受嘞？”刘海葵淡然一笑，摇下头，叹口气说：“我是出家人，对那些拆迁补偿的事不上心。”贾文海对刘海葵超然物外的话也无奈，但对秦岭的行踪很关心，他深吸口烟问：“秦岭来看你没？”刘海葵说：“年前年后都来过，带着新上任的市委任书记来的。书记说这古塔是有五百年历史的文物，让我好生看守，市里会每年拨出经费，修缮风化的青砖和损坏的基座。这不，记者还给我们照了相。”刘海葵站起来，撩开门帘，去小屋取出照片，给贾文海看。

贾文海掐灭烟头，接过照片端详，高大的佛塔前面，秦岭站在刘海葵身边，和善地微笑，另一个身材修长的人也戴着眼镜，满脸笑容。贾文海指着这人问刘海葵：“这人是谁？”刘海葵说：“他就是任冬书记。”贾文海看到任冬下巴上有一颗黄豆大的黑痣，而他递交材料的那人尖下巴，根本就没有痣。他瞪大眼睛大呼："错了！错了！我把上访材料给错了人！"说完，站起来就顺着塔下的公路猛跑。刘海葵看着发了神经的贾文海，轻轻哼起佛歌《般若波罗蜜多心经》。

武军接到秦岭电话的时候正在东岭村的拆迁现场，听说记者要来采访，与兰梅赶回德仁拆迁公司，静候记者的到来。

苏平和崔牛牛上午把会议内容记录下来，照片拍好，下午就开始暗访。苏平和崔牛牛首先找到还住在过渡房里的老姜，自从上次被交警查扣，他的奔驰车再也不敢开出去跑黑出租拉活了。他在西江区的一家海鲜加工厂打工。刚出门的老姜碰上两位记者，他们隐瞒了自己的身份，苏平向老姜打听回迁楼啥时回迁的事。老姜以为他们是买了菩提苑商品楼的业主，便带着火气说："啥时回迁？我还不知道问谁呢。"崔牛牛趁机问："知道啥原因吗？"老姜用狐疑的眼光上下打量两位记者，含糊着告诉他们："能有什么原因，各说各的理，就是不给你钥匙。"两人见老姜不想细说，就问他谁能知道详细情况，老姜拿下巴往东点了点说："你们去找指挥部，找贾文海，再去找拆迁公司的秦经理。"苏平和崔牛牛想了想，拆迁指挥部他们已经采访过，贾文海的上访材料也已经掌握，拆迁指挥部的游鸿政委亲自介绍了贾文海上访的情况，言语里表明，贾文海多年无理上访，把上访当成主业，他是佛塔村的钉子户，死缠烂打上访告状，佛塔村回迁延误都是他造成的。总之有把贾文海打入十八层地狱而后快的感觉。苏平和崔牛牛虽说是报社的新兵，但是毕竟是省报记者，采访需要细致翔实，在佛塔村的被拆迁户中，不能只采访一个村民，他让老姜帮助找村支书或者是村主任，老姜知道的两人，一个去了深圳的女儿家，另一个去了香港旅游。两位记者互相看看，只能谢过老姜，去找德仁拆迁公司采访秦岭。

苏平和崔牛牛一个是文字记者一个是摄像记者。两位记者经过多方打听，才在西江区和郊区的接壤处找到德仁拆迁公司。德仁拆迁公司的二层楼是九十年代的老式建筑，外人看了都以为这不过是座普通的民居。公司坐落在滨海市的西江区海星街，公司大门立着两根四方形状的大理石柱子，柱子高过一层楼。一进门柱子上贴着一副对联，上联写：拆迁为百姓造福。下联是动迁把良心摆正。横批：阳光、公正。德仁拆迁公司的武军和兰梅，见两位文质彬彬的省报记者来采访，立刻泡上茶，热情接待。苏平和崔牛牛端坐在黑色皮沙发里，接过兰梅端来的茶水客气地说谢谢便放在茶几上。他们提出要见总经理秦岭。武军解释秦岭有业务去北京，交待他和兰梅接待记者。

言归正传，崔牛牛和苏平向武军打听佛塔村的贾文海家被强拆的事。苏平问：德仁拆迁公司是如何来保证拆迁工作的公开、公正、透明的？武军一五一十如实讲了“强拆”经过：“贾文海私自建二层楼，加盖鸽子窝，旱厕加了房盖也算作房屋，180平方米的宅基地硬要300平方米的返迁面积。主张500万元的天价补偿款，开发商着急建房，百姓亟待回迁，贾文海家的房屋就在佛塔村出口的位置上，不扒倒，开发商无法开工建设。贾文海房屋虽然被政府强拆掉了，但是他又在原地基上搭建了简易房，致使开发商把原来建筑楼房的图纸加以调整，本来盖得正向的楼房扭了身子，盖成面朝东向。直到现在，回迁小区的道路只修到他家门口，无法修建下去。我们拆迁公司对这样的钉子户也想不出什么好办法。滨海市真正搞城市建设和旧城改造不足十年，其中，德仁拆迁公司大大小小拆了三个城中村，三个城郊村。组建至今，拆迁公司在一把手秦岭的带领下，在整个拆迁过程中，没出现过一例集体上访的政治事件，也没有因为拆迁出现过暴力强拆的流血事件，这对于一个拆迁公司来说，是件很不容易的事。这次的东岭大街拓宽改造拆迁工作，市区两级党委、政府高度重视，成立了东岭拆迁指挥部，统一组织领导东岭村的拆迁工作。为保证拆迁工作的公开、公正、透明，西江区责成德仁拆迁公司，严格按照拆迁实施方案进行拆迁，统一政策，坚决杜绝暗箱操作，一视同仁。根据实际情况，我们公司将整个东岭大街道路拓宽和回迁区改造划分为三个区域，成立了5个工作组，分别是管理中心组、财务组、安保组、法律政策咨询组、动迁组。全部管理人员50多名，一线动迁人员105名。去年10月份我们专门邀请市拆迁办领导对全体动迁人员进行了政策培训，同时，邀请民族宗教部门的领导就民族宗教政策和少数民族的风俗习惯进行了讲解。动迁开始前，我们按照区委、区政府和市拆迁办的要求，又对全体动迁人员再次认真进行了培训，没有取得拆迁资格证的人员一律不许上岗。建立了完善的监督制约机制，制订了拆迁工作人员工作纪律，指挥部现场设立举报电话，一旦发现有违反拆迁政策或不文明的拆迁行为，立即严肃处理。”

“为了充分发挥拆迁队伍中共产党员的先锋模范作用，我们公司党委在拆迁现场成立了两个临时党支部，开展先进性教育活动，把拆迁工作和先进性教育活动有机结合起来，以扎实、细致、有效的工作，践行党员义务，体现先进性，带动促进拆迁队伍整体素质的提高。同时，对那些蓄意破坏拆迁工作秩序者和影响拆迁进程的“钉子户”，我们将依法采取必要的措施，提请政府部门依法强拆，决不允许少数人侵害绝大多数人的利益，以确保拆迁工作的顺利进行……”

苏平手里拿着微型录音机录着采访内容，崔牛牛打断武军说：“武经理，很抱歉打断你，看你这架势得说上三天三夜。你难道不觉得你的话自相矛盾？既然你们德仁拆迁公司如你所说，工作做得如此细致严谨，为什么会出现贾文海这样的“钉子户”，他的补偿要求据说是有据可查的。像贾文海这样的上访户，首先是因为你们拆迁工作做得不当造成的，拆迁户上访会导致社会秩序混乱，你们拆迁单位就不能找找自身的原因吗？”武军面对崔牛牛突兀的疑问，心里感到懊恼，不知怎样回答记者的提问，但他还是笑在脸上，温和地对两位记者说：“所谓的拆迁不当，矛盾的基础还是出现在补偿方面。贾文海的补偿条件不贴边，他要上访，不是我们拆迁公司可以控制的。”

兰梅看出来武军有火气压在心里，怕他发脾气，赶紧把茶水端给崔牛牛。兰梅坐下来，对崔牛牛和苏平说：“新闻部门对政府拆迁改造一直很关心，拆迁是关乎民生的问题，多数新闻媒体对拆迁两字都很敏感，其他省市出现过抗拆自焚事件，说明了拆迁单位和被拆迁户之间的利益争端达到了冰点。我们除了自省，也感到惋惜。如果深入了解类似贾文海这样的抗拆户们，他们张口要的天价补偿，动辄多要200平方米的房屋、500万元的补偿，如果达不到要求就别想拆房。他们也不管在建工程停工一天就会给企业带来多少损失，以阻挠开工作为抗拆手段。你们记者也会看到，因为钉子户们抗拆，公路拐弯修建，造成多少交通事故，死伤多少人？难道这不令人反思和震惊？我希望新闻媒体监督拆迁部门力避暴力拆迁的同时，也呼吁国家相关部门，加大执法力度，解决死守天价补偿款的钉子户们提出的无理要求的难题。说到贾文海，他的房屋至今没签搬迁协议，我可以带记者同志去看看，佛塔村的回迁房就因为他家的房屋阻断通往小区的道路，造成至今3000多口人无法回迁。虽然仅是个棚子，但是他不答应签约，就是不能给他推平。像这样的钉子户现象，记者们才应该深挖报道呀！”

崔牛牛说：“你们说的也有道理，但是，贾文海之类的抗拆户们毕竟是弱势群体，你们大过年的把一个弱势群体扔在棚子里不管，由着他去北京上访，在人道方面说不过去的。”武军见说不通记者，干脆建议他们去佛塔村村民过渡房区域多走访几户，实际了解群众的说法。

崔牛牛和苏平觉得拆迁部门不配合，有驱赶记者之嫌，他们离开拆迁公司，回到自己居住的宾馆，拿出笔记本电脑，把采访结果和贾文海的遭遇写成稿件，传给报社。

第三章　破镜难圆

武军、兰梅说得口干舌燥，也不知道记者们听明白没有。武军让于君把车做下安全检查，明天要送秦开山和高淑彩回淞江市，于君答应了下来。

贾文海看到市委书记任冬的照片，才知道自己错把材料交给别的市里领导。贾文海也不怕小窝棚脏臭寒冷，连夜点上煤油灯，又写了一份上访材料。等他点灯熬油写到晨光微明，才把材料写得满意，想睡会儿，又担心睡过头，索性用凉水洗把脸，换上干净衣服，一边背上上访材料，心里庆幸好在两会还有一天才闭幕，坐上公共汽车赶往会场。

无独有偶，山东堡村村民柳树林，十多年前因为院子后山坡有圈进来的两座日伪时期日本人修的碉堡，碉堡周围有四五亩的土地，他主张把圈进来的碉堡都算面积。金朝拆迁公司的孙保赢不同意，柳树林阻拦丈量宅基地，被孙保赢手下的人打伤。虽然伤得不重，但是为了争得利益，他把胳膊用绷带吊起来，要去两会告金朝拆迁公司的经理孙保赢。大清早，他就坐上出租车，赶往会场。更巧的是，他和佛塔村的钉子户贾文海在体育场站点遇上。早年佛塔村和山东堡都是小渔村，海上、街上碰面是常事，谁不认识谁？两人见面互诉苦情，贾文海给柳树林打气，整不倒秦岭和孙保赢，他们俩搭伴去北京上访。两人约定，各自跟着两会代表往会场里闯。贾文海毕竟上访经验多，跟着队伍混着往里走。可是柳树林还没等走几步，就被警察从队伍里给扯了出来，问他干什么的，他没敢说上访，只说想到会堂里看看热闹，被当作游民驱逐出去。柳树林垂头丧气，准备重新寻找机会。

贾文海今天不像以往那么故意把自己搞得拖沓肮脏，刮干净胡须，穿着体面的藏蓝色夹袄，灰色西裤，黑色皮鞋，背着黑色挎包，朝着会场大模大样走来，他想避免引起警察的注意，扮一回记者或者是代表进入会场。扮记者是需要证件的，他所以提前到达会场，想找到昨天省里来的两个记者，找他们想法借一下记者证，有了记者证就能畅通无阻进入会场了。他随着代表们陆续往会场走，警察都在体育场演播厅大门前把守，贾文海希冀能见到昨天的两位记者，他眼睛盯着来往行人，搜寻记者的身影。背着相机、扛着录像机、拿着笔记本的记者真不少，贾文海眼睛累得发酸还是没能见到两位记者的身影。他泄气地想干脆回去算了，又一想，机会难得，干脆混进去，便跟着队伍往前走。在台阶上，特警们挨个查看代表们的证件。贾文海想蒙混过关，却被眼尖的警察拦下，贾文海见事情败露，便打滚撒泼，倒在会场大门前的大理石台阶上高喊冤枉。

市长吕铎、市政协主席靳昌珉等市领导正准备步入会场，见到这一幕，吕铎皱起眉头，问身边的人怎么回事。秘书说是几十年的老难缠上访户，现在又开始告状了。吕铎听到此，明白这人就是昨天给他递上访材料的钉子户贾文海，只是打扮一番变了模样，便不再多问，随着其他代表走进会场。贾文海被警察架着送出会场外围，对着警察杀猪般地大喊大叫。

公安局长崔大庆听说又有人进入会场闹事，忙赶过来，问明情况，把维持秩序的警察狠狠批评了一顿。其他警察把贾文海推上警车，交给西江区公安分局，吩咐派人把他关起来。

闯会场告状不成的贾文海被关进禁闭室，懊恼地把装有上访材料的黑色背包连续几次摔到地上，走廊里的警察见状，进去把他的背包收走，贾文海上去抢夺未果，眼睁睁看着自己的材料被拿走，坐在地上捂着脸“呜呜”哭起来。上访材料就是他的摇钱树，在别人眼里他的上访材料是一堆废纸，可在贾文海眼睛那就是钞票，甚至是美金。

于君刚把秦开山和高淑彩送回淞江市，两人就赶往淞江市人民医院。秦开山在医院找了一遍也不见文慧，只好打她的电话，一问，文慧却说她不在医院，让他们到市区中心的花都小区四号楼去找她。秦开山又打车赶过去。

文慧住在花都小区四号楼，听说前公爹特意从滨海市赶回来看她，内心百感交集，望着窗外眼泪噗嗒噗嗒掉下来。她没敢把自己生病的事告诉卓尔，她知道卓尔还在念书，怕他分心，父母都不在了，他只能告诉前公爹，希望他能把自己的情况转告给前夫秦岭。上个月的月初，那个一直承诺娶她的体校老师大李，拿走文慧的银行卡，多日不回家，打电话也不接，文慧着急上火，乳房火燎一般疼痛，多日不见好转，就去附近的医院就诊，没想到医生看过片子，怀疑是乳腺癌，建议她去省医院再做检查。文慧给大李打电话，大李终于接了电话，听说文慧生病，一句话也不说，就把手机关闭。六神无主的文慧想到了多年不联系的秦岭，心想自己也许来日不多，如果能和秦岭复婚，再照顾前夫秦岭和儿子几年，此生也就无憾了。但是这话实在说不出口，当初是她决绝地离开秦岭和儿子，现在又要复婚，可是不和前公爹说出来，就永远没机会说了，无奈之下，文慧只能给前公爹打了电话。

在花都小区四号楼的九楼，秦开山见到了四年不曾和他联系的前儿媳妇文慧。虽然心里有不满，但毕竟曾是秦家的儿媳妇，给秦家留下了后代，为人宽厚的秦开山不想坐视不管。秦开山见到文慧的瞬间，觉得她比以前苍老了许多，眼神变得呆滞，神情落寞。秦开山恻隐之心顿升，内心里还是原谅了她。文慧看着满头白发苍老的前公爹，眼泪止不住流下来。秦开山和高淑彩看到文慧脸色苍白，显得十分憔悴。高淑彩递给她一条毛巾，文慧擦干眼泪，哽咽着对秦开山说："爸，我对不起你们老秦家，对不起你和卓尔！这些年离开家，没能尽到做儿媳妇、做妈妈的责任。我真的很后悔，可是，一切都晚了，我现在生病，前天医院检查，怀疑是乳腺癌，大夫让我到大医院再去复查。我很害怕，大李那个混蛋看到我生病，当天就卷钱跑了，联系不上。为了卓尔，我想和秦岭复婚，求爸爸你和秦岭说说。"秦开山听到文慧的要求很意外，这话要是几年前文慧求他，他会毫不犹豫答应下来，可是现在提出这种要求，秦岭会怎么想？文慧的眼光使秦开山不忍心拒绝，他点下头，说："我试试看吧。"文慧感激地谢过前公爹，又和前公爹要来儿子卓尔的手机号码。秦开山也把孙子的手机号码给文慧留下，便带着高淑彩离开文慧的家。

秦开山得知前儿媳文慧患了乳腺病，不知道病得是轻还是重。尽管文慧当初无情，可她毕竟落在艰难处境下，作为前公爹，他怎么能狠心坐视不管？不论文慧有多少不是，秦开山不想计较。文慧提出和儿子复婚，也许这件事有许多的不可能，但是秦岭带她看看病，做下确诊，这还是在情理之中的事。他决定找机会把这件事告诉儿子。

秦岭不时看着腕上的手表，车龙还是一步一煞，赶上高峰期憋车，真是能把人急疯。尽管秦岭加快速度，红灯总是在他着急的关口一次次把他拦住。秦岭后悔，自己为什么不坐地铁去301医院。他着急地拍着方向盘，直想骂娘。绿灯一亮，秦岭紧紧咬住前面车尾，终于到了车少的路段，眼看距离医院越来越近，前方一个路口突然开出一辆白色轿车，司机看到秦岭的宝蓝色轿车开过来，急忙避让，结果头是调过来了，尾巴还留在秦岭驾车行驶的路面上，秦岭心里想着简爱，看着驶上马路的白色轿车躲避不及，说时迟那时快，他在距离白色轿车五米处右打方向盘，宝蓝色轿车擦着白色轿车车身"唰"的一声擦过去，白色轿车车身一晃，车里的女孩吓得脸色发白。看着秦岭开的宝蓝色轿车冲出去，直奔路边的大树，却最终有惊无险地撞上一张写着售楼的大广告牌子上。秦岭手腕轻微挫伤，他忍住疼痛，推开车门，见到车的右边轱辘卡在草坪上的广告牌铁架上，广告牌的腿是木制的，车辆没什么损伤。他跑过去，想看看那辆白色车上的人怎么样。

秦岭的心“怦怦”狂跳，急忙跑到白色轿车前，见到很多人围上来，看着车里的人，他想，这下糟了，车里的人一定伤得不轻。但他一看刚才车躲避的一瞬间，擦过的痕迹呈现一条书本宽窄的直线，上面擦掉一层白色漆面，周围人见前面车里的人毫发无损地下了车，跑到后面查看这辆被剐蹭的银白色轿车，都说好危险。大家隔着玻璃往里看，车门打开，一个穿着白色半身风衣的女孩下车，显然因为惊吓，她的脸色煞白，首先看看自己被剐蹭掉了漆的车体，拿手摸摸，也没管别人怎么议论，没等秦岭说话，她不好意思地说：“对不起，你没事吧？”秦岭很生气，说她：“说声对不起就完啦？你差点铸成大祸。开车不注意瞭望。”女孩大眼睛忽闪一下问他：“你不要生气啊，咱们俩是福大命大。你看报警还是私了？”秦岭拿这天真无邪的小女孩也无奈，自己的车一会儿找吊车拖出来，大概她的车也没太大的损伤，他说：“就私了吧。”女孩回身从车里拿出一个精巧的嵌满珍珠的粉色皮包，从里面抽出一沓百元大钞，数都不数，递给秦岭说：“拿去吧，看够不够修车钱？不够再朝我要。我叫廖静。”女孩说着，从车里找出一个巴掌大本子，抽出笔“唰唰”在上面写上联系方式，连钱一起递给秦岭。秦岭看着女孩愣了一下，不是因为女孩的美丽和慷慨，他盯着女孩捏在手里的珍珠皮包，想起自己也买过一个和她一模一样的皮包，是准备送给林皎月的，卓尔春节放假看到，从他手里要走。他记得当时问卓尔要送给谁，卓尔也不隐瞒，说是送给他未来的儿媳妇的。秦岭知道他和冰凌关系不错，只是不知道他们会不会真正走到一起。秦岭眼睛从皮包上收回来。接过女孩递来的联系方式，没要她的钱，两人没报警，都有保险。很快女孩把车开走了，秦岭回去发动车了，却怎么都开不出来，车轱辘甩出去大片泥浆，但就是被坚硬的木桩卡得死死的，进退不得。秦岭找来吊车吊运，花了一千多元钱，才把车子和大广告牌子分开。

忙碌一天的秦岭，心情还在刚刚遇险的惊恐中，还必须要把车开到修车厂进行检修。秦岭手腕还隐隐作痛，眼看天渐渐擦黑，万灵打电话，问他到北京没有。秦岭不敢把自己出了事故的事情告诉万灵，只说有事忙得太晚，今天去不了301医院了，问简爱那边怎么样。万灵告诉他，她一直守着简爱，她母亲去找她的父亲还没回来，不过简爱看起来还不错。

简爱的父亲还活着？秦岭满脸的惊愕，秦岭很想听到下文，万灵却说等见面再聊里面的故事。秦岭告诉万灵，他们的同学穆征在中央党校工作，今天下午他们过见面。万灵笑说她早就知道穆征在党校，只是不想打扰他。秦岭告诉万灵，穆征的妻子是协和医院的血液科权威医生，他找穆征是让他妻子看看能不能有更好的办法治疗简爱的病，并承诺明天去看简爱。

天色已晚，秦岭就在汽车修理厂附近找了家宾馆住下来。

凌晨，初春的北京寒意袭人，大都市彻夜无眠。秦岭因昨天的惊吓，加上惦记简爱，几次被噩梦惊醒，天快亮时，秦岭睡得不踏实，起了个早去汽修厂，看看车已经基本修好，便迫不及待地把车开出修理厂。

他本想避过上班高峰，但比他早起的大有人在。他一脚油门，焦急地加入车龙中间。挨着半天蹭一步的塞车行程，禁不住在心里骂娘，发誓下辈子要能做市长，首先实现交通智能化，这漫长的等待纯粹是耗着性命。他按下车窗玻璃望出去，四排道的马路上，轿车、SUV、微型箱货……各种车辆，拥堵得令人窒息。秦岭感到胸口憋闷，无奈点支烟打发堵车的时间，望着挤地铁的上班族们蚂蚁一般进入地铁入口，匆忙地赶着时间，为各自的生计奔波。街边老树蒙受冬天寒冷的肆虐，期待春天的萌芽和葱茏。大街上，人流已经春潮一般涌动起来，都市已经睁开朦胧的睡眼，在黎明时分醒来。

此刻，秦岭陷入深深的焦虑中，越是离简爱近了，他的心越是如同烈火焚烧般灼痛。自从万灵告诉他简爱生病，他感到一种莫名地痛彻心扉，良心的自责使他感到自己是多么的可耻，辜负了一个对自己情深义重的女孩，他要赶到她的病床前诚恳地赎罪。对简爱，他的爱没有虚假成分。在他看来，有些爱虽然最后没有结果，可是谁能说全身心的付出没有蕴含真情呢！他的逃离，原本就是想让简爱得到真正幸福的婚姻，谁知命运竟然毫不留情地把不幸降临在简爱的身上！秦岭眼眶发热，祈祷上苍放过这个可怜的姑娘。

文慧睡觉前把家里的电话抱到卧室，以往她最烦睡得深沉的时候突然有电话打进来，吓得人心惊胆战的，现在不一样，她盯着电话，希望电话突然响起来，里面传来秦岭关切的声音，哪怕是大李那个丧尽天良的能给她个回音也好。为此，她独自辗转反侧。淞江市的黑夜似乎很长，文慧怨恨自己一阵，又咒骂大李一会儿，难以入眠。

以往的文慧不是这样子，那时，她是淞江市的名人，检察官秦岭的妻子，她要求自己文静、内敛，优雅得体地与人相处。当时秦岭马上就要坐上检察院反贪污贿赂局局长的位置了，怎么可以因为查办一桩案件而辞职，代价太大了。自从秦岭辞职，她觉得自己一下子从高处跌下来，一向自视清高的文慧怎么肯屈居人后？她禁不住别人的嘲笑和轻视，和秦岭怄气回娘家，这期间和在淞江市体校教学的高中同学大李来往过密。有了大李的安慰，文慧不再想秦岭的事，逐渐就有了和失意的秦岭离婚的念头。文慧相信大李的话，等待着大李为她离婚的同时，狠心抛弃了儿子卓尔，离开家和秦岭提出离婚。

文慧和秦岭离婚，首先遭到母亲的反对，母亲劝她不要在秦岭落难之际还要落井下石提出离婚，就算不看秦岭，看在儿子就要高考的份上也要为孩子考虑。已经被大李迷住心窍的文慧根本不听母亲的劝说，埋怨母亲多管闲事，她拿定主意，和秦岭办理了离婚手续。母亲得知情况后一病不起，三年后去世，扔给文慧一套九十平方米的楼房，否则，文慧现在将流落街头。当初她和秦岭离婚时，秦岭本来要把楼房给她，她不愿意居住在老房子里，秦岭把楼房折成现金，付给文慧20万元，算是买下文慧的楼房，这所楼房至今还是父亲秦开山在居住。秦岭是个念旧的人，文慧了解秦岭的秉性，文慧母亲也觉得秦岭本性善良宽厚，可是女儿既已离婚，她也无回天之力，因此在悔恨中离世。文慧满心指望自己离婚后，和大李结婚，谁知大李在文慧离婚后却不提和妻子离婚的事，每天挥霍文慧卖楼房的钱，文慧卖楼钱被他挥霍一空，最后卡里还剩下一万元钱，也被他翻出拿走。得知文慧生病，更是跑得远远的不再和她联系，扔下文慧整天以泪洗面，懊悔不迭。文慧看着身边床头柜上的红色电话发呆，她已经有四年没见过儿子了，卓尔憨厚的笑容时不时在她眼前晃动。此时，她在焦虑的等待中想起卓尔。卓尔和他的父亲一样，坚韧聪慧，还考上了北京大学，孩子是她的骄傲。但是，自己还有脸和儿子说话吗？卓尔一定会恨她，文慧觉得自己是个不称职的妈妈。几次伸手拨了卓尔的手机号码，几次又放下。于是，她拿起放下，多次犹豫，最后还是忍不住拨通了卓尔的手机。

卓尔还在上晚自习，身后的廖静向他隔空抛物，一个纸团掉在他的桌子上，卓尔不知道纸团从哪里飞过来，展开一看，是廖静写给他的，约他明天去爬香山。卓尔已经答应和冰凌一起查资料，写毕业论文。他在纸团下面写上：“对不起，明天有约。”又把纸团扔回去。廖静看了，一股火气涌上心头。

全神贯注书写的卓尔身上的手机嗡嗡地发出震动声，卓尔掏出来一看，是老家淞江市的区号，爷爷的电话他存在手机里，除了爷爷之外，淞江市还有很多同学、老师，难道是他们？他走出教室，在外面的走廊里接听。

卓尔的一声“喂”刚喊出来，电话那端传来一阵抽噎声，他吓了一跳，以为是谁打错了电话，那边却紧接着喊出他的名字，卓尔听出来是妈妈的声音。妈妈轻如下雪般绵软的声音传进卓尔的耳朵里，让卓尔想起小时候妈妈送他上学路上的殷殷叮咛。文慧说话似乎很小心，她轻轻地问：“儿子，对不起，我是妈妈。你在学校好吗？爸爸是不是经常来看你？”一连串的问话让卓尔既高兴又难过，失去联络已经四年的妈妈终于给他打来电话，他们母子因为割不断的亲情互相又开始有了联络。卓尔一时竟不知道说什么好。他只是不断地“嗯、嗯”应声，眼泪开始不争气地涌出眼眶，在脸上汩汩而下。气愤又难过的卓尔一直暗中和妈妈赌气，他怪母亲的狠心和绝情，在妈妈离开家的那一刻便发誓不再和她见面。他很少在爸爸面前提到妈妈，因为他知道爸爸的心口一直结着痂。卓尔狠狠地擦把眼泪，回答妈妈的问话。毕竟血浓于水，卓尔还是禁不住在电话这端安慰母亲，告诉她自己很好。文慧声音虚弱，她怕儿子担心，没告诉他自己有病，只是问卓尔，他爸爸身体好不好。卓尔说爸爸这几天来北京，一切都好，不需要惦记，问母亲过得怎么样。文慧一听儿子关切的声音，抑制不住又哭了起来。卓尔担心地劝解妈妈，告诉她放假就回淞江市看望她。文慧抑制着哭泣，说她现在没有别的想法，就是想看看卓尔，她想他们一家三口在一起聚聚，她在梦里都是一家三口人在一起的时光，这样的时光于妈妈已经不多了。凭直觉，卓尔听出妈妈好像话里有话，难道是要远嫁到异国他乡？卓尔的臆测无凭无据，但又不好追问，只能答应母亲，见到爸爸跟他说声，看能不能原谅。文慧含泪答应。卓尔放下电话，心绪难平。二十二岁的卓尔心智已经很成熟，当初为了拦住要离开家的妈妈，卓尔被妈妈狠狠地推倒，跌破了额角。为此，爸爸第一次动手打了妈妈。至今，每当夜里想起他被妈妈推倒的伤痛，卓尔的心里就冷一回。所以，他尽量不让自己去想，让自己从那一幕的阴影里走出来，努力变得阳光和开朗。

文慧根本不知道儿子藏在心底里的伤痕，她抱着电话，一直泪眼婆娑地和儿子说话，直到儿子那端挂掉电话，话筒里传出嘟嘟嘟的忙音，才依依不舍地挂了电话。摸着有温度的电话，似乎摸着儿子儿时稚嫩的小脸，她的心里有了一丝安慰，期待前公爹可以做通秦岭的工作。她怀揣着希望，一边下床，打算做点饭菜，为自己补充虚弱的身体。

卓尔接到妈妈打来的电话，刚开始心里有抵触情绪，他曾经发誓永远不见她，但毕竟时间越久，越是抑制不住对妈妈的牵挂。妈妈一直没有音信，他很惦念，父母闹着离婚那段时间，他万念俱灰不想上学，逃到网吧里一坐就是一天。后来，爷爷看出端倪，追着赶着护送他上学，晚上去学校接他，看着爷爷苍老的身躯每天早晚准时出现在学校门口，卓尔告诉自己，不能让自己从此颓废下去，那样会让爸爸和爷爷伤心。而且，父母虽然在自己最需要安全感的年龄，在即将高考最怕分心的关键时刻选择分手，但是爷爷成了他的心灵支柱，他如愿以偿考上了最好的学校。他感念爷爷，也告诫自己尽量减少对母亲的恨意，坚信总有一天，母亲会回来。卓尔回到教室，心绪无法安宁下来，他的耳边还存留母亲低低的哭泣声让卓尔仿佛身处火宅，坐立不安，卓尔再次起身走到外面的走廊想给父亲打电话，劝他原谅母亲。卓尔把爸爸的电话号码输在手机键上，只要按下绿色的拨打键就能拨通父亲的电话，但是，卓尔拇指停在半空，却按下关闭键，转身回到教室，已经是夜里十点半，同学们陆陆续续走出了教室，只剩下他一个人，卓尔便把两手支在桌子上，心里隐隐有种说不出的痛。

这时，廖静又回来，她的手里多了一包东西，蹑手蹑脚地走到卓尔的面前，把一包碧根果递到卓尔面前，学着韩国人小声说："大叔，别有什么想不开的，你这样是想吓死谁吧！"卓尔吓了一跳，看是廖静，便有点不耐烦地说："谁是你大叔？我有那么老吗？"廖静见他不接手里的干果，就把东西放在桌子上嘟着嘴说："你不是外星人吧？这叫与时俱进，不懂得浪漫，没情调。好在今天上午你的篮球打得超棒，这个奖励你。"廖静自己撕开碧根果的包装袋，哗啦啦把袋子里的干果倒在桌子上，碧根果跳跃着咕噜咕噜滚到教室的地板上，廖静追着捡起来。卓尔看着廖静的举动，不禁一乐，也弯腰帮助她捡起几个果子。他想起开学时，从家带给冰凌的小礼物——一个十分精致的皮包，不慎滑落在草坪上，恰好被廖静看见捡去，却不打算还给他，虽然东西不值多少钱，但那是卓尔第一次跟爸爸张嘴要东西。当时他还脸红了，不知道是因为自己长大不该伸手和爸爸讨要东西，还是怕爸爸看穿自己的小心思。明天看见冰凌，他不知道怎样解释。于是，他跟正在费劲地扒碧根果的廖静说："拿了人家的东西不还，丢东西的人很痛苦，哪还有闲情浪漫？"廖静见他又提那个精致的小皮包，便放低声音问："那东西对你真的很重要吗？"卓尔点头。廖静认真地问："她是谁，告诉我就还给你。"卓尔两手对着她一摊："我为什么要告诉你？"说完便把廖静一个人丢在教室。卓尔回到寝室，便悄悄上床脱衣准备睡觉。天花板白得刺眼，卓尔没有丝毫睡意。

第四章　不忘初心

北京301医院，院中参天大树的虬枝伸向天空，仿佛伸出两手，祈求上天降下恩赐，赐给他们健康的躯体。天空难得翠蓝，几朵白云自在浮游，两只喜鹊围着白杨树飞上飞下鸣啼，互示缠绵。

病房中的简爱听见喜鹊叫，兴奋地望着玻璃窗外，却看不见喜鹊的影子。她艰难地爬起来走到窗前，看到那对喜鹊夫妻欢快地飞翔在树枝之间，笑容立时漫上她惨白的脸颊，她想起了在滨海市和秦岭一起拆迁的日子。佛塔村的村头，一株老柳树枝上住着一对喜鹊，喜鹊夫妻每天天一亮就飞出窝去，寻找树枝为儿女搭窝。因为拆迁，这株大树需要伐掉，简爱想留住喜鹊和喜鹊窝，为此和秦岭吵了一架。秦岭说她傻得像个不谙世事的小丫头。她眼睛模糊，似乎看见秦岭正向她走来，她伸出手去，一双温暖的手拉住她，原来是简爱的主治医生廖医生来查房。怕简爱受寒，廖医生劝她回到床上，她不干，拗着说都怪廖医生把秦岭赶走了，泪水模糊了她好看的眸子。廖医生知道简爱嘴里的秦岭一定是这女孩心里最有分量的人，他心疼地抽出一张纸巾递给简爱，简爱把脸扭过去，委屈地抽噎。

早晨，卓尔从梦中醒来，寝室里其他同学还在梦里呓语，大概还沉浸在昨天的那场篮球赛里，卓尔探身看看下铺，下铺的同学潘琦抽搐着脸部肌肉，样子似乎很痛苦。睡在潘琦对面铺的是龙飞，身高一米八零，仗着俊朗的小生形象无比地自恋，经常掏出小镜子左顾右盼欣赏自己，全班可以和他一比高低的就是秦卓尔，因此，两个人算是惺惺相惜。他是秦卓尔的密友，心中早就暗恋着廖静，然而廖静根本对他没好感。龙飞经常找秦卓尔倾诉，卓尔帮助他分析怎么追女孩子，因此龙飞跟卓尔非常要好。潘琦身高稍矮，他钟爱篮球，也很崇拜卓尔，而卓尔是全班身材最高，也是全校最优秀的篮球主力队员。三步上篮，抢篮板，轻盈矫健的步伐、潇洒的投篮动作，不但令潘琦着迷，也倾倒了全校的女生。在北京大学，如果谁不知道秦卓尔，那是不可能的事。潘琦昨天传球失误，导致丢分，被班长痛批，幸亏卓尔解围，此刻他似乎还沉浸在自责中。

卓尔起床，整理好床铺，踩着脚搭悄悄下床，拿着手机对着潘琦额头撩了一下，潘琦不理他又翻身睡去。

今天是周六，卓尔约好要去见冰凌，大学快要毕业了，他想求助冰凌帮助他写毕业论文，冰凌文思细腻，写论文不在话下，况且他和冰凌已经很久没见了。卓尔洗漱完毕，抱着一摞书骑上山地自行车，刚出校园的大门，一辆白色奔驰轿车缓缓停在他的身边。开车的是卓尔的同学廖静，她把车头停在路中间，拦住卓尔的自行车，从车窗里探出头打量着卓尔："大清早的你想去哪儿？我送你？"卓尔不说话，把自行车掉了头，打算另寻出路，廖静一把调转车头，再次追上卓尔，笑着对他说："喂，你也太小气了吧？不就一个包吗？还给你，不过你要告诉我，你想把它送给谁？"卓尔感到无语，说道："这是我的秘密，你没必要知道。既然拿去就不要还了。请你让开，我还有事。"廖静问不到结果，只好无奈地把车开到一边，心有不甘。廖静是家里的独生女，父亲廖静涛是301医院血液科主任医生。母亲是华东医学院副教授。因为需要，母亲年前去了国外进行医疗援助，留下廖静和父亲在家。廖静一直喜欢卓尔，只是卓尔对她不冷不淡的。她看出卓尔心里有人，所以总想知道那个人是谁。

清华大学校园外，冰凌穿着白色大衣，围巾搭着脖颈绕一圈，齐耳短发，衬托出乌黑圆润的杏仁眼。她两手插在衣袋里望着马路那边，一边等待卓尔。

冰凌的同学沈小雨是天津市副市长沈雨霏的公子，自小家庭条件优越，母亲在国外打拼多年，前几年才回国。沈小雨生性害怕孤独，好结交朋友，和费凯南、姜哲是死党。同学费凯南也是天津人，因为从小在一个学校上学，对他的家庭也有了解。沈小雨长相清秀，穿着打扮挺前卫。他爱好唱歌，跳舞，稍显浮躁，但对待感情执着，并且一直暗恋班级里最漂亮的同学金冰凌，只是清高冷傲的金冰凌内心另有所爱。沈小雨不服输，打听到冰凌喜欢的男生是北京大学的秦卓尔，他的父亲是滨海市拆迁公司经理。一个做拆迁的，怎么可以和他的家世相提并论？沈小雨决心和秦卓尔争个输赢。再说清华也不能输给北大啊！

现在，沈小雨为冰凌买来早点，趁热送到冰凌手里，冰凌不接。两人一来二往地推辞，早点掉在地上，沈小雨赶忙蹲下身去捡。门卫室的墙边，有两颗脑袋伸出来悄悄窥探，他们是费凯南、姜哲，两人看到这一幕，悄悄捂嘴笑起来。

秦卓尔骑车赶到，车轮擦着地面“刷”地停在冰凌脚边。卓尔看到沈小雨和冰凌的举动，心里不太高兴，脸上表情严肃，沉默着观察眼前的冰凌和沈小雨。冰凌发现卓尔身背肩包，一只脚搭在地面上看着她。沈小雨手里捧着捡起来的早点，带着挑衅的口吻故意问冰凌：“他是谁？”冰凌说：“是我男朋友。”沈小雨故意问：“骗我吧？怎么这么土？”冰凌不再和沈小雨说话，她直接坐上卓尔的自行车，抱着卓尔的腰，拍着卓尔的后背，喊声“走喽！”卓尔看看沈小雨，下巴一使，问冰凌：“那人是谁？挺会关心人呢！”冰凌明白卓尔是在吃醋，忙说：“他是我们班的班长，关心班委干部怎么了，小气！快走吧，我下午还要开班委会呢。”卓尔酸溜溜地扶着车把，回头对冰凌说：“又是那位会关心人的班长主持召开吧？看来你们配合得挺默契啊！”冰凌对着卓尔宽厚的脊背拍打一下，嗔怪地催促：“你不是斗牛的吧？别忘了你还有事求我呢！对了，你说送我的东西呢？拿来我看看。”卓尔不再坚持，刚想带着冰凌走，听见冰凌的问话，又下车解释道：“就是我微信发你的那个皮包。可是，我把它弄丢了。”冰凌打趣他，还不知道你送给谁呢？两人离开校园，一起去书店查找论文资料。

沈小雨望着冰凌他们俩的背影，气愤地把手里的早点扔到垃圾箱里，班里的同学费凯南和姜哲从门卫的暗处走出来，费凯南嬉皮笑脸地问：“老大，这么早就开始撒网啦？看你那脸色，是美人鱼漏网了吧？”姜哲在一边笑。沈小雨盯着费凯南不满地回敬一句：“幸灾乐祸，看哥们的笑话，良心被狗吃了。”费凯南见沈小雨生气了，赶忙双手作揖对沈小雨说：“哥们言重，我是怕你陷得太深，靓妞吗，泡泡就好，何必当真。”沈小雨一听，走上去，照着费凯南屁股就是一脚：“老费你别太过分了，哥们是真心喜欢金冰凌。像金冰凌这样的女孩也是可以拿来泡的吗？”姜哲赶紧上来打圆场。费凯南向沈小雨保证要给他一个“惊喜”。沈小雨警告费凯南别瞎玩，整出什么事来是要被开除学籍的。费凯南向他保证不会惹出什么麻烦，说完就带着姜哲离开。

沈小雨对费凯南不放心，不知道他葫芦里到底卖的什么药，但费凯南只是远远地对他做了个胜利的手势。沈小雨还要准备下午的班会，只好返回教室。

万灵在厨房里准备海参粥，打算给简爱补充些营养。她知道秦岭上午会到301医院，计划晚上把秦岭叫到家里吃饭，顺便也把卓尔和冰凌叫回来。卓尔和冰凌正在图书馆查阅资料，冰凌接到妈妈打来电话，告诉她晚上把卓尔带回来，秦岭伯伯来北京了，让他们晚上来家一起吃饭。冰凌答应下来。卓尔看着冰凌，把手里的书本合上，心事重重地对冰凌说：“冰凌你知道吗，我妈昨晚给我打电话了，是她主动找我的。”冰凌瞪大眼睛问：“真的？她过得还好吗？”卓尔摇头，叹口气说：“她过得不好，那口气是想和我爸复婚，你说我爸能答应吗？”冰凌捧着资料，望着窗外川流不息的车辆，模棱两可地摇摇头。

爸爸在北京是来看望简爱阿姨的，卓尔心里很清楚，对于爸爸的感情，卓尔不想多管，但是他又不能不考虑妈妈。爷爷是否已经把妈妈的事告诉爸爸了？卓尔满腹心事，打定主意晚上去冰凌家，见到爸爸再说。

卓尔把冰凌送到清华大学门口，看着冰凌进去，一边想着晚上就要见到爸爸，便飞快地骑上自行车回学校。

半路上，费凯南和姜哲在胡同里伸出事先准备好的竹竿子，把卓尔连人带车子绊倒。卓尔重重地摔在地上，额角磕在石阶上，鲜血直流。费凯南和姜哲一看，吓得赶紧跑掉。

沈小雨看见费凯南和姜哲两人慌慌张张地跑回教室，问他们慌什么？费凯南把刚才为他出气的事告诉给沈小雨，沈小雨气得把费凯南拖到教室外踢了几脚。费凯南知道做错事了，看着沈小雨，低头不作声。沈小雨考虑再三，决定让费凯南带他去看看秦卓尔。三个人急急忙忙赶往事故现场。

卓尔被绊倒后，迷迷糊糊站起来，一摸额头全是血，赶忙拐进胡同里的社区诊所包扎伤口，诊所医生建议他做下破伤风的输液。卓尔给冰凌打了电话。冰凌突然接到卓尔电话，神情焦急地匆忙请了假赶去看望卓尔。

冰凌赶到社区的诊所，见到躺在床上输液的卓尔，又看到卓尔头上包扎起来的伤口，急忙跑过去摸着卓尔的头，问他这是怎么弄的，卓尔告诉他事情经过，两人猜了半天，也猜不出这是谁和卓尔过不去，就放弃了。

冰凌给卓尔剥了橘子，突然想起妈妈和秦伯伯晚上等他们吃饭，赶紧给妈妈打电话，怕他们担心，就谎称晚上有自习，她和卓尔明天回去。

费凯南和姜哲带着沈小雨赶到绊倒秦卓尔的地方，发现从社区诊所走的金冰凌，沈小雨知道秦卓尔肯定也在社区诊所，他走过来，对冰凌说："对不起，我带着费凯南他们两个来向你和秦卓尔道歉！"冰凌看到同学沈小雨带着费凯南、姜哲来到这里道歉，心里明白这件事是费凯南和姜哲干的。可是沈小雨道什么歉呢？难道……她直截了当对沈小雨发问："是你指使他们干的？你也太不道德了吧？"费凯南连忙说："不是老大指使的，是我想帮老大把你给抢回来的。"姜哲也附和着。沈小雨什么也没解释，带着费凯南和姜哲进屋，看见秦卓尔在输液，从口袋里掏出五百元钱，告诉秦卓尔说:“你的医药费我报销了。不过，金冰凌不一定是谁的。我要和你公平竞争，不到最后，我不会放手。”说完，他头也不回，带着费凯南、姜哲一起便走。

卓尔对着沈小雨的背影说:“拿走你的钱。你没资格和我争金冰凌！”沈小雨推门的手停住，“砰”地关上房门，不服气地离开社区诊所。

卓尔示意冰凌把沈小雨放在床头的钱还给他，冰凌追出去，把钱交给沈小雨，沈小雨不收，冰凌又要把钱交给姜哲，沈小雨趁机拉住冰凌的手，冰凌抽回手，跑回卓尔输液的社区诊所。

简爱的母亲佟青，这个婚姻坎坷又为两个女儿操碎了心的单身母亲，自从得知双胞胎中的小女儿得病后，一夜之间头发花白。她早年下乡当知青，在黑龙江绥化市的四方山农场和同在青年点的知青简鹏热恋。回城半年后，两人结婚。婚后第二年，佟青生下一对双胞胎女儿，大的叫简晴，小的叫简爱。两个女儿半岁时，他们夫妻离婚，简鹏净身出户，把一对女儿留给前妻佟青。佟青生活艰难，万般无奈，只好把早简爱十分钟出生的大女儿送给了知青战友。原本说好两家是一辈子的关系，地址互通有无，谁知道，半年后，知青战友抱着大女儿消失在茫茫人海中，去无所踪。佟青把对大女儿的爱和思念埋在心中，从不和简爱谈起她还有一个姐姐这件事，以至于简爱还不知道自己竟然有个双胞胎姐姐。简爱懂事后，经常吵着向母亲要爸爸，为了断了女儿的念想，也不想再让她幼小心灵受伤，佟青狠心告诉女儿，爸爸因白血病在她幼年时就去世了，至于双胞胎姐姐的存在也绝口不提。简爱信以为真，一直认为这个世上只有母亲一位亲人。简爱生病后，妈妈曾经和她配过型，可是化验结果是血型不配，救不了女儿。急得发疯的佟青安顿好女儿，决定暗中寻找前夫和大女儿。她打算求助于媒体，在报纸上刊登寻人启事，寻找他们的下落。医院也在积极想办法，为简爱查找造血干细胞移植的捐献者。如果再找不到前夫和大女儿，她怕女儿挺不过去。为了给简爱治病，她卖掉房屋，借遍了亲属，后找的丈夫不愿意和她一起承担为女儿治病的重担，也搬走行李离开了她。此刻，佟青已经无路可走。出外寻找前夫和大女儿尚无结果，她惦记着女儿，又马上返回北京，正坐在去往301医院的公共汽车上。瘦弱的她愁容满面，离开医院时，她瞒着女儿，说自己去找一位老中医讨要治病偏方去了。此刻，她忐忑地拨打了女儿简爱的电话。

简爱还在抽噎，床边的手机响起来，护士把手机递给她，她看一眼，见是母亲，缓缓地接过来，简爱擦去眼泪，笑着接听，母亲传来的嗓音是发颤的，她关切地问女儿好吗？简爱说："妈妈，我很好，没事的。您在哪里？"佟青听到女儿声音，心里得到些许的安慰。

秦岭终于在近九点时，把车开到了301医院。他刚把车停好，就急不可耐地奔向住院处，查找简爱的病房号。

此时，简爱的母亲也刚好回到医院，她直奔女儿病房，恰好碰见主治医生廖静涛刚从简爱的病房出来。看见简爱的妈妈回来，廖医生急忙把她拉到一边，告诉她，简爱这几天病情不太好，要是再找不到直系亲属做骨髓移植的话，简爱将会出现危险。佟青流下眼泪，说自己的前夫和大女儿至今杳无音信，她已经求媒体帮助查找，能不能找到，就要看女儿的造化了。廖医生沉重地点点头，告诉佟青，他们医院也在为她的女儿寻找合适的配型，只是简爱的配型太难找。

廖医生接着问佟青，谁叫秦岭？简爱这几天嘴里经常喊着秦岭的名字。佟青当然知道秦岭是谁，她觉得都是秦岭害了女儿，她对秦岭一直抱有成见。佟青告诉廖医生，秦岭是女儿以前的男朋友。廖医生建议佟青，能不能把这个秦岭请来，可以安抚简爱的情绪。佟青为难地对廖医生说，她可能也没法找到秦岭，女儿也不想告诉他自己的病情。廖医生叹口气，点点头，嘱咐佟青："最近你的女儿病情不稳定，你不要再随便离开她。"佟青谢过廖医生，急忙赶到女儿病房前，推开病房门，见到脸上还挂着泪痕的女儿坐在床边，痴痴地望着窗外。刚才还愁容满面的母亲变了脸，褪去愁容换上笑脸道："小爱，妈妈回来了。偏方草药送到医务室熬着呢！"简爱看见妈妈，也笑着伸开臂膀，抱住妈妈，笑起来，说：

“我还以为您不要我了呢！”母亲拍拍女儿后背，嗔怪地安慰女儿别胡思乱想。

秦岭打听到简爱所住的病房，径直乘着电梯，奔着简爱的病房而来。隔着玻璃，秦岭看见简爱母亲拥抱女儿，互相安慰的场面，禁不住为她们难过。简爱的母亲为女儿端来白开水，轻轻地递到女儿手上。简爱脸色苍白，羸弱的身躯像抽干水分的树干一般，原先乌黑的长发不见了，取而代之的是一个包在头上的粉色头巾，秦岭认出那是自己为简爱买的。那个美丽漂亮的女孩此时被疾病折磨得失去了耀眼的光彩。秦岭眼泪几乎要流出来，他镇定下自己的情绪，推开门，说：“简爱，我来了。”

佟青站起身，看见秦岭，上下打量下，问“你是？”

秦岭说：“阿姨，我是秦岭。”

佟青脸上立即掠起一片乌云，眼里满是怒火，刚要发话，简爱看见秦岭突然出现在眼前，心里一惊，手里的杯子“砰”地一声滑落在地，摔得粉碎。

佟青知道秦岭得到了女儿又不娶她，对秦岭不负责任的行为，心里早就满是愤恨，她走过去推搡秦岭，喊着让他出去。

简爱赶忙制止母亲，喊：“妈，快让秦岭进来。”

秦岭没等简爱说完，撇开佟青，迫不及待地奔到简爱床前，俯下身子心疼地抱住她说：“简爱，对不起，我刚知道的，你为什么要瞒着我？”眼泪顺着他的眼帘簌簌而下。

简爱的内心也想和秦岭一直拥抱下去，但她还是抑制住了自己，从秦岭怀里挣脱掉，抬手把头上裹着的头巾系牢，她不想让秦岭看到她这般模样。秦岭看到简爱忍着不哭，眼圈却已经蓄满泪水，再次将她抱在怀里。简爱羸弱的身子在秦岭怀里颤抖，她再也无力挣扎，把头深深地埋入秦岭怀里。

秦岭抬手为她擦去眼泪。简爱嗔怪道：“是谁告诉你我在这里的？一定是万灵姐！等我见到她，非罚她不可！让我看看你，还大检察官呢，搞拆迁把你变成白面捏的软心人了。我不是好好的吗？”说完，简爱突然忍不住紧紧地环抱住秦岭的腰，放声大哭起来，仿佛她的委屈已经憋了一个世纪一样倾泻而出。

自打女儿生病后，佟青从没见过女儿如此伤心地痛哭过，她本想把秦岭赶出去，现在看到女儿倾尽所有的力量哭出来，便悄悄地退出去，任由女儿把所有的委屈都宣泄出去。她轻轻带上房门，走出病房，自己也禁不住在门外哭泣起来。

秦岭安慰简爱，一切有他和她一起分担，让简爱坚强起来，用自己的意志战胜病魔。他会倾尽所有，不遗余力地救她。

简爱不想拖累秦岭，她知道他是个重情重义的汉子，现在听秦岭说要倾尽所有救她，她断然拒绝，告诉秦岭，感谢他在她最缺乏安全感的时候，给了她最珍贵的情和爱，使她这个生来就怕孤独的灵魂有了暂时的依存，他们虽然后来分手了，但她相信这就是宿命，决不怪他。如果秦岭为了她舍弃一切，她即使医好身体疾病，心也会不安。秦岭怜惜地轻抚简爱因输液而满是淤青的手臂，让她不要管那么多。他起身准备去为简爱续上医药费，推门时，看到早已经满面泪水，站在病房外的万灵。万灵手里拎着保温饭盒，看见秦岭出来，擦干眼泪，和秦岭打招呼。秦岭关切地问万灵：“你也来了，都好吧！”万灵说：“我很好，不用惦记我。”

秦岭下楼，为在简爱交上治疗费用，打算一会儿去主治医生那里问问简爱现在的病情，他需要了解这一切。

万灵推门进来。简爱虚弱地说：“万姐姐，你不该把我生病的事情告诉秦岭，让他为我担心。”万灵知道简爱是个善良的姑娘，她是怕秦岭为她分心。万灵一边把粥盛到碗里，端到简爱床前，一边安慰简爱说：“傻丫头，他不是你最亲近的人吗？哪有生病不与亲人说的道理？来，咱们好好吃饭！”万灵把汤匙里的粥饭放到嘴边吹吹，才送到简爱的嘴边。简爱看着万灵，不好意思地说：“真不好意思，麻烦万姐姐了。”简爱勉强吃了几口，便摆手不想再吃了。

秦岭在简爱的主治医生的办公室见到了廖医生，廖医生得知来人就是简爱整天惦念的秦岭时，起初不大敢相信，他们年龄悬殊，竟然也会产生这样不渝的爱情。廖医生把简爱目前的状况告诉秦岭，目前简爱的病情很危险，别说找不到直系亲属配型，即使找得到，治疗后完全康复的可能性也很小，但是也不排除出现奇迹。他希望秦岭能够抽时间多陪陪简爱，在精神上给她力量。

第二天是周末，廖静有两周没见到爸爸了，她在一家老字号的茶叶店给爸爸买了他最爱喝的龙井茶，接着驱车赶到父亲轻轻敲门，廖医生从玻璃处看到女儿站在门外，就对秦岭说抱歉，他马上回来。秦岭在廖医生推门的一瞬间，看到门外站着女孩，他忽地想起，这不是自己在来医院的路上与他车辆发生剐蹭的女孩吗？对了，这女孩告诉他，她叫廖静。想到这里，秦岭想把头转回去，不想廖静把茶叶交给爸爸后，摆手和他打招呼："嘿，大叔，你没事吧？"秦岭站起身，对她说："我没事，你这是？"廖静笑了，她拉着廖医生的手对秦岭介绍说："这是我爸爸，301医院血液科的权威医生，有事可以找他。不过，你还是没有事最好。"廖医生指着女儿问："你们这是……"廖静也没进门，一边准备下楼一边笑着说："哎呀老爸，我们就是路人甲和乙。"廖静涛手里拿着女儿送的茶叶，笑吟吟地摇头说："我这个女儿呀，就是古灵精怪！"

廖医生的建议，秦岭听在心里，他希望医院尽全力把简爱从死神手里夺回来。廖医生说医生的责任就是救死扶伤，让秦岭放心。秦岭告别廖医生下楼交费，在医院的走廊里与简爱母亲佟青相遇。

第五章　曝光风波

佟青有很多话要问秦岭，刚才在女儿面前不好发问，现在，她见到秦岭，怒不可遏地拦住他。她想把女儿和秦岭之间的情感恩怨说出来，替女儿出口气。但是简爱根本没有怨恨秦岭，这一切都是发自她内心的最真实的情感，简爱不想让妈妈知道得太多，她隐瞒了自己的情感，不想妈妈为此怨恨秦岭，可是，佟青还是不能原谅秦岭，她认为除非秦岭娶女儿为妻，给她一个交代。

秦岭理解一个母亲此时的心情，顺从地跟她走过去。两人在医院走廊尽头开始交谈，简爱母亲喷火的眼睛几乎要把秦岭烧成灰烬。佟青质问秦岭为什么玩弄女儿的感情，致使女儿从滨海回来后神情大变，醒着、梦里都是秦岭，她把女儿的一切不幸都归罪到秦岭身上，仿佛这一切灾难都是秦岭带来的，秦岭成了这一切不幸的罪魁祸首。

秦岭也在自责，等她骂够，便耐心地说："阿姨，都怪我，但是，咱们现在能不能好好商量？简爱知道会难受的，咱们让她安心地养病，一切等到简爱身体状况好转，我和她说好不好？"佟青怒气未消，她提出让秦岭明媒正娶女儿简爱，而且要尽快。秦岭还没有思想准备，他一时不知道如何回答她。还没等他说话，简爱母亲佟青又说："我女儿从没对一个男人如此爱过，现在病成这样，保不齐将来怎样，你要答应娶她，我也没有遗憾，你要还有良心，马上就把婚礼办了。”简爱母亲口气强硬，秦岭一时语塞。他走到窗边，看到医院外一片烦躁的市井，心里无比矛盾。秦岭平复了一下心情，对简爱的母亲说：“阿姨，请您别急，给我时间，让我想想好吗？其实，这件事我已经想过多次，只是不敢贸然向您提出，今天您说的这件事，也正好和我的想法不谋而合。”佟青的态度冷静了一些，说话的语气也缓和了，并说：“你不要辜负我女儿对你的感情，尽快给我信儿，我好准备女儿出嫁的嫁妆。”

滨海市市委、市政府召开的两会圆满结束的第二天。返回省里的记者苏平和崔牛牛就在火车上看到了这些天采访滨海市两会的文章。尤其是他们暗访的拆迁新闻，被醒目地排在报纸的头条。两人拿出易拉罐啤酒，小小地庆祝了一下。

秦岭手扶大理石窗沿，低头沉思半晌，思考着简爱母亲佟青的要求，简爱目前处在生死边缘，的确身边该有个男人来疼她。可他实在缺乏勇气，娶一个比自己小那么多的女孩回家过日子。如果不能娶简爱为妻，自己当初和简爱发生的一切，就像简爱妈妈说的那样，不是流氓又是什么？他越想越觉得对不起简爱。秦岭想到此，返身下楼，他要向简爱做出一个男人的承诺。

万灵收拾好简爱吃剩下的海参煲粥，告诉秦岭卓尔和冰凌功课忙，今天晚上不能回家。秦岭点点头。万灵看到秦岭对简爱情深义重的呵护，内心感动，想到还在监狱的丈夫，心里涌起失落，自己悄悄地离开医院出发去学校。

秦岭坐在床边，拉着简爱的手，试探着说：“简爱，你还记得我们拆迁公司的李晓雷吗？”简爱点点头说记得。秦岭说：“他打算五一在滨海市的海边举办一场盛大的沙滩婚礼。说实话，我还真的很羡慕他们呢！”简爱看着秦岭，虚弱地问：“你的皎月呢？我要看着你们举行沙滩婚礼！”秦岭淡淡地笑笑说：“皎月已经去了美国陪读，看来今生与她无缘了吧！”

简爱一时语塞。秦岭问她:“你呢?今生不打算嫁人了?”简爱一愣,把手边的台灯碰落在地,秦岭急忙捡起来放好,他觉得现在不能再问简爱这码事了。

秦岭原计划要尽早把简爱的病例拿给穆征看,但是,有份血检报告在医务室主治医生手里,医生在手术室无法脱身,秦岭只得等到明天拿到血检报告再去找穆征。简爱咳嗽,秦岭急忙从床边取来痰盂,为简爱擦拭。

简爱母亲佟青趁着秦岭在医院,就把女儿托付给他照料,再去找找前夫简鹏过去的工友,打听简鹏的下落,顺便再去报社,继续刊载寻人启事。

她从家里翻出两张照片,一张是大女儿简晴的百日照,另一张是前夫简鹏的工作照,她背着自己缝制的帆布挎包,来到北京青年报社找到广告部。佟青掏出两张照片,说要登寻人启事。一位男青年接待她,男青年接过照片,问她需要登载多大版面,她说一定要能看清。男青年拿出版样给她挑选,她看了看,挑出一份四分之一版面的广告说,就刊登这么大一块,字迹大些,照片大点。男青年让她提供文字,佟青又把写有一百字的寻人启事内容拿给他,男青年看了看,让她去广告部交费。

佟青下楼去标有广告收费处的窗口交了广告费。她觉得简鹏应该还在北京,虽然他去简鹏单位问过,知道他已经辞职,但是他是北京人,离开北京他会去哪儿?要是简鹏还在北京,他就能看到报纸。这是佟青刊登的第三份寻人启事,她把希望寄托在这一次的寻人启事上面,前两次不舍得花钱,寻人启事登的版面不显眼,一直没有孩子父亲的消息,但时间就是生命,女儿的病不等人。她把一切办理好,然后急匆匆出了报社大门。她之前找过简鹏以前共事的同仁,但是厂房都被迁走,原厂房旧址盖起摩天高楼,一问,琉璃厂早已经解散,工人自谋出路。佟青没有放弃,从朝阳区的派出所打听到简鹏的师傅家还住在朝阳区的万达新苑,决定马上去找汪师傅。

文慧在床上躺着,她想去省城做下彻底检查,又苦于没人陪伴。母亲在她和秦岭离婚三年后去世，在这个世界上，除了儿子卓尔再无亲人。秦岭还没消息，他不知道前公爹是否和秦岭联系上，卓尔还小，有些话不适合他来和父亲说，所以文慧把希望寄托在公爹身上，他比卓尔更有话语权。可是，时间一天天过去，秦岭依然没有消息，文慧有些失落，拿着之前一家三口人的照片发呆，她自责自己当初太轻率，在秦岭最失意的关头离婚，铸成大错。叹口气，文慧翻身找来手机，给在一起生活三年的大李打电话，电话响了许久，终于接通了。文慧告诉大李，想去省城医院检查，确诊病情，希望他陪同。大李半天才说："我走不开，自己去。"说完，果断地挂了手机。文慧伏在床上无望地哭泣。

秦开山对文慧的想法也考虑好了，他打算说服性格刚烈的儿子。为解开儿子和文慧之间的爱与恨，他想了很多天，想规劝儿子文慧是他结发妻子，一起生活十七年，柴、米、油、盐为这个家操劳过，没有感情还有恩情。再说文慧为他生了儿子卓尔，含辛茹苦培养了十七年，纵然离婚，对秦家后代也有养育之恩。他们十多年夫妻，谁对谁错都已经成为过去，现在文慧生病，作为曾经一个房檐下生活过的夫妻，应该回来看看。至于是否复婚，那要看秦岭个人的想法。他不反对复婚，但也无法说服儿子复婚。秦开山决定找个时间，把文慧的遭遇说给秦岭。他觉得应该把文慧想要和秦岭复婚的事告诉孙子卓尔，卓尔也是家庭中的重要成员，有必要知道这件事。秦开山把文慧的境遇说给了卓尔。

此刻，卓尔还在社区诊所输液，他接到爷爷的电话，告诉他多年不曾和他联系的妈妈生活陷入了艰难，希望和爸爸复婚的事。卓尔早就和妈妈通上电话，心思缜密的卓尔怕爷爷牵挂所以没告诉他。四年没有妈妈的消息，虽然对她心怀不满，但妈妈就是妈妈，虽然心里不想原谅，但还是对她牵肠挂肚，他不知道怎么和爸爸说，只是答应爷爷有时间会回淞江去看望妈妈。

滨海市的强拆一经报纸曝光，便引来一场轩然大波，对于滨海市上下级领导班子不亚于一场地震。新闻头条上红色油彩醒目地写着：大年三十睡狗窝，强拆让他丢了家。内容写的强拆大部分是贾文海的一面之词，犀利的语言，把滨海市这几年的城市建设中发生的强拆事件批了个狗血喷头。首先，滨海市各级领导看了报纸坐不住了，这简直就是滨海市在棚户改造、城中村拆迁中最大的失误。一个钉子户完全让滨海市的各级领导没了主张，市委书记任冬拿着报纸，仔细和市人大主任黄昆仑分析核实曝光内容。黄昆仑根据自己多年来对滨海市拆迁部门的了解，详细地把自己所了解的情况和任书记做了交代。市长吕铎以及住建委、城建局、拆迁公司一众领导都紧张得大气不敢出，随时等待领导对他们的审查。

因为德仁拆迁公司的“强拆”事件被省报记者曝光，引起省里关注，副省长专门把滨海市委书记任冬和市长吕铎叫到省里，听他们汇报滨海市的拆迁工作。副省长见到任冬后，把手里的报纸往他面前一摊，问他：“怎么回事？你们滨海市也想学习外省、市那些血拆、强拆的经验吗？一个钉子户，上访十几年，爬火车去北京，抓回来，又跑省里、市里，夏天去拦截领导的车辆，又在两会上举牌子喊冤，为什么捂着盖着不查？作为当地领导干部，简直就是失职！这样动不动就搞暴力拆迁、强制拆迁，造成流血的拆迁单位，还有必要保留吗？”吕铎无言以对，额头冒汗，点头称是，并连连承诺回去严查。

相反任冬书记显得很沉稳，他把钉子户贾文海这些年的上访材料及多次经过法院审理的判决书，一并交给省领导。

曝光事件无疑也给德仁公司投下一颗不小的炸弹。武军拿着曝光的报纸，大骂贾文海是个十足的江湖骗子，为了敲诈补偿款，硬是把黑的说成白的。那两位省报的记者道听途说，没有经过深入采访，报道不实新闻，破坏社会和谐，只为抓人眼球，只会炒作，他们的拆迁公司暂时保留对俩记者诉讼的权利。武军要把公司被登报的事告诉秦岭，又一想，秦岭现在蜡头两头烧，担子够重的，本来公司里的事还是应少让他分心，但是，这么大的事情能瞒住吗？何依萍说，这么大的事情不能对领导隐瞒，建议还是要报告给秦岭，武军只好打电话给秦岭。

贾文海得知自己的事上了报纸，抑制不住兴奋，心想还是省报记者有能耐，说登报就真给他登了报。他从砖头堆里拖出电动车，拿一块抹布掸了掸上面的灰尘，骑上去，“突突”地打着火，他想着是去林业局还能要到当天的报纸，本村老孟在林业局门卫打更，找老孟要两份报纸不难。在林业局门卫，贾文海告诉老孟，省报记者有一个是他表姑的四大爷的亲侄子，人家省报记者是主持正义的，把他这些年想达成的心愿登在报纸上，看看这下还有没有人管。以后上访，凭着这份有说服力的报纸，比写上一千份上访材料还管用。贾文海打官司告状多年，深谙此道。老孟不说话，只是对他竖起大拇指，不知道是褒还是贬。

在省里的市委书记和市长，紧张地盯着省领导手里一份份上访材料，不断地回答省长对他们的追问。任冬来滨海市就职后的半个月时间，专门深入到滨海市正在整改和拆迁的现场进行民意调查，并把相关情况整理成文，因此，对滨海市的各类拆迁动迁和在建的地块了如指掌。对于秦岭，他也有所耳闻，并亲自带队到佛塔村的被拆迁户中间，了解佛塔村的安置房建设进度和刚启动的东岭村的拆迁进度。从滨海市近几年的被拆迁户口中，他对秦岭有了细致和正面的了解。因而他打定主意，力保德仁拆迁公司。

省领导对任书记的护犊子做法不理解，问他凭什么袒护一个被记者曝光的拆迁公司，这样有污点的拆迁企业为什么不严查严办？任冬书记说:“省长，我在滨海任职近两年，滨海的城市建设是我主抓的一项工作，为此，我经常下去到被拆迁户中，问他们在拆迁中有没有发生过非法强拆事件。德仁拆迁公司在滨海市口碑最好，拆迁五年，没发生一例拆迁群访案件，更无一例伤亡案件。滨海市拆迁公司大大小小有十多家，零碎事件不少，贾文海漫天要价，把上访当职业，颠倒是非。我对两名记者不经查实就曝光的工作态度持保留意见。还是在上任不久的时候，我去到佛塔村拆迁现场，亲眼看到了贾文海在被政府依法强拆的原址上盖起的简易棚。由于贾文海这个临时搭建的‘房屋’，使西江区佛塔村三千多口人回迁延期。贾文海之流索要的大价补偿款，暴露出有些拆迁户的贪婪和无底线。贾文海在滨海市两会期间递交给吕铎的上访材料我也看过，也责成属下和秦岭研究处理过，可是贾文海的诉求始终不改变。”任冬上任的头等大事，就是要首先使居民按时回迁，他在考虑怎样解决贾文海上访事件的时候，恰逢市里召开两会，于是贾文海的事件被搁置下来。

副省长听了任冬的介绍，对滨海的暴力强拆事件重新有了认识。他要求任冬尽早解决这样的钉子户的上访问题，不然会对滨海市的政治环境造成影响。

任冬和吕铎连夜赶回滨海市，他让秘书办起草一份关于滨海市德仁公司的拆迁材料，如实汇报了解到的“强拆”事件。省委宣传部门对两个没经深入采访就形成文稿的记者给予处分。此事在全省造成很坏的影响，助长了贾文海之类的钉子户们的嚣张气焰，并对两位记者在对敏感的拆迁事件上的错误报道，导致社会的歪风邪气被推波助澜，省委宣传部门要求两位记者为此事件登报道歉。

两个记者本来想法挺好，本着为民发声的主旨，当然也存在想一炮出名的私心，却遭到报社通报批评，审查稿件的总编辑降职。两个采访不深入的记者苏平和崔牛牛为此登报道歉。这真是吃一堑长一智，正所谓出名有风险，报道要谨慎。

武军气愤地拿着报纸，把曝光的消息告诉秦岭，秦岭此时还在等待简爱的报告，听说德仁公司被记者曝光，觉得无语，德仁拆迁公司根本就和记者写的情况背道而驰。他告诉武军，公司内部不要慌乱，清者自清，浊者自浊。不要解释，时间会证明一切。

武军把报纸锁在文件柜子里，等到秦岭回来给他个交代。他和大家说：“我们经理当初也是为钉子户崔洛卜打过官司，要是把贾文海换作崔洛卜，那两个记者说不定会受到嘉奖呢！”这起记者暗访报道拆迁案件就这样告一段落。上午在市政府办，召开了滨海市城中村和棚户区改造综合调度会，武军拿上材料，赶去市政府开会。

早在去年刚上任时，市委书记任冬就把滨海市的全貌考察了一遍，市内的危房和棚户区的脏乱差现象，虽经上一任市委、市政府领导改造，得到了相应的改善。但是像东岭村和山东堡这样的城中村，前后启动拆迁七八次，都因为补偿方案无法达成一致而搁浅。几个城中村和棚户区夏天脏水遍地流，冬天废纸满天飞。电线像蜘蛛网一样把一个城中村胡乱串在一起，违章建筑数不胜数，一旦失火，别说消防车进不去，就连人都跑不出来。为此，任冬书记内心很焦急，城中村的改造迫在眉睫，新一届领导班子将不惜动用一切力量，冲破阻力，不遗余力地把启动多次的山东堡村加以改造。正是鉴于此种情况，才决定召开专门会议研究落实拆迁改造事宜。

秦岭在北京得到通知，但他不能丢下简爱不管，只能安排拆迁办副主任武军代替他去市里参加拆迁前的动员会。

西江区拆拆迁改造指挥部的游鸿前脚刚到市政府会议室，武军和尹宁就到了。尹宁悄悄问武军，秦岭呢？武军说秦岭还在北京，有事回不来。尹宁表示理解。他对武军夸奖德仁拆迁公司把东岭动迁入户宣传工作做得不错，大多数老百姓很配合。想来后期拆迁工作难度不会太大。秦岭是滨海市连年获得好评的拆迁部门优秀负责人，很会做群众工作，群众基础很好，武军点头。尹宁还对武军透露一个小道消息，自己下一步要被市里从东岭村发配到最难啃的山东堡村去分管拆迁了，他为此都头疼死了。

武军笑了，他笑的是他们德仁拆迁公司幸亏没被派到山东堡去，那里的原居民大都是清朝前期，拖儿带女来此落脚的闯关东来的山东人，祖辈遗留的骨子里倔强而固执的性格，使得山东堡的山东人的后代们，犹如梁山好汉一般抱团，在滨海市坚守聊以生计的土地，他们坚守本分又不好通融的个性是出了名的。为此，说到拆迁，首先考虑到的是山东堡的1600户居民要怎样才可以顺利迁出。他对尹宁打趣说：“那可是块大饽饽，孙保赢当初中了标，听说春节前就启动山东堡拆迁了，我还听说孙保赢被砖头打伤，年三十是在医院过的。”尹宁挨着武军坐下来，武军说：“孙保赢对外封锁消息，怕影响不好。山东堡村要是按政府规定时间迁出，安全顺利不出乱子，孙保赢在滨海市的拆迁工作就要超过秦岭，在滨海他就是老大，不过我担心他那小体格经不住板砖拍。”尹宁笑了，他故意压低声音说：“孙保赢当初拿下山东堡这块肥肉，着实高兴好一阵子，这才刚开始，脑瓜就在大过年被人开了瓢。我看秦岭天生就是为拆迁生的，自打他来滨海搞拆迁，就没碰到真正的抗拆户。这活适合他来做。”武军斜眼看看尹宁，赶紧推脱：“你饶过我们经理吧，贾文海那块骨头还没啃下来。东岭那边还有贾保利串联三十多户对抗拆迁，经理老上火呢。再说，孙保赢说不定明天就把山东堡村拆了，干顺溜了，您也可以官升一级！”尹宁扑哧一笑说：“武主任把我看成是官迷了，我这回不把命搭在山东堡村就不错了。”两人的谈话被坐在后面金朝拆迁公司副主任海虾听见，他干咳两声，表示不满。武军才注意到海虾坐在后面，两人停下交谈。

市长吕铎走进来，各局领导依次而坐。市长吕铎并未宣布开会，而是说城中村改造关乎我市城市形象，市委非常重视，一会任东书记要参加这个会，并做出重要指示。

第六章　另辟蹊径

任冬四十岁出头，斯文而干练，带着茶色近视镜，目光深邃，梳着毛寸短发，洁白的衬衫，深蓝色西裤，身材修长，言行举止显示出他果敢坚毅的个性。他巡视整个会场，见参加会议的各局机关干部已经全部到位，便开始全市拆迁区域的“战前动员”。他已经把亟待改造的几个大型城中村做了全面的摸排和了解，对城中村的情况已经了解得比较到位，任冬首先针对在拆迁中出现的暴力、强拆现象进行了严肃的批评，强调面对拆迁户们要阳光、公正、透明，决不许非法强拆强迁，尽量耐心听取群众的要求。最后任冬总结说：“你们拆迁指挥部和拆迁公司的工作人员是滨海市的功臣，因为有了你们，滨海市才有了日新月异的变化，目前，滨海市正在朝着国际大都市行列迈进。在我这一届，我希望咱们共同努力，让老百姓搬出脏、乱、差的低矮民居，住上宽敞明亮的回迁楼。我要向大家重点说明的是，不许出现暴力、血腥的野蛮拆迁行为，哪片拆迁区域出事，我就撤主管领导的职。任冬把目光停留在尹宁身上，问道：“尹区长，听说德仁拆迁公司在拆迁工作中，有一套自己的办法，今天秦经理来了没有？给大家介绍介绍经验。”

尹宁站起来，对任书记说：“任书记，秦岭有事还在北京。要说拆迁经验，最能说到点子上的还是秦岭经理。等他从北京回来让他给大家详细谈吧！”尹宁用征询的眼光看着任书记。任冬说：“好，等他回来，我要见见他。我现在就需要这样有经验的拆迁人才。”

吕铎拿出文件，宣布尹宁兼任西江区山东堡村拆迁改造总指挥。尹宁在欣然受命的同时，向领导提出山东堡是全市最难啃的一块骨头，希望领导给自己时间，最好是派个秦岭那样的拆迁专业人才来配合。

任书记开门见山地说：“我来滨海市上任已经一年多了，对于山东堡村的拆迁工作，我们市委和市政府意见统一，要求开展一场百日拆迁攻坚战，争取三个月拿下山东堡这块拆迁高地，解决我市西出口形象问题，否则我们对不起全国旅游十佳城市的称号。事前我了解到，山东堡村曾启动了七八次拆迁，都是因为补偿存在比较大的争议而搁浅。年前，山东堡的动迁就开始启动，但是，进度慢得出乎我们的意料。据我了解，金朝拆迁公司的孙经理被老百姓打伤，现在还在医院里。我看，滨海市再也找不到秦岭这样的拆迁人物，除非把秦岭掰成两半，否则恐怕也来不及。”大家哄堂大笑。尹宁也觉得这个要求有点强人所难，毕竟在滨海市只有一个秦岭，他自己也禁不住笑了。

武军看着尹宁，心里明白，尹宁分管山东堡的百日拆迁攻坚战，谁不希望跟一个强有力的拆迁公司合作。孙保赢的拆迁公司他确实也觉得不靠谱。

任冬开会和别的领导不一样，他不喜欢车轱辘话反复推。今天的会议不到一小时，议程全部结束，他带着住建委的蔡静波和尹宁一众，前去山东堡村查看孙保赢拆迁工作进展情况。武军承担了秦岭的工作，回到东岭村，和何依萍他们对被拆迁户们继续入户谈心，找切入点。

秦岭和万灵去北京的一家市场，买来一只乌龟，他要杀了给简爱补补身子。万灵让秦岭把乌龟带到她家炖煮。小乌龟尚显稚嫩，青皮壳子还有些软，它昂起头，在盆子里惊恐地咕噜着晶莹的绿豆眼，望着提着菜刀的秦岭，退缩到瓷盆边缘。万灵捂住眼睛不忍心看着这残忍的一幕。

秦岭看着可爱的乌龟，放下菜刀，决定拍一张照片发给简爱，让她高兴高兴。

这几天的简爱脸上已经有了难得的红晕，有秦岭照顾，她似乎看到了生命的曙光。她看到秦岭发来的乌龟照片，看着乌龟明亮的眼睛，似乎在求救，她心软了，马上发微信让秦岭刀下留情，放了小乌龟。

万灵家厨房里，万灵已经递来接乌龟血的白瓷碗，却收到简爱一连三条的赦免微信，秦岭只好按照简爱的吩咐，和万灵把乌龟放生。他们决定给简爱炖只乌鸡。

秦岭把简爱母亲让他和简爱结婚的事情告诉了万灵。万灵吃惊，并坚决地阻拦秦岭迎娶简爱，她问秦岭，简爱知道她母亲的要求吗。秦岭说他不想让简爱知道的太多，铸成母女间的隔阂。万灵坐在沙发上，埋怨秦岭，总是照顾别人的感受，倒给自己找苦吃，斥责简爱母亲纯粹是强人所难。她让秦岭认真想一想，千万不要义气行事。

秦岭把剁好的乌鸡块放到汤锅里，解下围裙，擦擦手，对万灵说："我已经想好了，简爱健康时候不娶她，是因为相信她可以找到比我更好的男人疼她爱她，现在简爱需要关爱，却无人能给，该是我站出来承担责任的时刻了，我不能退缩。昨晚我已经想好，我要找个时间，正式向简爱求婚，然后，等简爱做完手术，就和简爱结婚。"

万灵看着秦岭半天，欲言又止，她太了解秦岭的个性了，只要他答应的事，基本就不会改变，所以，万灵只是长长地叹气，心疼地看着秦岭说："你要想好，这样你会很苦的！"

秦岭笑笑，拿起保温饭盒，一边在水池里洗刷一边说："只要简爱高兴，就会延长她的生命，我没什么苦不苦的。"万灵眼里有泪溢出，她急忙掩饰，回身走出厨房。秦岭在厨房伸出头，对万灵大声分派任务："嘿，求你件事，有时间帮我和简爱订一套全北京最好的婚纱。"万灵打趣道："土豪就是土豪，为了简爱真舍得。"秦岭停下手里的活儿，想了想，看着万灵手里打着的粉红色围巾说："万灵，我是个重感情的人，钱财对我来说只是个数字，有什么能比感情这种东西更有份量？现在简爱很可怜。

拜托帮我把这件事办好。”万灵把手里的围巾举起来说：“我在为你们准备结婚用的礼物，这条围巾打好后，我就把它送给简爱。”秦岭高兴地说：“这还差不多。”

此时，冰凌和卓尔在社区门诊经过简单处理，额头的伤疤已经没有大碍，天一亮，他们一起赶回到冰凌的家。

卓尔一进门，便闻到香味，两人见到他们正在炖乌鸡，以为是给他们吃的，很高兴。万灵说是给简爱阿姨补身子的。卓尔和冰凌关切地问简爱阿姨怎么样。秦岭说没事，他看到儿子额头上包块纱布，问他怎么了。卓尔说打球不小心碰到了。秦岭叮嘱他注意安全，习惯性地和儿子拥抱一下，拍拍卓尔的肩膀。冰凌为卓尔端来茶水。秦岭问卓尔和冰凌毕业后有什么打算。冰凌坐在沙发上，看着卓尔，思索着。卓尔端着茶杯，想了想说，他想留在北京发展。秦岭支持卓尔，但还是建议他先回滨海市去他的拆迁公司锻炼两年，等有了一定的社会经验，再去外地发展也不晚。不想卓尔却一口回绝父亲的安排，摇头说打死也不去跟他做拆迁，太折磨人，简直就是虐心的差事。冰凌反驳卓尔说：“越是艰苦的差事，越能磨炼人的心性，我倒想回到滨海市，去秦伯伯的拆迁公司磨炼磨炼一下。”卓尔不作声看着冰凌，心里想着如何张口和爸爸提妈妈生病的事。正在为难之际，秦岭的手机响了，是秦开山，他接听电话，秦岭的眉头紧皱起来，听着父亲秦开山说完，秦岭看着卓尔说：“爸，不是我无情，当初她根本没考虑过我和卓尔，现在想让我和她复婚，美其名曰为了孩子，当初她离开我们时想过孩子吗？想复婚，不可能！”秦开山不停地劝说气头上的儿子，也许是他的建议奏了效，秦岭看着卓尔，答应带文慧到北京301医院做全面检查。秦开山那边才放心地挂了电话。

卓尔看到爸爸的态度，没等他放下手机，便深情地对爸爸说：“谢谢爸爸！”秦岭懂得儿子的心事，安慰儿子别担心。

万灵得知秦岭前妻项文慧生病，又被男朋友抛弃，心里同情项文慧，也赞成秦岭把项文慧接到北京看病。她很想把秦岭和简爱结婚的事告诉卓尔，让卓尔劝说他爸爸，但看到秦岭遇上这些理不清的乱事，只好暂时把话打住，咽了回去。

万灵烧了一桌子的饭菜，大家一同用餐，秦岭没有胃口，只草草吃了几口，把简爱的病历装好，又把乌鸡汤装到保温饭盒里，便和万灵去医院看望简爱。卓尔也带着冰凌返回学校。

秦岭和万灵把煲好的乌鸡汤送到医院，简爱幸福地喝着秦岭亲手煲的乌鸡汤，万灵和简爱母亲在一边说话。秦岭一边喂简爱喝汤一边小声试探地问："简爱，你心里有最爱的人吗？"简爱说："原先苦恋钟若明，最终看不到结局，现在我谁都不爱了。"秦岭停下手里的勺子，盯着简爱郑重问道："你心里爱过我吗？"简爱盯着秦岭，眼泪缓慢地划出眼眶。秦岭明白简爱的心情，作为男人，他心里明白一个女人爱的真诚还是虚假。他已经明白简爱对他的感情，不再追问下去，小声说："我们结婚吧！"简爱惊异地瞪大眼睛，一瞬间，一丝光亮流星一样骤然划过简爱明亮的眼眸，随后她闭上眼睛，摇头说："你开什么玩笑？我现在谁都不爱。还结什么婚？"秦岭严肃地说："我已经决定了，日子打算定在5月1日，我接你回到滨海市，你不是喜欢大海吗？婚礼就在海边举行。咱们也办一场隆重的沙滩婚礼！"简爱看着秦岭严肃认真的态度，凄然一笑说："不要开玩笑，你现在娶我是施舍，但我不需要。你能来，我已经很高兴了。"简爱有些气喘。秦岭放下手里的汤碗，扶着简爱躺下来，让她好好休息一下，他附在简爱耳边说，他已经让万灵在北京最好的婚纱店为他们挑选婚纱。

简爱悲戚地把脸埋在枕巾里，坚决拒绝秦岭，她不想穿上秦岭为她定制的婚纱。

这时，秦岭手机响起来，是拆迁公司打来的。武军通知他市委书记点名要见他。下周二全市召开城市改造工作会议，让他一定要回来参加。

秦岭悄悄告诉武军，他今天就返回滨海。

秦岭放下手机，默默地看着简爱。简爱看出他有事，非常善解人意地说："这几天有你陪伴，我很满足，我知道你是个事业心很强的人，你不要惦记我，别让我失望，回去把拆迁工作干好，等我身体恢复好起来，我回滨海帮你。”

秦岭坐在简爱身边，充满了不安和牵挂。简爱劝他，如果他总是这样在这里耗着，她会心不安，这样对养病没有好处。秦岭无奈，告诉简爱，这段时间要好好调养身体，等待造血干细胞捐献者，要相信奇迹会出现。简爱苦笑，催促秦岭赶紧回滨海。

无奈，秦岭只得和简爱告别，并他把自己和简爱准备五一结婚的事告诉了简爱的母亲，简爱母亲脸上露出笑容，答应为女儿筹备婚礼。并把简爱的病历拿出来交给秦岭。秦岭带着对简爱的无限牵挂和疼爱，准备去见穆征，然后连夜赶回滨海市。

秦岭和万灵驱车赶到中央党校，在穆征的办公室见到了穆征。穆征责备万灵来北京这么久，而且就在自己的眼皮底下上课，竟然不打一声招呼。万灵端着穆征递来的茶水，连说：“不好意思，其实真的有很多次想联系，都是因为还没准备好。”穆征笑了，然后安慰万灵：“海东经过改造洗心革面后，社会是不会抛弃他的，到那时，把余生好好奉献给社会。等到我老了，说不定也去滨海市定居，到时候，我和海东好好谈谈他的感受，他为官一任，是怎么把自己搞得这么不争气的。”万灵淡淡地笑笑，喝她的茶水。

秦岭把简爱的病历拿给穆征，嘱咐他，让他的妻子看后尽快把结果告诉他。穆征让他放心，他会尽力。秦岭临走前打趣穆征，万灵孤家寡人在北京，看在当初追过万灵的份上，多加关照！万灵看着秦岭清瘦的面容，心突地疼一下，心想这个男人一直把别人放在心底里，却从来不为他自己打算。

秦岭把简爱的病历交给穆征后，便匆匆和万灵他们告辞，驾车赶回滨海，准备参加全市城市改造大会。

任冬书记和市长吕铎、拆迁改造指挥部的游鸿、尹宁，住建委主任蔡静波等部门领导，一行人来到列入拆迁计划的山东堡村，对拆迁情况进行摸底调研。海虾找机会赶紧给孙保赢通了气，告诉他，书记和市长来到山东堡了解拆迁进度，让他赶紧到山东堡拆迁现场。由于事先没打招呼，对于没有准备的孙保赢来说，领导走访调研很突然，他还在医院静养，春节前脑袋挨了王焕春一砖头，到现在睁眼睛就迷糊，医生说差点就砸了个脑震荡，必须静养两个月才能出院。孙保赢不对外透漏口风是怕影响拆迁，好不容易在姐夫蔡静波的斡旋下拿下的山东堡，他不能把到嘴的肉吐出来。他隔三差五坐车在山东堡走一圈儿，再回医院，拆迁现场管理工作暂时由海虾主抓。孙保赢刚从山东堡回来，气还没喘匀，海虾又打来电话，又赶紧穿鞋，让司机带着他来到山东堡。

蔡静波问海虾："你们的孙经理呢？"海虾紧走几步上前，对蔡静波他们说："孙经理出去办事，马上回来。"

正说着，一辆小轿车带着一路烟尘戛然停在村口。孙保赢脑袋还包着白色纱布，故意在秃脑袋顶上加戴顶蓝色夹帽，乍一看有些不伦不类。他加紧脚步赶上市委书记任冬和吕铎市长，看见了一边观看街旁门脸的姐夫蔡静波。他先和任书记打声招呼，任书记没认出他，蔡静波上前介绍说，这就是负责山东堡拆迁的金朝拆迁公司经理孙保赢。任书记早听说金朝拆迁公司虽然人员不多，但是在滨海也算上是拆迁干得最早的一个元老级的单位，看到蔡静波介绍的孙经理，个头不高，尖嘴猴腮，身子骨像一条没长成的丝瓜，他穿着海蓝色夹袄，没扣扣子，蓝色裤子，大脑袋顶着蓝色帽子，脑袋上缠着醒目的白纱布，像刚从战场下来的，没有一点公司领导的形象。

村民看到市委书记来考察拆迁大事，纷纷关上街旁的门市，出来观察动向，看市领导对山东堡拆迁工作是否有新政策要颁布。还有外来做生意的，拆迁补偿没他们的事，他们只是看西洋镜一样跟着凑热闹。人群随着市委书记、市长的脚步由东向西涌动。王焕春听说市委书记来到山东堡关心拆迁大事，急忙把割肉的刀子扔给搭伙过日子的男人郝大顺，手忙脚乱地解下挂满油渍的围裙，一边跑出市场，喊上开饭店的钱有才夫妻、开麻将馆的曹立本，几个人挤进人群。

柳树林重新把绷带找出来，又把胳膊吊起来，跟着一群人往山东堡最热闹的商业一条街涌去。在人群前面，他看到村书记万泉河、村主任唐跃海、妇女主任温暖、会计何大鲁和他的儿子柳明，一齐挤到市委书记身边，热情接待市委书记查访民情。柳树林站在王焕春身后，看到脑袋缠着纱布的拆迁公司经理孙保赢，得意地想找机会，给他再凑一本。王焕春心里还担心孙保赢朝她要医疗费，那一砖头是想警告孙保赢。

任书记听蔡静波介绍孙保赢，觉得这可真是人不可貌相，海水不可斗量啊，孙保赢在街上走，就是个地道的农民工，根本不懂得修饰自己，形象太差。他低头问孙保赢："你的头怎么了？"孙保赢突然听见市委书记的关心，原先想好的汇报词早退回到大肠里，他摸摸头，站在高大的市委书记身边，干笑两声说："不瞒书记，前段时间贪杯，摔的。"

听见孙保赢撒谎，脾气直率的王焕春站过来，指着孙保赢对任书记说："书记，他撒谎。他那头是拆迁补偿测量不公被人打的，咱村人老恨他呢！再这样拆下去，指不定还得出人命呢。"柳树林听出端倪，抓住机会，挤到任书记面前，他把包着绷带的胳膊举到书记面前，说这是孙保赢派人打的。任书记问柳树林抓住是谁打的了没有？柳树林说光知道是孙保赢的拆迁公司里的人，叫什么不知道。这人已经被孙保赢安排到其他部门。人群里有人大声附和："赶走孙保赢！他是吃骨头不吐渣的主儿！"

任冬看着恨不得满身长嘴的村民，对孙保赢的印象变得更加恶劣。一个拆迁公司，一户没拆，竟然就惹得拆迁户们怨声载道，这样下去，还不惹出乱子。

万泉河赶忙对着混乱的人群打手势，让大家静一静，听书记讲话。但根本没人听他的，此起彼伏的抱怨声一浪高过一浪。

任冬本来想和村民面对面交流，但是看到这样的场面，他皱紧眉头，和吕铎悄悄嘀咕了几句。那边的蔡静波脸色铁青，不满地瞪着孙保赢。

柳明悄悄近前把父亲拉走，在人群背后埋怨说："爹，快回家去吧，丢人。"柳树林脸一红，嘴里悄声骂："混球，我丢什么人了？"

孙保赢知道姐夫对他不满，看见王焕春一副要讨伐他们的模样，心头的火苗早就腾起来，发誓早晚要找这女人算账。海虾见状，忍住火气，唯恐王焕春再说下去。赶紧拉住王焕春说："瞎说胡话，小心经理不照顾你。"王焕春不是傻子，听到这话，把嘴闭上，退回到人群里。

任冬看到孙保赢拆迁还没真正开始，便被拆迁户打伤，手下又打伤拆迁户，加上看到山东堡的村民对待孙保赢的态度，心里隐隐感到担心。今天的计划被打乱，想访出真正的民意民声是不可能的。他就简单地向孙保赢了解了山东堡的拆迁前期情况。孙保赢告诉他，他们是年前的11月份对山东堡村进行的摸底调查，春节后开始入户丈量宅基地和房屋。山东堡地理位置特殊，因靠近大学，学生人数多，购买力强。山东堡除了一条商业街和一个市场之外，村里几乎所有村民都把自家空闲的房屋开起了小饭店、小旅馆，有的干脆到外面租房住，把山东堡的房子全部用于经营。由于经营收益高，所以遇到拆迁，某些人，尤其是外来买房等着拆迁的市里的"能人"非要拆迁公司用商业房标准补偿。孙保赢说："任书记，我请求政府给我警力配合，山东堡村民动辄就撇砖头。"任书记没给孙保赢正面回答，今天的民意调查因为孙保赢的原因而变得不那么融洽，他对蔡静波说："山东堡拆迁暂时需要停下来整顿。"蔡静波不想孙保赢卡在半路干不下去，想为孙保赢打圆场，刚开口，任冬没等他说话，就带着政府领导上车，离开山东堡。

秦岭连夜从北京赶回滨海市，和衣睡个囫囵觉，醒来已经七点，洗把脸，又匆忙开车赶往市委，去见市委书记任冬。

淞江市的清晨，天还那么冷，秦开山惦记着文慧，带着老伴高淑彩，去菜市场，为文慧买来补品前去看望。

文慧正在为秦岭杳无音信和大李的狠毒无情掉眼泪，听到敲门声，开门看到前公爹和高姨来看她，顿时心里感到很温暖。秦开山把儿子秦岭的话告诉了苦苦等待的文慧，他对文慧隐瞒了秦岭对复婚一事的回绝，只是告诉文慧，等秦岭腾出时间，会带她去北京检查身体。秦开山对文慧目前的处境也无奈，他把话说完，就带着高淑彩离开了文慧的家。

文慧得到秦岭要带她去北京看病的消息，精神上仿佛有了支柱，身体似乎逐渐好起来，等待秦岭的回心转意，她自己支撑着身体去街上散步。

简爱母亲守得云开见月明，通过媒体的帮助，在广东省深圳市终于找到了前夫简鹏。简鹏目前是广东省深圳市一家电子加工厂的总经理，这是他自己的企业，他至今还是单身。最令佟青意外的是简鹏竟然带着大女儿简晴一起生活。原来，离了婚的简鹏从知青战友处得知前妻把大女儿送给了知青战友，便从战友处把女儿带走，自己抚养。现在女儿简晴大学毕业后和父亲一起打理生意。

佟青是个保守的人，可简鹏善于交际，男男女女朋友一大堆。佟青没有自信，总是怀疑简鹏有外遇，让他断了和那些朋友的交往。佟青给简鹏下了最后通牒，要那些朋友他们就离婚，要这个家就别和那些朋友往来。简鹏表面答应佟青和那些朋友断交，可他又没有背着妻子干什么见不得人的事，还是和那些朋友在暗地里接触。一来二去还是被佟青发现，佟青恼怒地断定简鹏百分之百有外遇，他被扫地出门，连一个孩子都不给他。所有人都认为：他这个“花心大萝卜”没资格带孩子，也培养不好孩子。

为此，简鹏懊恼很长一段时间，他说自己比窦娥都怨，佟青认识的人都认为他是因为有外遇才离的婚，所以他离开了佟青朋友圈子的视线。有一段时间简鹏曾经梦想着真的搞个外遇，可他真的不是有外遇的料。和简鹏接触的一大堆异性都把他当成“哥们”，后来简鹏试图发展几个不是“哥们”的异性也都不出所料地成了“哥们”。简鹏干脆想开了，没必要斗气了，婚都离了，有外遇就有外遇了吧。还不如振作起来做点事。因为简鹏朋友众多，这个出个主意，那个拿点钱，简鹏做起了买卖，而且越做越大。

这些年，简鹏不是没想过找小女儿和前妻。得知前妻把大女儿送人他就想跑到北京去找佟青打架，他担心佟青把小女儿也送人，佟青的所有朋友对他这个“陈世美”进行了集体封杀，他费了很多周折也没找到他们母女俩，所以他怀疑佟青可能带着小女儿离开了北京。有大女儿在自己的身边，又由于业务繁忙，他没倒出时间专门去找小女儿，但他内心始终牵挂着小女儿，坚信上天一定会给他机会，让他能关心到小女儿，否则他一生都会受到良心的谴责。现在，前妻来找他，得知小女儿生病，他和简晴与前妻相认后，便心急如焚地赶往北京301医院，为小女儿简爱做配型。

第七章　临危受命

这一切来得那么突然，佟青犹如坠入大海之人绝望之际抱住一块木板一样，她抱住大女儿简晴嚎啕大哭，多日来的艰辛和恐惧、担忧使她见到大女儿时，悲喜交加几乎虚脱。她恨不能插上翅膀，飞回到简爱身边。佟青带着前夫和大女儿，连夜赶回北京，来到简爱住院的医院。她忍住欣喜，不敢贸然把大女儿和前夫带到小女儿简爱面前相认。她们悄悄地在病房外看看简爱，她正在倦怠地昏睡中。万灵激动地对简爱的亲人说，这孩子有救了。

医生建议佟青马上就为简爱做配型。这一切，母亲还瞒着女儿简爱，怕影响她的病情，只说是志愿者来捐献造血干细胞。打算等到化验配型成功后，再告诉女儿。

手术结束后，简爱在万灵和母亲的陪同下看望“志愿者”。父亲、姐姐就躺在她的对面，他们都默默地注视对方，父亲愧疚又怜爱地看着病重的女儿却不敢相认。姐姐抑制不住的忧戚表情，引起简爱的注意，简爱看着姐姐，内心疑窦顿生，这个女孩子怎么和自己一个模子刻出来似的?

滨海市委书记任冬到达办公室，今天他约见秦岭，任冬一边整理昨晚没看完的文件，一边等着秦岭。

滨海市是个建市很早的古城，尽管历届政府领导班子为改造这座城市殚精竭虑，但是顽疾不是一时半会就能彻底根治的。城市越大，城中村越多。为了改善居民整体居住环境，提升城市形象，自任冬上任以来，已经拆了许多影响市容的违章建筑，老百姓都感到非常高兴。眼下，最令他头疼的就是老大难的山东堡，这里居住着1600多户闯关东过来的山东人，在山东堡生活了几代人的山东后代们，把祖先们的骨头埋在山东堡的地盘上，又在山东堡的地盘上兴建房屋，从渔民蜕变为城中村的“市民”。这里距离几所高校较近，尤其是秦山大学，和山东堡村仅一条马路之隔，村民们利用自己的住房开办宾馆、小饭店、网吧、私人诊所、游戏厅、理发店等等门市，生意前所未有地红火，那些当年打鱼的渔民们也收网上岸，干起买卖，年收入十几二十万不等。还有一些下岗的职工，早就对自己生存状况意见一大堆，也卯足了劲，要趁这次拆迁的机会，一次性把子孙后代们的生活问题解决掉。类似这样的居民，谁愿意痛快地搬迁？市里要求三年大变样，居民必须回迁。从拆迁到施工工期非常紧迫。先前中标的孙保赢的拆迁公司，刚刚试着谈了几个回合就折戟，这让任冬书记感到很不放心。任书记通过和其他领导研究，决定把山东堡的拆迁交给德仁公司来做。凭着秦岭的口碑，他心里更有底，把这块难啃的骨头交给秦岭，对他也是一次考验和磨炼，但他有点担心秦岭不愿意接这个烂摊子。

任冬书记想起佛塔村的钉子户贾文海，心里有些不快，对待这样把上访当成主业、漫天要价的钉子户，如果没有政府干预，仅凭拆迁公司做工作，很难做通。佛塔村的回迁楼已经竣工交了，但由于出入小区的道路被阻，无法进行验收。贾文海搭建的房屋坐落地点正好是要修建小区主干道的位置，贾文海不搬迁，这条通往小区的道路就无法贯通。为此，市委召集市级领导班子，针对贾文海的事件研究对策。经过研究一致同意，为了多数群众利益，不让回迁村民继续在外挨冷受冻，责成德仁拆迁公司，按照政府决定、法院裁定，由滨海市西江区人民法院、滨海市西江区城管局、滨海市西江区公安分局配合，对贾文海的“房屋”再次进行彻底拆除。

秦岭敲开任书记屋门，任书记和他握手，示意他坐下来谈。秦岭坐在旁边沙发上，心里有些忐忑，不知道接下来任书记有什么事要安排。

任冬向来性格直爽，也不做铺垫，便开门见山地说：“东岭村的拆迁听说入户摸排工作已经结束，拆迁户们绝大多数同意拆迁补偿政策。你们的宣传工作做得及时到位，看来东岭村的拆迁不是什么大问题。现在，市委、市政府决定派你负责西江区的山东堡村做拆迁工作。你可以组织两套人马，其中一套在东岭村拆迁，孙保赢在山东堡的拆迁再次陷入困境，经市委、市政府研究决定，孙保赢的金朝拆迁公司退出山东堡，由你们德仁公司负责接手拆迁。目前，山东堡处于整改紧要关头，领导之所以把山东堡拆迁工作交给你来做，是因为对你的工作能力是有信心的。你知道山东堡是咱们滨海市的门面，上几届领导把它列入旧城改造范围，多次启动拆迁，但直到现在也没真正实施，这里拆迁工作难点多，村民提的补偿条件五花八门，但我想在我的任期内，让滨海市在整体环境上得到改善。市委、市政府要求你们德仁拆迁公司打一场百日拆迁攻坚战，争取一百天拿下山东堡村的拆迁。现在，我需要你的支持！我不想听你找理由推诿！”任冬期待地看着秦岭，等待他的答复。

秦岭对任书记的临危受命感到突然，他没有丝毫的思想准备，本来当初对滨海市城市改造项目是经过全市十二家拆迁公司招投标的，山东堡是孙保赢中标地段，现在市领导已经研究决定的事，他要是一口回绝，一时还说不出口。秦岭惦记着东岭村的拆迁，不想接三起三落的山东堡村的拆迁工作，又不好直接拒绝任书记，秦岭考虑下说：“任书记，恐怕会让您失望，我对山东堡村的拆迁没有一点心理准备，说实话，东岭村的拆迁任务也不轻，我看，还是让孙保赢干吧。”任书记盯着秦岭看了半天，问：“怎么，怕困难？我已经把西江区区长尹宁调过来支持你。拆迁他还是有经验帮到你的。”秦岭说：“任书记，我干了这么多年拆迁，早就想歇歇了，原本想东岭拆迁交付后，就罢手不干了。”任书记就是任书记，不急不恼地把话拿过来，温和地说：“我理解你们做拆迁的和基层老百姓交涉、沟通很难，但是有困难就克服嘛，你不要马上回答我，回去好好想想，下周给我答复。还有，佛塔村老上访户贾文海一直上访，经过市委、市政府研究决定，由政府下达拆除通知，下月中旬，你们公司牵头，城管、公安、法院配合，对他家的违法房屋进行强制拆除。”秦岭一听，对这个新上任的年轻书记处理贾文海事件的果断很佩服，他和佛塔村村民早就等着这一天，看来佛塔村回迁指日可待了。

秦岭不再坚持，离开任书记，出了市委大楼，去见大洋集团总裁邓耀北，赶巧邓耀北要出差，他在楼道里匆忙把接手山东堡拆迁的事情告诉了邓总，并征求他的意见。邓耀北显得很高兴，说道：“市委、市政府把山东堡的拆迁交由你们德仁公司来做，首先是对你们的信任，其次这对于大洋集团也是件好事，我正想和市领导商谈拿地的事。山东堡规划是为了建设一个五十万平方米的巨型商业综合体。每年到滨海市来的旅游人口有两千多万人，可消费提不上去，关键是滨海市除了自然资源外，没有吸引人的商业，让人有钱没地方花。所以滨海市委、市政府在动脑筋，要让滨海的游客数和消费能力大大增长。根据大洋集团在滨海市多年的口碑，我想市领导会考虑我们的。”秦岭早听说信鹏公司的总经理吴新东一直想拿这块地，因为孙保赢拆迁进展得不顺利，所以政府才没对这块地公开招标。秦岭告诉邓耀北，这事要趁早，信鹏公司年前就把眼光盯在山东堡的开发上了。邓耀北摆摆手说：“你只管接下你的拆迁工作，其他的，我来办。”

有了邓耀北的话，秦岭回到车里，脑袋枕在车靠椅上，想起自己这些年就像陀螺一样，飞快地旋转在拆迁的漩涡里，像不倒翁一样摇摆倾斜，有时政策讲得嘴皮子都麻木了，老百姓就是听不进去，抱定自己的诉求不妥协。对那些不听政策，不配合工作的群众，无论他怎样把自己低到尘埃里，不分昼夜跑腿磨嘴，都无法满足拆迁户们的心里诉求，几年拆迁，他总结出一句话：“这活儿太虐心了！”他真的很累，干拆迁这么多年，他对山东堡早有耳闻，山东人义气直爽是出了名的，可是山东人倔强、抱团、认死理也是出了名的。那里属于城中村最具商业潜质的地区，这1600余户住户几乎家家有买卖，早就在80年代前后，他们就采用了前店后厂的模式，多数群众在自家的宅基地上见缝插针地盖起房子，几乎一夜之间，像种庄稼一样，把一茬红蓝色相间的彩钢瓦房种出来。有的作为店面出租，有的自己经营。做的买卖也是五花八门，开客栈的、开饭店的、开游戏厅的、开麻将馆的、水果摊子、香油铺子、镶牙的、开诊所的、卖菜的、开豆腐坊的。山东堡的买卖营生丰富到令人咋舌，这是滨海市最富裕的一个城中村。仰仗着离大学近、人气旺的优势，家家每年都有一笔不菲的收入，如果不拆迁，十年下来，收入就要翻几番。所以，拆迁补偿不好谈，老百姓心里都有小九九，人家要把三代五代的生计都用拆迁补偿款来找补回来，让他们乖乖配合拆迁，真是比登天还难。孙保赢的拆迁公司久谈不下，还挂了彩，最后弄得不战而退。虽然事实是市领导经过考察，对他们的拆迁公司失去了耐心，但孙保赢虽心里不服，可是山东堡确实让他从心里打怵。与其拆一个久攻不下的山东堡，还不如拆一个西岗村，虽然村子小点，但是村民顺从好说话，不憋气。孙保赢从姐夫蔡静波那里得到让他撤出山东堡的消息，起初不服，想问问市长吕铎怎么回事，他干不了的事，秦岭就能干好？蔡静波劝他急流勇退，识时务者为俊杰。山东堡是个布满地雷的“危险地带”，让秦岭去排雷吧。孙保赢觉得姐夫说的也不是没道理，虽然自己明知道拆迁山东堡是个美差，当初在姐夫极力斡旋下，才拿到山东堡拆迁的活，奈何自己道行不够，不能服众。好在他还有西岗村500户的村庄要拆。孙保赢想调养一下身体，西岗村拆迁不是太着急，他派办公室的海虾带几个人先去西岗村走走，先做前期的走访。

秦岭明白，在山东堡村搞拆迁，弄不好，不但拆迁功臣得不到，说不定还会背个罪人的骂名。孙保赢猴精，把啃了一口的桃子扔给他。

秦岭手机响起，是万灵打来的。秦岭迫不及待地问：“简爱还好吗？”万灵的声音因为激动颤抖着，把简爱的父亲和姐姐已经找到的消息告诉了秦岭。秦岭高兴地大声问："真的吗？真是天不绝简爱啊！这下简爱有救了。快告诉我，配型做得怎么样？"万灵告诉秦岭，她一直在照顾简爱，化验还没出来。穆征妻子看过病例后，建议简爱马上做手术。秦岭谢过同学穆征，他让万灵及时对他通报简爱的治疗进程，然后又把滨海市领导把山东堡的拆迁交给他们公司来做的事告诉了万灵。万灵说："我记得当时招标拆迁，中标的是孙保赢他们的金朝拆迁公司？"秦岭告诉万灵，孙保赢的拆迁公司的人在山东堡村打人，总经理孙保赢又被打，市里怕闹出事，就把他的项目收回。再说，孙保赢不想把时间浪费在山东堡，拆一个山东堡的时间，可以拆掉滨海市三个城中村，费力不讨好。市里领导考虑到他们大洋集团旗下的德仁公司在拆迁方面成绩斐然，就把这块骨头拿给他来啃，昨天，大洋集团高层邓耀北找他谈话，希望他把这活接下来。

万灵鼓励秦岭接过来，说山东堡在她任土地局局长期间，曾多次启动拆迁都中途搁浅，其实这事完全没有大家想象那样难。万灵对秦岭说："山东堡村民也都是有血有肉的人，你尽管拿出真诚和他们谈，没有谈不下来的。特殊情况特殊对待，分头做工作，给他各个击破。历届政府开展不下去，都是因为补偿谈不拢。你知道为什么到现在成了老大难的拆迁地块吗？当初拆迁一共启动七八次，每启动一回，房屋就种庄稼一样冒一片，导致政府补偿困难，才拖到现在，你秦岭不接手，山东堡拆迁就会搁置更久，无人能动得了。我建议你先从没有买卖的拆迁户做文章，他们动了，就好办。既然领导信任，我看你也有这个能力，不妨接下来试试。"

秦岭笑了，说他早就料想万灵会这么说！万灵问秦岭什么时间带项文慧来北京看病。秦岭说他正在考虑跟孙保赢交接完山东堡的事宜后，就回淞江接她去北京，简爱那里他不能丢下太久。

万灵放下手机，默默地站在自己家阳台上，望着外面鳞次栉比的高楼，想着自己该去看望金海东了。她找来背包，下楼去商场为金海东购买了一些他爱吃的食品和衣物。还有三年金海东才能被释放出狱。她又想到钟若明，是他害了金海东，同时断送了丈夫的政治生涯，现在没有亲属的钟若明，单身一人在监狱里无人探视，也是可怜，但万灵转念一想可怜之人必有可恨之处，也就不去想他。

简爱的生命再次露出曙光，秦岭觉得自己仿佛也跟脱胎换骨了一样，简爱健康就是他最大的满足。有了简爱，再大的困难都是浮云。秦岭心情前所未有地好，他一刻也不想耽误，驱车去找孙保赢，想了解一下山东堡的基本情况，再给任书记回话。

孙保赢是个有名的老狐狸，他对秦岭隐瞒了山东堡村棘手的几处拆迁难点，把在王焕春家和柳树林家的尴尬遭遇轻描淡写地一笔带过，一副做顺水人情的脸孔。他告诉秦岭的只是山东堡拆迁艰难的浮皮，内里的复杂他却半点都没透露。他说自己之前竞标拿下的拆迁地块太多，干不过来，干脆把山东堡送给秦岭来拆迁，有钱大家挣。

秦岭了解孙保赢，摸不到底细，也不想和他多废话，丢下一句："老孙，我看你干脆别干拆迁，去养狐狸最有门道。"秦岭上车，看到孙保赢咧嘴冲他笑。孙保赢的笑里有多层含义，他要亲眼看着自己多年的对手栽在山东堡。秦岭不服输的血性脾气遇上柳树林、王焕春之类的抗拆户，也不见得忍得下来。虽然以往没出过事，这次可不同以往，光王焕春的违规占地和柳树林家那两个大碉堡就够他喝一壶的。碉堡暗藏玄机，孙保赢心知肚明，他就是不想告诉秦岭，故意设局让他带领德仁一班人马去蹚雷破阵，他坐等看好戏。

孙保赢得意的不仅是这些，滨海市委、市政府为整顿市容市貌，决定扩大城市格局，改变城市整体形象，拆除市内有碍观瞻的违章建筑。经过姐夫蔡静波的举荐，孙保赢带领金朝拆迁公司负责拆除市内违章建筑。有政府部门下文明令拆除，任何单位、个人都要配合。这样抗拆、拒拆的风险大大降低，况且，专门在市领导眼皮底下干些漂亮活，以后在滨海市但凡有拆迁的活儿，还愁会落到别人手里？孙保赢心里暗自感激姐夫蔡静波，他得意地捻着下颏上几根胡须，看着秦岭开车离开他的视线，竟然呵呵笑出了声。

爱情的力量是神奇的，原本不想接下山东堡的秦岭，经过深思熟虑后，决定接过孙保赢交出的山东堡。秦岭和大家分析山东堡的拆迁难点，同时把东岭拆迁交代给武军、兰梅、李保中，留下二十六人在东岭村按照原工作计划继续按部就班地推进拆迁工作。

秦岭一夜未睡，找来山东堡村的户籍表，把从房产局调来的房产证、土地局调来的宅基地证进行分类，进一步对山东堡的经营情况分析判断，秦岭对山东堡村的基本情况有了初步的了解。东方天际已经晨曦微露，秦岭打电话给市委办秘书冯岩，约见任冬书记。冯岩让他八点钟到市委，任书记可能要下乡调研。秦岭答应后，约上拆迁指挥部的尹宁，一起前往。

秘书冯岩在楼梯口，见到来上班的任冬书记，把秦岭的意思报告给他。任书记让冯岩告诉秦岭，他马上要下去调研，答应明天上午八点约见秦岭。

秦岭等待冯岩的电话，见市领导是要提前预约的，任书记是个大忙人，整天下乡、走访、调研，一颗心全部在滨海市的发展和建设上。秦岭对他记得最清楚的一句话就是，“滨海市无论兴衰，我都肩负着道义和责任。”秦岭就佩服这样的领导，但是又为他的年轻和率真捏一把汗。秦岭还没出家门，他在整理昨晚上起草的山东堡拆迁方案。手机响起来，他一看是冯岩的，便顺手接听。冯岩通知他，明天上午八点任书记在办公室等他。

第二天清晨，秦岭把夜里赶出来的文稿拿上，和尹宁一起赶往市委开会。

会前，秦岭如约去了任书记的办公室。任书记看到秦岭，让他坐下来，问他考虑得怎么样了。秦岭说考虑好了，接下山东堡村的拆迁工作。只是时间紧任务重，他担心百日之内无法实现净地。任书记建议他先把东岭村的拆迁放一下，先把全公司拆迁工作人员调回来，全部投入到山东堡村，百日之内，必须拿下山东堡村的拆迁工作。秦岭看到任书记信任的眼光，不好再次拒绝，他向任书记保证：“我秦岭一定努力工作，争取在规定的时间内，拿下山东堡村的拆迁工作。但是……”任书记知道秦岭会向自己提条件，没等秦岭开口，任书记就说：“拆迁公司没有执法权，所有动迁工作靠的全是良心和智慧。但政府有强制执行力，老百姓是弱势群体，我们在拆迁工作中要同情、理解、照顾，但我们也不能姑息想借拆迁之机发横财的钉子户，只要能做到公平、合理、合法，我就是你的后盾。”有了这番话，秦岭开始对这位敢于担当的书记肃然起敬了。

市委、市政府主要领导和主管城建的副市长、住建委主任、市规划设计院院长，西港区区委书记，城建局局长等各级领导已经悉数到会。另外还有全市三十几家开发企业老总，其中就有大洋集团的副总经理付强、信鹏开发公司的吴新东等地产商领导也前来参加会议。

孙保赢带着拆迁公司的副主任海虾到了会场，他挨着秦岭、尹宁他们坐下来，其他十几位拆迁公司头头们陆续到场，人们低声交头接耳议论。孙保赢问秦岭：“听说钟若明快出狱了，你们老同学可又要在一起共事了。”秦岭说：“很好啊，我也希望他早点出来。”秦岭本想问孙保赢怎么知道的，可话到嘴边，觉得不如不问。孙保赢嘴里没有准话，秦岭对这个消息半信半疑。

任书记胸有成竹地走进会场，他用目光巡视下会场人员，说：“滨海市自改革开放以来，拆迁已经不是什么新鲜事，滨海城市改造的脚步和其他省市比起来，相对要迟缓些，一些老旧的城中村至今还没得到有效的改造。我到滨海市上任一年多了，走遍了滨海市新老城区、郊区村镇，其中包括十七八个城中村，有些正在拆迁，还有的已经列入拆迁计划中。期间，为了拆迁来市委抗议的、到法院打官司告状的，每天都有。听说最近C省出现一起恶劣的抗拆事件，死了两个人，影响很不好。所以我把大家召集来开会，是为了再次要向你们拆迁部门负责人强调，要做到和谐拆迁，阳光透明拆迁，让利于百姓。还有，我们为什么要把西江区的山东堡村交给德仁拆迁公司来做，主要是基于对德仁拆迁公司的了解，力避风险，临危任命德仁拆迁公司。大家都知道，山东堡村是滨海市长期以来历届政府领导最关注的地方，这是一直想拆又拆不动的地方。拆不动原因有多种，情况复杂程度众所周知。为了不耽误工期，金朝公司的孙经理主动退出来了，拆迁历来都是能者上，滨海要建成大都市，你们这些拆迁人功不可没。大家看看省外的海滨城市是怎么规划建设的，可以举例的有山东的青岛市、威海市，辽宁的大连市等，这些都是很好的典范。滨海市要想建成美丽的海滨城市，不能被暂时的困难吓倒。山东堡是滨海市的门面，为什么拆不得？以前涉及城市改造都是先易后难，到我们这届就破一破原来的老规矩，来他个先难后易，要敢于硬碰硬，难的问题解决了，易的问题就迎刃而解了。山东堡关乎我市西出口形象，我们是一个旅游城市，不能连脸都不要吧。再说说咱们的补偿政策，要合情、合理、合法，合情就是适当向老百姓倾斜，合理就是要考虑到历史原因，合法是兜底条款，既要保护被拆迁户的利益不受到损害，也要保护拆迁公司不受钉子户的纠缠。”

“拆迁公司要依法拆迁，政府各部门要依法行政，如果有谁躲事、怕事、不作为，那他现在就可以写辞职报告。如果大家把良心摆正，都勇于担事，也就不会出那么多的上访户，也不会出现那么多的钉子户，上访户、钉子户的出现跟政府前期的乱作为、现在的不作为有直接的关系。如果大家能做到不躲事、不推诿、不徇私枉法，出了事我负责。因此，再难也要克服，争取早日解决城中村的拆迁问题。德仁公司此次勇挑重担，如果山东堡拆迁在百日内圆满完成，我将代表市委、市政府对德仁拆迁公司进行嘉奖。”

秦岭对任书记说：“谢谢任书记和市领导对我们德仁拆迁公司的信任，不求嘉奖，但求无过。”

旁边的孙保赢捏着嗓子，不安地发出一连串的干咳声。

蔡静波说：“秦岭在滨海市可是有名的“剃头匠”，拿下个小小的山东堡算得了什么。”蔡静波意味深长地把话说完，就一直眼神阴郁地看着秦岭。

秦岭感觉出蔡静波话里有话，但只是淡淡地笑笑，没接茬。任冬问大家还有什么想法。孙保赢大声说：“没有想法，大家没有意见。”话音未落，思源拆迁公司的经理高原举手，他想发言。任冬点头，让他说。

高原说：“我有意见想反映给市领导，滨海市的拆迁市场混乱，大的拆迁公司存心想整垮我们，我们虽然是小的拆迁公司，但是我们活干得不差，金朝公司以大压小，抢了我们好几单的活儿。我希望我们这样的公司能受到政府的保护。”孙保赢瞪视着高原，威胁他要告他诬陷。高原没理他。任冬书记觉得高原的事情还是私底下解决好，他接着高原的话说：“作为市委、市政府主管部门，绝不会按资格站队，谁敢挑重担，谁能挑重担，谁就会被委以重任。”

秦岭虽然立下军令状，但是内心还是忐忑不安，自己从没在拆迁方面摔过跤，这次他真的不敢保证。山东堡情况复杂，不知道会遇上什么难题，秦岭内心祈祷这一次他能顺利地拿下山东堡村。

虽然保证说得理直气壮，慷慨激昂，但山东堡这块大石头也重重地压在秦岭的心窝上，使他无法安然入睡，秦岭干脆起身，在夜色中独自踱到即将拆迁的山东堡村。

第八章　渔村初探

夜色渐浓，山东堡村夜生活也拉开序幕。

山东堡早年是山海关内依山傍海的一处盐碱滩地，这里距离滨海市中心有十五华里的距离。当时山东的东各庄有几户逃难的乡民，逃到这里暂时歇脚，准备抓些鱼鳖虾蟹吃饱喝足，继续赶路闯关东。这里鱼肥蟹美，晚上鱼虾上岸，转身功夫就捞满一铁桶。领头闯关东的万家老大万向荣拍板，就把家安在秦始皇求仙入海处不远的海边。大家找来树皮麻布，埋上四根柱子，苫上棚子，白花花的海边开出几十朵颜色各异的“蘑菇伞”。为了生存，各家出力造了条小船，出海打鱼谋生，时间长了，这一片区被统称为山东堡。鱼老大万向荣就是山东堡的主心骨，出海打鱼翻了船、起了台风、死了人、东家夫妻打架、西家婆媳拌嘴、鸡鸭猫狗串门子大事小情，都要去找万向荣评理。万向荣索性带领村民建个祠堂，将其作为为山东堡村民评理诉屈的地方，不出村子就能为大家主持公道。祠堂门口挂口钟，谁家有事就敲钟，在海上几十海里也听得见“嗡嗡”的钟响，万老爷子赶海走得再远，只要听见钟声，就一定调转船头，光着大脚板上岸，把陈述苦情者的难题一一解决。

因为万向荣，万家成了山东堡最有影响的大户。其次是柳家、唐家、牛家。四大家族撑起个山东堡。近百年下来，山东堡的乡民早已经挑了油纸苫布盖的棚子，有钱人家换上黑色雕花的脊瓦，贫苦人家也盖了黄泥抹上顶的羊草房。由于羊草轻，经常被海上大风揭掉，房子就会变成秃顶，房主人不厌其烦地去盐碱地割来羊草，再次为房屋续上头发，日月变迁，几经寒暑，山东堡现在早已经把屋顶糟烂的羊草扯去，换上红色的彩钢瓦房，据说这瓦房能抗几级台风。

远望山东堡，一片崭新的红瓦白墙煞是好看，由于城市不断地向农村蚕食，这里已经变成上千户居民居住的市井村镇，山东堡自然而然成了滨海市最大也最富裕的城中村。这里的村民除了在街上的门市经营各种买卖外，还有些人在海边的滩涂上养殖对虾、多宝鱼之类的海产品。山东堡村虽然比不上都市的繁华，但也是个富得流油的城中村。

这几年听说要拆迁，渔民们早就放下船桨，在自己家门口做起各种买卖，山东堡村民们几乎家家搞经营，一本账早就算得滚瓜烂熟。在城市改造和扩建中，有的人尝到了拆迁的甜头，为了多得补偿，插建东西厢房，前店后院，有的甚至把平房加盖上多层楼房，又是栽树，打井，见缝插针，真可谓是:“一夜暴富，福泽三辈”。

山东堡村原先四大家族仍然是村上的大户，只不过万向荣的子子孙孙就像出膛的烟花，异彩纷呈地飞向四面八方，过自己想过的生活。如今，山东堡村仅留下万向荣的嫡孙万宝良。这个万宝良也非等闲之辈，民国他太爷爷那一辈在海上打捞上来几百个唐朝时期的旧瓷器，有茶壶、茶盏、糕点盒子、碗碟等等，都是瓷窑宝贝，于是他就干脆把打鱼的船只租借出去，专门干起古董收藏的买卖。万宝良的古董从不对外开放，他在山东堡靠近村部东边的地方，买下一幢老宅，重新加盖起占地五亩的古董收藏园，为建这个古董收藏园，他的心血没少费，投资也不少。

老宅四周栽种着近百颗梧桐，间或还有柳树、榕树、菩提树，夏季绿荫繁茂，引来鸟儿婉转鸣啼。园内雕花长廊围绕，木制拱桥下面的清水荡漾，荷花池子里清荷出岫，鸳鸯戏水。古典的清式房屋，白灰墙面，屋顶罩着青砖青瓦，屋脊上翘，十多间房屋里分门别类地摆放各种古董，价值不菲。

万宝良从区房管局局长的位置上退下来，又被山东堡村民推举为村书记，干了八年的村支书，为大家操了不少心。万宝良年岁大了不想劳心乏力，前年，68岁的他从村书记的位置上退下来，由小儿子万泉河接班当上村书记。万宝良每天就在家守着他的古董，偶尔有事与柳家、唐家、牛家的晚辈们聊聊天、喝喝茶。村里的大小事不愿再过问。听到拆迁的风声后，万宝良特意把唐家老大、柳家老二、牛家老三叫到一起，问他们怎么打算，村里那间早年建起来的旧祠堂怎么办?

四个人面面相觑，最后又一同摇头。

万宝良对拆迁并不反对，他是发愁拆迁之后，山东堡村当年父老乡亲一手修建的宗氏祠堂保不住。他都是七十岁的人了，现在已经是殷实富足了，这么大个老宅院落无论怎么补偿，他的钱都花不完。拆迁虽是好事，到他这里反倒成了难事。

山东堡村被一条繁华的街道分割开来，当地村民直接称为道东、道西、道南、道北。早先不做买卖的住户庆幸自己前有其他住户作为屏障把自己家与嘈杂的街道隔开，久了发觉吃亏，住在街道边上的人家虽然嘈杂些，却能就着有利地势做买卖。因此，看出门道的就算挤块巴掌大的地方也要建个房屋，开个豆腐坊、发廊，哪怕每月租个三百元、五百元，也是一笔收入。这样，山东堡街边的门脸无论高低，面目是否丑陋，都会在暮色降临时分各自点上颜色各异的霓虹灯，像是被人为涂上的劣质口红一样，在夜色中闪烁迷离。

小饭馆里的小工不时地把刷锅水、洗菜水、洗碗水泼出店面门外，脏水溅到秦岭的裤子上，秦岭脚下踩着臭烘烘的脏水，感到一阵恶心，不时弹下油腻的水珠，却根本无济于事。走在繁杂的街道上，耳根也不清净，街上门市屋檐下的音响震耳欲聋，吵得秦岭心绪纷乱。冒着热气的水四处飞溅，秦岭只好学芭蕾舞演员，踮着脚尖走路。

这里距离秦山大学很近，学生们晚自习下来，出来吃宵夜的很多，上网打游戏的也大有人在，山东堡的商家们为了赚钱，熬通宵经营是常事。虽然孙保赢他们在各家门市山墙上、院里边的房檐下、门楣上，通通用朱红毛笔蘸上红油漆圈上醒目的“拆”字，但山东堡的人们打心眼里不愿意拆迁，每户大小都有买卖，活钱天天进，对于拆迁他们根本不往心里去。起初拆迁公司的孙保赢学着德仁拆迁公司的方法，找来村支部配合，商谈拆迁，可会开到一半，就被牛有楼他们给搅和黄了。孙保赢再次召集开会，都没人参加；入户做工作，家家锁上大门，买卖行里的人都说自己是承租户，不和他谈。弄得孙保赢哭的心都有。

山东堡村民倔强的性格坦露无遗。你登门，我不见，我干我的买卖。无论开发商，还是拆迁队，条件谈不妥，拆迁没商量。他们气定神闲的态度让孙保赢头疼不已。

秦岭站在霓虹灯下，望着乱糟糟的夜市，凌乱的人们在忙碌，白腾腾的热气里，各种煎炒烹炸爆出的香味一起挤进鼻孔。突然，一个肥胖的男子推了秦岭一下吼道：“不吃饭离远点，别挡道。”秦岭回头，看不清男人面目，却感觉到男人眼睛里对他射出的凶光，他看看自己是挡了人家的门口，影响到吃客的进出。他躲开后，朦胧中望见了饭馆的招牌：“鲁智深酒馆”。秦岭对这个名字来了兴趣，决定进去看看。

刚才还对他横眉立目的胖子见他要吃饭，赶忙换上一副笑脸，伸手把他往里请。

秦岭一进来就打量店里的环境。这是座二层楼房，明显是平房后接盖的楼房，一层人已经坐满。二层也有顾客，招牌菜是鲁菜，秦岭要了两个菜，上了二楼。

二楼顾客也满满登登的，多数是学生，也有外地的旅游客，生意显然很好。刚才的男人腰里系着围裙，一边打理餐桌，一边招呼秦岭。

秦岭早就练就一双识人的火眼金睛，一问，这男人果然是该店的老板，趁着男人上菜、上酒的功夫，秦岭已经了解到，他家的酒馆开了七八年了。秦岭问到拆迁，那胖男人一笑，说：“他拆他的迁，我开我的店。管他呢。”说着，突然停下手里的活儿，紧张而又满怀挑衅地看着秦岭问：“你不会是来卧底的吧？关心起拆迁了？刨根问底的，你知道我心里窝着一团火吗？”

秦岭停下喝汤的勺子，胖男子一张油饼似的脸因为愤怒而痉挛，他把手里的酒精块往桌子上一扔，皱着眉毛说：“吃完了赶紧走。”正说着，楼下有女人喊：“钱有才，你今晚还能下楼不？四号桌要一盘炒麻蛸子，咱家卖光啦，快去东来顺借三斤去。”

秦岭觉得钱有才的名字与众不同，他老子真会起名字，起得太直接。钱有才满脸肌肉挤到一起，眼睛一条缝儿，一副脑满肠肥的喜气模样，完全看不出刚才门外的蛮横劲儿。这人真是两张面孔，顺气儿满脸带笑，不顺气儿就是怒张飞。秦岭暗笑，抽张面巾纸擦把手，随着嘟嘟囔囔的钱有才下楼，走到前台结账。老板娘头发烫得像是激情过后的鸟巢，一张扁平的脸上看不出喜悦还是伤悲。楼下还有一桌客人在喝酒，等着那盘辣炒麻蛸子。钱有才媳妇着急，秦岭刚把账结完，她就掂着炒菜的铁勺子，走出屋门观望丈夫。

在东来顺的麻将馆里，时常有玩麻将的人上了牌桌就上瘾，索性连饭都在麻将馆吃，麻将馆老板曹立本早晨专门骑着踏板摩托，去早市采购新鲜的蔬菜、海鲜，准备中午给麻友们做饭。因此，钱有才和曹立本有个长短不接时，互相借个油盐酱醋什么的是常事。

钱有才站在牌桌边观望牌局，时不时暗中嘀咕几句，忘记家里客人等着下酒菜。钱有才媳妇嘟囔：“死爷们，黏锅贴饼子，不知道着急。”嘴里说着话，手里的大铁勺子往门旁的拆字上狠狠敲打几下泄愤。

秦岭心里想笑，就听见东来顺麻将馆的曹利本提留着麻蛸子跑过来，看到钱有才媳妇说：“嫂子，二哥搁我那儿凑局呢，反正晚上没客人，玩儿把。东西我送来了，甭着急还，明天麻将馆歇菜。王八犊子拆迁指挥部上次把我那鸽子窝面积量错了，我算计至少少得三万块钱，明儿找他们去。”曹利本把手里的黑色塑料袋子递给钱有才媳妇。

钱有才媳妇不搭理曹利本什么鸽子窝、鸟笼子的，她埋怨曹利本：“就你那勾魂的麻将馆子，把不会赌的都给变成耍钱鬼，造孽呀！立本你纯造孽！”一边咬牙彻齿嗔恨，一边忙不迭地回身去灶间给客人炒菜。

曹利本勾着水蛇腰，笑嘻嘻回他的麻将馆观战。

秦岭乍见曹利本吓了一跳，怎么长相和佛塔村死去的郝万这么连相？觉得这个曹利本活脱就是郝万在世。他不知道，这个曹立本和郝万是姑舅哥们，只是两家常年不走动。四处观望了一会儿，秦岭拖着疲惫的身躯离开山东堡。

秦岭在天亮时分醒来，手机上有未接来电显示，是昨晚老父亲打来的。他给父亲回电话，那边却是关机状态。秦岭起床收拾好，惦记着简爱，又不能随便打她的手机，就给万灵打电话。

万灵昨晚到了监禁金海东的桐城监狱。一早起来，她准备梳洗干净，出发去见丈夫。对沦落为阶下囚的父亲，女儿冰凌虽然心有不满，但毕竟血浓于水，她买来一条羽绒被子，托母亲交给父亲御寒。万灵收拾好，带上为金海东购买的衣物，开门准备去接见室等待。秦岭打来电话，问万灵简爱的配型怎么样了。万灵告诉他，自己昨天到的桐城，现在准备去见金海东，简爱那里她还不知道消息。

秦岭知道万灵去看望金海东，他让万灵好好鼓励他，争取减刑，尽早出狱。并委托万灵代他看望一下钟若明，听说钟若明在狱中表现很好，也有减刑提前释放的希望。万灵虽说不情愿但还是爽快地答应了秦岭。

万灵见到金海东，夫妻同处一室，却是咫尺天涯。万灵把买来的各种生活用品交给狱警，托他们转交给金海东。夫妻聊得最多的是女儿冰凌，金海东感谢妻子万灵这些年不离不弃等候他，他担心自己会影响到女儿的心情。万灵让他放心，冰凌是个坚强的孩子。金海东对万灵保证，自己一定好好改造，争取早日出狱。万灵依依不舍地和金海东告别。

万灵又到另一个监室看望钟若明。钟若明听说万灵来看他，急切地坐在探视窗口等候着。看到消瘦的万灵，他禁不住热泪涌出眼眶，连说对不起。他不希望伤害到万灵。万灵把东西交给狱警，请狱警代她交给钟若明。她看着钟若明的眼泪流过脸颊，什么都不想说，只是告诉他，简爱得了白血病，现在生命垂危。钟若明不敢相信自己的耳朵，焦急地问：“秦岭呢？给她治疗没有？”万灵回身看他，说：“如果不是秦岭，恐怕简爱早就不在了。”钟若明说：“我已经得到减刑通知，估计很快就出狱了，出狱后，我来照顾简爱。替我谢谢秦岭！”万灵点点头说：“秦岭一直牵挂你，祝贺你被减刑。”万灵说完，头也不回地离开羁押钟若明的监狱，钟若明一直盯着她出了监狱大门。

秦岭要去上班，禁不住对简爱的牵挂，也不管简爱的母亲冷言冷语，便拨通她的手机。简爱母亲接听后，情绪似乎很好，告诉秦岭，简爱配型成功，她要安排时间让简爱认亲，然后再做手术。秦岭告诉简爱母亲，他会抽时间去北京，陪简爱做手术。秦岭想和简爱说话，佟青把电话交给女儿。

简爱很虚弱，声音哽咽，她叮嘱秦岭照顾好自己，不要为她分心。秦岭担心地问她感觉怎么样。简爱说还好。秦岭让她好好配合医生治疗，他很快去北京。秦岭不安地放下手机，驱车前往自己设在东岭村的办公室。

德仁拆迁公司的员工一早上班，都聚到何依萍的办公室，今天要有一部分人员随着秦岭转移到山东堡。员工们叽叽喳喳对秦岭接下山东堡的拆迁发表各自的看法。一向不喜欢发言的李宝忠说：“山东堡可是启动七八次都没能拆得了的地方，到嘴的肉孙保赢那老狐狸能吐出来？”白启明说：“东岭村的拆迁刚理出头绪，又接下山东堡这块烫手的山芋，我看，纯粹自讨苦吃。”看得出来，大家都对山东堡拆迁挠头。

秦岭进来听见大家对接手山东堡意见不小，他索性就在何依萍的办公室开了临时会议，鼓励大家攻艰克难，做了简单的“战前动员”。秦岭并没有把所有人都调到山东堡，因为搞拆迁不需要人海战术，需要的是智慧，需要的是有拆迁经验的人打开被拆迁人的心结。同时他也对东岭村的拆迁工作做了安排。他把武军和兰梅分在东岭组，负责拆迁事务。手下二十六个成员在东岭村负责拆迁前的各项工作。其余三十五人跟着他到山东堡去，接手新的拆迁工作。秦岭告诉武军，他们每月的一号、十五号两个拆迁小组要开碰头会，交流汇报各自拆迁情况，总结上半月工作，安排下半月计划。

之前被秦岭开除的陆景宽，因拆迁指挥部一位领导说情，被留在了秦岭身边。现在陆景宽收敛了不少，他自告奋勇地要和秦岭到山东堡去，秦岭也想给他次机会，让他做山东堡拆迁组的副组长，何依萍任组长，组员有李保中，于君、李晓蕾、闵婕等。对于山东堡村复杂的拆迁情况，秦岭和大家做了简单的交流和分析。

秦岭临出门前，武军对秦岭说："小秦，论职务，我该叫你经理，论年龄，你该叫我大哥，东岭村有你在，捣蛋的村民大部分都不会捣蛋，你口碑好，气场强。你这一走，后面这台戏怎么唱还很难说。干不好你也别埋怨我，我肯定会尽力做好。"秦岭听武军仍然顾虑重重，便鼓励他说："武大哥，咱们一起干拆迁快五年了，要说世上最难做的就是拆迁，可是咱们还是在滨海市成功地做了这么多拆迁的活儿，咱们干不了，还有谁能干吗？我相信绝大多数群众还是支持咱们的工作的，这话在佛塔村拆迁最困难的时候你跟我说过。拆迁主要是解决拆迁补偿政策前后一致的问题，不能让闹人的孩子多得到奶吃，一棵树不能开两样花，让先签约的群众心寒。你也是有经验的拆迁将军，记住做群众工作要有耐心，讲方法。"

武军笑笑说："秦经理，这些年，我就佩服你不服输的犟脾气，你说这市领导不是找难题让你做吗？扔块后鞧给孙保赢，难啃的骨头叫咱啃，明摆着孙保赢是朝中有人好做官。"秦岭看着武军，听他发完牢骚，语重心长地说："看事不能往负面想，上阵打仗为什么要有打前锋的？那都是精兵强将！"武军被他说乐了。

秦岭惦记父亲，回到办公室，安排何依萍带着陆景宽去山东堡村，先找村支部书记万泉河、村主任唐跃海，把山东堡村居民的基本情况做进一步的了解。陆景宽拿起秦岭桌上的打火机点支烟，吐出个烟圈后，腆着凹凸的肚皮，随着何依萍去了山东堡村。秦岭安排于君和闵婕对山东堡的基本情况再进一步详细归类。明天正式进入山东堡村摸底。

秦岭总算有时间坐下来拨通父亲的电话。父亲告诉他，昨天他去看望文慧，她精神状态不是很好。秦开山说："你抽时间尽早带她去北京，文慧等着你回音儿呢。我把她的手机号码发给你。”秦岭什么都没说，告诉父亲等山东堡村拆迁前期工作安排好后，就回到淞江老家接文慧去北京检查。

挂断电话的秦岭陷入沉思，这么多年过去了，卓尔大学都要毕业了，对文慧的爱恨已经随着时间的推移变得淡了。简爱的病他始终挂在心上，况且对林皎月也要有个交代。眼下，山东堡的百日拆迁攻坚战也已经拉开帷幕，这一切像大山一样压着他，他感到前所未有的疲惫，却无人替他来扛。简爱两周后做骨髓移植手术，他要在这之前，正式向简爱求婚。秦岭考虑去北京见简爱，顺便带上文慧到北京做下检查。秦岭点颗烟，烟雾在眉宇间缭绕，安排好各种杂乱无章的事情，秦岭才踏实下来。回身拨通父亲留给他的文慧的手机号码。这是他们自离婚后的第一次联系。

何依萍和陆景宽是多年同事，陆景宽比何依萍大七八岁，何依萍称呼他老陆，陆景宽叫她喊大哥，何依萍还是叫他老陆。陆景宽心里不满意，嘴上答应心也不痛快。尤其秦岭把组长给了何依萍，陆景宽嘴上不说，心里不服气，论资格，陆景宽在拆迁公司干了十几年，比秦岭资格还老。何依萍不过四十出头，是从市房产局调来的新手，我老陆哪点不如她？陆景宽并不感恩秦岭留下他，而是憋着一股怨气在心里。他和何依萍坐着出租车，司机故意绕过脏乱的街道，在山东堡村村部停下。两人进了山东堡村村部。村部里很安静，连只麻雀都看不见。一根四五丈高的旗杆安插在村部窗前，旗杆上挂着一面殷红的五星红旗，绸布制作的旗帜在柔软的春风里飘飞，似乎在向来人打招呼。眼前漆着咖啡色油漆的二层楼，是山东堡村村部。村部的门口有口压水井，清水滴答滴答掉落在尘土里，陆景宽摆弄一下，便又抬头盯着悬在头顶的大喇叭看。

何依萍提着裙角上到二楼，看见办公室都房门紧闭，她踌躇着不知道该下楼还是等待。

实际上，山东堡村部今天并没有放假，也没有集体出去旅游，村支部书记万泉河带着人马去大洋地产开发集团交涉拆迁的事。他们不知道从哪里得到的信儿，说山东堡后期建设交给大洋集团，便纷纷涌到那里探听口信。他们只留下一个人看家，这个人就是村部广播室的单身汉柳明。

三十岁的柳明从二十岁开始，就逃课，迷上了东北的小品演员们，常跟着电视里学宋小宝、小沈阳他们，把他父亲柳树林气得直上火，拔了好几颗牙。柳明不管，他深得小品演员精髓，把说、学、逗、唱发挥到极致，有次他在家偷偷对着镜子表演，父亲柳树林本来就因为孙保赢拆迁的事气不顺，看到儿子对着镜子演杂耍，气得脖子上的青筋直蹦，随手操起门边一把耙子，进屋就往柳明身上扫。柳明觉得身后有风声，急忙跳到炕上，父亲没打到他，气不打一处来，柳明忙抱头逃窜，父亲边追边骂："打死你个不着四六的东西，我打死……"半路上气喘，便拄着耙子在当街上骂："学什么不好？专学那些不男不女的荤段子！你也学学咱山东好汉一百单八将，那是血性汉子！"柳树林喘得喉头紧绷。

正赶上村书记万泉河路过，给他拦下，一问是柳明整天和小黑龙摽在一起学插科打诨的小品段子，和他说话都做滑稽的鬼脸状。父亲老柳怕他痴了疯了，想打醒他。万书记夺下老柳手里的铁耙子说："老柳，我看柳明的声音很好，不如去咱们村部做个播音员好了。"老柳一听，赶忙给万书记抱拳作揖感谢。至此，柳明来到村部，一干就是三年，闲暇时，大明大摆地给大家表演，村委会里有了这个活宝，没人喊累，一团的和气。万书记本打算在村里建个小剧团，可是区里突然下令山东堡要拆迁，消息是好消息，可不知为什么，大家还是一片心悸和慌乱。

第九章　利益骚动

今天，留在村部看家的柳明正在摆弄扩音器，扩音器进水了，他刚好修完，还没试，抬头看见有陌生人进来。一个高挑的女人观望后上楼，还有一个肥头大耳、腆胸凹肚的男人在院子里东张西望地观察。柳明觉得这人不像好人，他想吓吓他，回身摆弄音响。他柳明长得女人腰身，头削颈细，细眯眼睛一条缝，黑眼珠子水银一样转得飞快，薄嘴唇，牙齿石榴一样密实。柳明各个部件长得都不太受看，但整体看起来又不难看，说话嗓音很出众，像爆豆一样清脆。他看到胖子陆景宽仰头看那个悬在窗户外的喇叭，就打开喇叭，放河北梆子调。原本满院的寂静，突然一阵刺耳的锣鼓家什声，把陆景宽震得身子一歪，吓得逃到一边。

陆景宽正不知所以，柳明把尖削的头从窗户里伸出来，脸上堆满笑，得意地问：“大叔哪来的？你找谁？”

陆景宽抹抹眼睛，看清有人和他说话，不高兴地回答：“你放喇叭到给个动静，吓人不？”说完拿手掸掸衣袖发泄不满。

何依萍看到播音室有人放梆子戏，敲门进去。看到柳明在和陆景宽说话，她咳嗽下，问道：万书记在吗？柳明把头缩回来，看是刚才上楼的女人和他说话，便随手关闭了音响，头也不抬地说：“不在，都去核实村里拆迁的事去了，有事明天来。”

陆景宽也上楼，进门听见柳明这么一说，压不住火气，高声说：“明天有明天的事，给万书记打电话，就说拆迁公司的领导找他谈话。”陆景宽说完，一屁股坐在沙发上。

何依萍看着陆景宽，拿眼神制止他。回身对柳明说：“小兄弟，请你给万书记说一声，我们是德仁拆迁公司派来的工作人员，想找咱们村的领导了解情况，你问下他们啥时候回来好吗？”

柳明看看何依萍，拿起电话，拨通万泉河书记的手机，告诉万书记，德仁拆迁公司的人来村里找他。万泉河在大洋集团办公室也打探不到确切消息，听说拆迁公司的来找他，立马带着唐跃海回村部。

秦岭拨通文慧的电话，他觉得自己和她的对话里满是陌生感。他问她：“你过得怎么样，还好吗？”

文慧那边沉默半晌才说：“我没事，就是想儿子。”文慧的声音依然熟悉，听不出有生病的迹象。

秦岭了解文慧好强的性格，她不会向秦岭说自己有病。

秦岭追问：“你的病怎么样了？如果想儿子，我带你去北京检查身体时，就会见到他。”秦岭听出文慧发颤的声音，也不等她回答，马上说：“你准备一下，我后天早晨在淞江市政府门前等着你，然后带你去北京彻底检查一下，对症治疗。”文慧含泪答应下来。

秦岭望着天棚，想到上次林皎月给他打电话，因为在简爱面前，他无法接听，直到现在，一个月过去，他没有再接到林皎月的消息。他惦记着林皎月，这样不声不响地和简爱结婚，对林皎月有失尊重。于是，他拨通了林皎月的越洋电话。

电话是林皎月女儿雪儿接的，雪儿告诉秦岭，母亲出去做瑜伽，要等下午回来，问他是否有事需要转达。秦岭说没事，挂了电话，心里一直沉甸甸的。他开车去了设在西江区的拆迁指挥部，明天是第一天拆迁公司进驻山东堡，需要区拆迁改造指挥部配合，他要找尹宁商量。

万泉河带着村主任唐跃海、会计何大鲁、妇女主任温暖一行人离开大洋集团，上了村部的松花江面包车。这是村部专门配的车，开车的是万泉河的小舅子大罗。

大罗把车开得飞快，突然，面包车在村东转弯处吱嘎一声停下，万泉河和唐跃海的头磕在椅背上，正糊里糊涂不知道啥情况，就看见一个又胖又高的壮实女人，伏在面包车前脸上，一边拍打一边哭喊：“万书记呀，温主任呀，你们可要给我做主啊，拆迁那帮死犊子明个儿又要来啦，我那猪圈、还有那鸽子棚，那个该死的孙保赢都不打算给我补偿，他们这回要是不给，我就死给他们看。”女人边说边走到面包车旁边，隔着玻璃往里看。

万泉河摇下玻璃窗户，唐跃海揉着额头，一猜便知是村里杀猪卖肉的王焕春，这女人早几年和丈夫离婚，丈夫带着孩子净身出户，王焕春得到全部家产。她觉得自己划算得很，说话的腔调都变了。王焕春虽是女人，但胆子比男人还大，杀猪、杀狗、宰鸡、宰鹅，也许是没有丈夫被生活逼的，她什么来钱干什么。她说话嗓门大，一般村干部们不招惹她。村里分个福利什么的，她把他前夫的也要上，少给她一样都不行，她最受不得别人歧视，争强好胜的性格注定她悲剧的人生。现在，她和外村一位单身男人郝大顺伙在一起过，没领结婚证。

村主任唐跃海没吱声，万泉河听她连哭带闹地说完，有点不耐烦地说：“现在拆迁还没开始，你急什么？再说，拆迁公司换了德仁公司，保不齐你那要求都能满足。回去卖肉吧。”王焕春一听拆迁公司换了，擦把眼睛，扑哧笑了，说：“万书记，你们可要替我跟新来的拆迁领导说好话啊！我家情况特殊！”说完，回身走了。司机大罗对王焕春背影骂一句：“活得腻味了是怎的？”脚下加大油门，很快面包车回到村部。

等待许久的何依萍和陆景宽见到了村支部的领导班子成员。他们从万泉河那里得到了村里的概况，陆景宽告诉万泉河，明天德仁拆迁公司领导要在山东堡村开个现场见面会。除了村干部外，村民们可以自愿参加。

何依萍他们俩起身要走，万泉河送他们，唐跃海却提出条件：“德仁拆迁公司想让我们村部配合工作也不难，回去告诉你们秦经理，你们也要好好配合我们村里。”

何依萍和陆景宽不明白村主任唐跃海话里的含义，也只好不置可否地点头称是。二人下楼，回到拆迁公司已经是下午五点。

秦岭刚从拆迁指挥部回来，明天尹宁答应和他一起去山东堡，开个村民见面会。何依萍把工作情况汇报了一下。

陆景宽把山东堡村主任唐跃海的话转告秦岭，秦岭干拆迁工作多年，知道这句的含义一是给村民争取利益，二是为个人争取利益。他叹口气，告诉大家提前下班，明天八点准时到山东堡村部集合。

秦岭看着偌大的办公室人去楼空，寂寞像飞蛾一样向他袭来，他有点想念儿子卓尔了，面临毕业的卓尔早就有了自己的打算，秦岭自豪地想，这小子比我胆大，自己的路让他自己走吧！他的脑子里出现了病床上的简爱，远在国外的林皎月，还有要求复婚、亟待确诊病情的文慧。几件事轮番涌上心头，折磨他的神经。他不想回家，和衣在沙发上睡去。

傍晚，万泉河和唐跃海他们刚下楼，村部大院就涌进来百十号人，打听拆迁的消息。万泉河有事，让村主任唐跃海接待村民，自己从后门走了。

村民们围在村部大院，一片争议声。他们心里没底，担心村部和拆迁公司伙穿一条裤子，吃里扒外。而那些后街的村民既没买卖可做又没其他收入，靠的给前院邻居打短工过活，他们不着急，稳如泰山等待消息。虽然柳明的父亲柳树林没有买卖营生，但他院里的碉堡就像藏着个炸弹一样，折磨得他寝食难安。

唐跃海让各户先照顾好生意，声明村部会站在村民的角度为他们争取利益的。村民各有说辞，钱有才和曹立本跟着起哄，瞎嚷嚷。唐跃海向大家打包票，有事明天拆迁公司会给他们解答，大家才怏怏不乐地各自离开村部。

唯有柳树林坐在村部大院外的石条凳子上，一双手袖在袖子里，低头思考。柳树林家的房基地地点特殊，他的父辈把家建在山东堡村的制高点上，站在院子里，可以俯瞰山东堡全貌，海浪的轰鸣声彻夜不息，夜晚的山东堡灯光迷离，自打老伴去世后，他就喜欢独自在碉堡上坐上一晚，看点点灯火的山东堡。早先，自己的祖辈找来风水先生，看好村西头有座乳房一样的山峰，说是山，其实山高不过四十米。山不陡峭，坡缓，山四周有十多亩荒地，山形像两只乳房一样突出地面。风水先生把铁签子往地上一掷，安家地点就选定下来。再说，他父辈早年扛枪打过东洋鬼子，柳树林太爷就牺牲在碉堡前。

也许是为了心安，柳家祖先把家安在左侧乳头峰下面，盖上两间羊草房。站在院子里，山东堡村村落尽在眼底，往右看大海波峰浪涌，海鸥翻飞，景致非常好看。右侧的乳头峰下有座坚固的碉堡，碉堡是1937年日本鬼子为了拦截从关外来的八路军修的，1945年日本鬼子投降时，柳树林的爷爷要把日本人修的碉堡炸掉，上头来人要求保留下来，这座碉堡才保留至今。

直到近年，老柳看到滨海市越建越大，不断有人因拆迁发了家，拆迁涉及房屋、土地，占的地盘越大，得到的补偿就越多，山东堡拆迁也是早晚的事。为这，老柳不听老婆阻拦，硬是把右侧乳头峰上的碉堡也给圈进来，他找泥瓦匠把碉堡周围砌起砖头，买来石灰勾上缝。无形中，他的房基地和自留地面积增加了五、六亩。现在，终于在他这一辈等来山东堡拆迁的消息，老柳不敢含糊，孙保赢他们的金朝拆迁公司入户调查，绕着老柳家圈起来的大院走了几圈，最终把眼睛盯在日本人修的炮楼子上。说这炮楼不应该算是他家的。要把炮楼周围的几千平方米地割掉，算作公共用地。老柳不干，拦着孙保赢他们，不想被拆迁公司的工作人员打伤一只胳膊。后来，老柳买来四个摄像头，安放在屋檐四周，扬言和碉堡共存亡。孙保赢明白遇上一个不好惹的主。老柳见拆迁公司不来找他，以为自己的办法起了作用，他来到老伴坟前，捻着稀疏的胡须得意地告诉老伴："当初为圈碉堡和我干仗，今天要发财了，你没福气，也享受不到了。"他笑着笑着，泪花溢了出来。

早前，这座碉堡刚圈起来时，有大批的学生来参观碉堡，学校把它当作爱国主义教育基地，不定期地带学生们来参观，接受爱国主义教育。

刚开始，柳树林还觉得新鲜，时间一长，孩子们不注意，踩倒柳树林种的萝卜白菜，惊飞了下蛋的鸡鸭。柳树林把大门插上，干脆不让学生们进院子。

为此，区教育局局长亲自去找柳树林谈话，谈柳树林他太爷扛过枪，打过日本鬼子。凡是扛过枪打过日本鬼子的人都爱国。那时候，吃的树皮，穿的麻布，谁计较过？现在生活好了，子子孙孙需要受教育，了解外国列强是怎样欺压咱中国人的。你这里有现成的历史遗迹，为什么就成了你的私人财产？不让孩子们参观就是不爱国！柳树林根本不为所动，任凭教育局局长说得嘴角唾沫横飞，就是死死插紧大门，不放一个孩子进去。

那时候的柳明还在念小学五年级，他也站在学校参观的队伍里，见到爸爸如此不通人情，师生们打着队旗，一水儿眼巴巴地站在他家大门外，父亲放的黑狗吠声不绝于耳，弄得大家不知如何是好。父亲始终不给开门，柳明羞臊得想找个洞钻进去。校长知道柳明是柳树林的儿子，见到柳树林把局长的讲话全当放屁，又气又恼地去学生的队伍里，把柳明揪出来，提着他的耳朵送到柳树林家大门口，柳明被学校的校长提溜脖领子，揪小鸡一样搡在家门口。他听见妈妈因为气急的咳嗽声。他有一种被游街示众的感觉。

校长站在柳明家大门外冲着院里大声喊：“柳树林，你不让学生进去参观日本鬼子的大碉堡，我就把你球个龟孙儿子送回来，明天不要上学校去啦，我们才不教育他。你个混球不开门，学生们咋爱国？咋受教育？你球的龟孙儿子自己教育去！”柳明听到校长不让他上学，吓得“哇”地一声，绝望地大哭起来。

教育局局长见到校长的举动，生气地吼校长：“你是校长还是村长？粗鲁！粗鲁！”校长把火气压到肚子里。听到局长为自己打抱不平，对爸爸早就有意见的柳明，见大门里的爸爸还眯着不开门，便含着眼泪，“咚咚咚”跑过去，当着众多同学的面，三脚两脚把大门踹开。

门里的柳树林起初以为是校长带人砸门，捞起倚在猪圈边的五齿耙子，怒气冲冲地跑出来，举耙子要打的一刹那，见到怒目圆睁的儿子又着腰，像个将军一样，回身对着六七百名同学喊：“同学们，冲啊！”

学生们早就耐不住性子了，此时，他们不顾校长和老师的阻拦，呼啦啦冲进去，围住那个高出地面两丈高的碉堡，饶有兴趣地观看。碉堡周围有七八个四方形状的机枪眼，每个机枪眼都留有烟熏的痕迹。那是日本人阻击关外的八路军留下的弹痕。

站在院外的柳树林看傻眼了，握着铁耙子的手渐渐松开。柳明最清楚这座碉堡的来历和故事，那是爷爷和爸爸讲过的故事。他看着儿子柳明跑上跑下介绍碉堡是哪年修建的。还比划着敌人造碉堡的机枪眼上下距离的高度，都是经过测算，才会产生居高临下的打击效果。“那时，这座碉堡可没少打死咱们的八路军叔叔。其中就有我太爷。”柳明站在高处，慷慨激昂地讲给同学们听，同学们拍手叫好。本来想吓唬辞退他念书的校长和教育局局长也高兴得直拍手，说这小子比他爹有种。

柳树林看见儿子的举动，刚才还想打他的念头顿然消失，他把耙子抛得远远的，站在一边，脸上笑出一朵花，情不自禁地自言自语：“这小子哪根神经随了老柳家？”从此，直到柳明考大学前，柳树林再也没有反对过学生们来参观这座碉堡。

现在他还庆幸，老柳家上下十几辈，算他幸运，赶上拆迁。当初自己多么英明，把碉堡圈进来，区上、街道、村上，只要没人站出来反对就是默许，碉堡周边几亩地也就自然而然地归他所有。坐在村部门口的柳树林，心里有事，不愿意和儿子柳明合计，按照柳明的想法，孙保赢不给他家把碉堡算面积，情理上也说得过去，按照政府的规定，从他家1987年翻盖的住宅批建的宅基地算起，碉堡周围几亩地理应归国家或集体所有。柳树林在无人过问的情况下，又把这块地圈回来，盖上牛栏。经过十几二十年的变迁，始终无人过问此事，柳树林在拆迁时理所应当地要求补偿。孙保赢曾经针对此事去西江区土地局查过，碉堡和周边的土地根本就不属于某一户。但是，柳树林对自己碉堡周围的归属权振振有词。柳树林知道拆迁工作将另易其主，他不知道这个新拆迁公司的头头秦岭将怎样和他下这盘棋。

五年前，得知山东堡要拆迁的口风，柳树林跑市里的土地局找到局长，扔给他五万块钱，要求买下那块地皮，局长答应了他。他开始跑各种手续，可没想到，事情眼看办出点眉目，那位局长却突然去世了，这件事中途搁浅。加上山东堡启动七八次拆迁也没拆成，柳树林虽经多方努力，无奈政府把山东堡户口和宅基地冻结，不再落户和审批宅基地，柳树林被卡在门槛外。当初区土地局批了一半手续的底根被柳树林当作宝贝，就指望拿它跟拆迁公司说事儿。

村上最可能难以达成拆迁协议的有好几种情况。第一种是收藏古董的万宝良，他家的收藏馆占地四五亩，土地是1987年他在区房产局工作时期批建的，土地属于租赁。万宝良的古董收藏远近闻名，也算是有点规模。光石头就有一百多种，就连其中垒墙的石头都有着各种各样的传说，各种品味的木类应有尽有，什么黄花梨、紫檀、沉香……古董园像是一本教科书，有不少人慕名而来，其中有古董收藏爱好者，还不乏有雅趣的高级别领导。

第二种情况是王焕春，拆迁前四年，王焕春和渔民丈夫离婚，离婚时，前夫和王焕春共同在宅基地西边建了座占地十多亩的养猪场，由于前夫经常出海，王焕春无心经营，猪去栏空，徒留十几棚猪栏，年久失修，风雨飘摇地矗立在宅基地西侧沙滩上。现在听说要拆迁，王焕春和现任男友郝大顺急忙买来十几头猪羔子，投到猪栏里，这里就又成了养猪场。孙保赢从村上了解情况后，直接拒绝补偿。

还有牛有楼，虽说他是山东堡村村民，早年从山东堡往外倒腾海鲜，发家后，五个儿女全都进城有了工作。又都先后嫁人娶妻，老牛家大大小小算起来二十多口人，都在城里有了工作，也有了楼房。牛有楼自己家的四间房屋租给四川人开个麻辣烫餐馆，每年年底来收房租就是他的活儿。十年前，牛有楼的大儿子在公安局上班的牛油，看到城中村改造，摸清拆迁户们都能得到一笔可观的补偿款。牛油遗传了他爹的基因，头脑灵活，回到山东堡村跟他爹商量，他爹现有宅基地300平方米，他个人和其他四兄妹的户口已迁出山东堡村，他想在村里买几座闲置房屋，搁在那里，一旦山东堡将来拆迁，也能得到一笔价值不菲的拆迁补偿款。父子俩一拍即合，于是，牛油和他的兄弟姐妹们各在山东堡买下一座房屋，全部租给外地来做买卖的，牛有楼就在年底负责收拢自己和儿女们的房租。

其他人看见牛油有了行动，无需明说，都知道其中的奥秘，于是，山东堡村接连有三十多户外来户在此买房占地的，专等拆迁发笔小财。牛有楼跟着大儿子牛油在城里生活，今年已经73岁了，时常独自骑着电动三轮回村里的老房子转悠一圈儿，和村民柳树林借唠嗑的机会打听拆迁的消息。柳树林和牛有楼关系好，牛有楼知道柳树林外号叫“爱打听”，村里大事小情问他就能知道个八九不离十。

柳树林把村里各家的情况在心里过电影一样过一遍，包括谁家有靠山，谁家白闹腾，他都像诸葛亮一样，掐指算一遍，最后，柳树林觉得自家既没靠山，又没多出来的宅基地，还是未雨绸缪去找贾文海，万一需要为拆迁补偿打官司，这不是前面有车后面有辙么。况且，贾文海号称“上访专业户”，打官司有经验，和他搭伴告状，心里也是有底气。柳树林打定主意，找时间去佛塔村找贾文海，打探秦岭他们的拆迁公司在佛塔村拆迁时，看看哪块可以钻空子，哪块可以占便宜。

一辆红色雅马哈摩托从老柳面前飞驰而过，老柳看出那是小黑龙。老柳最见不得儿子整天和小黑龙在一起胡混。小黑龙二十九岁，八年前随父母从黑龙江来滨海，落脚在山东堡村，在至今未婚的村民唐建林家租了门市做豆腐。由于当时房屋买卖自由，落户也不是什么难事，夫妻用卖豆腐攒下的钱，买下唐建林家街边的两间房。

当初是唐建林帮助他们在山东堡村落的户，马志文夫妇对唐建林也是心存感激，虽然小黑龙的母亲多次提到办理房屋过户手续的事，但几次都被唐建林给搪塞了过去。唐建林对着灯泡发誓：“买卖手续在你们手里，房子在你们手里，过不过户还不都一样，过户还得花过户费。”他们一听唐建林说的也在理。一个农村人，对法律不是很清楚，他们也没往多了想。他们不知道唐建林暗藏心机。

第十章　过户风波

现在拆迁风声一来，马志文才想起过户一事，可唐建林就是东躲西藏不配合。之前唐建林吃豆腐都没花过钱，和小黑龙家处得一家人似的。

小黑龙父亲马志文每天负责推车到西江露天市场卖豆腐，母亲杨翠花负责熬豆浆压豆腐块。杨翠花总喊丈夫"马大哈"，马志文自从孙保赢来村里启动拆迁以来，就火燎似的跑着过户的事。豆腐坊扔下来，满屋豆腐渣沤出的味，臭出满条街。马志文无暇顾及，急得满嘴燎泡，后脖颈起了个鸡蛋大的火疖子，前天晚上让杨翠花拿拔火罐拔脓血，这一拔不要紧，脓血抽出来，脖子不敢动了，话也不敢大声说，只好带个翻译杨翠花，找完村部找街道，找完街道找区里，要告唐建林。

唐建林早就躲起来不见马志文夫妇，害得马志文到处找，豆腐坊只能扔给独生子小黑龙照管。小黑龙躺在豆腐坊的磨道里，打量这间一百多平的房屋，得意得"咯咯"傻乐。大概是闻惯了豆腐渣的臭味，父亲叮嘱他把磨坊里豆腐渣清除出去的事情早就被抛在脑后，他冲开房门，骑上摩托，直奔家附近的银行，抢在银行下班前办了张信用卡，回头去村部找柳明。

通常柳树林都是赶在村部下班前回家为柳明做饭。柳明看见父亲在村部门口坐着，从抽屉里拿出几根香蕉，这是他买给温暖的。中午食堂吃过饭，他想给温暖送去，温暖却总在村主任唐跃海办公室复印文件，不得机会，这东西过了夜就会变色，他就想送给父亲吃。柳明扯过桌上的报纸包上，推开屋门，恰巧碰上温暖拿着一页纸，说唐主任让柳明把纸上的内容广播出去。

柳明一见温暖，眼睛眯成半月牙。温暖是市里考来的大学生村官。她长得高挑漂亮，有亲和力，善于和群众沟通，喜欢柳明滑稽幽默的把戏。不知道为什么，柳明遇上温暖，原先嗓子里长哼的曲子也都不哼了，变得一本正经起来。温暖觉得奇怪。

柳明把手里的香蕉递给温暖说："真巧，刚想给你送去，早晨新买的。"说完接过来温暖手里的广播稿。

温暖乐了，问他："为什么给我买？你再学学小品的声音我听听。"

柳明一眨眼睛学着小沈阳的声音说："没有为什么呀，看你顺眼了！想听小品哈，可不能白听噢……"

温暖低头一乐，拿走一根香蕉，说声谢谢，抿着嘴出了柳明的广播室。

柳明觉得温暖很可爱，心里暗恋温暖许久，却没勇气表达出来，只是高兴地看着温暖回到她的办公室。

柳明打开扩音器，展开纸张，清清嗓子，对着麦克风学着宋小宝的腔调说："各位山东堡的村民注意了，注意了。"喇叭声传出来，那些在村街上做买卖的生意人赶忙把自己家门口的音响关掉，出来拿手挡在耳朵上，听着从村部大院里传出的通知，生怕漏掉一个字。

柳明说："大家都听好了，明天上午，大家伙先把店门关上半天，到村部来开会，会议内容可重要了，是大家伙关心的拆迁的事。大家可不敢含糊，不能缺席啊。八点半啊，准点开会，晚了不候着。"柳明播完，放下麦克风，看见父亲捂着耳朵，离开村部。柳明偷着乐，他知道温暖肯定这会儿正笑他呢。

柳明看他爹走了，坐下来等着小黑龙的电话。小黑龙说要请他吃炒焖子。

小黑龙是东北黑龙江人，前些年学过二人转。东北小品是从二人转衍生出来的，他之所以深得小品精髓，有小黑龙一份功劳。可小黑龙不想继续学二人转和小品了，他迷上了和拆二代们赌博。柳明让他戒了，说搞这玩意儿早晚会输个倾家荡产。小黑龙答应得干脆却不愿洗手，柳明无奈，让他爹马志文管他，他爹拿着盛豆腐汤的铁舀子追着打他，可他还是不改。

小黑龙骑着摩托来到村部。

万泉河、何大鲁、温暖等人下班走了。村主任唐跃海在大门处看见小黑龙，从后面拽住摩托车尾巴问："嗨嗨，下班了，要锁门了，你来干什么？"小黑龙得到柳明的警告，不许说来找他，他也不敢说，就说："来找马强警官。"唐跃海说："你纯是一个谎话精，马警官在西院，眼睛长后脑勺上了。出去、出去！关门。"小黑龙骑着摩托，两腿架在地上无奈地把摩托车掉头，出了院门不满地对唐跃海说："唐主任你赶上看大门的，管的宽。"唐跃海不搭理他，开上自己的上海大众轿车离开村部。

柳明看到小黑龙被村主任撵出去，等到人都走了，才出来找小黑龙。

小黑龙骑在摩托车坐垫上抽着烟生闷气，看见柳明出来，扔掉烟头，扶着摩托车车把说："啥玩意儿，不就是个村主任吗？衙门老子都敢趟，别说个村部。"

柳明知道他在发唐跃海的牢骚，坐在摩托车的后座上不吱声。小黑龙告诉他，吃过饭他还有事，就不陪他去找温暖了。一边说前，摩托车后屁股冒着一溜黑烟，出发带着柳明去吃炒焖子。

柳明照着小黑龙后背锤一下，问他是不是又去赌博了。

小黑龙摇晃着头，得意地说："不是，真的不是，这可比赌钱过瘾。"说着把摩托车加大油门。摩托车轰着油门，在路上几乎要飞起来，柳明吓得闭上眼睛大喊："慢点"，初夏的风声在他耳边呼呼地掠过。

小黑龙把车停在山东堡小吃一条街的鲁智深酒店。柳明过了一会才缓过神来。

老板钱有才出来迎接他俩，都是村街上的，小黑龙已经和老板混成哥们了，小黑龙出手大方，钱有才也乐得接待他们。

柳明和钱有才打哈哈说："哎呀，钱有才，钱老板，你该改个名字，你还不如叫"有钱财喜庆"。

钱有才是个生意人，他明白自己迎进来的都是财神爷，小黑龙经常带着狐朋狗友光顾他的店面，他的朋友不能伤，更何况柳明也不是生人，村部的大小头脑他都熟悉。钱有才绷着笑脸，请他们上楼。

小黑龙叫了几个菜，特地为柳明点了炒焖子。钱有才在楼上朝楼下喊："嗨，来盘虾仁炒焖子。"

柳明坐下来，追问小黑龙什么事比赌钱还过瘾。小黑龙咕嘟咕嘟喝口茶水，把茶杯放下来，神秘地说："记得去年和咱们一起吃饭的哥们吗？"柳明摇头，和他们一起吃饭的人多了去了，谁知道小黑龙说的是哪个。小黑龙埋汰他说："我看是整天吃炒焖子把你吃糊涂了吧？就是佛塔村的吴晓飞，他和西江区下关村的几个哥们组成个车队，飙车，知道飙车党吗？"小黑龙说着，自己点颗烟，随性地把烟雾吐出几个圈圈，继续说："我昨天晚上坐吴晓飞的改装车，跟着他和十几个哥们飙车来着，过瘾！太过瘾！跟坐飞机一样。我带你坐坐怎样？"

柳明一听说飙车，浑身打颤，他连车都不敢开，哪敢坐飙车党的车？他连忙摆手。

小黑龙得意地呵呵笑起来。

很快，钱有财把菜和主食端上来，小黑龙要了一扎啤酒，柳明不喝，小黑龙连说柳明不是男人，自己嘴对着啤酒瓶子一口气喝了大半瓶子。

刚吃几口，小黑龙母亲杨翠花提着宽大的裤脚，哭唧唧上楼。看见儿子小黑龙，气得朝儿子骂道："孽子啊，整天喝酒，我和你爹累得要死，你还有心思下馆子。我白指望你帮家干活。"小黑龙母亲一边哭，一边拿手擤鼻涕，往地上甩。

柳明怕鼻涕甩到身上，急忙站起来，嘴里喊着："马婶别哭。别哭。我这就叫小龙回去。"说着，柳明喊来服务员，把桌上的饭菜打上包递给小黑龙母亲。

小黑龙的母亲拿衣袖揩眼泪，看着儿子把两条腿骑在板凳上不说话，她又照着儿子宽实的脊背拍打起来。小黑龙站起来，抓住手腕，横眉立目。大概是被儿子抓疼了，她挣脱儿子的手说："你吃吧，吃饱。"她扶着楼梯下楼，哭得哽咽，桌子上打好包的饭菜也没拿走。

小黑龙跑到楼梯口，探头见母亲出了店门，又折回身，把打好包的饭菜重又倒回油渍麻花的盘子里，"嘭"地启开一瓶啤酒，招呼柳明继续喝酒。柳明哪还有胃口，说吃饱了，便要离开。

小黑龙站起来，拉住柳明解释："哥们对不起，我妈被唐建林那畜生气的，早晚我把唐建林杀了，叫他赖账！"

柳明训斥他竟说混账话。柳明自小失去母爱，看不得不孝顺的人，他离开小黑龙，转身下楼，把小黑龙的账结清，又额外为父亲柳树林要了份猪耳朵，提着袋子回家。虽然家里没有了母亲，但是，倔强执拗的老父亲似乎提醒他他觉得母爱从未远离他。

小黑龙喝得醉醺醺的骑上摩托又去找吴晓飞，跟着飙车党去找刺激了。

午夜，滨海市到塘沽的一段公路上，一群富二代和一夜暴富的"拆二代"开着各自改装的车辆疯了似的飙车，各色跑车轰着巨大的引擎声，车轮风驰电掣般擦着地皮呼啸着，刺耳的刹车声撕裂人心……

小黑龙满嘴喷着醉醺醺的酒气，跟在玩累的飙车青年们身后，一边向那些飙车党们吹嘘，说自己家房子马上拆迁，将得到500万的补偿款。他拿着新办的信用卡，请飙车党们逛夜店，吃烧烤，俨然自己也是个"拆二代"。

唐建林早就得到山东堡村要拆迁的消息，他假装和马志文夫妇称兄道弟，实际上是在拖延房屋过户的时间。马志文和杨翠花两夫妻是地地道道的农民，心眼实诚，又不懂得法律法规，想着买房钱已经交给了唐建林，也有买卖合同，过不过户这房子都是姓马的，就没催促唐建林办过户。等到孙保赢他们入户调查，才知道事情麻烦了，开始催促唐建林办过户，谁知，唐建林却寻不到踪影。昨天，尹区长和拆迁公司的秦经理专门为大家开的见面会，秦经理说的分明，房子不过户，法律上产权还是人家唐建林的。唐建林配合还好，一旦不配合就要经过法院判决。杨翠花急了，去复印出一千份寻人启事，回到家，一夜没睡好，今天一大早，就喊上老实木讷的丈夫马志文去找唐建林。

“这小子是上天了还是入地了？”出了街口，丈夫马志文迷茫地问妻子杨翠花。

杨翠花骂他：“你问我还不如问你自己后脑勺！我要是知道去哪里找他，还要你陪着？”就这样，夫妻俩扔下豆腐坊，夹起一卷寻人启事，满大街墙上、电线杆子上刷糨糊，贴寻人启事。

忙活一天，马志文和妻子杨翠花连一口饭都没顾得上吃，贴的寻人启事没有一点线索，唐建林依然不见踪影，疲倦加上心里窝火，夫妻俩无望地往家赶去。

杨翠花拿皴裂的手指摁摁肿胀的小腿，马文志心疼地为她拍打两下，被杨翠花拿手给挡回去。回到家天已经黑了，后院的唐建林家依然是黑漆漆没点灯，摆明着没人住。

杨翠花进屋拉开电灯，一股臭味涌进鼻孔，满地的豆腐渣原封没动。杨翠花高喊：“小龙，小龙。”没有动静，杨翠花再喊：“小龙，死哪去啦？”

马志文心疼儿子，训斥妻子：“臭嘴，吃鸡屎了吗？”杨翠花发现家里的摩托车不在，就猜到小龙准是去鲁智深酒馆喝酒了。她开始气嘟嘟地做晚饭。

忽然，院子里有人喊：“马小龙在吗？”杨翠花见到来人找儿子，马上迎出去，问来人是谁。来人有四十岁左右，两手缩在袄袖里，身子瘦得跟个虾米似的。他说马小龙欠他赌资没还，他是来要债的。杨翠花问欠他多少钱。来人说：不多，就六千元。杨翠花的脑袋顿时大了，她马上就奔钱有才家的酒馆走去。

在二楼，果然看到儿子喝得晕乎乎的满脸通红，她气得想打他。家里油瓶子倒了都不扶的儿子，迷上赌博、飙车，对他们的冷暖更是不闻不问，他们这么拼死拼活还有什么盼头？儿子看向母亲的眼光里喷出的满是怒火，一瞬间，杨翠花的心被针刺一样。周围几桌食客看着她的眼光满是讥笑。她怨丈夫和自己无能，把一个家过成这样，眼看前十年买房花的15万元血本就要付诸东流，自己苦不说，儿子也跟着火上浇油。杨翠花虽然觉得生活无望，但并没在大庭广众之下呵斥儿子赌博输钱，她怕丢一家人的脸。

杨翠花没回家，一个人从鲁智深酒馆出来，就直接往海边走去。

海风吹乱杨翠花的头发，她来滨海市十几年，还从来没有来海边洗个海水澡，正儿八经地玩过。因为卖豆腐歇一天就少卖几百元，她舍不得耽误功夫。原先丈夫说滨海市有大海，海水蓝得像镜子。大海和地球一样大，海上跑着大船，海里有鱼有虾，馋了还能可劲儿造，还能在大海里扎猛子洗海水澡。杨翠花父母已经去世，兄弟姐妹都在黑龙江，纵然舍不得亲情，杨翠花还是被丈夫的描述打动了，也为了小龙的将来可以有个好的生活环境，跟随丈夫离开故土，来到三千多里以外的滨海市安下家。

当时马志文是出来打工来到滨海市的，来了就喜欢上这里，回去连蒙带吹的把杨翠花和儿子小龙带来滨海，夜里，杨翠花和丈夫马志文在滨海市下的火车，天一亮就要去找租住的房屋，赶巧就在唐建林家找到个门市房，以每年八千元的价格租了下来。

原打算租下房屋，好好玩上几天，谁知，马志文在滨海市的西江露天市场遇上一家往外出兑豆腐摊的业主，他就一应俱全的工具谈好价钱，盘了下来。由于兑的摊子还有豆子要在第二天做出来，杨翠花就被豆腐坊牢牢地拴住，别说是吃海鲜、洗海水澡，她连在海边站一站的时间都没有。

杨翠花觉得自己没有了奔头，她看着黑漆漆的大海，什么都不想了，她回身看看沉浸在霓虹灯中还喧嚣着的山东堡，觉得这里从来就不是自己可以安身立命的地方，自己应该永远都属于那片黑土地，那里有兄弟姐妹，还有父母矮矮的坟墓。她真的累了，她感觉到父母在召唤着她，向她微笑……杨翠花穿着一双胶皮鞋，想给儿子留个念想，就把黑色胶皮鞋脱下来，放在沙滩上，光着脚走进海里。水越来越深，没到胸脯，她感到海水好暖，架着她一直往前走……

马志文很久不见妻子回来，去街面上去找。早先妻子常去唠家常的店铺已经开始“哗啦啦”往下关卷帘门，午夜的山东堡如喧嚣的海潮，逐渐归于平静。马志文着急，妻子不是去找小龙了吧？想到此处，他掏出手机，给儿子打电话，手机“嘟嘟嘟”响几声，接电话的说：“你打错了，你找小龙？你找小龙打我这里来……”含糊的声音，舌头都发硬的酒鬼手机都没关，就不再说话。马志文在心里骂儿子，累了一天，虽然惦记媳妇，但他还是熬不住，回家和衣睡下。

天刚微明，巡海的海警在海边发现杨翠花留在沙滩上的胶鞋，猜想一定是有人寻了短见，就拿着胶鞋赶到山东堡村村部。村部刚上班，万泉河不认得这样的胶鞋还有谁会穿。村里的大姑娘小媳妇，从高跟鞋到松糕鞋，皮的、布的恨不能拿出来摆着展览，别看叫的是“山东堡村”，但是村早就和城市连为一体，除了住的是平房，哪还有村民的痕迹？大家瞅来瞅去觉得这鞋不是山东堡人穿的。也许是来旅游的外地人穿的。温暖说：“哪个旅游的会穿胶鞋旅游？瞎猜。”

柳明来上班，他一眼认出这双鞋是做豆腐的杨翠花穿的，昨晚她还穿着它去找过小黑龙。柳明找来马志文，马志文一看就蹲在地上两手扶着脑袋哭起来。小黑龙赶回来，酒意全无，可他看不出有多么的痛苦，看着母亲穿过的胶皮鞋，眼睛发直。马志文离开村部，拿着妻子的鞋子，在海边一处沙滩处，挖了个坑，把妻子的鞋埋了。

秦岭一夜没睡好，自己在厨房热了点牛奶，看看挂在墙上的钟表，时针指向七点半，他拿上皮包，走出家门发动了车。路上他给尹宁打个电话，问他几点到山东堡村。尹宁和游鸿也从指挥部出来，赶往山东堡村。

万灵回到北京的家里，带回丈夫金海东交给她的一把钥匙，这是金海东在滨海市政府担任市长时办公室的一把钥匙，由于当时被调查组带走，走得匆忙，也没来得及交回去，就一直带在身上。这把钥匙时刻提醒着他，也刺痛着他，自己辜负了人民的重托，丢了良知！他让妻子万灵替他保管好，有一天，他要亲自回到市政府，把它交还给市里领导。万灵谨记丈夫的嘱托，把钥匙放在自己的首饰盒子里保管起来。

万灵把这一切做好后，先给同学穆征打电话，问问简爱的病例他老婆给看得怎么样，是否有更有效的治疗方案。

穆征正准备出国考察，接到万灵的电话，他说这两天准备出国考察材料，昨晚，他妻子告诉他简爱的病就在301医治是最好的方案，不能三番五次换医院。根据病历分析，即使做了骨髓移植，彻底治愈的可能性不大，最乐观地说，移植后可以多活半年到一年，因为之前拖的时间太长了，骨髓移植错过了最佳时期。

万灵告诉穆征，简爱父母离异，多年失去联系，自从简爱生病后，她母亲自己的血型配置不上，医生建议她赶紧去找前夫来救女儿，可是，茫茫人海，二十多年不曾联系的前夫，让她到哪里去找？直到最近才在媒体的帮助下，找到了简爱的爸爸和姐姐。穆征连说："谢天谢地总算找到了，告诉她家人，越早做手术效果越好。"万灵谢过穆征，急忙给秦岭打电话，把穆征妻子的话转告给秦岭。

秦岭正在赶往山东堡的路上，接到万灵突然打来的电话，心像冰冻一样，慢慢沉下去。他在为简爱着急，万灵说，这些事情301医院的主治医生们心里清楚，在一切都准备完备以后，医院肯定会催着简爱做手术的，时间不会太久。秦岭告诉万灵，他把山东堡拆迁方案安排好后，就去北京陪着简爱做手术。他想在简爱手术前，正式向简爱求婚。

万灵说，她在北京的燕莎商场，已经把简爱和他的婚纱礼服定好了，随时可以去取。

秦岭很高兴，对万灵的帮助表示感谢，并求助万灵，前妻文慧生病，让她提前在301给文慧挂上号，明天他回淞江市接文慧去北京检查。万灵对秦岭有情有义的做法很赞同，答应抽时间去医院挂号，也正好要去看看简爱。

万灵笑了，说都是自己人，还客气什么。万灵把钟若明很快出狱的消息告诉了秦岭。秦岭担心钟若明出狱后会做什么。以他的性格，绝不会屈尊到他的拆迁公司做事的。万灵说钟若明这次好像和以前不一样了，但又说不好哪里不一样。

第十一章　初次交锋

山东堡村的村民们对德仁拆迁公司召开的村民见面会感到新鲜，他们和金朝拆迁公司的拆迁方式大相径庭，金朝拆迁公司是先派人往村民墙上贴通告，写上大大的“拆”字，通告贴出去，公示一周，拆迁公司就开始进门入户摸底，然后丈量宅基地、自留地，村民根本就抓不到拆迁领导的影子，很少有面对面沟通的机会。

村民对德仁拆迁公司截然不同的拆迁方式感到好奇，不管是有生意还是没生意的村民，听说拆迁公司经理要来和村民们开个见面会，都纷纷地赶来参加。

秦岭、尹宁、游鸿、何依萍、陆景宽等一行人刚一进村，就看见村东头有人家里办丧事，大门上绑着白花，有吹鼓手在吹着哀怨大喇叭。两个男人表情呆滞地跪在地上烧纸钱，风裹挟着黑蝴蝶一样的冥纸四处翻飞。年长的男人哭花了脸。

秦岭驻足，本想上去问问，提前来接他们的村书记万泉河说：“这家是黑龙江的外来户，在本村买了房子，人家不给他过户，拆迁了，找不到房主，他家女人投了海。可惜，撂下儿子和当家的。”

秦岭觉得周身一颤，一股凉意漫上心头，他看着哀伤的父子两人，在心里嘀咕：“见利忘义，良心难道让狼给吃了？”

还没等秦岭反应过来，刚才那个呆滞的青年看到他们，顺手从大门旁抄起一把铁锹，奔着秦岭他们几个打来。

陆景宽抱着头躲闪，尹宁和游鸿护着何依萍往后退去。万书记大声喊：“小黑龙，你想干什么？”

小黑龙嘴里喊：“拆的什么迁？把我妈害死了！早晚我把那个唐建林杀了。”

万泉河书记告诉惊魂未定的秦岭，“唐建林就是那个躲着不给他家过户的原房主，就是因为找不到唐建林，房子过不了户，他母亲才投海的。”

秦岭上前拉着小黑龙的手说：“我是德仁拆迁公司的经理秦岭，你别伤心，你家的事我调查一下，只要有办法解决，我们不会不管。”

尹宁和游鸿、陆景宽他们看着小黑龙怒目圆瞪，心还在“咚咚咚”跳个不停。

小黑龙父亲马志文听到秦岭说的话，立刻上前，夺下儿子手里的铁锹，满含歉疚地对秦岭赔不是。

秦岭说让他们父子把买房的证明提供给他，他要为老马家出面，处理好这起房屋买卖纠纷，马文志和儿子小黑龙情绪才稍微平静了一些。

秦岭他们刚一进院，村民们呼啦啦围上来，但又都很快潮水一样四散退回去，坐在万泉河他们村班子周围。万泉河和唐跃海、温暖、柳明他们坐在几张桌子后面，秦岭见过村班子成员，做了自我介绍。万泉河说在东岭村见过秦岭。秦岭知道东岭村离这里很近，万泉河他们肯定会去打探拆迁消息，各村之间也要对拆迁补偿有个初步了解，以便为自己的村争取利益。

秦岭见不用召集，已经主动来了这么多群众，便向大家介绍过指挥部的尹宁和游鸿，又把德仁拆迁公司和他一起来的工作人员一一作了介绍。之后他干脆地直接进入主题，开始讲述这次山东堡城中村改造的拆迁补偿政策，重点对村民们关注的经营补偿问题做了解答。这次拆迁由村委会委托专业的评估公司对每家每户的经营进行评估，每家每户的补偿都上墙公示，欢迎所有被拆迁户监督。这次拆迁不仅要公平、公正，而且要公开，严格依法补偿。秦岭也特别提出，对于配合工作的村民，政府和开发企业会拿出相应的款项进行奖励，对于软磨硬泡的钉子户，政府和开发企业也会根据不同情况，进行惩治，绝不会出现闹人的孩子多吃奶的情况。

刚开始，坐在下面的山东堡村村民没有一人起哄，杀猪宰羊的王焕春、开饭店的钱有才、圈住碉堡的柳树林、牛有楼、曹立本万宝良等人都静静地坐在人群里悉心静听，人群连咳嗽声都刻意压制得很轻。这样的阵势秦岭见得多了，这不代表拆迁户会配合他工作，他们关心的是自身的利益。今天只是个开头。他把话讲完，想看看村委班子有什么话要讲。

人群里的王焕春左顾右盼，见大家都哑巴着，她按捺不住火急的脾气，迫不及待地走过来，她腰里不知道是有意还是无意地别着一把磨刀用的银色锡制铁棒，铁棒有大拇指粗细，一尺长。她抱着臂膀问秦岭："秦经理，我把养猪场的几亩地的土地使用证给弄丢了，现在土地局不给我补办，你们要拆迁，是不是就要帮我把土地使用证找回来？"

秦岭见到这女人长相初看还算耐看，但细看，眼睛里射出的光带着逼人的寒气，她一定就是山东堡村有名的外号"一把刀"的王焕春。秦岭早听说这女人绝非善类，说道："你叫王焕春？你家的情况我了解一些，补办证照的事，等我们拆迁公司了解情况后再给你答复。"

王焕春口气里带着威胁，说："要是你们拆迁公司不帮我解决困难，可别怪我不配合。"

秦岭不想继续和她纠缠。王焕春见秦岭把眼光移向别处，觉得自己没受到重视，心里有气，便也没好气地对其他村民说："既然拆迁公司没想好给咱们大家解决问题的办法，我看还是等他们想好了再来和咱们说话。"

人群一阵骚动。游鸿站起身来，拿手向下按按，让大家静静，他从拆迁指挥部的角度向大家做了西江区政府对山东堡村拆迁的政策宣传。他说："各位村民同志们，今天，我们在这里召开拆迁动员会议，主要目的就是让广大村民同志进一步了解上级关于城中村开发改造的有关政策，充分认识城中村开发改造工作的重要性、紧迫性、认清形势，提高觉悟。积极支持配合山东堡村拆迁改造工作，确保我村拆迁改造工程顺利开展”。

下面我主要讲以下几个方面的内容：

“第一，了解政策，充分认识城中村开发改造工作的重要性、紧迫性。实施城中村开发改造是市委、市政府提出的‘建设大城市，发展大旅游，完善城区功能，改善城区环境发展和构建滨海市西部新区战略思想’的重要内容，也是为全面提高滨海市城市建设和管理水平，从根本上改变城中村人居环境。城中村开发改造是政府惠及城中村广大居民的形象工程，各级政府都非常重视。把它作为一项重要工作摆在十分突出的位置上。滨海市人民政府《关于加快城市建成区村庄开发改造的意见》就已明确将山东堡村列入西江区城中村开发改造的重点项目之一，并提出要在三年内基本完成开发改造工作。为了做好城中村开发改造工作，市政府、区政府、指挥部专门出台了一系列配套政策，西江区人民政府转发滨海民政府《关于进一步促进城市建设的若干意见》提出了更具体的要求。当前，我市正在积极创建‘国家园林城市’‘国家卫生城市’，城中村开发改造任务能否顺利完成，就显得更加重要、更加紧迫，刻不容缓，谁耽误谁就要承担应有的责任。”

“第二，拆迁工作具有政府强制性，任何人都不得阻挡。实施城中村开发改造是政府的一项重要决策，是大势所趋，政策非常明确，不开发改造不行。滨海市人民政府关于印发《城中村村庄开发改造的若干规定》的通知（滨海市第三十七条明确规定）被拆迁人无理阻挠拆迁工作正常进行的，由公安机关依法处理。城中村开发改造得实惠最大的是广大村民，受益最大的也是广大村民，早拆迁就会早受益。因此，我们没有理由不积极配合拆迁指挥部的改造工作。谁阻碍拆迁工作谁就是与广大村民作对，与村委会作对，与上级政府作对，与‘双创’作对，更是与滨海市的发展大局作对，谁就要受到严惩。对那些无理纠缠，无理取闹、无理阻挠拆迁工作正常进行的‘钉子户’，若经耐心说服劝导仍拒不配合拆迁工作的，我们一定按照上级政策严肃处理，必要时将采取强制措施，绝不心慈手软。任何人都阻挡不了拆迁改造工作的顺利进行。”

游鸿讲完，何依萍把补偿标准详细介绍给大家。她说：“拆迁改造工作是惠及广大村民的一件大好事，首先，这次山东堡村拆迁改造补偿政策在根据国家有关政策，并经过与滨海市大洋集团开发公司充分协商下出台的较为优惠的拆迁补偿办法。具体内容为：以政府正式批准的宅基地占地面积为准，按照1：1的标准进行补偿。即：每一平方宅基地面积补偿一平方米安置房面积。在规定期限内签协议，没有合法手续的房屋：村民接建的门窗齐全、具备使用功能的二层楼房，按每平方米900元补偿，没接建二层的按每平方米600元补偿；宅基地外的房屋按每平方米600元补偿。正规建造的第二层以上永久性房屋，按每平方300元给予补偿。在规定的期限内签协议的每户奖励一万元，在规定期限内不交房签约的取消所有优惠政策，并启动强拆程序。德仁拆迁公司承诺，如果本市其他拆迁区域的补偿标准高于以上标准，德仁拆迁公司无条件补齐差额。”

“如果系非本村村民购买宅基地的，将结合历史原因，以法律为依据，合情、合理解决。希望广大村民和住户要有充分的思想准备，了解政策，学习政策，积极主动地配合拆迁改造工作，千万不要有任何过激言行，否则只会搬起石头砸自己的脚，最终吃亏的还是自己。各位村民、各位住户同志们，实施城中村开发改造是各级政府的一项重要决策，是党和政府惠及广大居民的一件大好事，希望广大村民主动配合我村拆迁改造工作，确保山东堡村城中村改造顺利进行，为我市城市建设工作做贡献！”

“拆迁改造后，将会建立一处环境优美、设施完善的海上公园，供村民以及市、区居民及旅游客休闲游玩。另外配套有幼儿园、小学、医院、健身广场、老年活动中心等，将彻底改变居住环境，大大提高居民的生活质量。”

何依萍话音刚落，有一部分村民拍手鼓掌，另一部分村民私底下议论。

小黑龙和他父亲马志文走到秦岭面前，马志文苦着脸说："秦经理，我是个外来户，十年前落户山东堡，买了唐建林家的房子，一直没过户，现在赶上拆迁，想办理过户，房主躲起来不见面，为这事我媳妇投了海。"马志文说完蹲在地上嘤嘤哭了起来。秦岭对马志文的情况也很同情，他答应过马志文父子，帮助他们合理解决拆迁问题。可是过户的事要找到唐建林，而现在唐建林像人间蒸发了一样。秦岭安慰马志文，拆迁到了交房屋的时候，唐建林就会回来的。柳树林和万宝良、牛有楼在人群里静静地看着，什么都没说。他们明白，这毕竟是一场拆迁前的见面会，解决不了什么根本问题。

秦岭看着村民们，明白真正的困难还在后面，他看看表，对村民说："大家别着急，今天只给大家说说拆迁前的事，具体到每户时，请有困难的群众到拆迁公司去谈。咱们以后会天天见面的，有的是机会谈。"村书记万泉河见时间不早了，让村民各回各店铺，别耽误了买卖，有事等到拆迁公司设好办公室再来谈。

这时，牛有楼从人群里走出来，73岁的牛有楼乍一看绝没有七十岁的模样，他身材不高，大腹便便，剃光的脑袋像葫芦般滚圆，眼睛也不大，脖颈上挂着条小指头粗细的项链，显得精明而又刁钻。他穿着一件长款薄尼大衣，脚穿白色登山鞋，手里拿着一根红色枣木拐杖，这根拐杖很显然是为了支撑他肥胖的身躯。他走到秦岭跟前，和秦岭握握手，做了自我介绍，然后，把棍子拄在地上，问秦岭："秦经理，我们山东堡可是拆了七八次都没拆得了的城中村，政府改弦更张，把它交给你来拆迁，说明你秦经理是个人物。你知道这么多次拆迁没拆成是什么原因吗？"

秦岭看着牛有楼，摇摇头。牛有楼意味深长地说："不好动啊。年前，金朝拆迁公司接了山东堡，本来大家觉得拆迁是件好事，我们也无意和政府对着干，可是呢，那个经理孙保赢他就是没拆成，什么原因？大家知道内幕不知道？想不想知道？"牛有楼把头转向人群，问村民。村民见牛有楼有话说，当然也是给大家挣口袋的意思，就大声附和："想知道。"牛有楼回过身，抹把秃头，对着秦岭他们拆迁公司的人和拆迁指挥部的领导说："你们拆迁公司和开发商穿一条裤子，在老百姓碗里往外抠摸油水，孙保赢就是例子，我们山东堡村老百姓信不过他，今天德仁拆迁公司的领导来和咱们大家伙见个面，还不如说探探底，山东堡村的情况特殊，家家有门市，户户有买卖，一家买个三五套房屋不在少数，依我说，山东堡水深，拆迁补偿要是条件不合理，你这底可不好探啊。”牛有楼话里有话，也不等秦岭他们答话，拄着拐棍回到人群中坐下来。

牛有楼加上四个子女每年光房租就可以收入二三十万，他打心眼里不支持拆迁。万宝良看着牛有楼，因为情况不同，也不便于搭话。王焕春觉得自己家的情况不是一时半刻就能说得明白的，她要等到时候去拆迁公司详细谈。柳树林低着头，谋划自己的事，他也觉得今天只是第一次见面会，谈话时间多得是。

村民曹立本见大家都不说话，便自告奋勇地举手说：“大家都没的说啦？我有话说，大家拆迁累了困了渴了，手痒想搓麻将了，都请到我的立本麻将馆啊！咱那地方不大，偏又是狗尿苔不济，它不是长在金銮殿上了嘛！”村民们刚想骂曹立本饶舌，听到最后，又都大笑着噼里啪啦鼓起掌来。

秦岭看着这个开麻将馆的瘦子，觉得他挺幽默，把话说得很有意思，让人恼不得但也高兴不起来。和村民的初次见面会结束后，秦岭已经从众多村民中分辨出山东堡村的几个条件特殊的村民，心里大致对他们的情况有了初步的判断。很多问题不便于正面回答，他告诉村书记万泉河，今天就先和大家说到这，拆迁办设有政策咨询办公室，欢迎村民随时到拆迁办交流。

秦岭、尹宁和游鸿离开山东堡村，到拆迁指挥部，共同研究如何建立由山东堡村委会领导班子成员和拆迁公司骨干组成的拆迁领导小组，并建立工作组，分工负责，强化责任，保证拆迁工作的有序运转。拆迁指挥部的游鸿和尹宁赞成秦岭的想法，并说拆迁细则还是由秦岭决定。

秦岭决定把拆迁公司办公司、政策咨询组、动迁组放在山东堡村村委会，他让武军、何依萍等员工研究山东堡村的拆迁方案后，按照国家政策实施好九个方面的工作。秦岭把具体方案发放给拆迁公司员工，要求按照这九项工作有条不紊地推动山东堡的拆迁。广泛征求村民对拆迁补偿政策的意见，凡合理、合法的都吸收进来，并得获得村民代表大会的通过，还要经过论证，获得区政府常务会的通过；入户宣传，解释拆迁法规政策以及拆迁补偿政策的核心内容；复核档案，入户丈量，请被拆迁户核对、确认、签名；需要对被拆迁房屋共有部分进行分配的，应要求共有部分产权人提供分摊面积确认书；做好无产权房屋的登记工作，并公示，最后慎重地做好认定工作；做好办理补偿安置手续过程中需要登报、公示、公告的有关工作；按照拆迁法律、法规、实施细则与被拆迁户进行协商补偿安置，达成一致意见的，同被拆迁人签订《拆迁补偿安置协议》，收回相关产权证件等资料，发放选房顺序号；经与被拆迁户反复协商，达不成补偿安置意见的，应做好每次协商记录，申请行政裁决；做好被拆迁户所反映的相关补偿安置问题的解释说明等。由于山东堡的拆迁时间紧、任务重，前六项工作可以同时交叉进行。

万泉河和唐跃海接受领导安排，和秦岭他们组建了山东堡村拆迁领导小组，秦岭任百日攻坚战攻坚组组长，万泉河任副组长，其他的是组员，共分六个组，四人一个小组，分别负责对有门市自己经营的；有门市出租给外来户经营的；外来户买了山东堡村村民房屋的进行详细调查。

山东堡村村民多数是门市房，门市房中的二层多数都是没有建房审批手续的违法建筑。这些违法建房按照法律规定是要无偿拆除的，不可能给予拆一还一的补偿，更不可能给予返迁门市房的补偿。而山东堡的钉子户们早就准备好了，在这一点上要和拆迁办进行一场博弈。

陆景宽作为何依萍的助手，协助何依萍。其他二十几位拆迁公司工作人员由李晓雷召集。万泉河自己把村部里的班子调动起来，到各动迁小组，配合拆迁。柳明和温暖随着秦岭、陆景宽、于君在攻坚组。武军、唐跃海、白涛、闵婕，他们在第一小组。兰梅、李宝忠、何大鲁第二组，依次是三组、四组、五组往下排列。秦岭宣布从明天开始，分头入户调查，月底把入户调查情况汇总给他，等他阅后，交给拆迁指挥部，再具体安排下一步工作。

为了打好山东堡这场战役，秦岭索性把得力干将武军、兰梅也调了过来。

山东堡拆迁见面会开得有种山雨欲来风满楼的感觉，历来拆迁公司初期和村民接触，都会有各种潜在状况发生。山东堡村是政府动了十几年都没拆成的城中村，里面的玄机还没正式浮出水面。但秦岭毕竟做过多年拆迁，也做好迎接各种困难的心理准备。万灵在国土局做过几年局长，对山东堡的拆迁难题略微了解，如果秦岭不接这个担子，山东堡村还要搁置多久才可以拆掉谁都不知道。万灵是个有魄力的女人，而且眼光独到，她鼓励秦岭接下山东堡的拆迁任务也是相信秦岭有这个能力。

秦岭回到公司，把拆迁山东堡先期的活儿安排好，然后，开车到4S店把车检修一遍，他要开夜车回淞江市，接文慧去北京看病。安排好车，秦岭找个地方做下短暂的休息，这些天实在太累了，他倒在沙发上就呼呼睡去。

疲惫至极的秦岭刚睡下不久，就被于君喊醒。秦岭迷迷糊糊从沙发上坐起来，问于君怎么了。于君说，山东堡的王焕春喝了卤水了，现在还在医院抢救呢。秦岭问于君为什么，于君说是因为上午的拆迁见面会后，她的前夫回来和她争夺村西头的养猪场那片地的补偿款。如果王焕春不给他，他就烧了她的房子。王焕春一气之下，喝了卤水。为了以后拆迁顺利进行，秦岭急忙和于君开车赶到滨海市中医院，找到喝了卤水的王焕春。

秦岭在医院的走廊里，碰上了手里拿着药盒的郝大顺，他是王焕春的同居男友。王焕春的前夫耿秋海蹲在医院走廊里皱着眉头抽烟。秦岭问王焕春的前夫："怎么回事？离婚时村西边那片地归谁名下？"耿秋海说，离婚时，那片地没说明白，没人要，由于猪栏里的猪养了几十头，都得病死光了，直到他们离婚，就没再养。那片地当初是他开垦出来的。秦岭不再细问，批评他不该威胁烧人家的房子，那是违法犯罪行为。耿秋海抽着闷烟不吱声。

郝大顺告诉秦岭，王焕春洗了胃之后经过医院抢救，这会儿没事了。

秦岭松了口气，安慰一番郝大顺，于君把买来的水果带进来，放在王焕春的床头。王焕春面冲窗户躺着，秦岭和她说话，王焕春把眼睛闭上，假装睡着了。秦岭见她没事，说了几句安慰的话，才放心离开医院。

秦岭把车开到滨海市最大的商场“兴隆大家庭”，停好车，急忙赶到经营白金首饰的柜台前，让服务员帮他挑一条最新款的白金钻戒。服务员一连拿出四款让他挑，秦岭知道简爱很爱打扮，也喜欢有品位的珠宝首饰，就拿了一条谐音好听的“百年好合”的钻戒，让服务员精心包装，去收银台付了款，放进口袋，他要正式向简爱求婚。

淞江市这些年经过城市改造后，面貌焕然一新，原先老旧的楼房几乎在市区中心看不见了，煤城晴天一身灰、雨天一身泥的恶劣环境得到了有效的治理，吸一口空气都有清冽的感觉。秦岭在天亮时分到达家乡淞江市。他没时间回家看望父亲，只是打电话给父亲简短说明自己回来接文慧去北京看病，秦开山很高兴，告诉秦岭尽快把文慧检查结果告诉他。秦岭一边应承下来，一边把车开到市政府广场，等待文慧。

文慧得知秦岭要带她去北京看病，心里五味杂陈，她不知道该说什么，眼里却早就泪水泛滥，一夜没睡多少觉，起早为秦岭包了他最爱吃的芹菜馅的饺子。早晨天还没亮，文慧就拿着背包，在政府广场的雨搭前等候。

秦岭开着车到达广场时，文慧已经看见并且悄悄地朝着秦岭走过去。她想静静地观察秦岭一会儿。

由于天刚亮，这里少有人走动，秦岭下车抽烟，拿起手机想告诉文慧他已经到达淞江市。不想文慧从车后面走过来，手里提着皮包还有一个饭盒。她早就在二十分钟前等在这里了，她了解秦岭的性格，办事从来都是急性子，他一定会提前回来。她把饭盒递给秦岭，说：“我起早包的芹菜馅饺子，还热着。”

文慧哪里知道，自从他们离婚后，秦岭就再也不吃芹菜馅的饺子了。秦岭看着文慧，五年没见，她显得有些臃肿老气，那个精干而又凌厉的项文慧已经被生活磨蚀掉原有的优雅气质。文慧眼神含着复杂的情感，她把手里的饭盒递到秦岭眼前。秦岭接过来，把饭盒放在车里，催促文慧上车赶路。文慧有些生气，非让他吃了饺子再赶路。秦岭不想看见文慧生气，也觉得没必要推辞，就拿起筷子，夹起一个饺子吃起来，还是当年那熟悉的味道。

第十二章　血浓于水

秦岭开着车上了京沈高速公路，文慧关切地问秦岭："听说这些年你过得很好，有钱又有了女人，很风光。"秦岭专注前方，也不接文慧的问话。文慧还是忍不住继续问他："听说你和那些女人都没领证结婚，是不是还惦记儿子，不愿意给他找个后妈？"

秦岭从反光镜里看看文慧，觉得她的问话有些多余，便说："你的猜测都不对，我过得很好，但是这几年没结婚是我怕再遇上一个像你这样的女人。"文慧脸一红，接着秦岭的话说："我当初也是一时糊涂，现在知道后悔了，为了儿子，咱们还是复婚吧！"秦岭一听文慧的话，猛打一下方向盘，文慧在车里晃一下，难受得想吐，还没等她说话，秦岭告诉她："请你自重，别和我提复婚的事，否则，请你下车。"看着秦岭冷峻的面孔，文慧不再言语，慢慢地趴在车后座上，眼睛望着车的顶棚发呆。

在晨光中，秦岭开车抵达北京外环，文慧坐在车上睡眼朦胧，她显得很疲惫。秦岭递给她一个湿巾，让她擦把脸，告诉文慧，车马上就要进入北京市内了。文慧感到恶心，秦岭把车靠边停下来。文慧下车蹲在地上呕吐，秦岭递给她一卷手纸，然后给同学万灵打了电话，告诉她，他和项文慧已经到了北京，问她挂上号没有。万灵告诉他，号是挂上了，要在三天后。

春日的暖阳穿透洁白的云层，洒在北京301医院住院部阔大的玻璃窗户上，简爱的病房内比以往更加温暖、明亮。母亲佟青早早起来收拾病房，原先简爱还和其他病友住在一起，自从父亲简鹏到来后，为了女儿得到更好的疗养，他特意为女儿换了个单人房间。

简爱不明就里，和母亲佟青置气，不想住这样昂贵的房间。母亲为了给女儿治病倾尽所有，继父为此和母亲离了婚，从此在母亲的生活里消失。简爱对母亲满是愧疚，本来应该是女儿为母亲尽孝的年龄，可现在是白发人照顾黑发人，母亲以后的生活怎么办，她在为母亲担忧。看着女儿还在俭省，佟青不想太早把找到父亲和姐姐的事情告诉女儿，她想等到机会成熟再让女儿正式认亲，便对女儿撒谎说医院为了照顾她们，房间费用减半，简爱才勉强答应住下来。

这些日子，简爱的姐姐简晴和母亲轮流照顾她，佟青告诉简爱，简晴是她请来的护工，简爱奇怪，哪有这么好的护工又为自己捐献骨髓，又来照顾自己，更让她想不通的是，这个女孩子为什么和自己长得这么像？母亲佟青有意向她透露消息，便说："我说的你又不信，你猜猜她会是谁？"简爱拉住姐姐简晴说："我看，她就像我双胞胎的姐姐。"简晴和母亲笑而不答，母亲不敢说出来。简爱一直怀疑和简晴之间的关系，今天，这一切将要真相大白。

简鹏来北京时做了配型检测，结果显示适合捐献。简鹏很高兴自己可以救回女儿的生命，也使他愧疚的心得到几分安慰。因移植手术还有时日，他立刻返回深圳安排好公司的一切，准备之后在北京常驻，直到简爱康复。简鹏安排好公司的业务，前一天晚上乘飞机已经抵达北京，现在，他恨不能尽早赶到医院，看见女儿。车在赶往北京301医院的马路上飞驰。

简晴和母亲佟青已经准备好，佟青从家里拿来两姐妹儿时穿的一模一样的衣服鞋帽，还有一张他们父母亲离婚前的全家福照片。这是简晴送人时，北京知青战友为她们保存下来的，简晴一直放在身边。简爱起得也早，母亲只说今天有朋友来为她们拍张照片，简爱也没在意，高兴地让姐姐简晴为她化了妆，上妆后的简爱非常美丽，像一朵盛开的百合花般迷人。

万灵从家里坐地铁过来，她知道秦岭今天来北京，特意起早来医院看望简爱，希望亲眼见证简爱认亲这一幕。她怀里抱着个包装精致的盒子，里面装的是她为简爱和秦岭定制的婚纱。简爱就要做手术，上手术台之前，她要让简爱穿上这套洁白的婚纱。

简鹏坐在车里，陷入深深的自责。回忆结婚两年时，一双天使一样的女儿让他有了做父亲的温馨感觉，女儿出生刚刚三个月，因为妻子误会，坚决要和他离婚。简鹏无奈净身出户，直到找回大女儿简晴，他才寻回自己的责任和爱。现在他唯一的希望是用自己的爱把小女儿从死亡线上拉回来，让他有机会把最深情的父爱全部奉献出来。简鹏闭着眼睛，他临回北京时，在北京的一家花店定了111朵康乃馨，打算送给女儿简爱。

秦岭带着文慧在“老北京炸酱面”吃早饭，用过餐，秦岭把文慧安排距离医院不远处的凯利宾馆住下来，告诉她在那里等他，等医院那边安排好再来接她检查。秦岭心里有事，把文慧安排住下来，马上火急火燎赶往301医院的住院部。

万灵来到简爱的病房里，简家母女很感激她带给简爱的关怀和帮助。万灵和简晴把婚纱抖开给简爱看，简爱很喜欢，在镜子前比试，脸上露出幸福的微笑。这时，秦岭推门进来，简爱见到秦岭，不好意思地把婚纱还给万灵，万灵接过来，和秦岭打声招呼，告诉他，项文慧的号已经挂上，就在301医院挂的，第三天一早就可以来就诊。然后，万灵、简爱母亲、简爱姐姐简晴走出病房。

秦岭看着越来越虚弱的简爱，心情万分难过，他强忍着不让自己的心情表露出来。简爱穿着病号服，吃力地伸出胳膊，秦岭抱住她，连声说：“对不起简爱，原谅我不在你身边陪着你。”简爱用瘦骨伶仃的拳头敲打秦岭的肩膀说：“不要说了，我理解你。”秦岭把简爱抱到床上，盯视着简爱的眼睛告诉她说："在你做手术之前，我要向你正式求婚。"秦岭拿出精心挑选的戒指给她看。简爱沉默着，眼睛里慢慢流下眼泪，打湿枕头。秦岭为简爱擦去眼泪。

秦岭有过几段感情经历。文慧是他的结婚妻子，没有万灵，他们是不是就不会离婚，文慧当然是这么想，秦岭却不以为然。但无论如何他们复婚已不可能。万灵是秦岭的初恋，如果说当初到滨海时秦岭还存有某种念想，但金海东的入狱彻底打消了秦岭这一丝丝的心理活动。林皎月和秦岭可谓门当户对，没有简爱的介入，他们可能早已结婚。可生活就是这样，在感情的世界里，不可能永远只有两个人在交集。简爱的出现对秦岭是个意外，她年轻、漂亮、有活力、有思想，但简爱对秦岭来说是个奢饰品，可望而不可即，秦岭当初就是这么认为，玩玩而已，简爱应该有自己更好的婚姻生活。秦岭万万没想到简爱"玩"得这么惊天动地。每每想到这，秦岭都有一种一百度的开水牛饮下去，痛彻心扉的感觉。

门口传来敲门声，秦岭看见有个五十多岁，身材发福的男人轻轻推门进来，怀里抱着一束红色康乃馨。后面跟着简爱的母亲佟青、姐姐简晴，还有万灵。佟青把秦岭拉到一边，小声对秦岭说："我就等着你回来，见证我们一家大团圆的日子。我给你介绍下，这个是简爱的父亲简鹏，这个是简爱的姐姐简晴。一会儿，我就要向简爱介绍她的亲人们。到时候，你和万灵配合我们，给照几张相。"秦岭答应了佟青。

简爱的父亲红着眼睛和秦岭握握手，简晴看着秦岭不语。秦岭把相机从包里掏出来。

简爱闭着眼睛问："妈妈，你和秦岭说什么呢，还背着我？"简爱没发现父亲和姐姐他们都在，以为只有秦岭他们在屋里。秦岭接过简鹏手里的康乃馨，走到简爱床边说："简爱，你曾经和我说过，心里最大的痛苦，就是成长的路上没有爸爸的陪伴，如果有可能，要是能见到他，一定告诉他，女儿这些年没有安全感，就是因为少了爸爸的呵护。如果这一切可以弥补你多年的梦想和遗憾，今天，这一切都会实现，你看看他们。”简爱惊异地睁开眼睛，疑惑地看着秦岭。

秦岭继续说：“知道这次为你捐献骨髓的人是谁吗？”简爱摇头，秦岭轻轻地对简爱的父亲招手，简鹏走过去，站在女儿床边，轻轻俯下身，拉住女儿的手，眼泪再也止不住地往下流。简爱对这个陌生的男人有似曾相识的感觉，但又不知道他是谁，简爱抽回手，问秦岭：“他是谁？”秦岭说：“简爱，你不是想见到你的爸爸吗？他就是。”简爱不敢相信地望着早已经泪眼婆娑的母亲，佟青走过去，拉过简晴的手，对女儿简爱说：“孩子，对不起，妈妈一直瞒着你，是怕你不能太激动，他就是你的爸爸，这个是你的双胞胎姐姐简晴。”简爱一下抓住母亲的手，问：“这是真的吗？”

简鹏把花递到女儿手里，颤抖着声音说：“孩子，爸爸对不起你，请求你原谅爸爸，是我不好，让你这么多年受了这么多苦……”简鹏声音哽咽，说不下去了。简晴把花放在妹妹简爱床头，拉住妹妹的手，望着父亲，父亲俯下身，把脸贴在女儿的额头上，秦岭拿起相机，准备为这一家人照相，当他把相机对准简爱和她的父亲时，看见简爱握着姐姐的手突然滑落，昏迷过去。佟青和简鹏大惊失色，呼唤女儿，秦岭扔下相机，赶忙去叫医生。医务室里的医生全部跑过来，对简爱实施抢救。

文慧被秦岭安排在宾馆里等待消息。秦岭一去多半天没有消息，秦岭也没告诉她去看望简爱。她在宾馆里坐立不安，心情糟糕的文慧急切想见到儿子卓尔，四年多未见，她想看看儿子长高了没有，胖了还是瘦了，所有的牵挂使她坐立不安，她决定联系卓尔，去见见儿子。于是她拨通了卓尔的手机。

卓尔正在教室复习，手机放在来电震动上，课间没有老师。看见妈妈打来电话，卓尔显得很高兴，告诉妈妈，听说爸爸把她接到北京，自己抽时间去看她。项文慧不舍地放下手机，她恨不能马上见到儿子，不安地在卧室里来回走动，看看时间，才上午十点。秦岭还没回来，文慧不加考虑地拿起挎包，下楼冲出宾馆，她打听了北京大学的地址，坐上公交车，去学校找儿子。

文慧本来是个漂亮聪慧的知性女人，在淞江市也是有名的美人，在家里受父母宠爱，在单位凭着个人的能力，工作也是独当一面，结婚后，丈夫秦岭对她呵护备至，文慧有了飘飘然的感觉，受惯了宠爱，心里的天平经不起一点失衡。离开秦岭后，生活真正让她尝到了苦头，知道了什么样的男人值得珍惜，女人要如何摆正自己在家里的位置，为人妻、为人母要怎样做，她才猛醒。但是，时过境迁，她的觉醒已经无关紧要。原先的文慧经历过风雨后，模糊了聪慧的心境，生病后，大李的无情更使她变得糊涂和无望。在去学校的路上，她在学校的前一站下了车，下车后，竟然走丢了。经人指点，又误坐上去清华大学的车，也忘记给卓尔打电话问问，此时，已经过了中午，文慧一心去看儿子，她怀里抱着儿子小时候的玩具熊，回忆卓尔小时候的模样……

卓尔得知母亲被爸爸带到北京检查身体，心情好了许多，他觉得爸爸还是爱着妈妈的，虽然他们分开了，但他还是有责任心的男人，禁不住在心里感谢爸爸的宽容。他收拾下书桌上的课本，准备去见妈妈。去前，他要给爸爸打电话联系一下。

301医院的医生已经把简爱转移到急救室抢救，秦岭和简爱的爸爸、妈妈、姐姐还有万灵守在抢救室外面。医生埋怨他们不该私自做主，让病人受到这么大的刺激，激动过度造成昏迷，这种状况对病人会造成极大的危险。

秦岭焦急地在走廊里踱着步、搓着手，万灵陪着他，安慰他。简爱的母亲佟青趴着门，腿都没有了知觉，简晴搀扶着母亲。简鹏坐在椅子上双手抱头，望着天棚，目光呆滞。

过山车一样，所有人的感情又跌入了低谷。从父女相认的惊喜到对挣扎在死亡线上简爱的悲痛，抢救室外的简爱的亲人们承受着比简爱还要大的痛苦，毕竟简爱昏迷着神志不清。这就是为什么痛苦的人有时会去喝大酒，有时清醒本身就是一种痛。

秦岭手机响起，是卓尔打来的，他说想去看看妈妈。秦岭告诉他文慧的住址，让他自己先去陪着妈妈，他这边还走不开。卓尔知道爸爸在简爱阿姨那里，但不知道简爱此刻的危险处境，卓尔安排好书本材料，往妈妈所住的宾馆赶来。

赶上周五，冰凌下课想回家取换洗的衣服，就把穿了一周的衣服装进包里，背着走出校门。沈小雨看见冰凌，追上去，问她又要回家吗。冰凌没说话，只是点点头，沈小雨的爸爸沈雨霏给上学的儿子沈小雨买了台车，他对冰凌说："我送你吧？很快的。"冰凌马上摆手说："不用了，我喜欢坐公交。"冰凌往公交站点走，沈小雨回头开上车在后面跟着。冰凌皱着眉，生气地大声对他说："你要干嘛？请你走远点。"

文慧刚下车，看到清华大学门楣上的字迹，她有点忘记卓尔是在哪所大学念书，是清华大学还是北京大学？站在原地的文慧有点蒙，她苦思冥想之际，金冰凌回身和沈小雨说话，无意中，和项文慧撞上把项文慧怀里的小熊和背包撞掉在地上。项文慧不满地看着冰凌说："走路看着点儿，撞倒我，你可赔不起。"冰凌看到一个五十岁左右的女人被她撞到，不满地埋怨她，急忙捡起地上的东西，连说着不好意思和对不起。

卓尔按照爸爸的指点，来到了301医院附近的凯利宾馆601房间，他敲了半天房门，不见动静，就拿出手机，拨打爸爸的电话，告诉他，妈妈不在宾馆，不知道去哪里了？秦岭一听着急了，文慧会去哪里。他给项文慧打电话，文慧手机还在背包里，她没听见，还在想着儿子。秦岭急坏了，又打电话给卓尔，让他再给妈妈打电话。卓尔按照爸爸的意思，一遍又一遍地给妈妈打电话。

文慧接过冰凌递来的小熊和背包，对冰凌翻了一眼，打算进清华大学大门。这时，卓尔的电话打过来，文慧仔细听听，拿下背包，掏出手机，一看是卓尔打来的，高兴地大喊："儿子，妈妈来看你了，都到你学校大门口了，你快出来接妈妈。"卓尔一听她说都到了自己学校门口了，焦急地埋怨说："妈，你怎么不等着我呢？现在你在哪个地方？别动。我让同学把你接回来。"文慧手里拿着电话，抬头看见门楣上写着：清华大学，她嘴里念出声说："儿子，我就在清华大学门口站着呢，我不动，就在这里等着你。"卓尔一听，更加着急，妈妈怎么跑到清华大学去了呢？他让妈妈别动，挂了手机，急忙给冰凌打电话。

冰凌和沈小雨翻了脸，沈小雨感到没趣，开车自己走开，冰凌还在站点等车。卓尔打电话，让她去学校门口接他的妈妈。冰凌很奇怪，卓尔妈妈怎么会跑到她的学校来？她也没多问，就急忙返回去，在学校门口，她四处寻找，只看见刚才被她撞掉包袱的那个女人怀里抱着东西，坐在校园旁的草坪上，望着远处。金冰凌走过去，试探着问："您是在等秦卓尔吗？"项文慧点头说是，冰凌拉起她，喊阿姨，说她是卓尔的好朋友，叫金冰凌。文慧听秦岭说过冰凌的名字，觉得耳熟，渐渐明白她就是万灵的女儿，她的内心五味杂陈，也不好问其他，只和冰凌打探卓尔怎么没出来接她？冰凌告诉她，卓尔是在北京大学读书，她走错了。现在冰凌要带她回到凯利宾馆去。文慧才不安地跟随冰凌回宾馆。

卓尔告诉爸爸，妈妈已经找到。秦岭的心总算放下。而简爱还在抢救中……下午5点15分，抢救简爱的一名医生出了抢救室，摘下口罩，告诉焦急等在门外的简爱的家人说，简爱现在抢救过来了，但是还是很危险，现在病人需要休息，不能多说话。接着，医生埋怨家人以后不要刺激病人，如果不是抢救及时，简爱这次就很难醒过来。医生告诉佟青，三天后，你们准备骨髓移植手术，这几天，为你们女儿提供骨髓的父亲不能离开医院。医生说完，招手让其他医务人员把简爱推出抢救室，送回病房。

秦岭、佟青、万灵，以及简爱的爸爸和姐姐，跟着回到病房，医生叮嘱，病房里不能留太多的人，以免影响病人休息，他让简爱的母亲佟青和前夫简鹏留下，其余人回避。秦岭和万灵、简晴离开病房，在门外的长椅上等待。

佟青走到女儿床边，看到虚弱的女儿，她强忍着不让眼泪掉下来。简鹏拉住女儿的手，放在嘴边，小声安慰："小爱，别怕，有爸爸在，你会没事的。"

简爱用微弱的声音看着爸爸妈妈说："谢谢爸爸妈妈！女儿让你们操心了！"简爱看到妈妈为她难过，不禁觉得心痛，都是自己连累了她，使她头发花白，过早地衰老。爸爸一直红着眼睛，心痛地抚摸女儿苍白的手。

简爱看着爸爸，这些年一直在梦里的爸爸此时就活生生地站在眼前，紧紧地握着自己的手，简爱感到无比幸福。爸爸就像棵大树，简爱心里有了活下去的信念。秦岭和简晴说着话，简晴活脱脱就是简爱本人，两人身高，长相几乎没有丝毫差异，要不是着装不同，秦岭和万灵两人谁也无法分辨。简晴毕业于上海同济大学，学的是物理电子学。她高中毕业时父亲告诉她，她有个双胞胎的妹妹，和母亲在北京生活，只是多年没联系，现在母亲和妹妹离开原来住的东城区，不知道搬到哪去了。谁知道，亲人的团聚竟然是这样的境遇。

简晴看着妹妹，心情很沉重，她这些天从妹妹嘴里了解到曾经爱过她的两个男人，一个就是这个秦岭，另一个是钟若明。秦岭对她爱之深切、又重情重义，虽然最后没能走到一起，但他是简爱在这个世上最难以割舍的人。钟若明虽然没娶她，但是当初在海南时，简爱大学刚毕业独自在外闯荡，是钟若明给了她一份工作，并多方照顾她，使她能靠自己的劳动养活她和妈妈。简晴听着妹妹的介绍，对这两个个性不同的男人有了很深的印象。虽然秦岭年龄比妹妹大十多岁，但是，只要妹妹爱他，年龄不是问题。何况自己将来也不知道嫁给什么样的男人呢。

秦岭告诉简晴，他打算等到简爱做手术前，向她正式求爱。简晴说这个机会很好，一来见证了你们纯真的爱情，二来也给了妹妹战胜病魔的勇气。她替妹妹和爸爸、妈妈感谢秦岭能在生死关头接纳妹妹简爱，给她活下去的希望。秦岭说：“其实我心里有愧，早和简爱结婚，也许简爱就不会生病。”他把责任归咎到自己身上。

这时候，简鹏出来招呼秦岭，说简爱让他进去。秦岭答应，到简爱的病床前。简爱拉住秦岭的手说：“我没事了，你先回去休息。”

秦岭安慰简爱几句后，悄悄离开简爱的病房，他和万灵小声商量，决定各自先回去，好好休息一下，简爱这两天该做手术了。秦岭和佟青、简鹏商量，在简爱上手术台前，他要正式向简爱求婚。佟青看看简鹏，简鹏郑重其事地对秦岭说：“你要考虑好，我们简家女儿现在正在病中，我们不想连累你。你如果想安慰女儿，我们理解，但是一旦涉及责任，一生很长，我们被你的人品感动。但是，说真的，你要考虑好，一旦求婚成功，就是一辈子。”

秦岭对简鹏说：“我已经经过深思熟虑了，请你们相信我是真心的。”万灵把她为秦岭和简爱定制的婚纱和制服拿给他们看。简鹏叹息一声，紧紧地握住秦岭的手说：“你和小女的事，她妈妈已经和我说过，感谢你这些年替我照顾简爱！我们一起为简爱加油吧，希望她能健康地回到你的身边。”秦岭说一定会的。他和简鹏、佟青、简晴打声招呼，和万灵离开了301医院。

冰凌和文慧在凯利宾馆附近下了车。冰凌扶着文慧过马路，在马路对面，卓尔站在公交车站点的牌子下面，等着母亲和冰凌。卓尔知道爸爸在医院守着简爱阿姨，他也不知道简爱现在怎么样了。卓尔也很想去看看她，可是卓尔此刻更担心多年未见面的妈妈。

文慧站在马路对面，从包里拿出精致的梳子，对着镜子梳理自己的短发，她想给儿子一个美好的印象，不想以落魄的样子出现在儿子面前。冰凌挽着她的手，要是在从前，文慧知道这就是万灵的女儿，莫说亲密地在一起挽着她的手，就是看一眼恐怕也懒得瞧。现在秦岭不属于她，但是文慧想起万灵来，心里多少还是有些不自然。

卓尔看到被冰凌扶过来的妈妈。妈妈和前几年离开家时相比较，苍老的模样显现在眉宇和眼角处，当初标致的身材，清秀雅致的打扮已经不复存在，现在的母亲虽说几年未见，但感觉有十年的沧桑印记刻在她的身上和脸上。卓尔忍不住跑过去，拉住妈妈的手，喊声：“妈”。

文慧看到跑到跟前的儿子，他已经是人高马大的大小伙子了，一脸的俊朗代替了年少无知，显得更加的成熟和有活力。她抱住儿子不撒手，眼里的泪水大颗大颗往下掉。冰凌为卓尔母子的感情动容，她早听卓尔在她面前不止一次提起妈妈。卓尔把妈妈和冰凌带到凯利宾馆，在那里等待爸爸和万灵阿姨。

第十三章　体检阴霾

在医院大门口，秦岭告诉万灵，刚才文慧离开宾馆，去找卓尔，现在冰凌已经找到她，并已经把她送回凯利宾馆，让万灵和她见个面。万灵站在医院大门外，有些犹豫，她担心文慧会恨她，毕竟为了她，文慧和秦岭也闹过意见。

秦岭劝她，现在他和文慧已经不是夫妻，她没必要为此和她争风吃醋。万灵担忧的倒也不是文慧还会为秦岭和她争风吃醋，而是觉得文慧现在有病在身，她的出现会徒增文慧的烦恼。秦岭说，现在的文慧已经不像几年前，凡事都要争个里表了。

万灵问秦岭："文慧想要复婚的事，你有没有考虑过？现在林皎月去了美国陪读，你是选择和文慧复婚，还是和病重的简爱结婚？"

秦岭叹口气，首先否决了和文慧复婚的可能。他说卓尔已经长大，对他是否复婚的问题会有自己的考虑，当然他相信儿子不会逼他。而最放不下的就是简爱，和简爱结婚主意已定，他不能出尔反尔。这样做，虽然对不起林皎月，但是，只有这样的选择才可以使自己的良心得到安慰。在秦岭的一再劝说下，万灵答应去见一见项文慧。秦岭打电话告诉卓尔和冰凌，让卓尔把妈妈带下楼。他和万灵阿姨在凯利宾馆左侧的四通餐馆等着他们。卓尔答应下来。

秦岭和万灵在四通餐馆找好房间，服务员为他们倒上茶水，两个人喝着茶水。

不一会儿，卓尔、冰凌带着项文慧一起来到四通餐馆。卓尔和冰凌在饭店过道里交谈。文慧看着四通餐馆不俗的门面，心里想着秦岭舍得带她和儿子到这样体面的餐馆就餐，心里有所感动。

秦岭听到卓尔和冰凌的说话声，他跟万灵打声招呼，说自己去跟文慧说一声，你在这里等着。万灵点点头，秦岭出了雅致干净的包间，见到卓尔和文慧他们在服务员的带领下，朝他这里走来。秦岭告诉卓尔和冰凌先去306包间，万灵阿姨在里面，他和文慧点菜去。卓尔和冰凌答应着，先去了用餐的房间。

秦岭埋怨文慧，怎么刚来北京就乱跑，要是出了事，叫他怎么和儿子交代。文慧自己也感觉做错了，但是她是想儿子心切，她想告诉秦岭，刚要张开口，秦岭说："你不要解释，万灵来看看你，她提前给你在医院挂了号，你明天可以去医院做下全面检查。"文慧看着秦岭，轻声问："万灵也在？"秦岭说是的。文慧脸上的表情复杂，但还是说："我不觉得饿。"秦岭看出来，文慧虽然已经和他离婚，但是，对万灵还是心存隔阂。秦岭劝说："不饿也要多少吃点。"文慧一看秦岭态度坚决，只好不情愿地跟在秦岭身后，走向306包房。其实在心里，她只知道万灵是秦岭的初恋，两人相恋三年，最终被万灵的母亲分开，当初听说万灵长得漂亮，文慧不服气，自己在淞江市算是美女，难道万灵是画中的人，要比她还漂亮？想着，她已经跟着秦岭来到306房间。

卓尔过来拉着妈妈，冰凌为她摆好椅子。万灵站起身，秦岭和文慧介绍说："这就是万灵。"万灵向文慧伸出手，和她握手。文慧眼睛看着万灵，手却没有伸出去，只是轻轻点头说："你就是万灵，听秦岭常提起你，我是项文慧。"

万灵知趣地把手缩回去，把一杯茶水放到文慧面前。

文慧用眼睛的余光仔细端详万灵，见万灵穿着米色长款毛衫、紫色羊绒大衣，黑色长筒单皮靴，皮肤白皙、长发高束绾成发髻，柳叶眉下，一双凤眼，眼神严厉中透着干练。万灵笑吟吟地把一杯水端给文慧，叫她项姐。文慧皱眉，端起茶水喝一口，对万灵说：“请叫我卓尔妈妈就可以。”万灵答应：“哦，是的，是应该叫卓尔妈妈。卓尔就是你们的骄傲啊！”

秦岭已经点好了几道菜，又把菜谱交给冰凌和卓尔，让他们自己再要些好吃的。冰凌摆手，说自己正在减肥。卓尔把菜谱推到万灵跟前，让万灵点菜，万灵摆手说不用了。

文慧看着年轻又富态的秦岭，当着她的面和万灵肆无忌惮地交谈，眉眼间有掩饰不住的笑靥。加上万灵虽经岁月雕琢，但是依然有着阳光的心态和年轻的容颜。她的心里满是怨怼，抱怨命运对自己的不公，心里不舒服，上来的菜品和主食她早就没了胃口。

卓尔不断地给妈妈夹菜，怕她吃不饱。秦岭看着儿子悉心地照顾妈妈，心里感叹儿子的细心和懂事，看出来了文慧对万灵有意地疏忽和冷淡。几个人吃过饭，万灵告诉秦岭，她明天还要上课，就不来陪卓尔妈妈看病了，后天她会来301医院为秦岭见证向简爱求婚。文慧听到这话，浑身一激灵，她根本不知道秦岭还有个简爱，而且还要向她求婚，她想问问万灵，可是万灵已经带着女儿冰凌下楼离开。

秦岭送走万灵，儿子卓尔和冰凌也要回学校，卓尔告诉妈妈，等到检查完，出结果时，他再过来。他拍拍妈妈的肩膀，告诉她要勇敢。文慧答应儿子，看着他和冰凌相互依偎地走远，心里似乎明白了什么，她开始有些担心。

秦岭告诉文慧，他去别处住宿，明天一早来接她去医院检查。文慧刚才脸上的笑容悠然而逝，她神情紧张地抬头看着秦岭问：“刚才万灵说你要求婚，向谁求婚？”秦岭把脸扭向一边，说：“你别操那么多的心，好好休息，明天还要做检查呢。”说完，秦岭独自离开。

文慧愣怔地站在那里，心里万分难过，才发觉，自己还是把秦岭当作亲人，可秦岭的心里早就把她当作路人。文慧鼻子一酸，眼泪止不住汩汩而下。她孑然一身地在路上走着，泪水蒙住眼帘，使她几乎看不清路，但这又能怪谁呢？自从在淞江市医院检查至今，文慧的大脑几乎被恐惧的魔爪钳制，她被患乳腺癌的假想折磨得夜不能寐。

秦岭和文慧用过早餐后，来到301医院门诊，领了挂号单，秦岭把文慧带到乳腺放射科，项文慧连日来被一连串乳腺癌的假想吓到，毕竟她才46岁。神情昏聩的文慧被医生指令站在放射仪器前面透视检查。没曾想，文慧刚开始就站不稳，感到心慌气短，一头栽倒在地。秦岭吓坏了，不知道这是怎么个情况。医生说是神经紧张导致的，她这样根本就不能好好配合检查，医生无奈告诉秦岭说："把你的媳妇儿先带出去，好好休息后，再进来。"扩音器随即喊了下一号。

秦岭急忙扶起文慧，把她放在走廊的凳子上，拿来凉白开给她喝。一会儿，文慧清醒过来，喝完水，愧疚地看着秦岭。

文慧知道秦岭请一次假出来已不容易，倚在医院长廊上的文慧恨不能打自己几拳，她恨自己不争气。文慧的表情，秦岭看在眼里，他虽然是个男人，被前妻文慧伤害过，但是此时她落到这般光景，秦岭还是动了恻隐之心，他坐在文慧身边安慰她说："不要太紧张，你这样卓尔会更加为你担心。检查后，面对现实，现在的医疗水平这么先进，没什么好怕的。"文慧看着秦岭，不由自主地把头枕在秦岭的肩膀上。秦岭没有躲开前妻这一枕，如果没有儿子的牵扯，他肯定不会带着文慧来看病，他虽然是男人，但是他的胸襟真的没有那么无私，是这个女人的自私使他在经历人生失意的当口还遭受心灵重创！他选择了不计较，但也绝不想原谅。他静静地坐在那里，等待文慧恢复情绪。

文慧觉得秦岭的肩膀还是那般的厚实和温暖，她有一刻根本不想离开，就想这样靠下去直到老。文慧虽然经历婚姻失败，感情、钱财接连被骗的打击，但是冰雪聪明的心还是敏感的，她觉察到秦岭的内心根本不为她所动，要想复婚只是自己的一厢情愿，检查结果出来后，她决定带着病历隐居闹市或是乡间一隅，不再见秦岭，不是因为恨而是因为感激秦岭，想让他有个更好的生活，不让他为她牵挂。她要完全割断那条若有若无的风筝线，让秦岭清静自由地飞。打定主意后，她想到自己到了现在，有些话还是要和前夫交代的。她抬起头，对秦岭说：“秦岭，我觉得这次的病不会轻，如果我活不多久，请你照顾好卓尔，不管你向谁求婚，将来生了几个孩子，都要对我的儿子好。”

秦岭听着文慧说的话，也觉得心酸。实际上，他还根本没想到过和谁生个孩子，包括简爱。他现在唯一的孩子就是卓尔，他是很宝贝卓尔的。秦岭为了让文慧更好地配合检查，也想对离婚五年的前妻说句掏心窝子的话，他说：“别担心，卓尔是我的孩子，我怎么舍得他受委屈呢？”实际上，秦岭对文慧的病情也很担心。但是毕竟比她沉得住气，他扶起文慧，再次进入放射室。

他带着文慧做了一系列的检查，由于早前在淞江市医院检查，医生没有直截了当地告诉她检查结果，只是让她再到大医院复查，文慧一直内心忐忑不安，现在文慧刚刚检查完，看着秦岭严肃的表情，觉得心里没底。医生让病人在外面等着，家属取送各种单子票据，忙了将近一上午，医生告诉秦岭，明天上午来取检查结果。文慧的各种检查资料被医生留下来。

秦岭走过来，文慧心情紧张地注意观察秦岭脸上的表情，她的疑虑使她显得疑神疑鬼。秦岭看出文慧的恐惧，他对文慧说：“没事的，你先等我一下，我去十六楼有点事，一会儿就回来。”文慧点点头，她抬腕看看表，时间是上午十点整。

秦岭想去看看简爱，就让文慧在椅子上休息一会儿，自己去了十六楼。文慧以为秦岭为自己的病跑去打听消息。秦岭在16层的走廊里碰到简晴，简晴手里拿着妹妹的衬衣，她这是要去给妹妹洗衣服。简晴告诉秦岭，妹妹现在睡着了，医生让她休息，后天就要手术，她妈妈去商场为妹妹购买手术后的补品去了。秦岭说，他想在外面看眼简爱就走，简晴点头说，就在外面看吧。说完，简晴端着洗衣盆走了。

秦岭站在简爱住的房间门外，透过玻璃，看见简爱一动不动在睡觉，阳光洒在她身上盖的被子上，暖暖地照着，病室里一片静好。一束康乃馨灿烂地开放在窗台上，简爱一睁眼就会看见。明天他就要向简爱求婚，他希望简爱不要拒绝他。想到这里，秦岭打电话，向花店订了999朵玫瑰花，让花店店员明天早上八点半钟送到301医院住院部。

简爱的母亲从商场里买回来一包营养品，为女儿做术前营养餐。回到301医院，佟青要在营养间里为女儿熬制海参粥。佟青点火熬粥，简鹏想帮忙也帮不上，在医院无目的地闲逛。

文慧等不到秦岭，心里焦急。她不知道自己的检查结果是怎样，心里忐忑不安，犹如有只兔子在拱她的心和肺。她一会站起来，四处望望，一会又坐下来，心情烦乱。

简鹏走过去，一屁股坐下来，他想借机眯一会儿。项文慧看着身边的胖子呼噜打得刺耳。本来就心情不好的文慧拿出手机，把铃声调大，吓得简鹏一激灵醒来。他不满意地看看身边这个女人，波浪短发，皮肤青白，一双细长的眼睛正挑衅地看着他，似乎在问，看什么看？管得着吗？

简鹏困倦的眼光和文慧对视一秒后对文慧说："请把你的手机铃声调到最小声音，这里是医院，请你注意点。"文慧火气腾地上来了，大声说："我这是在走廊里，公共场所，你有病干嘛不去病房里养着去？多事。"文慧一翻白眼，依然把手机音乐放到最大。简鹏气得抢下文慧的手机，文慧急了，要上去抢回来。

佟青正路过这里，见到前夫简鹏正在和一个披头散发的女人争执。她跑过来，正想问问怎么回事，秦岭从十六楼下来，也正好看到文慧正在和简爱的爸爸发生争执，不明就里的秦岭赶忙把文慧拉到一边，问她想干什么。文慧撅着嘴巴不吱声。秦岭气得告诉她："明天不管你了，检查结果你自己取吧，你可以回宾馆了。"文慧奇怪地瞪着秦岭，问他："哎，他是你什么人，干嘛帮他说话？"

秦岭不理她，马上走回去，对还在那里看着他的简鹏和佟青解释说："对不起，请你们别和她一般见识，我有话想和你们说。"佟青问："那女人是谁？那么大的火气，想吃人是怎的？"秦岭撒谎说："她是我老家带来看病的亲属。"

简鹏点点头，说都是误会。

秦岭对简鹏和佟青说：“明天，我想正式向简爱求婚。手术前把这件大事办了，等到她恢复好后，我们就结婚。”

佟青脸上有了笑容，她说：“还是秦岭想得周到，这事还真要明天办，这样对简爱的康复有好处。”简鹏却不同意，他摇摇头说：“这件事我看就算了，简爱上次因为激动昏厥，我怕她万一再次受到刺激，病情加重就麻烦了。再说，你们在一起共事期间产生爱慕，那时你要是娶了我女儿，说明你不受世俗左右，冲破世俗观念用真心对待我的女儿。现在，我女儿简爱生病，你这个时间去向她求爱，知道的会觉得你是真爱她，不知道的，只会觉得你这是可怜和施舍。我们宁愿不要，简爱更不会接受。”

秦岭很认真地听完简鹏的一番话，神色有些不自然，觉得这都是自己不会处理感情，才使他和简爱的感情中途受阻。他说：“对不起，当初是我错了，我真的不知道简爱会那么钟情，那么在意我。现在，我只求你们给我个机会，让我和简爱重来。”秦岭说得十分恳切，他看着眼前简爱的父母，恳求他们答应。

佟青看着前夫说：“女儿喜欢秦岭，但是又怕连累他，如果秦岭能救回咱们女儿的命，我们又何必拒绝呢？”简鹏思考良久，才点点头，握着秦岭的手说：“那好，秦岭，我们一家谢谢你，希望你的求爱可以顺利成功！”秦岭用力握紧简鹏的手说：“我们一起努力，把简爱从死神的手里夺回来。”

得到简爱父母支持的秦岭，心里得到稍许的宽慰，他走到医院阔大的玻璃窗前，他仿佛看到，林皎月含情脉脉的眼神和伸过来的白皙的手，她让秦岭拉住她的手，可是，秦岭却把手递给了简爱。林皎月噙着眼泪，渐渐转身，离开他，从他的眼前飞走……

秦岭的大脑从恍惚中走出来，他要把他向简爱求婚的事告诉林皎月，他不能让林皎月继续等着他，耽误她。他拨通大洋彼岸林皎月的电话。林皎月接到他的电话，显然很激动，她说：“我这儿可是大半夜，你是不是想我了。你那里还好吗？”

秦岭沉默好一会儿，才回答："我很好，你不要惦记，我有件事要告诉你。"

林皎月不假思索地说："你说吧，我听着呢。"

秦岭说："皎月，我在北京，在简爱这里，她病得很重，但让我多少宽心的是，她的爸爸和姐姐都还在，而且知道简爱生病，他们都来到医院，准备为她做骨髓移植。简爱看到我，就像看见久别的亲人，她的身体也好了很多。虽然她表面不在乎我，可是，我看得出来，她离不开我。"

林皎月问他："她离不开你？可你不能总陪她在身边吧？"

秦岭说："皎月，对不起，我打算陪她一辈子，只要她活着就好！请你原谅我！"

林皎月沉默了一会儿，回秦岭的话说："感情是你自己的，给谁也是你的自由，可是你要想到，一个病人，她给你的除了痛苦还是痛苦，你又何必？"

秦岭说："你不要劝了，你不会理解我的心情，我打电话就是告诉你，不要等我了，对不起，皎月。"秦岭不等林皎月回话，就把手机的按键按掉。

秦岭给林皎月打完电话，心里的沉重感消失了许多，他可以心无旁骛地向简爱求婚，只是滋生出了对林皎月的歉疚。

这是一道在理论上很简单，但在感情上却又很复杂的单选题。秦岭就是再痛苦也要做出抉择。秦岭是个追求完美的人，他努力做个不欠债的人，无论在经济上还是在感情上。在经济上他做到了，但在感情上他知道完美只是用来追求的，根本实现不了。他有意无意欠了很多债，在感情的漩涡里有时甚至不由自己。但秦岭有自己的底线，就是对得起良心。

不知道是谁发动佛塔村的群众，全体村民聚在安置区的大院里，要去市政府上访，他们等了两年多，到现在开发商楼房已经建起来，楼房的门窗、玻璃、内部的盥洗器具都已经安好，早就可以发钥匙入住了，就因为贾文海家的房屋横亘在通往小区的主干道上，使政府相关部门验收不了，导致回迁一延再延。居民们从拆迁开始，早就盼着回迁，住上干净而又舒适的楼房。

李粉团、洪磊兄弟、刘无良、石德龙、薛春、老姜等村民吵嚷着要见村主任康有法和村书记常生。康有法去深圳的女儿家看外孙子还没回来，常生在家，但是对于贾文海这样的钉子户，常生一个村书记也没有办法，只能听之任之，等待政府来裁决。贾文海的官司从地方的西江区法院、滨海市中级人民法院，再到申诉的省高级人民法院，在三级法院均判他败诉的情况下，他仍不放弃，数次上访，又数次被遣送回来。他抱定不达目的，誓不搬迁的决心，看来他是要把钉子户的名号给坐穿。村民们要求常生带着他们去市政府上访，常生推脱身体不舒服，下不了地，石德龙他们才放过他，他和薛春一行人，打着“我们要回迁”的旗子，浩浩荡荡地去市政府上访，要求市政府把钉子户贾文海的问题解决掉，尽快住上回迁楼。

滨海市市长吕铎听到秘书说有群众上访，忙让秘书过问下怎么回事。

经过询问，是佛塔村村民要求回迁。秘书把村民们上访的原因反馈给市长。

上访是各级政府最头疼的事，有的政府官员就是因为上访才止步官场，所以多年养成了和稀泥的习惯。

怕上访本身就是社会病态的一种表现。上访无外乎就是无理访和有理访。对待有理访一查到底、严肃追责；对待无理访警告、拘留、判刑，社会稳定将指日可待。

第十四章　秦岭求婚

贾文海自从上次两会闹访被关，在拘留所里面只待了一周就被放出来了。一个月过去，他又大费周折地把窝棚装修加固一番。原先“披头散发”的窝棚被他加上青砖，重新搭上蓝白相间的帆布，原先窝棚是四方形状，经他近一个月的装修、加工，这座房屋变成圆形的蒙古包一样，蒙古包的前脸上还镶嵌着一面小镜子，他说是驱妖辟邪用的，防着有人强拆他的房屋。房屋虽然小了，却也坚固，可以遮风挡雨。贾文海换了张大床，捡来一个既可以烧饭又可以取暖的炉子。贾文海每天老老实实地待在里面，不是他放弃了上访，而是在等待着他的上访黄金季节。一到夏天，他可以背上行李卷儿去市里上访。

此刻，贾文海正在猫腰砌着厕所墙，他自己圈起来一个旱厕，他自己去别的拆迁村落，用手推车推回来一车车的废弃青砖。砖头大小不齐整，他砌起来很吃力，他回身掀开门帘子，从蒙古包里的破椅子上，拿出一瓶康师傅矿泉水，出去坐在砖头上拧开盖子，“咕嘟”喝下一口水，嘴里自言自语埋怨：“都不管我。要来的钱一个子儿都不给你们花。”贾文海实际上是对老伴儿发泄不满。自打去年，老伴就不想陪他上访、当钉子户了，把他自己撂在这个棚子里，守着旧居，说来也挺孤单的。可是，不去上访他吃什么？喝什么？每上访一次，他就会得到政府送来的安抚金，比他上班挣得多又轻松，他上访一年，就多了一年的安抚金。说不定上访抗拆又能抢来一大笔丰厚的房屋补偿金。反正自己也老了，不上访又能做什么？喝够水的贾文海心里想着，埋怨了一会儿，就又起身砌旱厕。

柳树林起得早，八点钟就和儿子柳明吃了饭，各自出门做自己的营生。柳明去村部上班，今天德仁拆迁公司有工作人员来做入户调查，村里安排柳明陪同他们。而柳树林昨晚上就盘算好，今天上午去佛塔村找贾文海，想讨些上访告状的窍门。贾文海月前答应带他一起去北京告状去，要是拆迁公司不给他合理的补偿，他还真的要未雨绸缪，做好准备。

柳树林从山东堡村坐公交到佛塔村也用不了多久，他在市府大路下车，正好看见有不少佛塔村村民在市政府门前上访。他本来是个爱凑热闹的人，就过去想问个明白。也算凑巧，柳树林和大姜熟识，柳树林从大姜口中得知，佛塔村村民是来上访关于回迁的事。他们在外面住了快三年了，现在因为一个钉子户，让大家在外面过着风雨飘摇的日子，大家不干了。两人正说着，信访局局长出来，他很快就被村民们围住，大家七嘴八舌，说着自己在外面暂住的困难，一心盼望回迁的急迫心情。信访局局长和蔼地劝告大家，任书记在上海开会，他一回来就会研究给大家解决回迁的事。石德龙问局长：“贾文海的事情怎么解决？”局长说：“到时候也会一并给大家一个说法。”村民们还是半信半疑地互相交流，就是不愿意离开市政府。最后，在信访局长的一再劝说下才陆续离去。

这一切，柳树林看得真切，他离开上访的人群，独自朝佛塔村走去，要去找贾文海。柳树林心里想着，贾文海够狠的，连市领导拿他都没有办法，看来，闹一闹也没什么损失。一路琢磨着，柳树林来到贾文海的简易房前面，他看见一个人正猫腰费力地“吭哧吭哧”搬砖头，柳树林认出是贾文海，他走上前去，喊声：“老哥，你这是弄啥呢？”

贾文海听见声音，抬起头，一看是山东堡村的柳树林，他拍拍手上的灰尘说：“是老柳啊，我是闲的没事砌个茅厕。”贾文海说着，回屋取来个马扎子，递给柳树林，柳树林接过来。贾文海递给他烟卷，柳树林摆手说不会抽烟。贾文海笑着和他打哈哈：“不抽烟，不喝酒，攒着钱干啥，打官司？告状？”柳树林咧开嘴露出一口黑牙说：“你还真别说，佛塔村受你传染，老百姓在市政府上访呢。”贾文海脸上浮现出得意的笑容，他弹弹烟灰得意地说：“都憋不住了吧？不把我贾文海侍候舒服了，谁都别想住进来！”柳树林对贾文海竖起大拇指：“还是老贾你牛气，就这么个宅基地，就能把拆迁公司拖他个人仰马翻的，真佩服你。”贾文海没搭茬，他问柳树林：“怎么，你也想上访？你那山东堡不是还没拆吗？”柳树林手搭凉棚，看着佛塔村盖起来的高楼说：“拆是没拆，但是我打听拆迁公司的人，说我那地方还真难缠。上访不上访还是要看他们怎么给我补偿再说。”贾文海把烟头扔到地上，拿脚上去碾碾。他说：“不上访你来找我干嘛？介绍经验？我没经验，一张厚脸皮就够了。我还有活，等你想上访再来找我。”柳树林呵呵笑笑，站起身，说：“要是打官司上访，还请你老贾出谋划策。”贾文海一边干活，一边干笑两声，不再和柳树林说话。柳树林见贾文海城府颇深，不肯透漏和拆迁公司周旋的秘诀，也就知趣地离开了佛塔村。

山东堡村村委会研究决定，临时派出村部广播员柳明、妇女主任温暖作为村部班子成员加入拆迁小组，配合拆迁入户调查等协调工作。书记万泉河和村主任唐跃海不打算先出头，他们自有自己的算盘。山东堡村的情况复杂，本身万泉河的父亲万宝良就有可能因为补偿成为钉子户，作为一村之长，他自己家的事情还没弄明白，怎么去说服群众？再加上山东堡村既没户口也没宅基地，外来买房者身份复杂，像是牛有楼家还算是情有可原，祖辈是山东堡人，只是人走了，户口随之迁移，而后回来买房。万泉河知道其中有十多处房屋的买主，从来就没出现过。还有一片近百亩的苹果园，真正的承包人从来就没来过山东堡，只把果园交给一个外地人看守。万泉河个人以妻子曲桂香的名义买下村里的酒厂。酒厂现在还在烧着徐福求仙老酒，远销全国各地乃至港澳台等地，销量自然不用发愁，万泉河就当甩手掌柜，一切都有他的老婆曲桂香打理。

柳明带着何依萍、陆景宽、于君一行人挨户走访摸底调查，大家把带出来的拆迁政策和奖励原则分发给村民。他们首先走访的是街边的门市房。陆景宽和何依萍他们腋下夹着记录本，调查摸底后是要为全体村民建立档案的。柳明和温暖跟在后面，他们今天要去的是鲁智深酒馆。路上，柳明告诉他们，鲁智深酒馆的门面是租来的，老板钱有才是山东堡坐地户，他家住在后街，没有临街门市，所以租的是牛有楼儿子牛油的临街房屋，这房屋是钱有才经过牛油答应后，自己改的门市房。

何依萍和陆景宽他们走在狭窄的村街上，铺子里的人们探头探脑看着他们，偶尔有热情好客的和他们打个招呼。有些人看到他们却有种抵触心理，拿他们当作鬼子进村一样。这让何依萍他们感到心情很压抑，为什么有的人一见到拆迁人员，情绪这么抵触呢？拆迁盖新居本是为民造福的事，好事变了味道，利益的杠杆真是让人难以权衡。陆景宽嘴里不消停地对何依萍嘟囔："这地方不比别处，说不准出一窝梁山好汉那样的钉子户，可够咱们老大秦岭喝一壶的。我看，秦经理这是想当一回宋徽宗，不过咱这招安可比那大宋皇帝实诚，国家政策好，就看老百姓买不买账？"何依萍笑了，她说："就你老陆精明，属那蜗牛的，见硬就退，这山东堡村秦经理不接，谁能接？这是政府对咱们德仁拆迁公司的信任。也别把老百姓都想得那么势利，多数人还是盼望着换个环境生活，如果我们都躲着挑好拆的村子拆，有难度的留给别人，滨海市还怎么发展？"陆景宽摇着肥硕的头，不接茬。

曹立本正在打扫麻将馆地上的烟头、烟盒和废纸。他的店面不大，有一百五十平方米大小，是叔父叔母留给他的，曹立本自小过继给叔父，父母亲早年寻亲回到老家山东烟台。在烟台，他有哥哥和姐姐，可是多年无来往，加上父母去世，亲情也变得疏远。前年，叔父叔母也接连去世，剩下他和这间街边的一百五十平方米住宅，他是个手无缚鸡之力的单身汉，不喜欢下海，也不喜欢种地，看邻村有开麻将馆的，就把屋子打扫了，买来三张麻将桌支起来。一张桌子一天收一百元，维持生计。他和佛塔村服毒而死的郝万长相很相似，两人的命运竟然有许多相似之处。但曹立本和郝万最不同的是，曹立本从来就不好赌博，家里打麻将的想找他凑个牌局，他宁可少挣钱，也绝不上桌打圆场。有时，他好找隔壁的钱有才凑个局子，为此常遭到钱有才老婆的喝骂。曹立本根本不在乎，老娘们不嫌费唾沫尽管骂吧，他把钱赚到手是真格的。他这房屋虽小，拆迁后，自己换个楼房，还是比住这个低矮的民房舒坦。到时候，也该找个女人成个家。因此，曹立本对拆迁的事早就盼星星盼月亮一般。此时，眼尖的曹立本看到何依萍他们七八个人朝这边走来，立刻拎着扫帚出了小院，笑呵呵地和何依萍他们打招呼："何姐，这么早就来啦，你们这可真是打鱼的不离河，打柴的不离山，说动迁就都来了。这是要去哪家啊？"何依萍第一天进村开见面会时，就记住了曹立本，她笑着和他打招呼说："我们今天先走走街边店铺。"曹立本热情地说："好，好，街边的可都是有营生的买卖铺子，攻城先攻门，要是累了渴了，来我这里打圈麻将消遣，不收费，茶水免费哈！"陆景宽嘴直性："你别光打自己的小九九，小心把好人都给圈拢成耍钱鬼。"大家都被陆景宽的话逗乐了。

何依萍带着动迁组几个人进了鲁智深酒馆。钱有才的弟弟钱小毛手里拿着茶叶盒子在往水壶里添劣质茶叶。钱有才的小姨子蒋凤擦桌子。钱有才和他媳妇蒋冰趁着早晨没人吃饭的空隙，楼上楼下地收拾卫生。他们家就只雇佣两个亲属做服务员，钱小毛负责照看一楼，蒋凤负责照看二楼。媳妇负责后厨帮厨，钱有才全面负责照管整个鲁智深酒馆内务。购买菜品和调料是他岳父蒋老九分管的事。

进来半天无人过问动迁组的几个人，柳明转到后厨，看到蒋冰撅着硕大的屁股，"吭哧吭哧"在清洗一盆餐具，旁边放着一口十二印的大铁锅，这铁锅是专门用来熬制骨头汤的。他家的厨师专门烧制鲁菜，鲁菜烧得在西江区是出了名的，每到周末，鲁智深酒馆是人满为患。后厨被蒋冰弄得山响，柳明大声喊："嫂子，动迁工作组来找你谈事，手里的活先撂撂。"

正在弯腰撅腚忙碌的蒋冰被柳明这么一喊，惊吓得手里的铁舀子掉在洗碗盆里，"踢哩哐啷"碰撞出刺耳的响声。柳明捂住耳朵，看着蒋冰皮手套上的脏水顺着胶皮往地上滴答。蒋冰眼睛不满地扫视柳明说：“你瞧你这叫驴嗓门儿，谈什么谈？凭什么拿我家先开刀？我家是租的房子，拆不拆的主动权不在我们手上，我一个租房的没权利。再说，我们没闲空搭理你们。”蒋冰振振有词没好气地一口回绝和动迁工作组谈话。柳明无计可施，他退回大堂，见蒋冰的妹妹蒋凤提一个银色水壶站在那里，和何依萍说话。何依萍见柳明退回厅内，不见主人出来，正纳闷。钱有才提着一袋子垃圾从楼上下来，看见何依萍和柳明他们，知道他们是来做什么的。嘴里喊着：“领导们来啦，老幺，快点泡茶。”钱有才不像媳妇蒋冰冷着脸子爱答不理的模样，他接过蒋凤手里的茶壶，给何依萍他们几位倒上茶水，恭敬地回答他们对这座店铺的摸底和调查。蒋冰看到丈夫满面和气，也就不再摆她的一副黑脸，走过来看动迁工作组对她家店面丈量的一些数据并进行复核。

何依萍和陆景宽正在有条不紊地进行记录着，钱有才的岳父蒋老九去早市买菜回来了，他是骑着一台人力三轮出去采买的，蒋老九原先在老家山海关的碣石村是做会计出身，虽没做过生意，但是算盘打得三响，人长得矮小，满脸的狡黠，发起火来跟个钻天猴般火爆。他每天早晨三点起床，去早市进菜。经他一手买进来的菜，大都是破烂菜，价钱便宜，回到店里收拾收拾，经大厨上灶一炒，谁能吃出来是便宜菜？钱有才对这个老丈人做采买既放心又满意。蒋老九就这么两个闺女，大闺女蒋冰嫁给山东堡村的钱木匠儿子钱有才，六年前蒋老九来到山东堡村，投奔到闺女门下，和姑爷子共同出资盘下这间临街房屋做起饭店，他为饭店取的店名“鲁智深酒馆”。干了三年后，经过和房主牛油协商，把店面加盖一层，内里重新装饰一番。几年下来，蒋老九和小女儿蒋凤在山东堡买了房子，落了户口。把鲁智深酒馆也经营得有声有色。当初投到这座宅院的所有资金也差不多已经全部收回。今年初，店面又投资修缮一番，没想到，这么快说拆迁就拆迁了，反正有了牛油的承诺，他们统一口径，能多要就多要，多要出200万，返还给他家70万。蒋老九一进院，看到有动迁组的人员在他的酒馆里和他女婿女儿谈话，知道是为拆迁的事，就不动声色进去听他们谈话。

蒋老九支棱着耳朵，听到的也无非是“加盖的二层楼是哪年盖的？”“加盖二层的时候有手续吗？”“室内装修投资政策上是不会给予补偿的。”哪年盖的不重要，加盖二层也是跟牛油合作盖的。问题是他家最近投资装修的钱，政府不打算给补偿，蒋老九一听就炸庙了。他把手里捧着的冬瓜往地上一摔，绿色冬瓜在陆景宽的脚边咕噜噜碎成银白色的块状，何依萍和温暖被他的举动吓了一跳，大家看着这个矮小的老头一窜一蹦地发泄不满。蒋老九一手叉着腰，一手比划着说：“老子往店子里投资九万多元钱，咋啦？不给算数？不谈！叫你们头头来和我谈。”他把自己的女婿和女儿推到后厨，把门嘭地一关，不再搭理动迁组的人。大家面面相觑，何依萍示意大家离开，在院外，何依萍对陆景宽说：“看来，想撬开第一块石头，没选对地方。”陆景宽打哈哈说：“那咱们就去搓它几圈儿麻将怎么样？”何依萍知道老陆好开玩笑，但是，那个主动和他们靠近的曹立本会不会是他们撬动山东堡村的第一块石头？抱着这种心态，何依萍他们一组六人去了曹立本的麻将馆。

曹立本一上午就没把心思放在麻将馆上，他上午只容留了一桌打麻将的闲散人员。其他的人被他轰走了，他不是不想挣钱，而是期望何依萍他们的动迁组在西院的钱有才家谈完话，接着就能光顾他的家。曹立本心跟明镜似的，人家家大业大的跟政府和开发商周旋周旋还有余地，像他这样的一百五十平方米的住宅，前屋后院加在一起还不到二百平方米，就算是磨嘴嚼牙又能争来多少？当然，在他心里也不是不想争，但是他懂得好汉不吃眼前亏，人心是要暖的，常言说：“好人长嘴上，好马长腿上。”先哄着说吧。曹立本家能出气的除了他自己，还有几十只信鸽，他让动迁组把他的鸽棚子也给拆一还一补偿。为这个，他才笑脸相迎。

曹立本探头探脑地看着动迁组人员从鲁智深酒馆出来，看着大家奔他家来了，赶忙回屋，招呼四个玩麻将的散局，明天再来。玩麻将的被他这么一搅和搅和，全都散了场。

李宝忠的第二小组在山东堡的刘永好家，对他的无证房进行了登记。

刘永好一家是从乐亭县农村来此定居八年的外来户。由于山东堡村的房价水涨船高，他家在买来的这两间没有房照的房屋暂时居住。刘永好嫌房屋窄小，又在房西山墙下接上一间仓房，留着堆些破烂。李宝中和李晓雷等几名组员调查登记时，注明这间是属于违建房。刘永好心里不高兴，说自己是经过村里同意修建的仓房。可是按照拆迁补偿政策，违建房是不会给予拆一还一补偿的。尽管刘永好心里不愿意，也明白个人拗不过政策。他看着李晓雷把他家的房屋分门别类地登记在档案里。

万灵特意请假，把为简爱和秦岭买的婚纱和礼服带到301医院，通知简爱和简爱的家人，明天上午九点，秦岭要来医院，正式向简爱求婚。

简爱知道父亲为她捐献骨髓，她的生命有希望得到延续，心里倍感欣喜。但是秦岭求婚，她不会答应，她怕连累秦岭。因为内心深处深爱着这个男人，所以她不能答应秦岭，简爱认为爱他就不能伤害他。

左右为难的简爱站在窗前，望着院外红白相间的玉兰花，一边思索，一边下定了决心。母亲佟青走到女儿身边，轻声说："小爱，妈妈理解你，不要犹豫，爱他就勇敢地嫁给他吧。"简爱的姐姐简晴默不作声，她在为妹妹整理万灵带来的那套婚纱。简鹏也走到女儿身边，一边为她摘掉衣服上的发丝，一边劝说："你和秦岭是真心相爱，要是你不计较年龄的悬殊，我看秦岭还是可以依靠的男人。"简爱始终不言语，对父母的劝说无动于衷。万灵又不好勉强规劝简爱。她把两套婚礼用的婚纱和礼服放在医院，和简爱一家打过招呼，起身离开医院。她不想把简爱的为难情绪告诉秦岭，她怕秦岭的勇气因而受到影响，为了秦岭钟爱的人，也为了可怜的简爱，万灵希望在爱的雨露滋润下，简爱可以重生。

清晨，四月初的北京，又是一个难得的晴朗天气，大地一片生机，街边的玉兰花盛开着玉白色泛紫的铃铛一样的花朵。树叶抽芽，青翠的绿色使人在春风中沉醉。

秦岭起床，把自己打理得光鲜干净。今天是秦岭一生中最特殊的日子，有喜有忧，喜的是有机会向一直深爱但又不敢爱的女人求婚，忧的是自己的前妻，儿子的母亲今天检查结果即将真相大白，如果真是乳腺癌，儿子今后将有失去母亲的痛楚，两件事使他处在悲喜两重天中。秦岭连口早点都没吃，时间将近七点半，他买来早点，来到文慧住的凯丽宾馆，想看看文慧，并给她送点早餐。

文慧昨晚几乎彻夜无眠，检查完身体，她反而不害怕了。对于结果如何，她能看得开。昨晚卓尔给她打电话，问她检查得怎么样。文慧不想儿子为她担心，她把低落的情绪掩藏起来，告诉儿子自己一切都正常。文慧和卓尔谈了很久的话，她嘱咐儿子很多关于今后如何成长的事。由于文慧不同寻常的表现，他愈发担心母亲的身体状况，打算今天下课就赶来看望她。

文慧睡得很晚，秦岭来时，她才刚刚起床，黑着眼圈儿，一副倦怠的模样。秦岭把早餐送到文慧床前，看到文慧的黑眼圈，明白一定是她一夜没睡好。他告诉文慧，自己今天上午有事，下午才能把她的化验单拿回来。文慧想起前天万灵提起的秦岭要向一个女人求婚的事。文慧心里装着醋意，也不禁黯然神伤。她掩饰着自己内心的疼痛说："今天不是还要求婚吗？我的事不算事，你去吧。"秦岭听出文慧含酸带醋的话，他不想和文慧斗嘴，急忙离开文慧住的宾馆，来到301医院。

八点整，秦岭到了自助取结果的设备面前，说实在的，他也有些忐忑不安，他对文慧谎称下午才有时间取结果，也是唯恐听见不好的消息。他拿出文慧的检查报告，来到医务室，请医生告诉他检查结果。医生接过他手里的化验单，表情严肃地问秦岭："病人和你是什么关系？"秦岭心一紧，赶忙说："她是……是我亲属。"秦岭嘴有些不由自主地哆嗦。医生面无表情地说："病人乳房是有囊肿，需要药物调整，能够入院治疗更好。"秦岭一瞬间有种从窒息中缓过来的感觉，好在医生说得清楚，是囊肿，排除了乳腺癌。他真担心，要是真如淞江市医院的检查给出的模棱两可的说法，他会被瞬间击倒。秦岭如释重负，问医生："在301医院治疗一段就可以了吧？"医生说不用住在北京，回到当地医院就可以治疗。秦岭答应一声，拿着文慧的X光片和化验单，飞速离开医务室跑到楼梯尽头的窗口，心里刚才那种被恐怖笼罩的窒息感已经烟消云散。他推开一扇小窗，春风扑面而来，他赶紧颤抖着掏出手机，首先给父亲打个电话，告诉父亲文慧确诊为乳腺囊肿，回家治疗半个月就会康复。秦开山高兴地在电话那一端告诉秦岭，让文慧回淞江安心地治疗，他会拿出自己的全部退休金，好好为文慧治疗。秦岭说爸不用了，我手里有现金，我给她拿吧。秦开山说："这才是我秦开山的儿子，不计前嫌。"秦岭决定把这个消息先告诉文慧，免得她担心。

文慧听到这个消息，起初以为秦岭不过是安慰自己而已。秦岭怕文慧不相信，他告诉文慧，他手里有她的化验单。文慧相信了，她在电话里谢谢秦岭，说既然没事，回去吃点药就可以，不用住院了。秦岭埋怨她，院一定要住，一定要重视，不为自己想也要为卓尔考虑。文慧沉默不语。

第十五章　生死相依

万灵知道今天是秦岭一生中最特殊的日子，她提前赶来医院。秦岭和她在住院部大厅汇合。秦岭一见万灵的面，立刻把文慧的检查结果告诉了万灵。万灵听了赶忙双手合十为秦岭和文慧祝福，庆幸文慧身体只是小恙，并无大碍。她看到秦岭今天虽然略显疲惫，但一身西装的绅士打扮，头发和胡须精心理过，要比以往精神许多。万灵一笑，夸赞道："你今天真帅！"秦岭在万灵面前转一圈儿，孩子气地问："真的吗？"万灵说："我什么时候说过谎？"秦岭满意地笑了，他顾虑地说："我还没有把握简爱会不会答应我，不过我已经做好准备，她不答应，我就永远跪着不起来。"万灵很想把昨天简爱的态度告诉秦岭，又担心秦岭因此泄气，她鼓励秦岭说："水滴石穿，别担心。"秦岭感激地看着万灵说："谢谢你一直这么鼓励我，给我力量！"万灵抿嘴一笑。秦岭抬腕看看表，还有十五分钟就到九点，不知道为什么，昨天在花店订的花还没送到。时间眼看快到了，秦岭和万灵焦急地来到大门外，他准备打电话问问花店。这时，花店送花的员工骑着电动车驶过来，在秦岭和万灵身边停下，送花的店员是个二十多岁的小伙子，背着一个黄书包从车上跳下来，看到秦岭在张望，知道这人肯定是订花的主人，小伙子急忙把那束扎着999

朵玫瑰的花束送到秦岭怀里。又回头把秦岭昨天额外订的五百朵玫瑰花交给万灵，红着脸解释说路上有塞车，不好意思，让他们久等了。秦岭掏出钱把账付了，兴奋又忐忑地和万灵一起乘坐电梯上楼，准备向简爱求婚。

简爱和父亲、母亲在病房里，姐姐在一边忙碌着为她整理婚纱，佟青为简爱梳理临时准备的假发，假发很长，像简爱原先的那头瀑布似的长发。佟青眼泪不由地流了出来，但她擦了下眼泪马上换上笑容，不想在今天这样的日子让女儿难过。佟青和丈夫昨晚做了一晚女儿的思想工作，而简爱埋怨妈妈不该向秦岭提这样的要求，让秦岭为难。她不知道，这也是秦岭想做的，只不过是和妈妈不谋而合。爸爸简鹏通过接触，了解了秦岭的性格，认为他会是一个负责任的男人，相信女儿跟了他不会受罪的。他希望女儿接受秦岭这份爱，一家四口人在做秦岭求婚前的准备工作。简晴想帮助妹妹穿上婚纱，但被简爱拒绝，她只是扶着窗台站立在窗前，望着楼下的玉兰花发呆。妈妈和爸爸把一束馨香的百合花插在简爱床头的花瓶里，一时满屋花香。简爱今天似乎要比以往显得更加有力气，她虽然不愿意在这个不合时宜的时间接受秦岭的求爱，但是，爱情的力量是不可思议的，简爱这个几乎要被命运判处死刑的女孩，因为秦岭的到来，她即将枯萎的生命之花重又坚强地活了过来，她内心庆幸生命中因为有了秦岭，她才会活得这么久，爱他，又不想让他受连累，矛盾的心情让她在感情里不断地纠结。

在十六楼，秦岭和万灵把手里的花束交给血液科的全体医护人员。秦岭早已经和负责血液科的主治医生廖静涛打了招呼，希望血液科的全体医护人员做他向简爱的求婚见证人。廖静涛表示支持他们，除了特殊病房里的医护人员不能离开外，其他医护人员穿着洁白的医护服，齐刷刷站在简爱病房外面。廖静涛和科室里的医务人员手里捧着芬芳的玫瑰花，静静地等待秦岭向简爱求婚成功那一刻。他们祈祷着简爱这个美丽的天使会因爱而重生，简爱住院四个多月，和大家朝夕相处，早已经产生了深厚的感情。

病房里，简鹏、佟青还有他们的两个女儿，静静地等待着房门被打开的那一刻，墙上的时钟一秒一秒地划过，母亲佟青坐在简爱的床边，爸爸简鹏坐在护理床边上，整理着女儿婚纱，他似乎看到健康的女儿穿着婚纱，和秦岭在海边跑着跑着……简晴眼圈里泪水也在转，她努力噙住，不让泪水掉下来，为妹妹垫起枕头，让她更舒服地躺着。母亲手紧紧地握着简爱的手，她怕女儿激动，但是简爱让他们放心，她不会像上次那样因为激动过度而昏厥。

秦岭怀里抱着嫣红的玫瑰花，身穿着藏蓝色西装，雪白的衬衫，打着红色领结，人显得年轻而绅士。万灵捧着一条亲手织的羊毛围脖，站在秦岭面前。

秦岭抬手轻轻地敲门。简晴出来把门打开，万灵进来，走到简爱的床前，把手里的毛线围脖搭在简爱的床头，告诉简爱说："美丽的公主简爱，我把今生最爱你的也是你最爱的男人秦岭给你带来了，今天，他将正式向你求婚，希望你们牵手直到白首，永不分离！"

简爱害羞而又含笑地看着万灵，简鹏和佟青围在简爱身边，鼓励女儿。万灵问简爱："美丽的公主简爱，我现在可以请秦岭进来吗？"简爱犹豫一下，点头默许。

秦岭抱着玫瑰花，走到简爱床前，弯腰把手里的花束交给简爱，简爱含笑接过来，放在鼻子底下闻闻，因病而久违花香的简爱，闻到到花香就跟重新回到土地上自由奔放地行走一样，使她感到鲜活的生命重新又回到她的躯体里，健康就像花蕾一样绽放。

秦岭单膝跪在简爱的床前，从兜里掏出戒指盒打开，等待着简爱。简爱睁开眼睛时，看见秦岭单膝跪在她的床前，手里捧着白金钻戒盒，秦岭说："亲爱的简爱，答应嫁给我吧！"

简爱把手里的花束交给姐姐，让妈妈扶她起来，佟青扶着女儿坐起来，简鹏把枕头为女儿垫高。简爱把秦岭手里的戒指盒接过来，对秦岭说："我接受你的鲜花包括戒指，但我不能接受和你结婚，你作为我生命中最重要的男人，我不能拒绝你的求婚，我知道你爱我，可是我不需要了。我所以不拒绝你的求婚，只想珍惜这个对我来说最宝贵的时刻。我想穿上你为我定做的婚纱，让你看看一个不能和你结婚的，但是却唯一爱你到最后的新娘。”

秦岭跪着不肯起来，他说：“简爱，我爱你一直没变，不管你今生遭遇什么，我都和你在一起。求你答应我。”病房内外一片安静。

文慧心里对自己的检查结果感到一阵轻松，她想起秦岭说要求婚的事，有些坐立不安地走出宾馆，信步来到301医院，乘着电梯，无聊地想遇上秦岭，她感到自己离不开秦岭，总想他们之间会发生她所期盼的那一幕。

在十六楼，文慧看见有很多的医护人员手里捧着鲜花，站在一间病室门外，她觉得蹊跷，在医院，除了儿科可以有这种为庆贺新生儿诞生的场面外，怎么会有这样喜庆的事情？她情不自禁地走过来，想看个究竟。

一个满脸稚气的女护士带着洁白的护士帽，对身边的同伴说：“这个男人真有勇气，敢娶一个白血病患者做老婆，勇气可嘉。”文慧往病室里一瞅，她看见秦岭单膝跪地，在向病床上的一个面容憔悴的女子求婚。文慧浑身一震，简直不敢相信自己的眼睛，这怎么可能？秦岭在向一个病人求婚？难道天下除了她，再也没有秦岭喜欢的女人了吗？一连串的疑问，使文慧对秦岭的举动百思不解。她很想去阻止，可她又拿不出理由，看着秦岭虔诚的表情，文慧心里像刀剜一般疼，她捂着嘴，跑到走廊尽头哭泣，引得医护人员朝着她这里打探。

秦岭膝盖跪得发麻，简爱铁着心，态度坚决地告诉他，求婚可以，结婚不可能。秦岭却坚持要和简爱结婚。两人相持不下，简爱妈妈和爸爸劝女儿。简爱不为所动，万灵也在帮腔，谁也说不动简爱。简鹏劝秦岭放弃，想把秦岭拉起来，秦岭不动。

简爱看到秦岭铁了心，又见他单膝跪地太久，不由得心疼，她长叹口气，使出浑身力量，拉住秦岭的手说：“我到现在也还是拗不过你，你起来。我答应穿上婚纱，我们留个影吧！”简爱的话音未落，秦岭站起来，紧紧地抱着简爱说:“简爱，给我一个家。做我的新娘吧！”简爱不作声，她让姐姐为她穿上婚纱。秦岭拉住简爱的手，一位医生拿出相机，为他们俩留下几张美丽的特殊的婚纱照片。

门外的廖医生把手里的玫瑰花送到简爱的手里，向他们表示祝福。秦岭向众人宣布，他们要在今年5月1日结婚。他要和简爱举办一场沙滩婚礼。简鹏接过相机，为女儿和秦岭拍下这幸福的瞬间。

文慧在走廊尽头，听到病房里响起掌声和笑声，知道秦岭求婚成功。她心里很难过，要是秦岭和一个健康的女人结婚，她心里也许会好受些，但是秦岭娶了一个朝不保夕的病人，他会得到幸福吗？文慧更加觉得是自己对不起秦岭，她哭泣着坐电梯下楼，这时，卓尔打来电话，说他来宾馆看妈妈。文慧不想让卓尔看到爸爸求婚的一幕，告诉儿子，她马上回宾馆，让卓尔等着她。

秦岭向简爱求婚，最后也没得到简爱的确切答复。但他满怀信心，只要简爱在，他的爱情就在。

简爱折腾一上午，廖医生建议她要休息。下周一，简爱就要做骨髓移植手术了。秦岭想要等到简爱做完手术后再回滨海。他告诉佟青和简鹏，自己要去北京站送个人，便回到文慧住的凯丽宾馆。

卓尔在凯丽宾馆的大厅里，他坐在沙发上，等着妈妈。卓尔不知道妈妈检查的结果如何，他内心很担忧。一直想给爸爸打电话询问，又担心影响爸爸，他已经从冰凌那里知道爸爸今天上午要向简爱阿姨求婚。作为卓尔，他不能不考虑妈妈，更不能弃爸爸的感情于不顾，他自知左右不了父母的感情，尽管周末的功课依然繁忙，还是请了假，出来看望和安慰一下一直想和爸爸复婚的妈妈。

廖静看到卓尔匆忙离开学校，不知道心事重重的卓尔想去哪里。她也索性请假，沿着卓尔坐车的行车路线，跟他到了凯丽宾馆。起初，她看到秦卓尔进了凯丽宾馆，误以为他这是要和那个热恋着的女生开房厮混。可是等了半天，却见卓尔坐在沙发上，从沙发背后的书架上拿下来一本书翻看。廖静着急了，不知道这个秦卓尔葫芦里到底卖的是什么药。

文慧在宾馆玻璃门外擦干眼泪，整理下头发，无意中，她发现有个身材窈窕的女孩背着书包，隔着玻璃门往里偷偷观望。文慧故意清清嗓子，那女孩把头收回来，假装若无其事地望着其他地方。文慧一进大厅，看见儿子坐在沙发上，她欣喜地轻轻喊："卓尔，妈妈回来了。"

卓尔放下手里的书，走过去迫不及待地问："妈妈，结果出来了吗？有问题吗？"文慧拉着儿子的手说："放心吧儿子，妈妈身体没问题。就是有点小炎症。"卓尔放下心来，他说："这样最好，爸爸呢？"

文慧听到卓尔找他爸爸，刚刚涌上来的喜悦立即被冲淡，她拉着卓尔坐在沙发上，看着卓尔说："卓尔，你爸爸好像发神经了，我和他离婚以后，他受过什么打击吗？你知道，我刚才在医院，看见他在向一个女病人求婚，你爸病得不轻啊。"

卓尔知道爸爸在向简爱阿姨求婚，但他不想告诉妈妈简爱和爸爸的故事，他只是挽着妈妈的胳膊，说道："妈妈，那是爸爸的事，咱们不干涉。"廖静看到卓尔挽起刚才进门那位女人的胳膊要上楼，便走进大厅，故意走到卓尔前面，然后回身一望，故作惊奇地扑闪着眼睛问："啊，是秦卓尔，这么巧，你怎么会在这里？"卓尔和妈妈同时站下来，文慧见这个女孩是刚才在门外往里观望的女孩。她看着卓尔，卓尔一见是同学廖静，也奇怪地问："廖静，你怎么会来这儿？"廖静把书包往肩膀上一耸说："我是来301医院找我爸爸的，刚才路过就看见你啦！"

秦卓尔对妈妈介绍说："妈妈，这是我的同学廖静。"文慧和廖静打声招呼，廖静亲热地喊着阿姨。廖静告诉卓尔，她就不上楼了，在下面等着卓尔，今晚学校要开大型的毕业生交流会，她来叫卓尔一起参加。卓尔本来已经答应潘琦和龙飞他们早些回去参加，此时有廖静来接他，他也不拒绝廖静的好意，答应跟她一起回学校。

秦岭刚从医院回来，看见文慧和儿子站在大厅里，正和廖静涛医生的女儿廖静说话。他走过来，得知廖静竟然是儿子的同班同学，想请她上楼坐坐。卓尔对秦岭说，就让廖静在楼下等着吧。秦岭说也好，三人一起上楼。秦岭告诉文慧和卓尔，他一会要送文慧去火车站，车票已经替她买好，下午4点的车。

秦岭和卓尔帮助文慧收拾衣物，文慧对秦岭求爱的事，打心里不能接受，始终耿耿于怀，秦岭未来的命运就要和这个病人紧紧相连，那样一来，儿子卓尔势必受到连累，她不无担忧地说："天下之大，你就没有别的选择吗？如果你们之间有什么相欠的，用你的金钱和物资给她补偿不就完了嘛，何必要娶到家里自找晦气？"

秦岭坐在文慧房间的沙发上，想喝口水，听到文慧的话，他把手里的水杯放在茶几上，看着文慧说："项文慧，我以前在你那里看到的都是金钱、地位、利用，没有这一切，你跟我过吗？我在这个病人身上，得到了理解、支持和真诚，这是你不能给我的。所以，无论怎样我都会给她我最真的感情。我知道在你的思想里，感情是用金钱物资就可以互相兑换的，然后就互不相欠一笔勾销。做人还是要讲良心的！"

秦岭板着冷冷的面孔教训文慧，虽然秦岭句句说到她的痛处，但她还是不甘心，便看着卓尔说："你以为我是担心你啊？我是为我儿子担忧！娶到家一个病人，我儿子是要和她朝夕相处的。"文慧一边往包里收拾物品，一边不满地回敬秦岭。

秦岭把手支在头上，闭着眼睛不语。卓尔一边帮助文慧整理东西一边说："妈妈，别再责怪爸爸，这些年你们分开后，各自在感情上都经历过什么，谁都无法理解，你们自己最清楚。所以，还是不要互相干涉和埋怨。我已经长大了，以后会有自己的生活，不需要担心。"秦岭听到这，严肃地问卓尔："儿子，刚才廖静是怎么回事？你小子可不要占着碗里还看锅里的。"

卓尔明白爸爸的意思，他说："老爸，你放心，我可不是你说的，什么陈世美、花心大萝卜，我会对冰凌负责的，但是，我也阻拦不了别的女生追求我。"卓尔对着父亲两手一摊，做无奈状。秦岭放心了。

文慧听卓尔说要对冰凌负责，她恼怒地把包往床上一摔，包里的化妆品咕噜噜散在床上，她一屁股坐在床上，带着哭腔对卓尔说："秦卓尔，你和你爸都离不开老万家是不是？老万家的锅好刷是不是？都说女儿像妈。万灵多情，冰凌能好到哪去？刚才那个什么廖静的，我看那个女孩子就很好，你要和廖静好，妈不反对，要是娶那个金冰凌，我不同意。”

秦岭和卓尔都愣在那里，文慧对万灵还是存在心理阴影。秦岭叹口气，无奈地开导文慧：“万灵只不过是我大学期间的恋人，时过境迁，请你放过对人家的偏见，别那么狭隘好不好？”卓尔也说：“妈，冰凌是个很单纯女孩，不是你想象的那样。”

文慧还是不松口，她反驳卓尔说：“儿子，你还不明白，她是想把你从我身边抢走，让我一无所有。”卓尔理解妈妈离婚后一个人很孤独，他不想和文慧争辩，便拉着她的手安慰：“妈，谁也别想把我抢走，你永远是我妈妈。放心好了！”文慧这才起身背上包，三人离开宾馆的房间，很快办理好退房手续。卓尔让妈妈好好照顾自己的身体，廖静跟在后面特别亲热地告诉文慧，等到毕业，她和卓尔一起回东北看她去。文慧高兴地连说：“好啊，欢迎，欢迎你去。”

佛塔村村民为了早日回迁，集体上访的事，市委书记任冬第一时间就接到了通报，他一直挂在心上。招商回来，任冬立即召开了市委、市政府主要干部会议，研究佛塔村钉子户贾文海拒绝拆迁的解决方案。现在，他和政府部门的领导，专门听了市长吕铎关于佛塔村村民为回迁的事集体上访的汇报。

任冬说：“西江区的佛塔村回迁工作迫在眉睫，回迁楼已经建完，我们如果还让老百姓在外租房打游击，那我们就是一个不负责任的政府，为了大多数群众的利益，我们只能承担风险，成全大家。”

主管副市长陈应生说：“主要是贾文海的工作还没有做通，指挥部应抓紧做贾文海的思想工作，当然强拆的法律手续我们也要积极推进，双管齐下，节约时间。”

现在贾文海已对强拆决定提起了诉讼，吕铎市长问政府的法律顾问刘大钧诉讼得多长时间，刘大钧回答道，一审、二审基本上得一年，最快也得半年。

任书记一拍桌子站了起来，大声说：“思想政治工作我们什么时候都不能放弃，但是对贾文海这样的上访户、钉子户我们必须动用国家机器的力量，对他只能强拆，而且要快。一个人的非法利益对抗几千人的合法利益，这本账连小学生都会算。我们政府机关习惯于用程序作为幌子来打太极，回避矛盾、推卸责任，我们要彻底改变这种工作作风，我们如果不敢担当，那么社会风气就会每况愈下，说严重些钉子户、上访户都是我们给惯出来的。”

市长吕铎当即指示，对贾文海家的违法建筑的强拆进行先予执行。由指挥部组织，公安局、城管局、法院等单位配合。

秦岭的拆迁团队确实是个有经验的团队，他们觉得拆迁的前期工作必须要做扎实，他们用了15天的时间搞了深入的调研。之前七八次拆迁没拆成，村民们有些麻木。调研也是宣传，宣传也是前期动迁。他们对山东堡的村民、非村民进行了三次详细分类，一次比一次更具体，一次比一次更贴近实战。秦岭对山东堡村未来会和自己交锋的难啃骨头早已心中有数，他更是要求何依萍对山东堡重点户制定详细的谈判方案。

秦岭觉得山东堡可以进入到收房签约阶段，他组织公司所有人员召开了战前动员会。德仁拆迁公司分成8个动迁组，每组负责200户，每小组拿出3个重点户由秦岭负责，秦岭把武军、兰梅暂时抽调回来，成立了特殊动迁组，专门负责攻坚克难。

会议确定，抓两头，促中间，两头就是容易动迁的户和前期预判所谓的“钉子户”，这样做的目的是在签约交房达到一定的量后，处于中间的观望户也不再观望。钉子户的工作必须做在前面，他们不可能马上交房，但前期铺垫如果不能做到位，战线会拉长。百日攻坚不仅任务重，而且时间紧，那样很难完成政府制定的工作目标。另外，对于不可能通过谈判解决的，评估要先评，谈判笔录要做好，为政府下强拆法律文书提供严密的法律依据。

秦岭向拆迁指挥部尹宁、游鸿汇报，决定从明日起开始签约收房，山东堡的百日攻坚战正式打响。

曹立本家的宅基地和自留地核算，按照他个人主张的也没有太大的出入，何依萍把曹立本家的基本情况请示秦岭后，秦岭根据武军和何依萍的汇报，经过斟酌后，觉得曹立本的补偿要求不超出补偿政策，属于合理补偿范畴，遂答应曹立本的要求。这样，山东堡这块被孙保赢视为壁垒的城堡，终于有了第一块石头的松动，大家知道，最难的攻坚还在后头。秦岭要求动迁组的人员，拿着这块石头，继续敲击下一块壁垒。

武军、何依萍、兰梅、陆景宽等一行拆迁人员，开始陆续为山东堡按照秦岭划分为第一类的村民签订安置补偿协议。山东堡村的拆迁进入到第一个阶段：小批量交房阶段。

武军向秦岭传达了市委、市政府近期强制拆除佛塔村钉子户贾文海的违法建筑的决定，让佛塔村一千多户居民尽快住上回迁楼。拆除任务还要由德仁拆迁公司来做。秦岭一听是市委、市政府表态，加大力度对这样的钉子户实行强制拆除，他很兴奋，他领教过市委书记任冬的办事风格。身为律师的他知道，贾文海的强拆法律程序还没有走完，这样做书记是承担风险的，他更加钦佩有这样一位敢于担当的书记，对山东堡村的拆迁增加了信心。

第十六章　生死攸关

石德龙、薛春、李粉团等村民又一次不约而同地聚集到临时村部。上次上访已经过去了七天，他们见到市领导后还没有给回迁一个明确的说法，内心十分焦急。大家让村书记常生出面给个说法，常生听说最近市里关于佛塔村的回迁会有一次动作，但是他也不敢轻易地许诺，怕如果跟实际情况有出入，村民们会跟他闹。看到村民们闹闹嚷嚷地聚拢到临时村部来，又想到村长康有法昨晚从深圳串亲戚回来，急忙给康有法打电话。康有法接到电话，说他在山东堡村和老朋友万宝良有话要谈，一听说村民们又闹着要上访，他急忙骑上电动车赶回村里。

康有法也被秦岭聘为德仁拆迁公司的顾问，他在周边村包括山东堡村有许多亲属，还有很多朋友，秦岭不会浪费这样的社会资源。

贾文海砌的旱厕刚刚把水泥抹好，不顾院子里杂草丛生，坐在太阳底下，开始整理自己的上访材料，他把发了霉的材料拿到太阳底下，分门别类地晒晒，准备到了暑期继续去上访。把材料摆放好，贾文海得意地躺在竹制的躺椅上，眯着眼睛晒太阳。几只蚂蚁顺着破损的藤条腿往上爬，竹坯子编的躺椅已经破烂不堪，似乎要把贾文海漏到地上。贾文海不在乎，刚才他的老伴打来电话，说儿媳妇给他炖的大公鸡，要给送过来。贾文海眯着眼，得意地在藤椅上荡着细腿，嘴里哼着河北梆子调。他想，儿子、儿媳妇还算疼老子，心里还想着他，越是这样，越增加他抗拆的信心。如果他不抗拆到底，就对不住儿子、儿媳妇对他的孝敬。

其实，贾文海也闹心，自己被翻来覆去地押了放、放了再押，从村部到镇政府、区政府、市政府，四级政府，在省里、在北京，为了不让他上访，相关部门一次次给他钱作为安抚费，可他觉得不够，他要的是天价的拆迁和占地补偿。政府给的那些钱，远远无法满足他的胃口。近年来，他的欲望越来越大，干脆拿上访当作工作，反正不上访也没别的营生，上访对于他就等于上班，他成了高度维稳对象，多次被跟踪又被抓回，他却矢志不渝。只要活着，他就要做谈不拢、赶不走的钉子户，现在，他知道佛塔村的村民急着回迁，但只要他不动，佛塔村回迁就等于是白日梦。佛塔村回迁无望，市里的领导们势必就要想办法，办法再多，就是不能枪毙他，拘留他也蹲过，也就是遭那么点罪。张嘴三分利，不给也够本。

有了这两个把握，贾文海就有了底气抗拆到底。他还在优哉游哉地哼着曲子，他的老伴提着个瓦罐进来，看到满院子的杂草，跑个兔子都看不见，老伴嘴里嘟哝："死老头子，你把这儿当成皇帝的大殿呢，赶不走劝不走的！明个市里来人把咱这破房给你扒喽，看你还守着祖庙似的不松口。"

贾文海看见老伴手里提着瓦罐进院，假装没看见，听到老伴这么一说，他忽地从躺椅上坐起来，冷着脸骂老伴："乌鸦嘴！你不来拉倒，来了就说这丧气话，纯心气我这是。"贾文海老伴不搭理他，她把瓦罐放到贾文海脚边，自己进棚子里找来碗碟，一边给贾文海往碗里盛鸡肉一边说："我这都是听儿子说给我的，这几天，你可要多加小心，政府要对你这样的钉子户想辙呢。你总是挡大家伙回迁，人家在外面租房的遭老罪了，政府说是两年回迁，结果让你给耽误了快一年，大家伙都对你有意见，你别让老百姓给吃了。儿子告诉你，晚上睡觉精神点儿，别让推土机把你给埋了。"老伴把装着鸡肉的碗递给贾文海，贾文海没接，他凝视着自己重新盖起来的屋子，站起身，越过老伴，回屋子里翻出钱来，出来也不和老伴打招呼，推出摩托车，骑上就走。老伴手里端着鸡肉，喊他：“老头子，你这是要去哪？”

贾文海骑着摩托，直接出了村子，直奔村西的加油站，他向加油站的工作人员买来十升汽油，把它驮回家，欲火膨胀的贾文海决心誓死也要与他的房屋共存亡。

康有法从山东堡村赶回来，见到大家都围在临时村部议论纷纷，还说要去市政府上访。常生坐在村部的屋里，旁边还有村里其他几位干部，对大家的意见都不知道如何解释。看到康有法回来，大家围上来，责怪康有法，当初拆迁的时候动员大家，大家也都积极配合，到现在回迁却没了下文，让他拿出个章程。康有法把电动车放好后，回身招呼大家说：“乡亲们，大家听我说，我和你们一样，渴望回迁，谁不希望早点住上楼房？按说，早就该回迁了，不但你们有意见，我也有意见，有意见归有意见，政府不是不管我们，上次大家不是得到政府部门领导亲口承诺了吗？咱们再等等看。这样一次次上访，不给人家领导喘气的机会，就是咱们无理，咱们别做刁民，给人家解决问题的时间，等他们给我们答复。”

石德龙和薛春问康有法：“你也给我们个时间，拖到明年也是解决，拖到猴年也是个解决，我们不相信你们。”康有法回头看着几名村委会干部说：“今天，我们大家都站在这里，向你们保证，村委会是为咱们全体村民服务的，如果这事半个月后，还拖着不办，我带着你们去上访。”石德龙说：“好，大家伙都听见了吧？康主任可是有言在先，咱们就再等一等。”大家虽然有意见，但还是纷纷离开村部，暂时回家等待消息。

三年前，渔村是孙保赢他们的金朝拆迁公司做的拆迁，开发商是钟若明和吴新东旗下的信鹏开发公司。

孙保赢在渔村的拆迁并不顺利，他的威胁、恐吓的办法并不是对所有人都奏效。在吓跑了一部分被拆迁户后，剩下的难度越来越大。他比不上秦岭，虽然拆迁到后来都是越来越难，但秦岭的思路是越来越清晰。孙保赢就是不服气，他想到了一个借力发力的办法。

渔村的村长叫刘新，是靠家族势力选上来的，在本村是吆五喝六没人敢惹。他想利用刘新，但怎样利用，孙保赢确实动了一番脑筋。刘新的姐夫是西江区副区长杨凯，而杨凯又做过他姐夫蔡静波的办公室主任，这样一捋，孙保赢眼睛就亮了。

渔村有100亩空闲地，按照补偿标准得补5000万，孙保赢打起了这5000万的主意，他想借用这5000万跟信鹏房地产公司合作。他孙保赢做了十多年的拆迁公司老板，也想做一回房地产公司的老板。如果给刘新利益，让刘新把渔村拆完，然后再借用他们村的5000万,. 这不失为一箭双雕的好办法。孙保赢就是孙保赢，想到这儿，他自己都佩服起自己来。

蔡静波做局，请来了杨凯，孙保赢、刘新作陪。说是蔡静波买单，杨凯哪里肯让。酒桌上阐明关系后，孙保赢便和刘新成了拜把子兄弟，孙保赢年长，便成了刘新的大哥。第二天哥俩一拍即合，刘新负责把渔村拆完，孙保赢作为大哥也不含糊，给了刘新500万劳务费，渔村应得的5000万空地补偿款，孙保赢推辞一年给渔村。凭他孙保赢的聪明才智，加上他姐夫的社会关系，不出一年孙保赢就能还上这5000万，而且还能挣上一个亿。

只干个拆迁公司的老板根本不是孙保赢的目标。看着那些房地产开发商“大鳄”，孙保赢早就打起了算盘。凭他孙保赢的能力和人脉，他梦想着早晚有一天他也会跻身在这些名人之列。有了钱的孙保赢腰杆也硬了起来，他到信鹏房地产公司找当时的总经理钟若明。钟若明根本就没把他放在眼里，只是碍于他姐夫的面子才不得不和他接触。当钟若明得知孙保赢能弄来5000万现金跟他合作，钟若明放下了身段，钟若明心想，孙保赢肯定代表他姐夫来的。双方当即确定，双方共同负责渔村的开发，孙保赢占40% 的股份。

渔村的拆迁倒是很顺利，但由于钟若明入狱，银行压缩了对信鹏房地产公司的授信额度，信鹏房地产公司现金流出现了严重的问题。由于孙保赢挪用来的5000万全部用在了项目上，所以想撤回投资已经不可能了。孙保赢这样的事没少干，每次都是五马倒六羊涉险过关。可这次不同，数额太大，他期望信鹏公司先把这笔账给还上，可信鹏公司渔村的项目也还缺很多钱。

孙保赢又想去大洋集团找邓耀北联系开发渔村的事。邓耀北对孙保赢的为人和口碑根本就不欣赏，更谈不上合作。孙保赢急得不知如何是好，整天活得战战兢兢的，他不知道哪天能堵上这天大的窟窿。

北京301医院，上午九点，简爱要做骨髓移植手术。秦岭和简爱的家人推着简爱往手术室走。简爱的爸爸简鹏昨天刚给女儿简爱做完骨髓抽取，稍后，简爱将接受爸爸的骨髓移植。妈妈搀扶着刚能下地行走的爸爸，和姐姐简晴走在手术车后面，暗暗为简爱祈祷。秦岭和医务人员推着手术车，秦岭鼓励简爱要坚强，让亲人们放心。进手术室前，秦岭和简爱紧紧地互相拉着手，秦岭对简爱说："今生你是我的唯一，你答应陪我这一世，你要遵守承诺！"简爱含着眼泪，对秦岭说："我会的，你放心！爸、妈、姐你们放心。"简爱依依不舍地和爸爸、妈妈、姐姐，还有秦岭比了个胜利的手势，便被推进了手术室。

秦岭和简爱的家人一直守在手术室外面，焦急地等候着。秦岭不时看表，时针一秒一秒地滑动，秦岭的心跟时针上的发条一样绷得紧紧的。

万灵本来想来陪着简爱，但她马上面临着结业考试，学校那边走不开，只能在简爱进手术室前给她打来电话安慰她。穆征也要来看望简爱，秦岭委婉地拒绝了穆征的好意。他不想麻烦大家。

为了稳定佛塔村村民情绪，不再上访，拆迁改造指挥部得到市、区两级政府的指示，正式通知佛塔村下月返迁。

佛塔村村民得到消息，奔走相告，他们日盼夜盼的回迁，终于熬出了头，可以名正言顺地住上自己的回迁楼。在临时村部，康有法看着村民像过年一样高兴，他想把这个消息告诉秦岭。他知道秦岭还在北京，但是他忍不住给秦岭打电话。

秦岭的手机不在身上，他把手机放在简爱的病床上，他不想分神。康有法见秦岭的手机无人接听，只好作罢。他和村民们一样高兴。李粉团的丈夫王海潮一直没有离开李粉团，他几乎是寸步不离李粉团，他是在期待着李粉团对他回心转意，同时也是在期待着回迁房。

贾文海得知佛塔村要回迁，急得像热锅上的蚂蚁，围着自己家的老宅，一圈一圈地转，思考着对策，把自己都要转迷糊了。他知道由于他的违法建筑，村内的小区道路无法修建，他也知道由于小区内道路没有贯通，整个小区无法验收。他不知道政府怎样才能使佛塔村村民回迁。贾文海在心里画了魂儿，他们这是冲着他来的，简易房屋肯定要被拆除。贾保利打电话告诉他爹，他负责死守东岭村的三间房子，不要出天价绝不罢休。贾保利让他爹贾文海挺住，已经坚持四年了，不要在这最后一哆嗦上败下阵来。贾文海有些生气，心想这哪是儿子对爹娘老子说的话，为了钱，怎么就搞得儿不儿，孙不孙了呢！按贾文海的脾气，就是贾保利不这么说，他也早就做好了最后一次“决战”的准备。虽然儿子的话他听了闹心，但也合他心思，便把汽油壶搬到门口。

武军得到区拆迁指挥部指令，让他明天按照行政裁决和法律判决的数额，把贾文海的拆迁补偿款送过去，如果贾文海同意了，就放弃强制拆除，如果还是做不通工作，只能强制执行了。武军得到通知，知道秦岭明天就回来，他把通知传达给秦岭，但是秦岭的手机依然无人接听。

简爱的手术做了足有七个小时，下午四点，简爱的手术才顺利完成，简爱被推出手术室时，仍然处于麻药的麻醉中没有醒来，家人和秦岭得知手术进行得很顺利，无不感到欣慰。医生嘱咐简爱，需要安静地在隔离区住上一周的时间才可以住进病房。秦岭看着简爱被推进消毒隔离区的病房里，心里稍许得到安慰，悬在心上的石头终于落了地。廖医生出了病房，把简爱的家人召集到一起说：“简爱虽然手术成功，不是代表体内排异停止，只是暂时抑制了，不能排除危险。”经医生这么一说，大家刚才放下的心，又一次被提到嗓子眼，大家唯一希望的是简爱能够度过这段艰难期。

简爱术后的第一夜，秦岭向简爱的家人要求，由他来陪伴。因为明天秦岭是要回滨海的，那里还有很多事需要他来指挥和处理。佟青和简鹏答应下来。他们回家做短暂的休息。秦岭一直在隔离区外，关注简爱的动静，他怕简爱口渴，经过医生同意，他换上干净的探视服，带一瓶干净的水，用棉签蘸水为简爱擦拭皲裂的嘴唇，简爱还在深睡，根本不知道这一切。秦岭悉心地为她盖好被子，退出来后，他就在走廊的椅子上躺下来，累了一天，他想休息一会。他给武军回了电话，武军告诉他，市领导决定对佛塔村下正式回迁通知。为了大多数人的利益，市政府决定对贾文海的违法建筑先予执行，法院对贾文海下发了强制拆迁通知书。市领导希望秦岭能在拆除现场。秦岭告诉武军，他明天中午到家。

上午，武军、何依萍从山东堡村的拆迁现场回来，山东堡的拆迁正在按计划有条不紊地进行着。

到了下午，何依萍和武军约上佛塔村的村主任康有法和村书记常生会同政府的两个工作人员，拿着政府下发的强制执行通知书，到贾文海家。贾文海已经不像之前那样安稳地坐在院子中间晒太阳，他心里有了不祥的预感。何依萍、武军、康有法、常生及政府的工作人员轮番劝他尽早搬离自己家的简易房，该给他的拆迁补偿一分不少，如果拒不搬迁，政府将对他家进行强制拆除。贾文海气得一把把通知撕得粉碎，扔给康有法，然后张牙舞爪地指着康有法和常生的鼻子说：“我看你们谁敢强拆我？信不信我把命交给你们？”武军、何依萍试图和他讲道理，但是贾文海往外轰他们走，贾文海还是这么顽固不化。武军和何依萍无奈，他们和康有法、常生离开贾文海家。

康有法和常生只好回村部，临时村部就设在佛塔村的安置区的物业楼里，听说要回迁，大家都兴致很高，结伴来到村部，谈论回迁后对自家楼房的装修和设计等事情，村民们早就对贾文海意见很大了，听说法院下令对贾文海实施强制拆除，无不拍手称快，又看到康有法和常生垂头丧气地从贾文海家里回来，就明白贾文海还是不松口，大家又都发愁了。康有法说：“要是明天贾文海拒不同意，以死抗衡，政府拿他也没办法，那咱们的回迁可就不知道猴年马月了。”石德龙和薛春说：“贾文海这不是要坑咱们大家吗？公安局咋把他关进监狱又放他出来呢？”薛春说："他不光想坑咱们佛塔村呢，贾保利还在东岭村买下三间房子，我看德仁拆迁公司遇上贾文海爷俩，可够秦经理他们喝一壶的。"康有法说："是啊，佛塔村连拆带建四年，贾文海为得到天价补偿也折腾了四年，闹得我们回迁一拖再拖，大人孩子在外租房，冬天冻得手脚生疮，夏天热得满身痱子，我看，这事还是要靠咱们政府拿出力度，不能惯着这些钉子户。"村民们纷纷赞同康有法的说法。大家都在期待明天对贾文海这个钉子户的强制拆除。

秦岭早晨开车离开北京，他对简爱的牵挂让他一直无法放下悬着的心，简爱已经是他的未婚妻，他人虽然离开北京，心却还在简爱的身边，他明白，为了延续简爱的生命，他要继续打拼。为了给简爱治病，秦岭几乎倾其所有。虽然简爱的父亲十几年的经营，也有积蓄，但是，简爱既然是自己的未婚妻，他就不能在治疗费用上计较谁多谁少。秦岭就是这样的性格，他不后悔对简爱的付出，只要简爱能康复，秦岭宁可舍弃全部。

第十七章　牛刀初试

下午，从北京匆匆赶回来的秦岭，带着满身的疲惫，在拆迁公司召开全体职工大会，并听取了东岭村的综合情况汇报。除了忙于山东堡村，秦岭还安排兰梅统筹东岭村的工作。兰梅说："目前，东岭村拆迁的入户摸底工作已经基本结束。80% 的村民对补偿政策都比较满意，但是，贾保利在院内栽植了300多颗葡萄苗，他买的二分二的宅基地除了主张得到400平方米的宅基地补偿外，还要求每颗葡萄苗补偿价是一万元，贾保利说他栽种的葡萄苗是进口的稀有品种。"秦岭记录着。兰梅接着说："贾保利把三十多户村民说活了心，说是闹人的孩子有奶吃，多抗一天，拆迁公司会多给五千多，多抗一个月，拆迁公司多给一万多，多抗一年，拆迁公司就会多给个二三十万。一年上班能挣多少钱？还是抗拆来钱快，部分村民相信他的煽动，打算和他一起抗拆。"

秦岭记录的笔停下来，他皱着眉头说："怎么哪都有贾文海父子呢？我这辈子怎么就和老贾家对上冤家了呢？"说归说，秦岭问兰梅，东岭村除了贾保利的情况，还有特殊的抗拆户没有。兰梅说："还有，井旭志家情况特殊，他的房屋是岳父在港务局工作期间买下的，一直给他的女儿、女婿一家居住，年前岳父过世，也没办理遗产继承，这笔财产现在井旭志的大舅哥也要继承，由于井旭志和爱人常年照顾岳父，井旭志不打算和他大舅哥平分房产，两家要打官司。”

秦岭对于这样的纠纷见得多了，也没太当回事，问东岭组还有比较特殊的情况没有。兰梅说普遍性的问题还是宅基地外要面积，房上房要面积，都是老生常谈，其他特殊的问题暂时还没有。

秦岭转向何依萍，何依萍说：“山东堡村拆迁签约收房以来还算是顺利的，但难题也都浮出了水面。我们在王焕春家就废了很多的口舌。王焕春家山墙西边本是村里的空闲地，十二年前他们建起一座占地五六亩的猪圈。猪圈建起来后，她起初买过几十只猪羔子养，后来她和丈夫离婚，猪圈一直闲置。这五六亩土地应归村集体所有，她最多只是租赁使用。定性时，王焕春和我们大吵大闹，去咱们拆迁公司又砸玻璃又要跳楼的，好一顿闹腾。听说你要回来，她还要找你来理论。秦经理你要当心。另外，矛盾凸显的还有几户村民。万宝良家早年买下一座老宅，后修建的古董收藏馆一共占地五亩。但真正有宅基地审批手续的只有两亩，古董收藏扩建有三间房没房照，暂时列入违建房。村里还有山东堡村村民明、清时期闯关东建的一座宗氏祠堂，里面设有所有村民祖先牌位和家族发展史的记录墙。祠堂修建较早，虽没有任何手续，但在所有村民中是个神圣的地方，处理不好会出大乱子。”

“牛有楼家的临街民居，让他改了门市房，而且还接建了二层，他家大部门都是改扩建的违法建筑。后院属于正常居住的合理建房。牛有楼提出他家所有的房屋按照门市房拆一还一。”

“柳树林住在村西头，他的房屋和土地使用面积都测量清楚了。我们和他家存在争议的是那座碉堡，他把占地十五亩的两个碉堡划进他家，要求按照宅基地面积补偿，这明显是不合法的主张和要求。”

“还有万德宝，他什么条件也没有，就是不想搬家，拒不签约，问他什么原因，他不搭理我们。”

时间过去了二十天，山东堡村交房率达到了30%，一切和秦岭的预判一致。秦岭对大家的工作很满意，他在会上重点强调，要抓住问题不大的被拆迁户尽快交房，争取在量上有所突破，这样中间摇摆的也能尽快地争取过来，剩余户越少，钉子户的心理压力就越大，拆迁工作就越主动。他对何依萍和武军说："大家都经历过拆迁，难事一大堆很正常，我们要抽丝剥茧，理解群众的需求，只要是合理的，我们就要千方百计地帮助他们达成愿望。下一步，大家也别缩手缩脚怕困难。再难的拆迁堡垒，咱们也要想办法攻克。今后的日子，我和大家一起分头下户。"

百日拆迁攻坚战时间紧迫，容不得有半点的拖延和差池。秦岭总是能够顺势而为，并给大家打气，以此提高士气，大家也在想着办法给秦岭分担压力。整个德仁公司的员工感到一种全新的力量支撑着他们走下去。

德仁拆迁公司的拆迁法宝既有鼓励，也有惩罚。奖惩分明，催促着德仁拆迁公司的广大员工时刻约束自己，在灵与肉的相搏中找准自己的位置。每拆迁一处，秦岭就在拆迁作战图上插上一面小红旗，定时开碰头会，鼓励员工们珍惜大家共同劳动所创造的果实。秦岭告诉大家，他决定先把东岭村工作的二十几人全都拉回来集中到山东堡村，争取打好山东堡村的拆迁百日攻坚战。

目前，东岭村还没列入政府开发的督办事项，推迟东岭村的拆迁也是形势所致。山东堡村是滨海市拆迁的顽疾，十多年的拆迁一直无法进行，难自不必说，但是，这个村是滨海市最大的城中村，是全市瞩目的城市建设亮点。拆迁结束后，这里将要盖起四五十万平方米的商业综合体，外加海港公园等标志性的建筑物。这也是滨海市委、市政府刚刚规划完成的。德仁公司务必在一百天内，把山东堡村拆迁完毕，秦岭也是在为自己的尊严而战。

秦岭看着员工们，决心他也下了，接下来大家心里都知道该干什么。他让李晓雷和李宝忠下去做好佛塔村返迁的准备工作。返迁是佛塔村拆迁的收官之战，把村民的抓阄分房工作组织好也算是给佛塔村老百姓一个圆满的交代。武军、何依萍、陆景宽、兰梅还有开铲车的李师傅、开挖掘机的陈师傅明天和秦岭一起，即将在八点半到达佛塔村对钉子户贾文海家执行强制拆除。

德仁拆迁公司的会议在五点十分结束，秦岭回到家已经是七点钟，他从拆迁指挥部尹宁那里得知，检察院正在调查孙保赢的公司，侦办他挪用公款，在渔村骗取开发权的行为，同时，作为住建委主任的蔡静波也在调查范围内。孙保赢在滨海搞拆迁十多年，以非法手段挪用拆迁补偿款的行为已经露出了马脚，此时，孙保赢正惶惶不可终日，四处找证人为他作假证。政府等待他主动站出来，承担责任。孙保赢还存在侥幸心理，蔡静波熬不住了，首先站出来举报他的小舅子以他的名义、偷偷打着他的旗号向开发商们要好处，揽来不少工程。现在，他们姐夫内弟之间是互相乱咬，检察院方面就等着他们互相举报，然后收口。

秦岭为孙保赢和蔡静波感到惋惜，早知道如此，何必太贪心。做人把握不住私欲，必定要堕落。现在，谁也救不了他们。秦岭回家，先洗把脸，然后坐在电脑前，准备起草明天对贾文海强制拆除的方案。他清楚，明天对贾文海的强制拆除，肯定要大费周折。他对贾文海这种人的品性太了解了。

夜幕降临，佛塔村的菩提苑小区还没有一户回迁户入住，黑洞洞的门窗里，会让人联想到有无尽的深邃埋藏在里面，对黑暗的窗口在心里演绎各种恐怖剧情。远处，城市中心各种琳琅满目的街灯闪烁，仿佛招呼着这些暂时还无人居住的闲置楼房。回迁户们早就把心住进自己的楼房里来，只是有时实现愿望远比实现梦想来得艰难。回迁户们的梦想随着时光的流逝，渐渐地淡化，但是回迁的愿望却一天比一天焦灼，他们被贾文海这样的钉子户们拖得太久，身体欠佳的老人们熬不住，在期盼中遗憾离世，孩子们熬不住，有的在奇寒奇热中出外打工谋生，有的读书寄宿在学校。留下那些坚守的村民们，矢志不渝地等待回迁。回迁成了他们此生最大的愿望。

贾文海站在临时搭建的简易棚外，一根电线被他从棚子里顺出来，一盏200瓦的灯泡吊在一根竹竿子上，春风吹动灯泡，晃晃悠悠的光晕在小院子里洒下一片迷离的魅影。

贾文海的电是从建筑工地接过来的。建筑工地没义务给他接电，可禁不住贾文海去闹。如果不给贾文海接，他扬言去告建筑工地。贾文海的上访可是出了名的，建筑工地怕这样一来今天这个部门调查，明天那个部门取证影响了工期。为避免麻烦，他们不仅给贾文海接了电，而且近两年了一分钱电费都没敢去收。

贾文海不知道从哪里搬来柴禾，他正忙碌着把柴禾一捆捆架在简易棚周围，简易棚好像一个即将涅槃的僧人一样稳坐在柴禾中间。贾文海气喘吁吁，忙得汗水四流，看看一切都做得天衣无缝，他也不想睡觉，把白天写就的“誓与房屋同存亡”的大字贴在简易棚的门楣上才觉得稳妥，他搬来躺椅放在门口，守着家园。老伴早就对他的抗拆把戏不感兴趣，这次她内心打着鼓，她这顽固的老伴会抗拆成功吗？有时，贾文海老伴巴不得政府干脆就趁着黑夜把他家的房屋拆了算了，省得贾文海顽固死守，抗拆上访整的家不像家、人不像人的。今夜贾文海老伴照例不会来陪他。贾文海望着天幕，夜空幽暗无比深邃，星星也懒得露脸，贾文海如同坐在一口倒扣过来的大锅里，神秘的夜空让人觉得一切都那么深不可测。明天对他来说明显不同以往，第一次的强拆，他不妥协，又在老宅原址上砌一座简易棚出来，直到佛塔村的回迁小区菩提苑竣工，他的简易棚一直无人问津。现在，政府要拿他这样的抗拆户作典型了。贾文海心里不托底，守着自己的老宅，这一夜他注定无眠。

一夜无眠的还有做屠宰卖肉生意的王焕春，她坐在床沿上，一边抽烟，一边和搭伙的郝大顺说话，王焕春忧心忡忡地说：“拆迁公司的几个王八犊子，把我的猪圈定性说是违建，我就不信我扳不回来他们的狗屁证据，我这猪圈建了快二十多年了，哪里就违章了？不拆迁没人管没人问，这一拆迁就成了违章建筑了，明显是想少出钱，我明天就去找秦经理说理去。”郝大顺光着膀子，躺在被窝里看电视，听了王焕春的话，郝大顺添油加醋地说：“拆迁这一辈子咱就赶上这么一回，现在不争取，那亏可就吃大发了。”王焕春回头问他：“照你这么说，我这一闹，他秦岭就能答应？”郝大顺继续看电视，嘴上却不闲着，他说：“谁不争取那才是傻子。”王焕春不说话，脱衣钻进郝大顺的被子里。

清晨的滨海市海天一色，淡蓝的海面上船帆点点，海鸥贴着海面滑翔，空气湿润，树木泛青，路边的桃花和杏花绽开花蕾，路上的行人沐浴在一片祥和的春光里。素有“美丽港城”之称的滨海市，像一幅沉静的水墨画，随着夜幕的褪去，酣睡的城市迎来耀眼而灿烂的晨曦。路上车辆和行人渐渐多起来，城市又进入新的一天。

秦岭一觉醒来，疲惫感已然消失，但他的心里无时无刻不在惦记着简爱。他躺在床上，看着天棚，想简爱细腻白皙的脸庞因为疾病而变得苍白，今天是简爱手术后的第三天，她是否醒来？醒来后，是否会记挂他？她吃东西没有？这所有的牵念让他有生以来，第一次深刻体会到牵挂一个人的滋味。

简爱也是这样牵挂他的，无数个日夜，这个痴情的女孩，就这样心里揣着对他的牵挂入眠。两颗心就这样在岁月里煎熬，他没有勇气说，她也碍着情面不追问。要不是简爱生病，这一生，他们就将没入茫茫人海，让这份真挚的感情走失。自从简爱生病，秦岭开始责怪自己，明明心里有爱为什么不去说破？如果不用顾忌钟若明，把简爱留在身边，简爱就不会耽误这么久才去治疗。虽然简爱母亲自从发现女儿生病就开始治疗，但是，她的经济基础决定简爱之前只是维持，没能用上特效贵重的药物治疗，直到秦岭得知状况，再加上简爱父亲倾其所有的为女儿治疗，简爱才算得到真正的救治。怀揣着不安，秦岭决定抽时间打电话问问情况。

秦岭习惯喝杯牛奶作为早餐，一个人的饭总是好凑合。这些年，秦岭一个人的早餐总是吃不出滋味。他真的就如万灵说的那样，好好娶个疼爱他的人，过上正常的家庭生活。简爱会带给他平稳而又幸福的生活吗？秦岭的后半生注定要与简爱绑在一起的。他要在合适的机会，把他和简爱的事情和父亲说说。因为就要结婚了，他不能瞒着父亲，父亲不知道他会和自己以前的雇员结婚，而且还是个白血病患者。在心里，他希望父亲能够理解和支持他，完成他这一生对一个女孩的承诺！秦岭拿上皮包，匆匆离开家，赶往佛塔村，拆除贾文海的窝棚。贾文海肯定不会主动投降，但这毕竟只是简易棚，有了政府支持，想必一切不会出大的问题。

佛塔村马上就要更名为菩提苑小区，这里有佛塔村原住居民1002户。居民3000多口人。菩提苑小区靠近边缘的几栋楼房属于商品楼，商品楼已经售罄，零零星星有几户开始装修，他们绕过贾文海老宅的主干道，想办法扒开院墙，往里面运送沙子水泥，不想误了装修工期。剩余的都是佛塔村的村民，他们被自己的邻居贾文海的老宅阻住道路，只能眼睁睁地看着回迁楼无法入住，对贾文海这样老难缠上访户，是敢怒不敢言。听说今天市里下令要强拆贾文海的窝棚，大家无不拍手称快。村民们故意起个大早，来围观钉子户贾文海家的老巢被强拆。

滨海市西江区拆迁改造指挥部、区城管大队十五名城管队员，派出所所长王雷带八名警员，三家联合，赶往西江区的佛塔村。

秦岭带着德仁拆迁公司的几名骨干员工，一台勾机、一台铲车，也往佛塔村赶过来。

王焕春起早跟郝大顺去了屠宰场，屠宰场的屠夫郑生正把一只只肥硕的白猪往屠宰车间里驱赶。猪们躲避着不愿意送死。郑屠夫拿铁棍子抡起就打，猪哀嚎的声音响彻清晨的屠宰场。一头稍显幼小的猪跑到王焕春和郝大顺的身旁，王焕春追过去，飞起一脚，把那只猪踹进车间里，那只猪仔连哼都来不及，就被踹回猪的队伍里。王焕春着急回来去德仁拆迁公司办事，她和郝大顺用捷豹小货车，拉回来还在滴血的猪肉。在山东堡村的露天市场上，王焕春帮助郝大顺摆好摊位，和其他的做买卖行当的生意人，静候顾客光顾。王焕春在一家卖刀削面的摊位上买了一大海碗面条，吃得满头大汗。她把最后一口面条汤倒进肚里，把碗一扔，围上红纱巾，骑上电三轮，风风火火地往德仁拆迁公司赶去。

当明丽的晨晖洒向西江区的佛塔塔尖时，青砖基座砌成的佛塔被晨光染成金色，佛塔翘起的兽尾上，锈蚀的风铃在风轻云淡的天空下，敲出清脆的声音，铃声和着在塔上筑巢的燕子的呢喃，使老旧的佛塔越发显得古朴幽静。

刘海葵起得早，她守护佛塔三年，每天第一件事就是爬上七层的佛塔塔尖擦拭那口铜钟。铜钟小碾砣般大小，佛塔村每到春节的初一凌晨才敲钟，平时是谁都不可以动的。为此，大家都爱惜这口与千年佛塔同龄的大钟。虽然铜钟和佛塔一年365天都沉默不语地俯瞰着众生，但是，它对人间善恶最是心知肚明。刘海葵端着红色塑料盆，盆里盛满清水，她仔细地用柔软的抹布把吊在塔顶垂挂下来的大钟擦得油光可鉴。她吃力地把手柄磨得发白的钟锤擦拭干净，把鼓槌稳妥地放在一边，看着一切都干净整齐，坐在木凳子上，从塔尖的窗口往下望，将滨海市三个区尽收眼底。

渤海湾如一弦弯月，围着繁华而又如静叶一样清新的滨海市，如蚁的人群在大街小巷各自忙碌，刘海葵想起她以前也是这般的忙碌，身累，心也累，使她从满头黑发的少女，走着走着就变成腰身佝偻、满头银发的现在这般模样。想着想着，刘海葵自己笑了。她眼底的佛塔村，高楼竖起一片。矜寡多年的她，每天三顿饭都是大米粥就着咸菜疙瘩，凡是青菜一律拿到集市上卖。靠着口挪肚攒地给养子刘无良置办下一座楼房，她不觉得有多亏，刘无良和她没有半点血缘关系，但是，就算刘无良不回来，她也照样要把房屋属上养子的名字，这样，她才觉得心里不愧对养子来刘家和她共同生活一回。三年的时间，她想看到养子住上楼房，自己也算对他有个交代。

可是，佛塔村的回迁就这样无望地始终沉寂下来。贾文海家老宅就在离佛塔不远的道路中间横亘，他不走，谁也拿他无法。刘海葵眼睛巡视一遍，看到贾文海家今天似乎有些异常。

贾文海昨夜根本就没睡觉，警觉的他眼睛瞪得像只夜猫。严看死守了三年多的房子，他怎么甘心就这样被推平？他早就准备好自制的炸弹和汽油瓶子，天没亮，他就把所有预备的炸弹和汽油瓶子放在室内，十多捆干柴依次码放在他的简易棚子周围。他把汽油桶明显地摆在了门口，准备了三四把打火机。贾文海叉着腰，看着自己摆好的阵势，感觉自己就像一个守着阵地，准备和来犯者一决雌雄的“英雄”。

贾保利在这个时刻也绝不孬种，他带着妻儿老母一齐聚拢到老宅来，看样子是要和父亲一道抗拆到底，还真应了那句“上阵父子兵”的老话。贾保利这些年也吃透了父亲上访的好处，隔三差五的父亲会给他三头五百甚至四五千元的上访安抚费，对于失地的农民们，就算是有了挣钱的营生一样，虽然钱的来路不是那么光彩，但是有了钱，谁还去计较怎么个来路。贾保利的两个孩子，根本无心跟着父亲、爷爷守着破烂不堪的老旧宅院搞什么抗拆，可今天是他们贾家“特殊的日子”，贾保利不允许他们去上课，把他们当作一枚抗拆的棋子，关键时刻，还指望着孩子们能顶大事。

秦岭他们和其他配合拆除的部门陆续到达佛塔村，尹宁和游鸿等拆迁改造指挥部的相关人员也来到佛塔村，他们要现场指挥这次政府的强制拆除。

在贾文海家破败的大门外，城管部门的同志在向贾文海喊话，秦岭他们拆迁公司的钩机摇臂扬起来，佛塔村300多名村民围在院外看热闹，他们有人手里提着几挂鞭炮，准备等到房屋拆除后，放一挂鞭炮庆贺庆贺。

所有准备工作就绪，只需摇臂一落，贾文海占了两年的窝棚就化为乌有。这座拆了建，建了拆的钉子户窝棚，有着像蟑螂一样顽强的生命力，像一颗横亘在血管里的石子，让本应该洋溢着幸福健康的村庄仿佛患上了诸多不适的症状，也让村庄变得萎靡不振，只要除掉这颗石子，血管通畅，回迁菩提苑小区又是一幅幸福画卷。村民们期待的安居梦想就会实现。

第十八章　人心所向

贾文海和贾保利肩并肩站在院中心，贾文海手里提着汽油桶，贾保利手里拿着打火机。两个孩子被贾保利一手一个按到腋下。妻子、老娘看着这场面颤抖着身子，勉强支撑着站立在一边。两个孩子大哭。

贾文海喊：“今天谁来，我就死给你们看。我一个不够，还有儿子、孙子、老婆子。”秦岭看到贾文海已经把院外四周堆上干柴，现在他们必须控制住贾文海爷俩，再拆棚子会才保险。

派出所所长王雷带着几名警察，冲进院想把贾文海先控制住。贾文海见状，把脚下一个汽油瓶子抓起来，人群一下子往后撤。贾文海赶紧拉起七八岁的小孙子冲进简易棚里去，叫嚣着谁敢进来，他就把屋子点着，气急败坏的贾文海真能做出来。大家谁都不敢往前凑，面面相觑，一时没了主意，不知道下一步该怎么办。

城管大队的人员先上去把栅栏拆开，贾保利比他爹清醒多了，他只是抗拆，他是不会豁出命去的，何况他的孩子还在他爹的手上，他只是学他爹的样子，拿着汽油瓶子吓唬人。贾保利早就被警察擒拿下来，他的妻子还有母亲也都被警察请进了警车里。现在只剩下贾文海和他的“人质”孙子。简易棚四外都有眼睛一样的破洞，外面的一举一动都在贾文海视线范围内，人们不敢对他轻举妄动。

秦岭看到贾文海这架势，这种情况远比第一次拆除危险得多，他没想到贾文海会自制炸弹，他的简易棚周围堆满了干柴，一旦遇上明火，顷刻之间，贾文海、小孙子还有简易棚都将化为灰烬。秦岭倒吸口凉气，赶紧示意手下开钩机的司机停止操作，看他的手势行事。

王焕春在德仁拆迁公司扑了个空，门卫告诉她，拆迁公司的领导去佛塔村了，其他员工也都下户去了，有事明天再来。王焕春暗自生气，起个大早，赶个晚集。她擦把汗水，把电三轮调转方向，重新回到山东堡村的早市上。早市也不比以前，村庄里的住户正在逐步减少，绝大多数村民并不想和政府、拆迁公司对抗，都想及早腾房，还能得到奖励。只是有的村民想伺机而动，生怕吃亏。拆除队开始拆除已经腾空的房屋。山东堡村的流动人口渐渐减少，市场也显得冷清不少，郝大顺的猪肉铺刚开秤。王焕春系上围裙，嘴里招呼："买肉哝，纯农家粮食猪肉。"郝大顺把油滋滋的手往皮围裙上边擦边问："春，怎么样？"王焕春阴沉着脸说："没搭着影儿，下午再去。"

尹宁作为佛塔村拆除的总指挥，他感到情况远没有想象的那般乐观，他赶紧给市长吕铎打电话告知拆迁现场的情况。吕铎听说情况后，马上调了两台消防车，他也怕出乱子，虽然决心下得很大，但是在群众到了生死关头，他不希望出现生死攸关的大事件。市长吕铎下令："消防车来之前，你们所有人先撤出拆除现场。"尹宁无奈地说："那我们就按照市长的指示，先撤出拆除现场。"

尹宁向前来配合拆迁的几个单位传达了撤出拆除现场的指令，城管人员和警员陆续走出贾文海家。秦岭一看这阵势，明白是上级领导怕出事，责令退出对贾文海家的强制拆除。秦岭对尹宁说："我们就盼望政府部门能够拿出态度，对这些无理取闹的钉子户们下大力度，进行合理的监管，不要惯着他们。眼下，佛塔村1000多户居民等待回迁，不能因为一个贾文海，凉了大多数群众的心。"尹宁看着陆续离开的警员们，无奈地叹口气，他说："秦岭，你的心情我理解。可是你看看省内外各地的钉子户们，抗拆抗个十年八年甚至二十年的都大有人在，谁会豁出丢掉乌纱帽的风险，去和贾文海这样的要钱不要命的刁民去抗衡？我看是……”

佛塔村的村民们得知上头有令，让他们撤离拆除现场，村民们的情绪一下很失落，村民们一看拆除人员和政府各部门配合拆除的人员要离开贾文海家，纷纷涌上去，拦住他们，不让他们走，尹宁怕把事情闹大，让秦岭去和佛塔村的村民们说清情况，安抚他们情绪。

康有法和常生也上去劝阻村民，可是，石德龙和刘无良、老姜、薛春、李粉团等村民不听劝阻，不知道人群里谁喊一嗓子：“是佛塔村的村民都给我听好了，今天咱们不难为政府动手，咱们自己把贾文海的家给拆了。”

话音刚落，300多名村民呼啦一下涌进贾文海的大院里。贾文海抱着孙子，在简易棚里探头探脑地望着外面的动静，他看到政府派来的人员准备离开，心里一阵得意，但是，他看到自己的联桥老姜也在人群里，喊着“拆了贾文海的破房子”，他气坏了恨得牙痒痒，他顾不得亲戚的背叛，惦记着被塞进车里的儿子贾保利和老伴，一着急，抱着孙子离开简易棚，窜到院子里，高喊：“你们把儿子还给我，不许拉他们走。”说话当中，他又抱着孙子退回棚子里，高高举起汽油瓶子。

石德龙和老姜假装关心他，递给他一瓶矿泉水。贾文海没接，大喊着：“都给我退回去，要不我就要点炸药包了，连你们都嘣上天。”

贾文海真是忙得不亦乐乎，怀里夹着孩子，还要兼顾汽油，还要想办法拿着打火机。老姜说你把孩子给我，看把孩子吓得。老姜接孩子的当口把打火机也顺手给抢了下来。石德龙和刘无良迂回到后面，不由分说把贾文海按倒，其他村民们拿着铁锹、镢头、筢子，还有赤手空拳的都一拥而上，钩的钩，刨的刨，空手搬砖拆墙的，老的、少的，男男女女只短短的二十分钟不到，就把贾文海的简易房扒倒，贾文海灰头土脸的眼睁睁看着自己的堡垒被村民们夷为平地，愣怔半天的贾文海气得大哭起来，嘴里骂着：“姜三坏、石德龙，你们这些王八犊子，害惨我了，我扒你们皮都不解恨。”

秦岭和尹宁他们还没等反应过来，就看见一大群村民像是当年民兵打鬼子一样涌进贾文海家，一阵暴风骤雨过后，简易棚子和院墙瞬间成为一堆残砖和瓦砾。贾文海身上、头上、脸上都落上一层浮土，贾文海的赤白眼眼珠子在咕噜噜地转动，嘴里不干不净地叫骂。等到秦岭和尹宁他们反应过来，刘无良带着大家已经把贾文海拖出废墟，石德龙跑到秦岭他们拆迁公司钩机跟前，他麻利地上去，把钩机启动，熟练地只用几下，就把贾文海家的老巢抓平，贾文海吃饭的锅碗瓢盆、碗筷饭桌统统被扔出去，衣服被褥也被掩埋在地下。贾文海是呼天喊地，这边的村民们对他义愤填膺。

康有法和常生一见事已至此，走到尹宁和秦岭面前，对他们说："尹区长，今天您是代表政府部门来拆贾文海这颗钉子户的，我们村的老百姓早就对贾文海的行为不满，为此，今天的强制拆除，我们不用你们政府部门动手，要拆他，也应该我们村的村民来拆。犯了王法，也由我和全体村民承担！下一步，我代表佛塔村的全体村民，要求尽早回迁。"薛春她们也都赞同村主任康有法的话。

秦岭看到贾文海还在撒泼，他的儿子和老伴还在王雷的车里。秦岭对尹宁说："我看，贾文海的家已经彻底被扒掉了，这颗钉子不用我们出面，就被村民们拔了，是不是可以放了贾保利和他的妻子还有贾文海老伴？"尹宁点头。

秦岭过去找王雷为贾文海的儿子说情。城管和公安干警已经被村民们的行为惊呆了，王雷见到秦岭过来，从车上下来，问秦岭，贾文海一家还带走不带走。秦岭说："放了他们吧，我可以逼他们一下把拆迁补偿协议签了。"王雷让其他警员们放了贾文海儿子贾保利和他的儿媳、老伴。贾保利看到父亲坚守多年的老宅被自己村的村民拆掉，尤其是自己的亲姨夫老姜也参与其中，也顾不得亲情，气得眼珠子瞪得滚圆。看到他爹贾文海还躺在地上耍泼，拆家的村民们捧腹大笑，贾保利不想他爹在村民们面前这样丢份，他走过去，把他爹贾文海从地上扶起来，压低声音说："爹，现在房子被我姨夫他们给拆了，咱们不能房子没看住，钱财也弄丢了。咱得和秦经理要钱去。"贾文海正在哭闹，听到儿子这么说，想一下，觉得也有道理，就爬起来，扑打扑打身上的灰尘，去找秦岭尹宁他们了。

秦岭和尹宁在人群外，看着耍泼的贾文海一家，不知道下面的戏贾文海要怎样收场，贾文海和贾保利向他们走过来。

贾文海灰头土脸地和秦岭说："秦经理，咱们斗了四年，我还是没斗过你。今天，我认输还不行？你把补偿给我结了，尤其是应享受的优惠政策的那部分。我不抗拆了你看可以吧？"

秦岭笑了："你有能耐，就继续抗啊，那优惠补偿部分是在规定的期限内交房才有的，你是一分也没有。"

贾文海话也变得软和下来，他往日的苦霜脸换成一副讨好的笑模样。看着秦岭和尹宁说："我这也是没办法，政府拆迁，我的损失可不是这几个子的事。你们说，我没了土地失了业，再不要俩钱，我儿子、孙子、重孙子连个祖业都继承不来，我不是白熬这一辈子吗？所以，你们就高抬贵手，体谅我这不是存心想和政府抗拆啊。"由贾文海嘴里吐出的话，会使所有人动容，但事实上，佛塔村的上千户村民，比他情况特殊的村民，经过沟通和协商，也都早早签下协议，支持了政府的拆迁。

秦岭说："就你贾文海情况特殊吗？你担心的事情别人就不担心吗？"尹宁看到贾文海一改往日的顽固嘴脸，他的儿子也在一边附和着父亲，赔着笑脸。

尹宁说："贾文海，这些年，你可把我们西江区政府给折腾苦了，为你一个人，政府一次次安抚、遣送，我们西江区每年从财政上贴进去多少钱？除了给你安抚费之外，还要专门派警力去北京、省里往回接你。光去北京接访去了多少回？人吃马嚼的，上趟茅厕还要一元钱呢！哪一次不花掉政府万八千的？你在拆迁上漫天要价，由着性子上访，你把上访当成职业。我看你的补偿我们还真得考虑考虑。"

贾文海把头点得鸡啄米似的。

秦岭告诉贾文海说："你先回去，补偿款我们研究后，再给你信。"贾文海无奈，只得悻悻地看了看自己苦心坚守多年的老巢，恋恋不舍地离开。佛塔村村民看着贾文海带着妻儿老小愁眉苦脸地离去，大家都嘻嘻哈哈拍手打趣贾文海，贾文海回头咒骂一众村民。

一直在给佛塔扫尘的刘海葵看到贾文海以死抗拆的经过，坐在上面不住地叹息，当看到佛塔村的村民扒了贾文海的房子，刘海葵胳肢窝夹着一把笤帚，一边扶着旋转木质楼梯往下走，嘴里一边说："争什么，百年不过瞬间风。抢什么，到了最后一场空。不是你的不长久，该是你的不用争啊！"

尹宁和其他协助拆除的城管大队、派出所警员，全部离开现场。尹宁代表西江区政府和拆迁改造领导小组，把佛塔村最后一个钉子户被群众拆除的事情报告给市领导。市里指令施工单位马上对佛塔村安置区通道复工修建，道路将在半个月内竣工，佛塔村回迁指日可待。

秦岭和几名员工刚吃完饭，想回到办公室休息一会儿，王焕春骑着电三轮进院，车筐里带着一把砍肉的砍刀，在纸里裹着。她迈开长腿，走进公司。在走廊里，碰见兰梅，问他秦经理在哪个办公室。兰梅往里一指，王焕春心领神会，径直走到写着经理办公室的门前，也不敲门，直接进去。

秦岭躺在沙发上想休息一会儿，听见走廊里有人找他，随着推门声，他从沙发上坐起来，看见山东堡村的王焕春进来，他站起来，坐到椅子上，也让王焕春坐下说话。王焕春把屁股半搭在沙发松软的垫子上，开口说："秦经理，我今天来找你为我做主来了。"

秦岭猜到王焕春的来意，他说："什么事？你说吧。"

王焕春努力做出通情达理的模样说："秦经理，我家祖辈是渔民，这几年渔业不景气，我和孩子他爹就卖了渔船，改行杀鸭宰鹅，干几年也不挣钱，又改行养猪卖肉。这不，我孩子他爹和我离婚，猪也没人养，我那个猪圈投了好多钱，白建了。光平整养猪场那块地，就花了我三万元钱。十几年前的三万元，那是啥钱？这还不算，我建养猪场的费用就花掉七八万。现在赶上拆迁，你们手下去量地，说我那是违章建筑，土地也是国家的。怎么一二十年没人管也没人说，这一拆迁，什么都是违法的？秦经理，你给我个说法，我这孤儿寡母的你们不能欺负人。秦经理，要是把我的猪圈算是违章建筑，只给我象征性的补偿，那我就和你们抗拆到底。”

秦岭看到王焕春说话时，不住地让屁股在沙发上颠起来，说话也像似打机关枪一样。秦岭等她说完，接过话说：“王焕春，你家的情况我已经掌握，猪圈占地是你从大队租来的，不是宅基地。租地只是使用权，猪圈占地补偿只能给村里，归全体村民集体所有。再说你盖的猪圈也没有审批手续，这种情况你自己说能给你拆一还一补偿吗？”

王焕春积攒多时的火爆脾气开始发作，她二话不说，操起秦岭面前的椅子，砸向宽大的落地窗户，玻璃“哗啦”一声顺势而落。满屋的玻璃碎片四处飞溅。兰梅拨打110指挥中心，王焕春更加气愤，她顺着楼梯，跑到五楼露台上要跳楼。秦岭和他的几名下属劝导她。她说只要秦岭同意她的猪圈是合法的，她就下来。

110赶到现场，王焕春闹得更加厉害了。她几次要跳下去，又在关键一步停下来。几名民警悄悄上楼，趁她不注意，拦腰把她抱下来，她才不想死呢，民警这么一抱也给她下了台阶。王焕春被治安拘留一周，并赔偿了拆迁办的相关损失。

无独有偶，柳树林正组织些人想去拆迁办闹腾，牛有楼跟着起哄，当听说王焕春去德仁拆迁公司闹腾，被110拘押，这就给他们上了一课，他们也不想和秦岭这么闹下去，柳树林想牵头鼓动全村未交房的村民联名状告德仁拆迁公司。牛有楼问他，“你拿出什么理由告状呢？咱还是等着王焕春出来再研究个理由。”几个人达成一致，各自回家把自己的冤屈在大脑里整理一遍。

金海东通过改造，内心深处发生了很大变化，从当初的埋怨到自省，最后他总结出，还是自己的人生观和价值观出了问题。如果不改正，就是不出现钟若明，自己也会犯错误。

桐城监狱的狱警们在办公楼前的院子里出早操。狱警们有的带着警犬训练，有的围着操场跑步。院里粗大的杨树，枝干托举着铜钱大的树叶，树叶闪着油亮的光泽。

监狱长是个高个子红脸膛的男人，他身材魁梧，在队伍前面带队跑步。大汗淋漓的监狱长名叫赵雪华，他从腰间扯下一条白毛巾，擦把脸上的汗，回头喊队伍里的一个年轻的警察，他招手说："李辛集，你过来一下。"那个瘦瘦的李辛集从队伍里跑过来，向监狱长敬个礼。监狱长问他："今天有三名劳改人员要给在押犯人讲课。咱们桐城市有五十多名局处级官员来咱们监狱听课。中午，食堂伙食加一道菜，一道忆苦思甜菜。就说我叫他们做的。"

李辛集有点不解其意，问监狱长说："监狱长，什么叫忆苦思甜菜？"监狱长呵呵一笑说："苦麻菜、甜萝卜，每盘里加它一碟大酱。"李辛集似有所悟，他答应一声，跑回监狱厨房，找到伙食长，把监狱长的话传达给他。

金海东在食堂吃过饭，回到自己住的监舍，拿出昨晚准备好的发言材料，温习一遍后，走出自己的监舍。隔壁监舍的犯人兰婷发也赶着去监狱会议室，两人相遇，点下头。兰婷发是桐城市司法局副局长，本地人，也是经济犯罪被关押进来的，她是桐城市有名的铁嘴。今天，由金海东、兰婷发、金山市财政局原局长季新梅他们三人为金山市局处级领导干部主讲反腐败、保廉洁教育课。

在桐城监狱高墙内的会议室里，三百多人的会议室座无虚席。监狱长赵雪华把监狱里的全体职务犯罪的人员也集中到会议室一起受教育。三名因经济犯罪而蹲监的原政府官员现身说法，桐城市五十多名现任处级官员参加了这堂直观的教育课。为进一步端正党风，净化社会风气起到很好的警醒和教育作用。

金海东和其他二名在押犯人以悔恨的心情痛述自己从领导者沦为阶下囚的蜕变堕落过程及其人生教训，发人深省。不少听课者表示要以此为鉴，正确善用手中的权力，在改革开放浪潮中，要耐得住艰苦，顶得住歪风，管得住小节，抗得住诱惑。会议室里，这些来听课的领导听了金海东的报告，会议室内掌声雷动。坐在下面的监狱长赵雪华听完金海东的报告，禁不住被金海东发自肺腑的讲课感动，他走上讲台，当众宣布："金海东因为在监狱服刑期间，有良好的表现，因此，经法院审批，累计减刑二年半，提前释放。"这个消息来得很意外，金海东感到一阵眩晕，心跳加速。下面热烈的掌声很快使他从激动兴奋的眩晕中醒来，他向全体狱警和在场的人员鞠躬致谢。

做完骨髓移植手术的简爱，本来在隔离区恢复得很好，刚离开隔离区一个月，就被细菌感染，生命陷入十分危险的境地。为了挽救女儿的生命，简爱的爸爸简鹏打算带简爱到国外，到最好的医院，请最好的医生给简爱做第二次骨髓移植。简爱用虚弱的手，拉住爸爸，沙哑着嗓子和爸爸说："不需要为我再做第二次骨髓移植了，我自己的病我自己知道，你还有妈妈、姐姐要照顾。女儿唯一求你一件事。"简鹏握着女儿枯瘦的手，哽咽着说："说吧小爱，什么要求我都答应你！"简爱拉住妈妈的手，把她的手轻轻放在爸爸的手里说："答应我，替我照顾好妈妈。你们复婚吧！"简鹏看看女儿祈求的目光，又看看佟青斑白的鬓角，对简爱点点头，眼泪情不自禁落下来。简爱放心地露出笑容，她把自己身后的事对亲人交代清楚，便陷入昏迷状态，医护人员把她推进急救室，进行抢救。

还在为佛塔村回迁一事操心的秦岭，此时正在和拆迁指挥部的尹宁、游鸿等人为佛塔村回迁制定方案。离开滨海市很久的林皎月打来越洋电话，秦岭走出办公室，接听了林皎月的电话。林皎月说她非常思念秦岭，恨不能长出翅膀飞回到秦岭身边，现在女儿在新泽西州读高中。她想年底回来看望秦岭，如果可能，她想和秦岭结婚，婚后带着秦岭和她一起去国外定居。秦岭听林皎月说完，长叹口气说："真的很感谢你的好意，可是，我已经向简爱求婚，我们五一就要结婚了。"那边的林皎月沉默一会儿，说："我不能强迫你，我也尊重你的选择，你要多保重！"林皎月挂断了电话。

得到被提前释放消息的金海东，不顾散会走出会场的人群，独自拿毛巾捂住脸，坐在会议室，任凭热泪汩汩地流出眼眶。刚才，监狱长告诉他，可以用监狱长的手机给家人打电话，把出狱的消息告诉亲人。

金海东打算冷静一下，再把这个消息告诉万灵。金海东的脸色苍白，胡须刮得黑幽幽的眼泪顺着嘴巴流下来。他独自坐在偌大的会议室里无声地流泪。懊悔和内疚反复折磨他的身心。面对组织，他无缘走进领导岗位，面对同仁，他感到汗颜，一个受党培养多年的领导干部，为了个人利益，成了阶下囚，他是颜面扫地。面对妻儿，他没有做出好的榜样，原本高大的形象已不复存在。出狱后，这一切他将怎样面对？内心五味杂陈的金海东，不知道该怎样把这个消息告诉万灵，他知道万灵还在北京学习，大概五月份学习结束。金海东用毛巾擦干眼泪，事实上，这一刻他倒有了难堪和忐忑，他甚至有些羞于把这个好消息告诉给妻子万灵。思索片刻后，他跑到值班室，给远在北京的万灵打了电话。

第十九章　天使折翼

301医院里，刚刚做完手术才一个月的简爱由于感染，正处于危险期，濒临死亡边缘，正在抢救室接受抢救，医生已经通知家属做最坏的心理准备。简鹏和佟青问主治医生廖静涛还有什么办法能够救简爱。廖静涛说看简爱的情况，再做第二次骨髓移植已经没有多大的必要了。佟青和简鹏一屁股坐在医生办公室的椅子里，眼泪无望地滑出深陷的眼窝。简晴内心也为妹妹感到悲痛。

万灵遵照秦岭的叮嘱，赶来帮助他照顾简爱。在医院走廊里，她看见简爱父亲简鹏和母亲佟青哭泣，便走过去问简爱怎么样了？得知简爱昨晚产生术后并发症，此刻正在急救室抢救，万灵暗暗为简爱祈祷，希望她能脱离生命危险。医生们正在里里外外忙碌，神情紧张。万灵扶着简爱母亲坐下来，安慰她要坚强，等待医生的抢救结果。

金海东把报喜的电话打到万灵手机上，万灵一听是金海东，一般狱中的犯人除了极特殊的情况以外，是不允许随便打电话的，金海东的电话，让万灵心里感到惴惴不安。金海东稳定一下情绪，告诉她，因为在监狱里表现好，他被提前释放了。万灵手一抖，欣喜地问："真的吗？你再说一遍。"金海东重复了一遍，万灵颤抖着说："海东，祝贺你提前出狱。我会去接你的！”放下电话的万灵擦一把涌出眼眶的眼泪，转身看到佟青泪眼娑婆地趴在门扉上往里看。简鹏告诉佟青，他已经在筹钱了，他要尽一切办法留住小爱。万灵建议佟青把简爱现在的情况告诉给秦岭。佟青思索良久，点头答应万灵，托付她给秦岭打电话，通知他简爱现在处在生命的危急边缘。万灵答应给秦岭打电话。

贾文海在佛塔村当钉子户引起民愤，被全村村民强制拆除一事，搞得他满身是嘴也说不出理。现在，秦岭给他量身定制了两套补偿方案。

贾文海被强拆过两次，这次强拆是他在第一次强拆的宅基地上又建起了窝棚。第一次强拆后他就和儿子在东岭买了一个民房，准备在东岭继续和拆迁公司对着干。恰巧拆东岭的也是秦岭的公司。秦岭知道，由于主攻山东堡，虽然东岭拆迁暂停，但贾保利的问题不解决，回过头来拆东岭时，那就是另一个贾文海。所以秦岭想着能不能一石两鸟。

为此，秦岭研究出两套方案，第一套方案：由于贾文海的房屋是被强拆的，所以按照法律规定他享受不到拆迁的优惠补偿政策，如果东岭的贾保利也能同时交房，那么德仁拆迁公司还可以让贾文海享受到优惠补偿。优惠不优惠差别在近十五万元钱。其实这十五万在贾文海看来只是个小钱，强拆前他的要求和补偿政策比怎么也在五百万以上。但此一时彼一时，现在贾文海已经完全丧失了主动权。第二套方案：如果贾文海不同意第一套方案，那么贾保利在东岭的房子可以不交，但贾文海在佛塔村的房屋补偿享受不到优惠政策。尹宁和游鸿支持秦岭的鬼主意，都觉得这是一箭双雕的好办法。觉得这个方案可以先敲打敲打贾文海父子。

东岭村最先签下协议的拆迁户们正在搬离家园，拆除队的力工们在废墟上“叮叮当当”地扒钢筋头。贾文海这些天就围着秦岭的屁股后面转，他现在愁得不得了，房子被村民们扒倒，修路的开着铲车进入现场，他的老巢已经荡然无存，他现在唯一能做的就是讨要补偿款。他和儿子坐在废墟堆上等待秦岭的招呼。贾文海和儿子贾保利伸着脖颈张望，不见拆迁办的工作人员出来。秦岭他们也早就知道贾文海和他的儿子在外面引颈张望。拆迁办的人看到贾氏父子也是视而不见，弄得贾氏父子像弃婴一般。

憋了几天后，秦岭觉得火候到了，他让李晓雷出去把贾文海叫进来。贾文海进屋后递给秦岭一根香烟，满脸堆笑，秦岭第一次享受到这种待遇。他要把拆迁指挥部和拆迁公司共同制定的方案告诉贾文海。秦岭让他们父子坐下来。尹宁问："你家东岭的房子什么时候交？莫非也等着强拆吧！"

贾文海听尹宁这么一说，心里压制的火气爆发出来，他拿出早先那副死猪不怕开水烫的面孔，对尹宁说："我现在跟你们算的是佛塔村老宅的补偿，你说的根本就是两码事。佛塔村还没解决完，东岭村的拆迁免谈。"秦岭接过贾文海的话："佛塔村你家抗着不拆，已经造成1000多户村民延迟回迁，给开发商造成了很大损失。现在你还想在东岭村做钉子户吗？"贾文海不傻，他知道佛塔村的补偿款都在秦岭手里，也就是说现在他的命脉在秦岭手里攥着，他不能和秦岭来硬的，他脸上赔着笑，说："秦经理，我没有那个意思，我是着急我老宅的那笔账你怎么跟我算，这笔还没算利索，哪有心思谈东岭的事。"

秦岭说："不管是哪个村，拆迁补偿政策是一样的，你从这里是找不到空子可钻的。我看尹区长说的对，咱们还是打开窗户说亮话，你在东岭村一而再再而三地鼓动你儿子拒不交房，居心何在，恐怕是不言自明吧？"贾保利见他爹额头冒汗，忙接过来说："不是那样，我们也想签下协议，是那个大酒缸井旭志不让签，他说等等还会有丰厚的奖金。"秦岭说："他是个满嘴跑火车的人，说话你们信吗？"贾文海急忙打断儿子的话："保利这事说了不算，这房子是我当初出的钱，签不签合同我说了算。我现在管你们要佛塔村的补偿。"

秦岭说："你家佛塔村的房屋补偿如果享受到优惠政策能多得上小二十万，如果你们能把东岭村的房屋也交了，我们可以让你佛塔村的房屋享受到优惠政策。你爷俩商量商量，别让贾保利的房屋也走到强拆那一步，那可真是鸡飞蛋打。”

贾氏父子互相对视一下，俩人来到走廊里，商量了有十分钟，最后他们决定把两个房子的协议都签了。贾文海告诉贾保利签了协议拿了钱也不给拆迁办腾房子，到时他们再想办法，非把原来的期望给讹出来不可。

秦岭的手机突然响起来，他接到万灵的电话，走出拆迁公司接听。万灵把简爱的情况说给他，他被万灵的话惊得半天答不上来，前些天简爱不是还好好的吗？万灵把廖医生的话说给秦岭，秦岭得知详情，告诉万灵，他马上动身，去北京看望简爱。万灵又把丈夫金海东被减刑提前释放的消息告诉了秦岭，秦岭很为万灵高兴，他说金海东出狱后，他要吸收他来他们德仁拆迁公司，和他一起干。万灵说谢谢老同学，两人约好一起去301医院看望简爱，陪她度过生死难关。

贾文海、贾保利顺利地签下了安置补偿协议，他们拿着协议和秦岭告别，脸上露出让秦岭捉摸不透的诡异的笑容。秦岭自言自语说："今天是一场胜利，但这爷俩不会束手就擒的。"

万灵从医院回家要换身衣服，简爱还在抢救室，她要尽快赶回来，帮助佟青照顾简爱，万灵下楼时，叮嘱佟青她很快就回来。万灵知道秦岭夜里10点之前就可以赶到医院。就在她下了电梯，出了医院大门不远，佟青打来电话，告诉她简爱已经去世了。万灵浑身一震，马上赶回医院，只见佟青和前夫简鹏、大女儿简晴，都围在简爱身边哭泣。医生们再三劝导，万灵也在一边开导她们，但毕竟骨肉相连，他们还是止不住眼泪。

医生们和万灵抱住佟青，简爱的遗体才被推走。万灵告诉佟青，秦岭晚上10点多就能赶到医院，佟青坐在医院的长椅上，一边流泪一边说："来和不来都没用了，还是告诉他，别来了。"万灵觉得这事不能拦着秦岭不让来，毕竟他们那么相爱，秦岭一定会来。所以，她也不打算劝阻，只是对佟青说："来和不来，都要由秦岭说了算，我们还是不要阻拦的好。"佟青也不再说话，她站起来，从贴身衣袋里掏出一页纸，对万灵说："这是简爱留下来的，让我等她醒来后再看。"万灵说："快看看吧。"

佟青看着简爱潦草的字迹，上面写着："妈妈，我知道这次真的要和你、爸爸、姐姐还有秦岭分别许久，我想把自己最美好的留给秦岭。还是不让他看见我离开后的模样，等到姐姐简晴来时，就告诉秦岭，简爱还活着。这样，秦岭就不会难过了。"看完后，简鹏尊重女儿的意见。佟青说，就按照简爱的意思，不让秦岭见小爱的遗体。万灵看见佟青态度坚决，也不想再去劝说，她们就按照简爱的嘱托，把简爱的遗体进行了处理，那是简爱最后一次化妆。

万灵和简爱的家人离开医院。万灵暂时不打算把简爱的死告诉给秦岭，她打车到高速出口，等待秦岭。

此时，秦岭心急如焚，已经开着车，在赶往北京的路上。

很快，秦岭在北京外环的高速收费站和万灵汇合，万灵坐上秦岭的车，打电话问佟青她在哪里等着秦岭。佟青说，今晚上不见秦岭了，时间定在明天下午。秦岭还不知道简爱的情况到底怎样，他坚持着要去看看简爱，万灵不能说破，她建议秦岭还是听从简爱母亲的话，明天下午再去见简爱。秦岭无奈，只得顺从。万灵把秦岭安排好，自己坐地铁回家。

秦岭在宾馆住下，他心里惦记着简爱，简爱的母亲佟青却反对他现在就去看望简爱，秦岭虽说心里不满，但还是忍着，他给儿子卓尔打电话，告诉他，他来北京了，估计三五天就回去，拆迁那边的事他扔不下。他让卓尔有时间来宾馆见见他，说他想儿子了，想和他聊一会儿，秦岭说完，感到疲倦，关灯睡去。

天微明，简鹏和佟青来到医院，他们按照女儿的嘱托，不动声色地把女儿送走。夫妻虽然不舍，但为了达成女儿的愿望，他们达成一致意见，避免秦岭难过，他们尽量让秦岭见到另一个活生生的简爱。昨晚，简鹏劝说佟青，秦岭为了简爱几乎耗尽了所有。为此，他们为秦岭做得再多，也不足以报答这个痴情汉的情谊。他们把这一切都安排好后，打电话告诉万灵，他们一家人在颐和园等待秦岭。

万灵接到简鹏打来的电话，告诉她他们一家在颐和园。万灵刚刚看了时钟，正好是中午12点。她告诉秦岭，他们在颐和园门口见面，一起去见简爱的家人。秦岭听到万灵的话，感到情况异常，简爱住在医院，为什么要在颐和园见面？简爱不是在抢救中吗？情况怎样了？这是秦岭最关心的事。他急切地问万灵，“简爱现在怎么样了？”万灵说简爱抢救过来了。现在正值草长莺飞的四月，他们一家要带着简爱和他一起游游颐和园，荡荡舟，这对简爱也许是挺惬意的一件事。秦岭觉得万灵说的也在理。虽然觉得万灵有事瞒着他，但也问不出来具体情况，就答应和万灵一起去颐和园和简爱的家人见面。秦岭牵挂简爱，心急如焚。终于盼来消息，便开车直奔颐和园。

在颐和园大门处，秦岭见到万灵，万灵问他昨晚休息得好不好，秦岭说他一夜没睡，心里满是简爱病重的样子。万灵不语，她告诉秦岭，明天就要到桐城监狱，去接出狱的金海东。秦岭问她金海东出狱后，有什么打算。万灵说，她还没想好，等海东出狱后再说吧。

佟青和简鹏带着简晴来到颐和园的昆明湖，他们坐在岸边，看着澄澈的湖水，里面的游人欢快地泛着轻舟，那种恬淡和幸福让他们感到羡慕，他们刚刚失去一位亲人，心痛的感觉如刀割一样，为了替女儿了结一份人情，他们要把简爱生前留下来的人情还完再一起回深圳。简鹏不想前妻自己孤单地留在北京，在女儿简爱生前的说合下，他们和好如初。简鹏和佟青要把秦岭为简爱花的费用都一并还给他。简晴坐在妈妈身边，根本分不清谁是简爱谁是简晴。

在湖心凉亭上，秦岭见到佟青和简鹏、简晴，她穿着和妹妹一样的衣服，秦岭分不清这个健康漂亮的女孩是简爱还是简晴。简鹏对秦岭说：“有件事，请你原谅我们一家人，可能我们的做法对你来说很不妥，但是，为了尊重我的女儿简爱，我们还是按照她的话去做了，简爱走了。我们是今天上午把她送走的，你就当她还活在这个世界上。她不希望你见到一朵已经凋落的花朵。她要把自己美好的一面镌刻在你的心里。因此，请你不要怪我们，也不要怪简爱。我们一家会一直记得你对简爱的感情付出！简爱临终前，嘱咐我要特别地谢谢你！”简鹏说完，拭去眼角的泪水。秦岭悲痛欲绝，尽管他竭尽全力地想留住简爱，可是，他最爱的女孩还是离开了他，他早就想好，无论如何，只要简爱能抢救过来，他就陪她到老，死也要亲自送她一程，可是，要强的简爱不想他看见这人天两隔的悲戚一幕。秦岭站在湖心亭上，眼望远处，任凭泪水涌出。简晴走过去，拿出纸巾递给秦岭，秦岭擦拭后，回身安慰简爱的父母，佟青从挎包里拿出一张银行卡，对秦岭说："这里面存有三十万元的现金，是你为简爱付的医疗费用。请你收下。"秦岭推脱不收，他说："我和简爱立了婚约，她就是我的爱人，为她花钱是应该的，不是借，也谈不上还，那样我心里会更难受。"简鹏不答应，说什么都要把钱还给秦岭。两人推让着，万灵走上前说："等到秦岭有难处，再要这钱吧！"秦岭和简鹏这才不再相互坚持。他们离开颐和园，秦岭把简爱的父母和姐姐送到首都机场，他们一家带着对秦岭的谢意和对女儿的简爱的不舍，离开了北京。

王焕春为争取拆迁补偿大闹拆迁办，又是砸玻璃又是跳楼，被警方羁押一周后才放出来。她前脚刚一到家，柳树林和牛有楼就来到她家，柳树林提来一堆水果，牛有楼提来一堆罐头，说王焕春这是为山东堡村的村民说话，大家必须支持她。王焕春坐在沙发上，一边喝水一边说："哎哟，还支持呢，不骂我就谢谢大家了，我这是为我自己挣口袋呢。"柳树林问道："大妹子，你不会泄气吧？你还准备怎么折腾？"王焕春说："啥话呀，什么叫折腾？只要我王焕春还能走，我就要和他们抗拆到底。"牛有楼说："你怎么个抗拆法？我们可想好了，联名告他拆迁公司去，现在征求你的意见，告不告都是你说了算。"王焕春说："把我也算上，我也和你们一起和他们打官司。"柳树林向大家保证，他要继续串联村民，有对拆迁不满的，联名和拆迁公司打官司，队伍越大，胜诉的机会越大。牛有楼说："这事还真得你出面。万宝良好歹是个党员，他儿子万泉河是村干部，他不能带头搞抗拆。我儿子是公安局的头儿，我不能站出来抗拆，市领导知道他老子带头搞抗拆，儿子的乌纱帽就得丢。我就在幕后，垂帘听政。"柳树林不高兴了，他说："你们都为儿子打算，叫我带头？我还有儿子呢！"几个人都不吭声，王焕春说："我是个娘们，说话谁听？"牛有楼鼻音很重，他说："老柳你就不要做缩头乌龟好不好？我看就你牵头合适。”柳树林一看这几个人，自己不出头也没办法推辞，他拿起本子，离开王焕春的家，开始串联余下的村民集体抗拆。

秦岭把万灵送走，万灵要动身去接即将出狱的丈夫金海东。

秦岭独自开车去墓园祭拜曾经的恋人简爱。他买了一束殷红的玫瑰花，按照简爱母亲的描述，秦岭很快找到简爱的墓碑，他把花束放在简爱的墓碑上，照片上简爱笑靥殷殷地看向他。秦岭坐在简爱的墓碑旁，和她说着悄悄话。

在简爱墓地坐了很久的秦岭，接到儿子卓尔打来的电话，他告诉爸爸，学校正在忙着给毕业生们拍毕业照，他已经拍完照，想来见见爸爸。秦岭告诉他，他会去北大门口见他，让卓尔等他。父子约定后，秦岭把自己为简爱带来的一只精心挑选的银手镯轻轻放在墓碑前的鲜花花束旁边，再次深深地鞠躬，然后离开墓地赶回北京大学，去见即将毕业的卓尔。

秦岭开着宝马车，在北大门口停下来。他下车看见儿子还在那里左右张望，他有心劝说儿子卓尔回到滨海市，和他一起干拆迁工作，这样也可以让他得到锻炼，儿子拒绝过他的邀请，不愿意干这样费力不讨好的活。可秦岭不甘心，他觉得行行出状元，希望儿子能够顺应他的想法，跟他回滨海做拆迁工作。按照秦岭的理论，有过拆迁经历的人以后干什么都不怕了，因为这是天底下最难做的工作。

卓尔站在北京大学门口，焦急地盼望父亲的出现，他很久没给他打电话了，有点想他。他和父亲的关系相处得很融洽，从来没有紧张和对立过。但是关于就业问题，爸爸的建议卓尔不能接受。

秦岭看见卓尔站在一边等他，他锁好车门，朝儿子走过去。

卓尔看见爸爸朝他走来，兴奋地扑上去，拥抱他。卓尔让爸爸跟他去学校旁边的咖啡馆喝咖啡。秦岭看看表，摇摇头说：“时间来不及了，我还要赶到桐城，接冰凌的爸爸出狱，他已经提前释放了。”卓尔吃惊地说：“金叔叔这么快就出狱了？”他已和冰凌约好，毕业后还要去探望海东叔叔呢。秦岭很赞成卓尔的想法，他说这是应该的。秦岭严肃地问卓尔，“你和金冰凌的感情发展得怎么样？”卓尔不置可否地说：“现在才毕业，说这些太早。”秦岭问他：“你是不是看上廖静了？”卓尔矢口否认，秦岭觉得卓尔还是和冰凌合适。可是，青年人的心思很难弄懂。虽然秦岭极力撮合卓尔和冰凌，但最终决定权还在他们手里。

秦岭嘱咐卓尔海东叔叔出狱的事先别告诉冰凌，金海东要给冰凌惊喜。

秦岭和卓尔坐进车里，他再次建议儿子毕业后，回到滨海市，和他一起搞拆迁锻炼一下，卓尔还是坚持想留在北京发展。秦岭不再坚持。他抚摸着儿子的头说：“爸爸是想你在身边，心里踏实。哪一行干好了都一样。我的建议你先不要拒绝，想想再回答我，我等着你回滨海。”卓尔沉默一刻，想到妈妈文慧，便问爸爸最近有她的消息没有。秦岭每天都焦灼在拆迁工作上，的确很久没给文慧打电话了。文慧想复婚无望，心也凉了，也不再给秦岭打电话了。

秦岭对卓尔说：“你妈在淞江好像还不错。我问过你爷爷。”卓尔看着爸爸，语气里带着责怪的口气说：“什么好像还不错啊。我建议你还是和妈妈复婚。”简爱离世的消息，卓尔听冰凌说了，他怕爸爸伤感，没敢提简爱阿姨，他为简爱阿姨惋惜，但也觉得妈妈好像又有了希望。秦岭叹口气，望着车外的行人，若有所思地说：“卓尔，请原谅爸爸，这不可能。这些年，我已经习惯一个人生活了。”卓尔认真地问爸爸：“要是我毕业跟你回到滨海市，你能答应我的请求吗？”秦岭觉得儿子还是个孩子，竟然拿这话相要挟，但他很想儿子回滨海留在他身边，就顺口说：“好啊，你回滨海，这件事我可以考虑。”卓尔拧着眉头，不吭声。直到秦岭开车要离开，还不见儿子对他保证回滨海。秦岭对此也能理解，毕竟北京的发展空间比滨海市要大，所以，他尊重卓尔自己的选择。

桐城监狱，金海东走出监狱大门，送他出来的两名狱警问他：“怎么？你的家人没来接你？”金海东解释说：“来了，我妻子会来接我。”狱警回身把大门“咣当”一声关严实。金海东重又回到自由平等的环境中来。他白皙瘦削的脸上漾出久违的笑靥。早晨起来，他精心地把嘴巴上的胡须刮得干干净净。此刻，他摘下眼镜仰起脸，任凭阳光亲吻脸颊。

他感到生命的美好和自由的可贵，他热切地张望着，期盼万灵早些到来。

秦岭昨天知道万灵来接金海东出狱，本想和万灵一起来接金海东，可是他先想去简爱的墓地看看，就和心急的万灵岔开。秦岭昨天下午离开简爱墓地后就驱车赶到往桐城监狱，下半夜他才到达桐城，找了个宾馆对付一夜。天刚亮，他又又开车来到桐城监狱。此刻，监狱大门打开，他看见金海东被两名狱警送出来，金海东手里提着鼓囊囊的帆布包，在四处张望。

万灵几乎和秦岭同一时间到达桐城监狱，秦岭把车停在不显眼处，万灵也没看见，她远远地看见监狱的大门打开，金海东从里面走出来，万灵紧走几步，迎上金海东，两人紧紧地拥抱在一起。近四年的一千多个日日夜夜，别离的痛苦使他们任凭泪水汹涌而出。金海东在万念俱灰和良心的谴责中度过，思念犹如长满青藤的蔓秧爬满心头。

秦岭坐在车里，看着万灵和金海东相拥在一起，他也很感慨，等两人分开后，他才下车，走过去接过金海东手里的行李。万灵吃惊地问秦岭："你什么时间过来的？不是去祭拜简爱了吗？"秦岭说："祭拜完了就来了，你们是要回北京还是回滨海？我送你们。"

金海东看到秦岭不计前嫌亲自来接他，心里很感动。他说："谢谢你能来接我。"秦岭拍拍金海东的肩膀说，"咱们从来就没有什么前嫌，你们回哪里？"万灵看着金海东，问他回哪里。金海东想了想说："我现在就想看到冰凌，咱们先回北京，见了女儿后再说定居的事吧。"

秦岭非要开车送他们去北京，金海东一再推辞，秦岭争不过，按照他们的意思，把万灵和金海东送上去北京的列车才驱车赶回滨海，他不能丢下拆迁的事业，佛塔村亟待回迁，东岭村拆迁只能暂时搁置，山东堡的百日拆迁攻坚战才刚刚开始。这所有的一切都使他的心悬在半空，责任感一向很强的秦岭告诫自己，要从失去恋人的痛苦中解脱出来，认真负责地做好拆迁工作，他要把全部的精力都投入到老百姓的安居工作中去。

第二十章　重任在肩

滨海市市委、市政府对山东堡的规划进行了多轮专家论证已经定稿，招标工作已经结束，大洋集团凭着雄厚的实力中标，设计工作也在顺利推进，此时距离百日攻坚战还剩下五十天的时间，山东堡村拆迁工作还没结束就出现了王焕春那样一些抗拆到底的钉子户。为此，市领导要求拆迁指挥部的游鸿和尹宁他们全力配合好拆迁部门的工作，想尽一切办法，做好群众的思想工作，打好这场百日拆迁攻坚战。

秦岭刚从北京回来，便应市政府办的通知，和拆迁指挥部的领导游鸿和尹宁到市里开会。市政府秘书长通报了山东堡村的招商、规划和设计的进展情况，把山东堡村未来的宏伟蓝图又描绘了一番，这无疑是在给秦岭他们下战书。

在市政府大门外，秦岭刚想上车，却被市委办的秘书冯岩拦住，他问秦岭："蔡静波和孙保赢被抓了你知道吗？"秦岭一愣说："不知道啊，不是说他们在接受工作组调查吗？"冯岩附在秦岭耳边说："查实了，蔡静波为妻弟孙保赢揽工程，受贿被抓。昨晚上两个人被带走了。这下，滨海市的拆迁你是龙头老大了，他孙保赢和蔡静波还不知道要判几年呢。"秦岭直咂嘴说："哎，蔡静波不出事才怪呢，这些年可没少给他小舅子揽活。”冯岩对秦岭摆下手说：“你忙去吧，我还有事，不说了。”秦岭望着匆匆走进市委大楼的冯秘书，叹口气，打开车门发动轿车，离开市政府。

秦岭气还没喘匀，便在公司召开拆迁的当前工作总结会。何依萍说：“山东堡一共有村民1600多户，自2005年起至今，启动拆迁工作不下七八次，启动一次就增加一批违建房，拆迁没拆成，又撂下一堆违建房，人们把旱厕加个盖，把房顶接满了房，有的甚至接上了三楼，说什么“种地不如种房”，分明就是冲着多要拆迁补偿来的。那些违建房村民动不动就要拆一还一面积。违法建房的问题我们没有个好方案，山东堡的百日攻坚战肯定不可能完成。”

秦岭手里夹着烟，烟雾一缕缕飘在他的眼前，他一边抽烟，一边拿笔记录着何依萍的话。武军接上说：“通过这段时间走访，最紧要的情况是一些城里人早就盯上了山东堡的拆迁，他们大批量购买村民房屋，后来在拆迁过程中站出来狮子大开口的几乎都是这些能人。听他们的村主任唐跃海说，村里各种情况购买房屋的就有不下100户。山东堡的很多老百姓有的都在看着这些人。这些人里有的还在政府机关工作，和政府官员有千丝万缕的关系，否则他们轻易也过不了户。”听完汇报，秦岭把烟头扔在地上说：“早在山东堡村让我接手拆迁时，我已经事先基本摸清了山东堡村的复杂情况，我看，咱们就来他个对症下药，先解决掉私搭乱建这个老大难问题，再解决投机买房的能人问题。”

无论是违法建房还是非村民买房都是拆迁中最难解决的问题，他们的目的都很清楚，都是冲着拆迁多要钱来的。这两件老大难的问题可秦岭却说得轻描淡写，好似胸有成竹似的，人们都不知道秦岭葫芦里卖的什么药。

秦岭说：“山东堡村的第一个交房高峰期已过，他要让山东堡形成第二个交房高潮。武军、何依萍、兰梅都是久经沙场的拆迁高手，都知道任何拆迁，第一个交房高峰期一过就会迎来瓶颈期，不可能马上迎来第二个交房高潮，这也是他们对百日攻坚战的担心。也许秦岭能创造奇迹，吉人自有天相，他们了解秦岭，嘴上基本不说没谱的事，但这次他们觉得秦岭说得没谱。秦岭要求拆迁公司的所有人都加班，连夜把山东堡剩余户的情况再细致梳理一遍，尤其是违法建筑情况，外来户买房情况，包括他们的人脉关系都分别梳理清楚，越详细越好。干拆迁加班是常有的事，但这份材料秦岭要得这么急，安排得这么细还是第一次。

清晨，阳光明媚，昨夜一场细雨把路两旁的梧桐树洗得干干净净。秦岭换了一件笔挺的西服，他要见一个人，见一个他尊敬的人——市委书记任东。

早七点，秦岭就给市委书记秘书冯岩打电话，不过五分钟冯岩给秦岭回话，说市委书记任东八点在办公室等他。

秦岭驱车到拆迁办，拿上武军、何依萍、兰梅等连夜给他赶出的材料，到市委。

市委书记任东早让秘书冯岩给秦岭沏了一杯茶，等着秦岭。山东堡地块的开发建设他都可以掌控，唯一不能控制的就是拆迁，其实他最想了解的就是拆迁的消息，他甚至盼着秦岭来找他。

两人见面，没有寒暄，开门见山。

秦岭汇报了山东堡村的拆迁进展情况。全村1600余户，现在时间过半，我们拆了900多户，剩下五十天时间，还剩下小700户，难度很大，我们需要政府的支持。任东示意秦岭先喝口茶，再接着说。

“任东书记到滨海市不到一年，拆了违法建筑200多万平方米，现在山东堡村还有2万平方米违法建筑需要拆除，否则剩余户短时间不可能谈下来。再有山东堡村有100余户非村民，因为拆迁买了房子，不少还和政府各部门领导有千丝万缕的关系，这些人基本都是狮子大开口，如果不采取点行政手段，不可能在短期内交房。”秦岭说：“以上两个方面需要书记支持，否则别说一百天，就是再给我一百天的时间也完成不了目标。”

任东书记思考片刻，叫来秘书冯岩，说：“市规划局、区规划局、区房产局联合工作，今天下午开始入驻山东堡村对违法建筑进行认定，区城管局负责拆除，区公安局配合，十日内拆除完毕；第二，让市纪委发出通知，对山东堡村非村民购房者要彻底清查，同时欢迎山东堡村的村民举报。任东书记让冯岩把他的意见传达给市政府相关领导，并传达给西江区区委、区政府并西江区拆迁改造指挥部。秦岭对任东书记的工作作风早有耳闻，但他没想到书记这么快就拍板了，而且工作安排得一针见血，他由衷地佩服这位年轻有为的书记，如果干部都像他这样，就不可能出现那么多的违法建筑，也不会出现那么多钉子户、上访户。

尹宁和游鸿把指挥部的工作人员周小虎调拨给秦岭，并说这人别看其貌不扬，却有一张收买人心的嘴。周小虎报到那天，秦岭一见周小虎，觉得他就像是一个乡下来的农民，衣着普通，眼睛不大，嘴唇厚实，脸上总存着捉摸不透的笑容。但他憨厚朴实的外表下，装着沉稳和精干，秦岭对他很满意。秦岭觉得自己的拆迁公司里的四大能人已经让孙保赢他们这样的拆迁公司羡慕死了，现在市里领导为了打好这场百日攻坚战，又专门派拆迁指挥部的人员下来配合拆迁工作，大家很受鼓舞。秦岭觉得这个身材敦实的周小虎身上透露点小可爱，就把他安排到自己身边，随时协助拆迁公司下去协调难度大的拆迁户。

非村民买房户这些被村民们称为神通广大的“能人”逐渐浮出水面，他们陆续主动来到山东堡村的拆迁公司，办理拆迁签约手续。签约办公室就在秦岭办公室隔壁。李宝忠、闵婕负责签约。有几个和秦岭熟头巴脑的政府机关人员也主动找到了秦岭，原来这些能人像一潭死水里的泥鳅，让拆迁办的人抓不到，现在都通过各种关系主动送上门来，这就是秦岭的高明之处。

看着第一批“外来户”交了房，攻坚组的武军、何依萍非常高兴。钉子户们成批量地交房是个不可能的事，秦岭确实创造出了拆迁史上的一个奇迹。

国家机器的力量是强大的，但看掌握在谁的手中，只有掌握在一个敢于担当的人的手里，它才能发挥应有的作用，否则只是个摆设。国家机器同情、保护弱势群体是当然的事情，但如果国家机器对敲诈视而不见，那么就会产生一些黑暗的社会现象。

陆景宽需要配合第一批的违建拆除。陆景宽先前去过王焕春家，并给她家西边建的猪圈定性为违建房。王焕春去拆迁公司砸玻璃、跳楼、上吊的。陆景宽早就对她瞧不上眼，为此，政府下令拆除违建后，他就盯上了王焕春家。他的想法是，先为公司铲除王焕春这样死扛硬顶、无理取闹的抗拆户。趁着早晨王焕春和郝大顺去屠宰场进肉的机会，天还没亮时，陆景宽叫上两台铲车，“轰隆隆”去了王焕春家。在王焕春家西边的水泥猪圈旁边，陆景宽一声令下，指挥司机“给我拆喽。”司机“轰隆隆”把铲车开过去，铲车臂膀一抬一落，猪圈瞬间被夷为平地。

陆景宽指挥铲车司机，连续拆了五户违章建筑。包括牛有楼的两间出租门市。那两家卖水果的和卖米线的租户还没来得及搬走，被陆景宽的喊声给惊动出来。他们起得很早，想再经营些日子，直到山东堡拆迁完再走，也想从拆除工人那里挣点钱。现在看拆除队的来了，他们忙拉起孩子，搬出生活用品，还有贵重的水果、米线料之类的东西。牛有楼住在城里的楼房，大概还在温暖的睡梦中，陆景宽就把他的违法建的二层门市房给扒掉了。

陆景宽平时心细如针，这次他却疏忽了一件事，政府对王焕春家猪圈的强拆通知书，因为王焕春的嚼嘴磨牙而延迟下达，陆景宽的贸然行动给德仁拆迁公司造成了被动。

王焕春听见隔壁的老王给她打来电话，说是她家的猪圈被拆了，让她赶快回去看看。王焕春疯了似的赶回来，陆景宽他们的两台铲车早就离开现场，她的猪圈只剩下一堆砖头瓦砾。王焕春一屁股坐在烂砖头上，呼天喊地地叫骂。转瞬间，她擦了一把眼泪，骑上电动摩托，赶去找秦岭。

陆景宽在公司正听着秦岭的批评，本来陆景宽想去向秦岭报喜，结果秦岭一听，陆景宽私自做主，拆了王焕春家的猪圈。在违法建筑拆除通知书没送达的情况下拆除违建，是违反法定程序的，为此，秦岭批评陆景宽太莽撞，干了这么多年的拆迁，怎么就疏忽了送达这个环节。

王焕春很快找到秦岭的办公室，牛有楼也跌跌撞撞地闯进来，看见王焕春也来找秦岭，他先让王焕春说。工焕春进来就哭闹，非让秦岭赔她的猪圈。王焕春用头把墙撞得“咚咚”响。秦岭为了安抚她，主动说他会研究对她做出一定的补偿，但只是作为通知书没有下达的情况下，没有履行完法定程序就强拆的补偿。王焕春不干，一口咬定他们拆了她合法用地上比住人的房子都好的猪圈。牛有楼也手拍大腿，谩骂拆除队的人没经过他同意私自对他的门市房进行拆除。他们不听秦岭解释，坚持要和德仁拆迁公司打官司。

秦岭无语，面对这样的村民他很头疼，他好言相劝，王焕春和牛有楼就是不领情，一直闹得很晚才离去。

秦开山和老伴高淑彩坐在一起唠家常，文慧很久没有消息，秦开山很担心，他想打电话问问。于是就去客厅取来手机，还没等坐下来，就觉得胸口疼，他踉跄着想扶沙发坐下来，手机也掉在地上。高淑彩见状大惊失色，赶上来扶着身躯高大的秦开山，秦开山一点点倚在床上，高淑彩手忙脚乱中，捡起地上的手机，急忙拨打120急救，回身看到秦开山呼吸急促，脸色惨白。

秦岭把何依萍他们归纳的重点户的详细分析拿过来，在灯下仔细研究。他看到牛有楼的几个子女的房子问题还是没有解决，他琢磨着应先解决的是牛有楼和他的子女们的几处房屋。牛有楼的几个子女和别的非村民买房多少有些不同，牛有楼的子女原来都是山东堡村的村民。市纪委的一封公开信发出后，牛有楼的子女也坐不住了，但他们转念一想自己也是山东堡村土生土长的，于是似乎就又抓到了一根救命稻草。

正在灯下翻看材料的秦岭放在桌上的手机突然响起，秦岭看是高淑彩的电话，他急忙接听。那边高淑彩声音发颤地告诉秦岭，他父亲秦开山生病住进了淞江市医院。秦岭心里咯噔一下，问她父亲怎么样，有无生命危险。高淑彩如实相告，说如果不做手术，会很危险，目前秦开山还在昏迷。秦岭赶紧告诉高淑彩，他要连夜赶回淞江市。高淑彩说：“暂时还没事，明天回来也可以。”

秦岭决定天一亮就赶回淞江市，他打电话给何依萍和武军，安排好一应事务，把父亲的病情告诉了儿子卓尔，他希望卓尔也能回来看望爷爷。卓尔大学马上毕业，在北京的求职应聘要等消息，学校也没什么要紧的事，他决定赶回淞江市看望爷爷，父子俩约好淞江市见。秦岭带着对父亲的牵挂睡下。

柳树林这些日子的串联很奏效，有29户村民在两个碉堡归他的证据上签了字。柳树林不想再等，他和牛有楼、王焕春私下里一合计，还得起诉。牛有楼说自己身份特殊，但可以给他俩提供法律帮助，牛有楼请来律师，分别给他俩写了起诉状，然后，送交到滨海市西江区人民法院。

晨光中，山东堡的村民小黑龙和他的父亲马志文同骑一台摩托车，从山东堡出来，直奔秦岭居住的小区，他们要报告拆迁公司的领导秦岭，他家后院的卖房房主唐建林昨晚下半夜回家了，此刻正在屋里酣睡。为了不惊动唐建林，小黑龙和他的父亲马志文悄悄推出摩托，去找同意给他们解决问题的秦岭。

此刻，心里惦记父亲的秦岭已经启动轿车，他要赶回淞江市看望生病的父亲。他的车刚开出小区大门，就看见小黑龙父子和小区保安发生争执。小黑龙他们要进小区，保安不让进，争执之间，保安要上去打小黑龙。小黑龙不示弱，挥起拳头和保安扭打在一起。

秦岭见状，把车停下来，推开车门跳下来，跑到小黑龙父子面前，拦住他们。小黑龙气得呼呼直喘，嘴里还在骂着不开面的保安。

见到秦岭，小黑龙才住嘴。马志文急忙告诉秦岭，后院的唐建林回来了，求秦岭赶快去把他堵住，逼他把过户手续办了。秦岭说："这恐怕不行，我父亲生病，我要回去看看。"马志文一听，刚才还眼睛放光的他，立时蔫了。哭丧着脸说："咋就这么巧啊，唐建林一个多月不回家，昨晚好歹回家，你又没空管我，我这一辈子的血汗钱都让唐建林坑了，完了，没人管我爷俩，认倒霉吧。"说着，马志文抹起眼泪，肩膀一耸一耸的。小黑龙听秦岭要回淞江，也蹲在地上，两手抓着头发。

秦岭见此情景，在车前走了两个来回，看着哭泣的马志文说："哭什么哭，还是个大老爷们吗？走，带我去见唐建林。"秦岭说完，跳上车。马志文一听秦岭要去见唐建林，便立即掉头，坐上儿子小黑龙的摩托车，赶回山东堡村的家。

秦岭开车在马志文家大门口停下，小黑龙也把摩托车熄了火，秦岭把车钥匙放进包里，示意小黑龙爷俩别出声，他给派出所打电话，希望这事能有派出所的配合。放下手机的秦岭让小黑龙和他父亲马志文守在大门外，他进去观察。

秦岭走到唐建林的后院，透过窗户玻璃，看见四仰八叉躺在炕上睡觉的唐建林。他身高不到一米七，瘦弱的胸脯像个鸡骨架，一起一伏地打着呼噜。秦岭索性蹲在窗下抽着烟，等着民警的到来。

派出所的三个警员开着警车，一路鸣笛赶到山东堡村，刺耳的警笛声传遍全村。村民们起早做饭的，全部跑出来，见警车停在马志文家大门外，正不知道怎么回事，只见唐建林穿着花裤头从院子里跑出来，秦岭在后面追赶。

唐建林刚才睡得正香甜，听见警车声音，心虚的他赶忙爬起来就跑，没想到刚跑出大门，就被警察抓住。

秦岭问他知不知道为什么抓他。唐建林见到马志文父子正虎视眈眈地看着他，马上明白是怎么回事了。他对派出所的所长王雷说："我这不是回来过户来了吗？抓我还怎么帮他办事？"

秦岭佩服唐建林的反应迅速，他不失时机地问他："知错就好，算你聪明。你赶快带着户口本、房产证，跟我到西江区房管局和马志文办理过户手续，"唐建林忙不迭地回屋取宅基地证、房本、户口本。秦岭让马志文爷俩先带着身份证去西江区房管局，他和唐建林一会儿就到。

站在外面的秦岭，左等右等，就是不见唐建林出来，他觉得这家伙一定是从后窗户逃跑了。秦岭进院里，隔着玻璃看见唐建林正弯腰撅腚满炕柜子里翻找东西。秦岭等得不耐烦了，进屋问他还能不能找到。唐建林跪在炕上哭丧着脸说："户口本跟房产证找不到了。"秦岭气得想打唐建林一顿，他正不知道如何才好，唐建林坐在炕上指着房梁说："想起来了，在那里，放房梁上了。"秦岭拍打唐建林脑袋一下，说他猪脑子。这点宝贝东西他东挪西藏的，现在居然他自己也记不清了，因为他至少换过八个地方。唐建林从房梁上拿下一个牛皮纸包，打开一看，户口本和房产证都在，秦岭让他坐着自己的车，去房产局。没想到，唐建林和马志文耗了十年的过户手续竟然这样痛快地用了40分钟就办下来。过户手续办完，马志文父子给秦岭跪下，感谢他为他们家解决了困扰十多年的难事。本来山东堡村因拆迁冻结，不能办理产权过户，但因该户情况特殊，拆迁改造指挥部和拆迁公司、山东堡村都给出了书面证据，此事才破例解决。

深谙法律的秦岭知道，如果唐建林不配合，那么只能通过诉讼解决，在各地的拆迁中这类纠纷很多，最后被告都能讹去一笔钱。面对马志文家的悲惨遭遇，秦岭非常痛恨唐建林之流的诬赖，在道德和法律面前，秦岭选择了道德，他本能地要帮助马志文。马志文表示，自己回去马上签拆迁补偿协议，不给拆迁办制造一丁点麻烦。

秦岭扶起马家父子，安慰他们，以后会有更好的生活等待他们父子。他会给他家额外补偿，祭奠他死去的妻子。秦岭为马家父子办完房屋过户手续，已经是中午11点，他离开房产大厦，心急火燎地赶往家乡淞江市。

半路上，秦岭接到文慧的电话，文慧在电话里带着哭腔说：“秦岭，你到哪里了？”秦岭问她什么事。文慧告诉他说：“孩子的爷爷没了。”秦岭浑身一震，握着方向盘的手有点不听使唤，他抑制住揪心扯肺的痛，把车停在路边，大声问：“你再说一遍，我爸他怎么样了？”文慧说：“孩子爷爷心梗没了。高姨给你打电话时就没了，高姨怕你路上开车不安全，没告诉你实情。”

秦岭什么都没说，他把手机扔到副驾驶座位上，扶着方向盘，闭上眼睛，泪如雨下。他后悔自己没把爸爸接回到身边生活，更后悔爸爸最后一次打电话和他说话，他还没等爸爸说完，就因为有事把电话挂了。秦岭的眼泪顺着腮边无声地流下来，他哭了一阵，上车赶往淞江市，处理父亲的后事。秦岭不想把这悲伤的消息告诉卓尔，怕儿子伤心，还是等儿子回来再说。

得知爷爷生病的消息，之前已经办理好所有毕业手续的卓尔，收拾好行李箱，马上打车去北京站，着急赶回淞江探视。他刚走出学校通往大门的小径，廖静从后面追上来，问他去哪儿。卓尔告诉她要回淞江市的老家，爷爷生病在医院里。廖静把肩上的书包往上耸一下，认真地说："那正好，我也想去看望爷爷。"秦卓尔不领情，问她："你去看谁的爷爷？别叫错了。"廖静说："看你的爷爷啊，我也可以叫爷爷啊。爷爷谁都可以叫，他比我们老。对了，我开车送你回去，要比你等车节省时间的。"

卓尔拉起行李箱边走边说："不用了，我坐火车。"廖静截住他说："那我就和你一起坐火车去。你在网上帮我买张票。"卓尔无可奈何地说："对不起廖静，我有旅伴。"廖静眨着大眼睛，看着秦卓尔不给她留情面，脸上顿时也有些挂不住，回身说："秦卓尔，你真是不识好人心。"卓尔也不答话，绕开廖静，独自走出学校大门。他在学校大门口，拿手机为自己拍下一张他与母校的合影，然后收好手机赶往北京站。

在北京火车站，冰凌已经等候了片刻。卓尔见到冰凌，有些伤感地告诉冰凌，爷爷生病了，病得一定不轻，否则家人不会打电话给他。冰凌说："你不要难过，也许没有事，你是自己吓自己呢。"卓尔说："但愿爷爷平安！"

冰凌接到妈妈的电话，说是爸爸提前出狱了，她作为女儿一定要在第一时间见到爸爸，如果不是着急见爸爸，冰凌表示会和卓尔一起去看望秦爷爷的。其实金海东已经出狱一段时间了，是他坚持调整好状态后再告诉女儿，万灵理解金海东的心情。

卓尔说他理解冰凌的心，让她好好在家陪陪刚出狱的金叔叔。冰凌点头说她会的。

卓尔和冰凌在火车站广场上交谈时，廖静已经悄悄买好和卓尔同一趟车的票，她看见卓尔和一个个头不高，长相清秀的女孩在交谈，她猜到这一定是秦卓尔所谓的女朋友金冰凌。在她心里，只要秦卓尔没结婚，她就有权利追求他。因此，她看眼秦卓尔和冰凌，就钻进人潮里，去了候车室，在那里等待着卓尔。

冰凌着急去见爸爸，她不能送卓尔上车，就和卓尔说："带我问候秦爷爷。”然后转身走了。

卓尔看着离开的冰凌，和她招招手，告诉冰凌，他很快就会从淞江市回来的。冰凌点头，消失在人群里。卓尔去出票机处取出车票直奔候车室。

在熙来攘去的候车大厅里，秦卓尔找张椅子，坐下来，抽出当天的北京青年报翻看。他根本没发现人头攒动的候车室里廖静坐在那里。廖静一直紧张地盯着秦卓尔，直到看到他拉着行李箱走进来，一颗心才放下来。廖静去售货区买来一袋子零食，拿到卓尔面前说：“给你买的，吃吧。”卓尔突然看到廖静，他把手里的报纸放下，无奈地问：“廖静，你怎么来了？你让我说你什么好呢？”廖静递给卓尔一瓶矿泉水，微笑着对他说：“你就不该批评我，我去看望爷爷怎么啦？”

卓尔接过矿泉水，拧开盖子，大口喝几口后，问廖静：“你去淞江是以什么身份去呢？我要怎么介绍你？同学？你是女的，我怕出绯闻。恋人？又不是。你说，我怎么介绍你？”此刻，候车室扩音器响起了旅客乘车的通知，卓尔看着廖静，无可奈何地说：“你既然想去淞江，那就一切听我的。”廖静高兴地答应着，和卓尔一起乘上去淞江的火车。

文慧和高姨在医院等着秦岭，秦开山生前的好友和邻居、亲友来了很多。秦岭来到医院，见到高淑彩手里拿块毛巾擦拭眼泪。秦岭看着父亲安详的遗容，忍不住伏在父亲床边悲伤哽咽。

不到一个月，秦岭相继失去了恋人简爱和慈祥的父亲，这对秦岭打击的确不小。文慧给他递来一块纸巾，安慰秦岭不要过于悲伤。天气越来越热，文慧建议秦岭还是先让老人入土为安才好。秦岭看着眼睛红肿的高姨，高淑彩点头赞同。秦岭想让卓尔见爷爷最后一面，他打电话问卓尔到哪了，文慧也在一边焦急地侧耳倾听。卓尔说他已经到了淞江，此刻正在下车。秦岭告诉儿子，他和妈妈都在医院。卓尔关切地问爷爷怎么样了。秦岭停顿一下说：“你尽快过来吧。”

第二十一章　披肝沥胆

卓尔从爸爸的话里听出来，爷爷的状态肯定不好。他建议廖静别来医院，一个女孩子最好不要来这样的场合。可是廖静不听，她说自己来了就是要看望秦爷爷，不去医院不是白来了吗。卓尔在这个时候也不想与她争执，就打车带着廖静一起赶往淞江市医院。

在淞江市医院的太平间，卓尔看见最关心他的爷爷安静地躺在那里，抑制不住悲痛的心情。他跪下来，眼泪顺着鼻翼簌簌流下来。廖静没想到卓尔的爷爷会去世，她平生第一次面对这样的生离死别，禁不住为失去亲人的卓尔感到伤怀，她挽着文慧的胳膊，眼睛发红。看到卓尔哽咽，廖静递给卓尔一片纸巾，劝他不要过于难过。高姨示意秦岭，把卓尔扶起来。一家人一起，张罗着把秦开山送回乡下的祖坟。

秦岭回滨海市时告诉高淑彩，他原来的房子高姨可以一直住下去，也可以选择跟他们去滨海，如果有困难及时打电话。然后又给高淑彩一些生活费用。高淑彩推辞说，这边的乡里乡亲多，她想留在淞江，秦岭也不再推让。卓尔担心把妈妈一个人留在淞江，没有亲人照应也不放心，他和爸爸商量，是不是把妈妈也接到滨海市居住。

秦岭为难，文慧和他离婚，两人各自都有自己的生活，把文慧带去滨海市，会不会招来别人的闲言碎语？如果卓尔肯回滨海，也可以一边照顾文慧，一边和他一起工作。就怕他说不动卓尔，一心想在外面发展的卓尔会不会妥协还真不好说。为此，秦岭感到为难。他想了想，试探着对卓尔说："你既然放不下妈妈，我带她到滨海市也是不能住在一起，还不如你回滨海市一边工作，一边照顾妈妈。"

文慧在一边看着两个大男人为她的去留协商，她很欣慰有这样的儿子，但是她还是不想拖累儿子，就说："你们都回去该干什么干什么，我还没老，不需要你们照顾。卓尔有这颗孝心妈妈就很高兴了。"

卓尔看着因为操劳眼角爬上皱纹的父亲，心里突然悸动一下，父亲多次用殷殷期待的眼神劝他回滨海发展，他也是多次拒绝父亲，他再次拒绝父亲似乎难以启口。妈妈不打算跟着父亲回滨海，卓尔说："妈，那暂时你就先在淞江生活，以后儿子有了稳定的工作，再把你接去。"文慧答应着，禁不住又掉下眼泪，廖静在一边安慰文慧。秦岭见自己的话还是无法留住儿子，就不再苛求，他让卓尔和廖静坐着他的车，在滨海市住一晚再回北京。然后，卓尔告别母亲项文慧，和廖静一起，坐着爸爸的车，返回滨海市。

秦岭开车到达滨海市时，已经是华灯初上，他请卓尔和廖静吃了滨海市有名的小吃烧鹅翅。

在饭店的饭桌上，秦岭有意探问廖静和卓尔的关系，卓尔有点不好意思，他怕解释不清，也怕廖静顺口瞎说，就抢着说："我们是系里最好的同学，但不是那种好。"

廖静看着卓尔面红耳赤的急着解释，觉得卓尔还是很憨厚的，就故意要气气卓尔，她正色地对秦岭说："秦伯伯，其实卓尔在班里挺有女人缘的，大家都喜欢他。我跟别人不一样，我喜欢他是骨子里的喜欢。"说完，她看看卓尔，心里忍不住想笑。

卓尔有些生气，警告廖静不要胡说。秦岭看不明白儿子这是演的哪出戏，他觉得卓尔不应该对冰凌三心二意，就干脆打开天窗说亮话，他看着正在喝柠檬汁的廖静说："小廖，我这个儿子心软，他可能不好意思拒绝女生对他的倾慕，可是他和金冰凌是恋爱关系，他们两个人没上大学就认识，我跟冰凌的父母也都是好朋友。我担心一些不知旧情的女孩会为他耽误了青春。”

廖静明白卓尔爸爸秦岭的意思，她浅浅一笑，一对酒窝里漾出满满的笑意，她把手里的杯子放在桌上说：“秦伯伯，其实我知道卓尔有女朋友，但是，我还是想追他。他们没结婚，我就有机会的。”

秦岭马上反对，他“哦”了一声，劝说：“卓尔和金冰凌是青梅竹马的恋人，你们大学仅仅四年。好像不占优势啊！”

卓尔点头附和爸爸的话。

廖静满不在乎，她说：“我能为了卓尔放弃北京的工作和出国深造的机会，金冰凌是不会的。她是事业型的女孩，我是恋家型的。再说卓尔和金冰凌的性格缺少互补。”

卓尔一脸惊奇，转头问廖静说：“你说的是真的？我怎么没看出来呢？”

廖静认真地说：“毕业前，还在澳大利亚的妈妈就为我办理好去澳大利亚定居的手续，又在一所学校为我联系了华语课的教师工作。爸爸也在北京一家大型国企为我联系好了工作，就等我毕业后做选择。我已经告诉他们把这些事情都推掉，你去哪，我就去哪儿。”

卓尔说：“你这不是自讨苦吃吗？我是不会丢下冰凌的！”

廖静说她才不管呢，只要能和他在一起，哪怕一天、一个月，她都愿意。

秦岭听到廖静的话，找不出其他词汇形容，只能是暗暗在心里佩服这个女孩子对儿子的感情竟然如此真诚。看来缘分这个东西真是说不清，也琢磨不透。他无法阻拦廖静对卓尔的热情。

饭后，他把儿子和廖静送到火车站，卓尔应聘的公司明天要面试，秦岭虽然对儿子不舍，但还是不忍心因为自己而捆住儿子想高飞的翅膀。卓尔看着父亲，想到爷爷的离开，觉得父亲多次的挽留就像爷爷多次对他唠叨爸爸一年也见不到几面那样的酸楚。秦岭犹豫着，从钱夹里抽出钱，不太情愿地去窗口排队买票。他用落寞的眼神看着儿子，期待卓尔留下来陪他，哪怕一夜。

卓尔跟在后面，当秦岭把卓尔和廖静的身份证要过来，和钱一起递到售票窗口时，卓尔走上前，对售票员说："不买了。"

秦岭看着儿子，感到诧异，问他："怎么？你这是？"

卓尔说："你不是想我留下来吗？我先留下来陪你一段时间，我再回北京。"

秦岭感动地点头，回身问廖静："你自己走吧，我把你送上车。"

廖静说："我说了，卓尔在哪，我就在哪儿。"

卓尔说："天下最难做的差事就是拆迁，你一个女孩子做不了的。"

廖静笑了："不要门缝里看人，这辈子能有机会做一次拆迁，也是实践和学习，对我也是很好的一次锻炼。如果我有成绩，秦伯伯就给我发奖金的，好不好？"

秦岭此时还沉浸在儿子留在滨海的喜悦中，听到廖静的话，他有些迟疑，但又连忙点头答应说："好，我要检验你们的工作，百日拆迁攻坚战后，论功行赏。到时候，不但要发给你们红包，还要在拆迁大会上给你们授一个拆迁博士。这个社会大学可比你们北京大学还不好上，看你们有没有这个能耐。"秦岭有生以来，第一次觉得心里空洞的感觉被填满，幸福感油然而生。

蓝天下，滨海市主色调的乳白色楼群矗立在渤海湾，蓝色的海水像一弯月牙镶嵌在城市的建筑物下面，愈发显得这座城市干净而富有灵性。夹杂在城市楼群里的棚户区山东堡村的人们起得格外的早，他们有生意要经营，没有睡懒觉的习惯。山东堡村的早晨嘈杂而热闹。村民们的脸上有些倦容又洋溢着欣喜，他们虽然因为忙碌而劳累，但生活还是有奔头的。作为被拆迁户的村民，虽然对故土有各种不舍，但是他们明白，社会在进步，城中村拆迁是历史的必然，人们在怀旧的同时更多的是对未来美好生活的憧憬。

德仁拆迁公司在政府的帮助下，推进违法建筑的拆除，征集非村民违法购房线索的两招棋起了关键性的作用。

非村民拆迁补偿和村民拆迁补偿是有区别的，村民身份是和宅基地挂钩的，但非村民则不同，他们没有村民身份，他们都想在集体土地上分一杯羹，这是不合法的。纪委的一封公开信使得非村民尤其是和政府官员有牵连的买房者像被宣布了癌症晚期一样。原来碉堡一样的堡垒迅速土崩瓦解，但也有不怕死的，比如牛有楼的子女们。

山东堡的违法建筑拆除也正如火如荼地进行着，这让那些抱着违法建筑要高额补偿的群体心里凉了一半。多年用违法建筑经营，他们已经占了很多便宜，但他们不说占了多少便宜，而只说未来有多少损失。当初建时没人管却成了他们要求额外补偿的理由。这么多年没人管，怎么一拆迁就是违法的了？不是你想说违法就违法，你想什么时候说违法就违法，要违法也是上届政府违法，当初他们都死哪儿去了，没人管。山东堡村的违法建筑拆了一大半，由于当初市委书记要求先难后易，这样一来反倒拆得越来越顺。几天过后村民们也都接受了这个现实，被拆掉违法建筑的村民有很多也就不拿违法建筑说事了。秦岭这边也是配合，对主动来交房的这些村民给予建安成本二倍的补偿，但同时声明，过了规定时限，将取消这种优惠，这促使一批村民来交房，但也有例外，王焕春就是个头撞南墙不回头的人。

清晨，秦岭带着卓尔和廖静来到拆迁公司，大部分员工已经到了公司，周小虎和秦岭打招呼，他打趣说："秦经理又带新人入职啦？"秦岭说是的。然后走到桌前，翻腾抽屉往外掏弄文件。武军、何依萍、陆景宽他们认识卓尔，对廖静却很陌生，他们和卓尔打招呼。陆景宽拍拍卓尔宽厚的肩膀说："这小子长大了，比他爹长得结实，像个北方汉子。咋样，毕业来跟我们搞拆迁来了？"

卓尔笑而不答。秦岭手里拿份拆迁程序性的材料，对大家说："各位同仁，我和大家宣布一件事，今天，我儿子秦卓尔和他的同学廖静加入我们的德仁拆迁公司，秦卓尔暂时不领薪水，等到他在拆迁方面出徒以后，才给他发工资。廖静的工资照发。"大家鼓掌，对卓尔和廖静的加盟表示欢迎。秦岭把一沓材料交给儿子卓尔和廖静，他今天要正式的把儿子带到世上最难、也最磨炼人的拆迁队伍里来，彻底磨炼儿子的意志，为他今后的人生路做好铺垫。

秦岭手里拿着拆迁法律、法规、山东堡村的调研材料和山东堡村拆迁进展情况及未来的工作思路等文件交给卓尔、廖静，让他俩用一周时间熟悉业务。

秦岭及时为大家鼓舞士气，他说："山东堡村是市委、市政府的重点工程，为了早日使项目开工建设，市委、市政府制定了百日攻坚战计划，争取山东堡村突破以往老牛拉破车似的拆迁进度，指示我们拆迁部门和政府通力合作，争取在百日内，拿下山东堡的拆迁工作，不留一户钉子户，做到阳光、公正、公平拆迁，避免发生暴力、血腥、强拆的治安事件。"

"当初接这个活时，我心里真没把握，但我知道，在滨海市如果我们干不了，别的拆迁公司更干不了。咱们也不能辜负市委书记的信任，城市改造其实我们大家都有份。前一阶段通过大家的努力，政府的支持，我们取得了很大的成绩，全村共1600余户，我们完成了近1400户，目前还剩200多户，离百日攻坚战还有40天。如果单从比例数上看，我们已经胜利了，但我们大家都知道剩下的200户都存在这样那样的问题，所以说我们的任务还相当艰巨。从某种意义上说山东堡的攻坚战才刚刚开始。所以剩下来的时间我们要五加二、白加黑，依靠政府、依靠村委会、依靠我们的聪明才智，把山东堡来个完美收官。"

德仁拆迁公司的60多名员工赶往山东堡，山东堡百日攻坚战的总攻正式打响。

山东堡村的拆迁现场办公室就设在村委会，曹立本早早打开屋门，为工作人员打扫好市内的卫生，烧好茶水，开门迎客。马志文早早来到拆迁现场办公室，看看能帮上什么忙。尹宁和游鸿作为区长和区政协主席，因为区里经常有事，两人不能常来现场，留下三位指挥部成员：魏大兴、孙香菊、李莉。他们自己开车，一般都是守时守点到达山东堡。

万泉河、温暖、柳明他们在村部等待秦岭他们。秦岭作为拆迁部门的主要负责人，今天他要和村班子成员、指挥部的领导沟通村民中的剩余户对评估报告不认可的问题。秦岭建议由村委会协调村民共同委托一家评估公司进行复估。如果村民每家每户都自己去找，那么不仅浪费时间，而且也很难统一标准。这样一来可以做到让村民们放心，有错必究，二来可以减少时间，为将来的强拆组卷做准备。虽然山东堡秦岭的理想是不准备强拆一户，但强拆的法律手续越完备，对拆迁谈判越有利，这也是秦岭总结出的动迁技巧。由于评估工作由兰梅负责，所以兰梅跟着秦岭一起到村书记办公室。

万泉河让温暖给秦岭他们几个倒上茶水，秦岭摆手说，“哪有时间在你这喝茶水聊天，等咱们百日会战结束，我请你们村支部成员好好喝一次上好的龙井茶。”

万泉河笑得脸上聚出核桃纹，他喜欢秦岭风趣、成熟、睿智的个性，总觉得和他见面，就有种愉悦的感觉。拆迁前，万泉河就打好自己的算盘。拆迁就要建设，和秦岭把关系拉好，到时候，他要给开发商供应建筑材料。秦岭和大洋集团的邓耀北关系很好，他给搭桥，没有办不成的事儿。万泉河想到这里，便对秦岭客气有加。他也是个有个性的男人，年龄比秦岭大两岁。秦岭喊他老万，万泉河痛快地答应，工作上万泉河还是很配合秦岭的，这让秦岭感到踏实。

秦岭对万泉河说：“万大哥，我把山东堡村村民对评估报告有异议的都汇总起来，还是请村委会和这些村民商量一下，共同委托一家评估单位进行复估，这样一来不仅村民对自己的东西值多少钱心里有了底，也推进了法律程序，否则会耽误时间。这事我们公司兰梅负责，以后她会跟你联系。”“这帮王八犊子，连一棵小树，一眼渗水井都双份评上了，还有什么不合理的。”万泉河埋怨着。秦岭说：“大哥，这是法律赋予村民的权利，我们不能剥夺。”万泉河答应把这些村民组织起来，马上和这些户协商，由村委会出面，再给他们请一个评估单位。

拆迁指挥部的魏大兴、孙香菊、李莉，坐在沙发上，秦岭和兰梅走进来。尹宁和游鸿不在。

魏大兴是滨海市前政协副主席，退居二线。抽调他来山东堡是因为他曾经辅助做过多次拆迁工作，凡是焦点、难点的拆迁问题都能很圆满地解决。秦岭把他的意见说给魏大兴听。魏大兴把秦岭汇报的山东堡村村民对评估的不同意见材料接过来，他表示要尽快进行复估，否则将影响政府下强制拆迁决定。魏大兴告诉秦岭说："我做了七年拆迁工作，很少见到像你这样拆得这么顺的，看来百日会战，你秦岭又要稳操胜券喽！"

秦岭听到魏大兴的话笑了笑，告诉魏大兴说："魏主席你不知道这其中的难处，我们拆迁公司被山东堡村几户村民起诉了，我还要准备答辩状呢。"

魏大兴笑了，他安慰秦岭："做拆迁这一行的，哪有不被告的？你光明正大地做你的拆迁，随他们怎么告去嘛！"

秦岭对百日会战的最后收尾还有些担心，他说："今天早上来山东堡，看见有些经营小吃、粮油铺子、食杂店、理发店、药铺都已经陆续关闭，山东堡这几天是有史以来最平静的几天，就连街道上做生意的喇叭都哑了，不嚷嚷了，我也说不清这是什么苗头。有一些山东堡村出去谋生的子弟陆续地往回赶，回来的几个人都在宗氏祠堂住下，我不知道他们想干什么。"魏大兴告诉秦岭："你不要怕，拆迁是为大家谋福利的事，谁反对，我代表政府找他去。"

山东堡村的核心人物万宝良，年近八十，不但精明还有生意人的睿智。他从上世纪60年代就开始收藏古董，如今，价值几千万的古董存放在家里。虽然万宝良原先是滨海市西江区房管局的干部，但是骨子里万宝良还是生意人。万家祖先自打从山东来到滨海市一直就有人在经商。万家当年的买卖北面做到海参崴，南面做到云南，是当地经营海产品的大户。到了万宝良这代人，万家大多数人都在政府机关里就职，万泉河说自己是万家官做得最小的。秦岭准备从万家开始，他知道万宝良不走，其他钉子户都有了靠头，大家虽然不说，但眼睛都在盯着万宝良，谁让他是村支书他爹呢！秦岭非常希望从万宝亮入手，打开山东堡村四大钉子户的拆迁缺口。

秦岭把工作分配完，来到万泉河的办公室。他对万泉河说："老万，拆迁收尾得烧把火，我看这把火还是从你们老万家烧起。你爸家的动迁就交给你了。你们父子可是山东堡村村民的榜样。没听说吗？榜样的力量是无穷的！你可要支持和配合我！"

万泉河心里早有准备，父亲是村里最有影响的人物，家里的宅院又是村里最大的。按理说秦岭早就应该来找他，前期很多村民在背地里说他的闲话，书记他爹都不配合拆迁。两个月了，他们几乎是天天见，可秦岭就是闭口不谈他爹家拆迁的事，他有点摸不着头脑。现在才把这事提出来，他爽快地答应了秦岭。

其实，不是秦岭把万保良留到了现在，而是秦岭知道像万宝良情况根本不可能在第一批就交房。秦岭根据经验把山东堡村的拆迁分成三个阶段，以拆迁政策合理为前提，第一阶段只要动迁工作能做到位，大多数村民都会来交房。第二阶段是瓶颈阶段，秦岭没想到违法建筑拆除、纪委征集村民举报非村民买房的一封公开信起了那么大的作用。第三阶段是攻坚阶段。秦岭本打算在第二阶段解决万宝良的问题，由于当时的拆迁形势还不错，所以他把这枚棋子留在了第三阶段，他期望他的每步棋都能发生化学反应。秦岭看到万泉河的积极配合，心里感到高兴。他把万泉河和柳明、何依萍、陆景宽编为第一攻坚小组专攻万宝良。武军、兰梅带着卓尔、廖静、周小虎、温暖分到第二攻坚组，专攻牛有楼。

山东堡的攻坚正式开始，秦岭和卓尔今天要和各自的小组入户动迁。爷俩吃了早餐，一起来到公司。

卓尔担心地问："爸爸，你昨晚没睡好，身体行吗？"秦岭看着儿子笑笑说："傻孩子，我这不是老将出马，一个顶俩嘛！再说，还有拆迁公司这么多人呢，放心吧，今天我们要去万书记家。"卓尔看着信心百倍的父亲，也不便多说什么，跟着武军、兰梅他们下户去了。

陆景宽其实挺不愿意和万泉河、秦岭一个组。他看着卓尔和周小虎的组里三个美女，心里也希望和美女分在一起工作，可是由于前科不敢造次，只得看着第二小组说说笑笑地走过大街，没入街道拐角处的主街上，直到秦岭呼喊他才回过神来，秦岭他们也已经走向隔壁大门前。万泉河一边掏出口袋里的钥匙开锁，一边对秦岭说："这老头退休后，挺愿意溜达，也不知道在家不在。"秦岭走进这座幽静的老宅。他在一进门的影壁墙前面停下脚步，高大的影壁墙有半面山墙大小，上面刻着山东堡村的八卦图形，里面把山东堡的民房、水系标得清清楚楚，活像一幅清明上河图。

山东堡村不同于其他城中村，它的建筑整体是明清风格，如果从高处自上往下看，不得不佩服山东堡祖先的聪明。山东堡最早先的建筑模式是一个圆形的八卦图，村民们分为不同的点状建筑建住宅，中间的圆心原先是一汪淡水湖泊，村民围绕着这汪湖泊而居。商业铺面建在最外围的村街上，原先以打鱼捕捞为生，鱼行兴旺。几十年后，随着山东堡人口兴旺，住宅盖得不再拘泥于圆形，而是往外延伸成一个水瓢形状，湖泊也被填平，一条南北修建的道路成了山东堡的主街，善于经商的山东堡后代们就把早先后街的店铺迁到主街上来，租用或是自营。由于山东堡是城中村，被数所大学包围难免热闹，也带动了商业的繁荣。

山东堡的老户万宝良是个有情调的人，他的庭院有曲径通幽的感觉，还喜欢收藏古董、喜欢明清建筑、喜欢喝茶。当初买下这座宅院，也是因为自己喜欢。万宝良有一对儿女，女儿远嫁外地，他现在跟着儿子万泉河生活，自己也有偌大的一个储放着古董的庭院。这座庭院坐落在八卦鱼尾处干涸的湖泊边缘，是有着百年历史的深宅大院，年深月久，青藤和爬墙虎爬满围墙，新近修缮的几处房宅，也种满爬墙虎。幽绿色的爬墙虎更是增添了庭院的古朴和幽静。

秦岭他们走走停停，观察院落里的不同建筑风格，其中，有几间房门是上了锁的。

万泉河从父亲住的正房里走出来，告诉秦岭，他父亲不在家。

第二十二章　小试牛刀

秦岭早就猜到万宝良不会这么痛快就和他见面。第一次何依萍和武军他们就吃了闭门羹，早有心理准备的秦岭提出要参观参观万家锁着的老宅，万泉河一摊手，抱歉地说：“锁着的几座老屋钥匙都在老爷子的腰上。这里装的古董一直是不对外开放的。”

秦岭和万泉河绕着万家大院走了一圈儿。他不甘心一上午就这么被浪费掉，对万泉河说：“你给老爷子打电话，看看他能回来不？估计遛弯也走不远。”万泉河不好推辞，就掏出手机，给他父亲打电话。

其实，万宝良并没有走远，他就在村部后面的祠堂里坐着。他手里拄着拐棍，坐在万家祖先和山东堡三百户一起逃难来的村民们祖先的排位前的红木椅子上，低头思索着。他银白色的胡须在下颏上随着呼吸起伏，他稍微打个盹，便回身拿出万家家谱翻看着。

其实儿子万泉河对父亲的行踪还是了解的，他知道父亲肯定在万家大祠堂里。自打拆迁风声一来，万宝良就开始一直往祠堂跑，几乎不想回家，对于这座老宅似乎还不如祠堂上心。这让万泉河想不明白。要是拆迁，得到补偿最多的应该是这座老宅。祠堂也不是他们万家的，他弄不明白父亲的心思怎么会在这个祠堂里？人老了，很多东西让晚辈想不明白。当万泉河把电话打进来时，万宝良放在祠堂桌子上的手机铃声大作，万宝良接听，万泉河说："爹你在哪里？拆迁办的来咱家，想和你商量拆迁的事。"

万宝良耷拉着惺忪的眼帘，低声说："你告诉秦经理，让他再等等，我拖不了山东堡的后腿。"

万泉河把他爹的话学给了秦岭。秦岭站在一株菩提树下，摸着翠绿色的树叶，听完万泉河的话，他说："看来老爷子不想率先垂范了，可是我真的对万老爷子敬重有加，听说他爱喝酒，哪天，我找时间和老爷子喝一顿，交交心，这个机会可要你给创造了！"万泉河呵呵一笑，对秦岭说："找老爷子喝酒是好事，也许老爷子喝一顿酒，心结就打开了。"

对于拆迁，秦卓尔、温暖、廖静、柳明、周小虎几个年轻人是新兵，刚开始，他们对这项比计划生育还难的工作可能有些新奇的感觉，时间久了，还不知道秦卓尔和廖静能不能坚持下去。秦岭对卓尔的韧劲有点担心。毕竟雏鹰最终还需自己飞出去觅食，秦岭让儿子在这样的环境中锻炼，也是有他的打算。经受住拆迁的磨炼，就不会怕别的困难。因为人生的路很长，他要为秦卓尔的未来做铺垫。

最了解牛有楼的应该是温暖。温暖在山东堡当了三年大学生村官。自立自强的温暖没有利用作为滨海市信访局局长的父亲为自己谋份职业，她大学一毕业，就参加全市大学生村官考试，被西江区海星街道录取，分配在街道下辖的山东堡村。牛有楼经常来山东堡村村部和村干部们打连连，扯闲篇。虽然牛有楼不住在村上，但村里的事比村民们了解的还多。温暖出于礼貌也时常和他打招呼。来时的路上，温暖就和周小虎、秦卓尔讲了有关牛有楼的人品方面的细节，让大家对他有个初步印象。武军、兰梅被分到第二攻坚组给带新人，几个年轻人非要独立试试，武军、兰梅拗不过他们，就到别的拆迁户家了。

卓尔对温暖说："看来，这个牛有楼还真有点个性呢，他不但狡黠还吝啬。"

温暖笑了，她说："牛有楼的儿女在山东堡村都买了房屋，他们都是公职人员，听说看了市纪委的一封公开信都有些坐不住了。”

走在后面的周小虎说：“但到现在为止，没看见他们有交房的意思。”

几个人一边议论着牛有楼，一边说说笑笑来到牛有楼家。

一个月前，陆景宽把牛有楼出租的店面推倒，牛有楼重新雇来泥瓦匠，不出一周，门市又吹气似的盖起来。两家经营水果和米线的店照样开张，因为许多其他店面都已经拆除，这几家店生意还挺红火。

温暖说，牛有楼大部分时间都住在市区的大儿子牛油家。几个人站在牛有楼租出去的店面前，周小虎向一个五短身材、卖水果的房客打听，问道“牛有楼回来没有？”

男人一边麻利地往摊位上码放苹果，一边回答说，“牛有楼这几天经常回来，刚才还回来在院子里转了一圈儿，这会儿去西街打麻将了。”

周小虎看了一眼卓尔问：“咱们要不去找他？”卓尔说：“不能去麻将桌找他谈，那儿人多嘴杂，他会反感的。咱们还是等等他。”

那个五短身材的房客摆放好苹果、石榴、香蕉后，回屋里给大家搬来板凳，周小虎、温暖、秦卓尔、廖静都坐下来。水果贩子让妻子照看摊子，自己蹲在四人身边问：“你们是拆迁公司的吧？这村子拆迁看来快收尾了，我还真舍不得走。”

卓尔问他：“为什么舍不得？这里又不是你的家乡。”水果贩子拿手捻着黑幽幽的胡须笑了，他说：“我是四川人，走哪哪是家。飘来这里，就生根发芽。你们不知道，这几年，我在这里生儿育女，经营买卖，你说我能没感情吗？”卓尔由衷地点点头。

看到卓尔他们坐在街边，其他商铺的人们也围过来，打探拆迁的最后期限。他们中有的是山东堡村的坐地户，有的是来此经营买卖的外地人，各怀心事打探拆迁的消息。

已经把拆迁政策背得滚瓜烂熟的周小虎一一给他们解答。租住牛有楼房屋的四川男人有四十几岁，他的妻子长得白白净净，身高只有一米五左右。女人显得很精明，她不善言语，眼睛里流露出机警的意味。她拿眼角余光扫着几名年轻的拆迁人，倾听大家的谈话。

温暖等得着急，她有牛有楼的手机号码，便征求地问周小虎，是不是给牛有楼打个电话，看他什么时间回来。周小虎点头。

温暖打通牛有楼的电话，牛有楼那边有“稀里哗啦”的麻将声。牛有楼听说有拆迁办的来找他，他答应这就回去。温暖撂下电话，告诉大家牛有楼一会儿回来。

廖静从板凳上站起来，说是请大家的客。她让四川女人称上三斤橘子，三斤香蕉，三斤苹果放在大家面前。周小虎不客气，拿起一串香蕉，掰下一根递给卓尔，又掰下一根递给温暖。几个人还没吃完，牛有楼就骑着电动摩托回来，在水果摊前停下车。锁好电动车后，他稳稳地走过来。温暖小声地告诉大家，这人就是房主牛有楼。

牛有楼见到拆迁公司的四名工作人员坐在大门外，急忙走过来，客气地说：“对不住各位，人老了好玩，打几圈小麻将，耽误了，抱歉各位。”他抱拳躬身，一副谦逊的态度。

卓尔觉得这个带着遮沿草帽，蒜头鼻、满脸疙瘩的老头也不是温暖说的那样狡黠。他的小眼睛里漾着微笑，把大家让进后院。后院有东西厢房六间，破烂的衣服搭在东拉西扯的铁线上。这里是农民工们居住的地方。他的后院是他经常回山东堡村时逗留的地方，从不让陌生人进去。他把大家让到后院的葡萄架下，一张鼓面大小的石桌子，被四个石凳子围在中间。大家在石凳子上坐下来。牛有楼踮着轻快的步子走进屋里。

周小虎和秦卓尔打量这个宽敞的院套。牛有楼的宅院原有房屋五间，后来几次拆迁风声后，他把前院盖起四大间平房出租给四川人卖水果和居住，又把院子里见缝插针地建起东西厢房。东西厢房也住满房客，全是来打工的外地人。再往里，就是牛有楼的庭院和葡萄架了。

牛有楼从屋里端出一盘西瓜放在石桌子上让大家吃。周小虎和秦卓尔对牛有楼说声谢谢，周小虎说：“我们来是想和你谈谈拆迁的事，现在山东堡村有百分之八十的村民都签下了拆迁补偿协议，咱们作为干部家属，也要带头签约。再说，市领导对于干部家庭拖后腿者，还要顺藤摸瓜，查找他在市里有无做领导的亲属，要是有，可要连他一块调查。”

牛有楼眨巴几下红眼皮，显得很配合，他说：“我的事和我儿子没有关系，山东堡所有老牛家的房屋都是我牛有楼一个人出资买的，不关牛油和牛叶他们的事。”关键时刻，牛有楼为儿女们当起保护伞。

周小虎打断他说：“老爷子，你家儿子女儿加你的房屋一共有二十三间。上面分别写着你儿子和女儿的名字，你怎么解释？”牛有楼分辩着说：“那是我买来送给他们的，不干他们的事。”

周小虎说：“事情总会真相大白的，但你怎么把政府拆的违法建筑又盖上了呢？指挥部让你自行拆除。”

牛有楼对周小虎的话不置可否。他说：“是不是违章建筑要等到法院裁决再定，你说的不算，我牛有楼说的也不算。我家的旱厕多年不用，被我改成仓房，旱厕里有一颗香椿树也算作附属物，还有房上的鸽子窝。”

温暖和廖静听到牛有楼连鸽子窝、老鼠笼子都要算进去，乐得捂着嘴笑起来。

牛有楼一点都不在意，他拉着卓尔，带着四人去他家后院看看两个猪圈，三个旱厕，还有近百颗山楂树和前后院两个压水井。

周小虎觉得牛有楼所说的地上附属物实在太多，他让温暖拿笔把这些东西一一记下来。完后，对牛有楼说：“牛大叔，你一会儿带我们去你儿子和女儿的房屋测量一下，省得我们还要再跑腿。”

牛有楼忙摆手说他儿子和女儿的事他说了不算，没有权利私自带拆迁公司的人去调查登记，要等到儿女们自己回来处理。

周小虎觉得牛有楼满嘴跑火车，刚才还说房子是他买来送给儿女的，这一会儿又说自己没有权利带他们去测量。

周小虎和卓尔也不愿意和他争辩，他们把牛有楼家地上的附属物登记完毕。这时，牛有楼突然想起盖进旱厕里面的一颗香椿树没算，就又带着秦卓尔和周小虎他们再次奔向后院，情急中的牛有楼本想打开厕所门，让大家进来查看，可却因为重心不稳，一脚踩进厕所里。正值五黄六月，旱厕里的苍蝇黄蜂经他这一叨扰，“嗡”的一声，小飞机一样全部飞起来，有的仓皇逃窜，有的扑在他的身上脸上，要命的是一只大黄蜂结结实实在他油滋滋的脸上找准下口处，在他的眼皮上狠狠地盯了一下，便落荒而逃。插了一脚大粪、浑身臭烘烘的牛有楼被黄蜂一蛰，“嗷”地一嗓，凄惨地捂着眼皮大叫起来，也顾不上领着大家登记，两手扎煞着快要掉进厕所里。秦卓尔和周小虎急忙上前，一人拽住牛有楼一只胳膊，总算费力把他拉出来。秦卓尔跑进牛家前院，压上来半桶水，泼在牛有楼臭烘烘的半边身子上。牛有楼的眼皮肿胀得像个核桃，引得四个年轻人禁不住大笑起来。牛有楼生气了，嘴里咕哝着：“都怨你们，偏就拿我们老牛家开第一刀。”

牛有楼捂着眼睛正说着，秦岭和万泉河他们听到牛有楼大呼小叫的，不知道怎么回事，急忙赶到后院，看到牛有楼肿起来的眼皮，知道是被马蜂给蛰了。秦岭说：“这不是老牛大哥吗？这是怎么了？”

牛有楼坐在地上，半边身子往下淌着粪水，臭味还在他周围弥漫着。他哭丧着脸说：“你是拆迁公司的头头，先去哪家调查还不都是你安排的，今个差点掉粪池子里呛死。得了，往后我可不先牵这个头。还是人家王焕春说得对，枪打出头鸟儿。”

秦岭忍着牛有楼身上散发出的臭味，从包里掏出几张百元大钞，交给秦卓尔，让他去给牛有楼买件衣服换上。

卓尔接过钱，出去给牛有楼买衣服。

秦岭对牛有楼说：“拆迁是早晚的事，不存在拿谁家开刀，再说山东堡大多数都交了房，你这哪是出头鸟啊？再不走就扯山东堡的后腿了。”

牛有楼被大家七手八脚抬到房檐下，坐在石台上，恶心使他不断地往外呕吐。他说：“你可拉倒吧，秦经理，滨海拆迁我跟了四个村、八个屯，谁耗到最后谁得的就多。没吃过肥猪肉，还没看过肥猪跑？”

秦岭本以为已经配合入户调查登记的牛有楼有进一步工作的必要，没想到，牛有楼这一掉进旱厕，原本打算深谈的他觉得晦气，没了兴致，开始动摇。秦岭觉得牛有楼掉进旱厕真不是时候。

卓尔把买回来的衣服交给牛有楼，牛有楼也不说谢，背着温暖和廖静把衣服换上，这才走出院子，也不和任何人打招呼，骑上电动摩托，一溜烟离开山东堡。

卓尔和周小虎、秦岭他们觉得又恶心又好笑，像黄蜂一样盯人的钉子户牛有楼却突然被黄蜂“亲”了一口，大家心里也确实解气。

对牛有楼这样的人，秦岭见怪不怪，越是经历多、见识广的人，越难缠。卓尔觉得牛有楼这人性格古怪，自己搬石头砸了自己的脚，反而把气撒在旁人身上，他有点接受不了，便对动迁组成员说：“这人怎么这么不讲理呢？真是狗咬吕洞宾。”周小虎和温暖他们还是抑制不住想笑。

秦岭和万泉河带着大家离开牛家，他边走边对卓尔说：“你今天只是第一天来到山东堡的拆迁现场，拆迁就是个嚼嘴磨牙的差事。往后，你会见到更多的个性不一样的人。咱们搞拆迁的，就是要和群众交心，不能跟着群众打嘴架，要用真心换真心懂吗？”卓尔点点头，一上午就和这么一个难缠的老头磨叽，然后又在旱厕里救人，他心里觉得有说不出的失望。

廖静今天遇上牛有楼，看到了笑料百出的笑话，她倒不觉得有什么失望。她和温暖很快成了无话不说的同事。她在和温暖说话时，手机响起来。爸爸打来电话，问女儿，“毕业这些日子去哪里了，也不给爸爸打电话？妈妈昨晚打来的国际长途还问女儿在哪，你妈妈挺着急的。”廖静是想先瞒下爸爸妈妈，工作干出点成绩再向他们报告。可是父亲打来电话询问，她又不能隐瞒，于是，廖静边走边如实向父亲说出自己想在滨海的德仁拆迁公司干一段时间的打算。

远在北京的廖静涛一听气坏了，一个北大的高材生搞拆迁？真是脑袋进水了！他连说，“你太任性了！为什么不和我说一声就决定留在滨海？”他让廖静马上回去。

廖静拒绝父亲。廖静涛向女儿发出最后通牒，如果不回北京，他会来滨海把她带回去。廖静的心有点七上八下，她真的害怕父亲来滨海找她，那样她就会和秦卓尔分开。

卓尔听到廖静和他父亲的对话，廖静本来不打算把父亲的话学给秦卓尔，可是，秦卓尔已经听到了，她也就不隐瞒了。秦卓尔看着廖静说：

“廖静，你爸爸不打算让你在滨海工作是为你好，他们培养你也不容易，还是听话，回北京吧！”

廖静伸手从街边的花坛里摘下一朵喇叭花，在手里摆弄着，看着卓尔笑着说：“谢谢你的建议，我的人生我做主。干嘛非要回北京才能实现我的人生价值？你爸爸说了，行行出状元，我觉得和你做拆迁才能真正磨炼我。”

卓尔见劝不动她，便有点忧心地说：“廖静，你跟着我在滨海，会引起冰凌不满的，她是我的女朋友，你觉得这样好吗？”

廖静一听卓尔提到金冰凌，不想和卓尔正面冲突，她把手里的花扔掉说：“我不想和她争风吃醋，现在算我走你的后门，进入你父亲的拆迁公司打工还不行吗？”

秦卓尔也不好再说什么，就和廖静一前一后赶上秦岭他们。

虽然秦岭他们的拆迁攻坚组锁定的两户都进展得不顺利，但这都在他们的预料之中。在兰梅的催促下，评估公司加班加点，复估报告马上出来了并送达到了各户手中。

晚上，秦岭和卓尔回到自己的家里，他给儿子做了他最喜欢吃的油焖大虾，卓尔赞扬爸爸的厨艺越来越有长进。卓尔一边吃饭一边向他父亲讨教拆迁的经验。秦岭交代儿子，“牛有楼的拆迁补偿就交给你们组来做，谈成谈不成，要看你们的工作方式和方法。做群众工作要交心，越难沟通的对象，越能锻炼你的能力，牛有楼的问题解决了，他儿女的问题也就解决了，有时动一户不只是动一户的问题。”

卓尔有种抓泥鳅不知从何下手的感觉，说：“我还真的有压力，怕辜负您的希望。”

秦岭说：“辜负我倒没什么，只要别辜负了自己，如果把心实实在在放在一个事情上，就没有攻不破的堡垒，做任何事情都是一样。经得住磨难就会苦尽甘来，你也能成为一个出色的拆迁人。”

卓尔停下咀嚼，和爸爸说：“爸，我可不想做什么出色的拆迁人，人家可是说好来锻炼的。还有，廖静的父亲不愿意她在咱们滨海做拆迁，您看……"

秦岭说："我早就知道她爸爸不会答应，这差事难做，要不了几天，她自己就会跑，不用咱操心。冰凌那边打电话了吗？"

卓尔放下筷子说："她现在准备双学位考试，建议我回北京工作。我没答应。"

秦岭沉思一下说："冰凌是个好孩子，我希望她能理解我的心。要不咱们看看把亲事定下来怎么样？"卓尔看着爸爸说："我也想过，可是她现在在准备考试，年底还要考研，我不想影响她，还是等她考完后再定。反正，她也跑不了的。"秦岭问儿子："你考虑过廖静的事吗？"卓尔说："爸你不要担心这些，我们只是同学关系，我会把握好分寸的。"秦岭满意地笑了。

金海东出狱已经近一个月了，他不想就这么闲在家颓废下去，他和万灵商量要回滨海市，他说自己是在滨海跌倒的，还要在滨海市站起来，真心诚意地向滨海市的老百姓赎罪。冰凌一直陪在爸爸妈妈身边，北京的一些用人单位多次对她这样的名校毕业生伸出橄榄枝，可是冰凌还想修法律，暂时不想就业。父母很支持她，因此冰凌一直在温习法律学位方面的书籍。她对于爸爸想回到滨海一边工作一边赎罪的想法很赞成，希望妈妈能回滨海陪伴爸爸。

万灵说让金海东再想想，她顾虑金海东是在滨海市犯了错误，怕他再回到滨海市心理上会有压力？况且，他要如何面对以前的熟人？

金海东明白妻子的想法，他给万灵倒杯水，递给她说："你不要考虑那么多，毕竟滨海市还是我的家乡，我想把余生的力量都贡献给家乡，否则我的心始终是不安的。"金海东不想逃避，他说逃避就是还没战胜过去。

万灵坐在沙发上，手里摆弄着水杯，听着丈夫的话，也觉得有道理，便说："你坚持回滨海我不反对，可是，你想过回滨海能干什么吗？"

金海东站在地上，望着天棚说："我早就想好了，就做秦岭手下的拆迁职员吧，做那样的工作，离老百姓更近。"

万灵没说话，但她已经回到卧室，开始为金海东和自己收拾衣物。女儿冰凌还要考研。这个租来的房子她和女儿住了四年，眼下就要退租，她就和金海东回到滨海市自己的家里，她决心和丈夫一起面对一切困难。

金冰凌在自己的房间里温习功课，见到爸爸和妈妈已经意见一致，打算回家乡滨海市，她决心早日拿下双学位文凭，报答父母的养育之恩。前些日子，秦卓尔打来电话说他不打算回北京就业，秦岭一再要求他留在滨海市，他不想违拗爸爸的心情，反正自己还年轻，干几年拆迁再回北京。冰凌当时听了卓尔的话，沉默许久，但最终还是选择支持卓尔的想法。此刻，坐在房间里书桌前的冰凌看着桌子上她和卓尔在北戴河海边的照片，看着卓尔阳光灿烂的笑容，她不禁在照片上，卓尔的脸颊上吻一下，然后放下照片，继续复习功课。

万灵来到女儿的房门外，看见冰凌拿着卓尔的照片亲吻，便假装敲下门问："冰凌，妈妈和爸爸要把你不用的衣物、书本、电脑捐给福利院的孩子可以吗？"冰凌告诉妈妈，当然可以。

万灵察觉到女儿细腻的心思，返回房间，坐在床边和丈夫金海东说："海东，咱家女儿和秦家的儿子在恋爱，我看秦卓尔这孩子还是比较可靠的，他们都毕业了，你看咱们两家把孩子的亲事定下来怎么样？"

金海东觉得女儿还在考试期间，这样会耽误她的前途，反对了妻子的建议，他说："年轻人要把事业放在第一位，一边复习考试，一边还要忙着恋爱，这不是分心吗？还是把她和卓尔的事放一放再说。"

万灵觉得金海东说的也有道理，也就不再多说什么。出狱后的金海东对钟若明很牵挂，因为当初交代问题时，钟若明把金海东给供了出来，当初他很生气，现在，还了自由身的金海东反倒希望钟若明在狱中好好改造，争取早日出狱。他对万灵建议说，他们离开北京，回到滨海市之前，他要去桐城监狱，看看钟若明。万灵觉得金海东还是有人情味的，就点头答应了金海东的要求。

万灵和金海东两人处理好在北京的一切事物后，万灵在中央党校的学业也恰好结束。万灵想请同学穆征出来吃顿饭，穆征答应了。万灵和金海东在京郊的一座农家小院，宴请穆征。穆征准时到达，万灵为丈夫金海东介绍了穆征，两人握手问候落座，一边喝茶一边谈话。席间穆征听说万灵和金海东要回滨海市工作和生活，他觉得也不是不可以，但是穆征建议他们还是留在北京好，因为孩子还在北京，需要家人照顾，并建议金海东留在北京，他答应抽时间为他物色一份适合他的差事，金海东婉言谢绝，万灵为穆征倒酒，感谢穆征对他们的照顾。穆征是个热心肠的人，他说金海东和万灵想来北京的话，他会随时接待，并让万灵把自己的电话告诉冰凌，说随时欢迎她来家做客。他说：“我的儿子在新西兰，走得太远，想见一面都难。不如认了你们的闺女做个干女儿好了。”金海东和万灵谢过穆征，对穆征的话也没放在心上。三人吃过饭后，万灵、金海东和穆征握手告别，他们明天要先去桐城看望钟若明。

第二十三章　豺狼本性

桐城市监狱里，钟若明穿着背心在一架机器旁专心地加工螺帽。他显得很瘦，原本的白皮肤显得有些黝黑，汗水顺着脊梁往下流淌他也不管不顾，专心地做着手里的活。值班的狱警来喊他，有人接见，他起先不信，自己一无亲人，二无朋友，谁会来见他？心里带着疑问的钟若明穿上劳改服，走出来，在接见窗口见到了很久不见的金海东。他不知道金海东提前释放，更没想到金海东会和万灵来看他。钟若明心里百感交集，在他心里，一直觉得对不起金海东，也对不起万灵。来滨海市本来想做个成功人士打拼，没想到自己反把帮助自己的恩人给害了。因为自己，金海东锒铛入狱，他无法表达对万灵的愧悔，总想出狱后给万灵一个交代，现在看到万灵和金海东出现在面前，明白金海东被提前释放，他的心里似乎轻松了许多，看着万灵和金海东不知道该说什么。金海东坐在窗前，拿起对讲器，对站在椅子后面的钟若明说："钟若明，你过来，听我和你说话。我所以会被政府提前释放，是我个人在劳动改造中表现积极，诚恳改造错误，你要是有勇气，有骨气，也把五年改成四年、三年，争取宽大处理，提前出狱。出狱后，不要再琢磨行贿的事，靠自己的汗水赢得别人的尊敬吧。我和万灵回滨海市等你。出狱后，你还要陪我下围棋、打保龄球呢。”

钟若明始终不肯坐下来，听了金海东的话，他的眼泪盈满眼眶，他说：“我要谢谢万灵和海东市长，不，是海东兄弟，我会虚心改造，争取政府宽大处理，提前释放。你们放心。出狱后，保证围棋技艺有长进，到时候，咱们俩痛快地杀他几盘。”

万灵把手里的水果和吃食交给狱警，让他们转交给钟若明。

金海东和万灵离开桐城监狱，坐上客车，回到滨海市。

万灵打开房门的一瞬间，一股扑鼻的物品潮湿味道钻进鼻孔，她和金海东放下行李物品，急忙打开窗户，放出久不居住的房间发霉的味道。正在开窗的万灵，看到了站在楼下往上观看的秦卓尔，她感到奇怪，卓尔怎么会来到自己家的楼下，他在看什么呢？她向卓尔招手。

原来，卓尔和周小虎他们得知牛有楼要回村，秦岭让陆景宽带着秦卓尔，周小虎、温暖、廖静几个人再次赶往山东堡村，商谈拆迁补偿一事。由于路经冰凌家居住的小区，秦卓尔忍不住走过来看看。不想竟然看见了万灵阿姨和金叔叔。万灵站在窗前和他说话，让他有时间和秦岭来坐坐。卓尔挥手答应着，离开了金冰凌家居住的小区，继续自己的工作。

秦岭让公司出纳把贾文海、贾保利家的补偿款给付清。由于强拆，贾文海的补偿款在公证处提存，加上贾文海才签了协议，按照协议又没都要现金，所以秦岭提出等签了协议，把公证处的强拆提存款拨回再付给贾氏父子，贾氏父子当时满口答应。贾文海经过无数次的上访，原因都是为了征地补偿、拆迁补偿，这“上访专业户”的名称一背就是二十年。上访告状整得倾家荡产的，不但没得到天价的补偿，反而搭进去二十年的功夫。他自己后悔，说要不是耽误这二十年的时光，他早就成了村里的暴发户了。贾文海在德仁公司秦岭的办公室里吹嘘一通，秦岭拿话敲打他：“东岭村贾保利也签了协议，钱也拿到手了，要马上把房子腾出来。”贾文海向秦岭保证，绝不再和拆迁部门磨牙。他又关心起佛塔村的回迁日程，秦岭说很快，也没时间和贾文海闲聊。贾文海拿着拆迁补偿协议，心有不甘地离开拆迁公司。

大洋房地产开发公司的付强经理打来电话告诉秦岭，佛塔村安置房已经验收合格，下周就可以抓阄分房，村民领到钥匙就可以收拾自己的新家。付强让秦岭和佛塔村村委会组织好这次抓阄分房工作。

康有法非常重视，他认为这是佛塔村的喜事，像娶媳妇过年一样，他请来本市一家最好的婚庆公司，让人买来鞭炮，要把这喜事大办一下。

秦岭安排兰梅和何依萍等有返迁经验的人员，具体负责佛塔村的抓阄分房工作。兰梅、何依萍、李晓雷等员工来到了佛塔村的村民安置房地点，在墙上贴上了村民抓阄工作安排，并让村主任康有法安排在村部的大广播喇叭里反复播放通知，扩音器里马上播出："佛塔村的各位村民请注意啦！注意啦！现在向大家广播个好消息，好消息，下周一上午九点，咱们佛塔村的村民要正式抓阄分房，大家拿好自己的拆迁补偿协议，到菩提苑小区中心广场，按照交房顺序抓阄分房，希望乡亲们互相转告，互相转告。"康有法同时安排了村委会的七名工作人员，分片挨个通知村民抓阄分房的消息。

一直住在过渡房里的佛塔村村民终于盼到了分房的消息，大家无不欢呼雀跃，纷纷涌出家门，奔走相告。康有法和常生会同何依萍、兰梅把菩提苑小区的中心广场布置得像演出现场一样。中间的会场铺上红地毯，两侧各四个氢气球在空中飞舞，村里的歌手和婚庆公司的歌手轮流在台上唱着欢快的歌曲。村民们喜笑颜开地谋划如何布置自己的新家。

秦岭和武军开车来到佛塔村，康有法和常生已经等在临时村部门口。德仁公司的工作人员怀里抱着十几个铁盒，里面装着3000多户居民回迁楼的钥匙。康有法把他们让到桌子后面的椅子上坐下来。

康有法宣布佛塔村返迁房抓阄开始，鞭炮声、"今天是个好日子"的歌声、村民的笑声掺和到一起，整个菩提苑小区成了一片欢乐的海洋。欢庆过后，兰梅用她那清脆的嗓音按照交房的顺序开始点名，村民们有序地上台抓阄、选房、办手续、领钥匙。

石德龙、薛春、刘无良、洪磊哥俩加上妻子孩子等佛塔村的村民，在外漂泊三年，今天领取了钥匙，有了自己的新家。在这忙乱熙攘的人群里，唯独不见村民李粉团。大家各自忙着领自己家的钥匙，无人关注到李粉团，她一向对回迁的事最为着急，现在怎么不见她的人呢？秦岭觉得奇怪，他问康有法："怎么李粉团不在家？"康有法说："在啊，昨晚她还说要第一个来领钥匙呢！"有人引颈向她的过渡楼房里面张望，也不见她出来。

昨晚康有法和村会计去她家通知抓阄的消息，李粉团前夫王海潮还住在她家。看样子两人刚生过气，李粉团眼睛红红的。听说明天领钥匙，李粉团高兴地在柜子里翻找出来拆迁补偿协议，莫名其妙地说一句："人别有钱，有钱就有人惦记。"康有法琢磨两人可能是因为拆迁补偿的事闹意见。就因为这个王海潮失踪多年，人间蒸发，杳无音信，直到佛塔村拆迁，他才突然冒出来。

这个王海潮很会收买人心，他在李粉团面前软磨硬泡，使用苦肉计，迫使李粉团收留他。心慈面软的李粉团看在多年夫妻的情分上，见他无家可归，暂时收留他回归家庭。但是李粉团找来村干部们作证，她不想让王海潮分享拆迁补偿，返迁房王海潮可以暂时居住，其他花销，王海潮要自己去挣。王海潮对李粉团的宽容感激涕零，但过后，他还是不断地跟李粉团要钱、买烟、喝酒。李粉团不止一次赶他，王海潮就是拧着不走。王海潮是蒸不熟、煮不烂的主，急了还会打人，李粉团后悔当初怎么就把他留了下来。为此，李粉团要和他分居。昨晚，李粉团把康有法和会计送出大门外时，还说是今天要第一个来排队领取安置房的钥匙。

兰梅念到李粉团的名字，不见李粉团干脆的回答声。工作人员在人群里引颈张望，书记常生说："这娘们真能睡懒觉，日头照腚还不起床。楼房钥匙也不打算要呢。"康有法往李粉团居住的方向望，佛塔村村民陆续到来，领走钥匙，看来就缺了李粉团。李粉团可是寻常里嚷嚷住楼房最着急的一户，怎么今天不着急了呢？大喇叭广播领钥匙足足广播一个早晨，常生的声音最高，就连鸡和鸭们都被扰得惊恐不安。

大家正在奇怪，突然，一个身影摇摇晃晃地从李粉团家跑出来，这个人手里还拎着把滴血的刀。康有法认出这人是李粉团死而复生的丈夫王海潮。秦岭、康有法和常生还有其他村民把王海潮拦下，秦岭利落地夺去他手里的刀。王海潮起先还和村民们厮打，但终究寡不敌众，被大家控制住。王海潮有些歇斯底里，像一头发怒的狮子。秦岭问他："你手里的刀怎么有血？"王海潮低头说："叫你不给我钱，你们报案吧，我把李粉团杀了。"秦岭手一松，大惊失色："好你个王海潮，你竟然……"秦岭气得说不出话，对擒着王海潮胳膊的康有法说："你们赶快报警。"说完，他和一众村民跑到李粉团的家。李粉团家住在离村部不远的服装厂家属院楼房里，家属院住着佛塔村的600余户村民，这里是他们的临时过渡房，村民们白天出去做点工，晚上大家聚在一起打打麻将聊聊天。李粉团躺在厨房地上，肋骨下有一个刀口在汩汩流血，李粉团没死，但已经昏迷，康有法赶紧打电话叫来120救护车，李粉团被送往医院抢救。

楼房钥匙基本发放完毕，很多村民都聚拢到医院，他们都在关心李粉团的安危。李粉团还在急救室抢救，村民们围在门外，急切地盼望李粉团转危为安。

等了半个小时，急救室的门打开，一位男医生摘掉口罩，问大家："谁是她的家属？"村民们互相看看，康有法走上前说："他的家属不在，有事就告诉我吧。"医生说："虽然我们医护人员尽力抢救，但病人失血过多，她已经去了。"大家一片沉默。有人不敢相信，扒着门缝往里看。康有法说："李粉团是咱们佛塔村村民，大家又都是好邻居，咱们大家伙把李粉团送走吧。"石德龙自告奋勇地积极帮助处理李粉团的后事。康有法知道他们当年曾经好过，就把李粉团的后事交给了石德龙。

佛塔村的回迁楼共有三十六栋，统归菩提苑小区管辖。根据康有法的要求，安置区返迁房部分由开发商简装，部分为毛坯，这样可以由村民自由选择自由发挥，拿到拆迁补偿款的村民有的想把房子装得好一点，就是选择简装房的也要给自己的新家打扮一番。五黄六月，马上就要进入雨季，佛塔村的村民们开始忙碌着布置自己的新家。拿到钥匙的村民有的开始到建筑材料市场买沙子水泥，有的给自己的新家添置新家具。常生是个头脑活络的村干部，他从沙场买来沙子，又从市里的京源水泥厂买来水泥，让他老婆在家装材料市场专门卖装饰材料。都是乡里乡亲的，村民们来了也不好意思去别家的门市上买材料，因此，村干部常生又在这上面赚了一小笔钱。

德仁拆迁公司应市、区政府的要求，定在十月一日的国庆节为佛塔村的村民乔迁菩提苑开一个庆祝会。因此，大家都在心里憋着一股劲，尽早收拾新家，赶在回迁庆典之前把新家收拾停当。菩提苑小区车进车出，人们忙得不亦乐乎。他们在外面流浪了三年，终于可以安心地回到自己的原住地继续生活，什么事能比得上安居更重要呢?

秦岭请村委会所有人和返迁的工作人员吃饭，他们在今天顺利地把佛塔村村民回迁楼的钥匙发放到位。回迁不但是佛塔村村民们迫切的盼望，也是秦岭他们拆迁公司共同的愿望。因为贾文海堵路，使千余户村民延迟回迁达半年，大家早就怨声载道，作为拆迁公司领导，秦岭干着急也没办法。贾文海的行为引起了民愤，那些和他朝夕相处的村民，实在忍无可忍，代表党、代表政府、代表信访办，把他的老巢强拆掉，佛塔村村民才得以回迁菩提苑。这虽然也是违法行为，但已成事实，政府职能部门也就高兴地默认，他们知道维稳一个贾文海，就会造成整个佛塔村的不稳定。何况贾文海这样的钉子户漫天要价，把上访当成职业的人员，有时搞得政府也是焦头烂额，拿他真的没有办法。村民们对贾文海老巢的强拆，政府工作人员们也是暗地拍手称快。

秦岭并没有请他们到大饭店吃饭，而是到了菩提苑小区附近的月亮河豆腐店，他说是给原佛塔村的困难户李秀荣捧场来了。今天是她家开业第一天，他给她家送来一副红彤彤的对联，并亲自为她们母子把对联贴上。对联上联是:和谐拆迁村民达夙愿，下联是:阳光办事百姓得安居。门楣是:回迁大吉。

原来，李秀荣带着四个孩子，其中一个儿子是残疾人，他们的艰难处境一直让秦岭无法释怀。初春，他就暗暗派武军在菩提苑小区附近租了间门市房，李秀荣会做一手品质尚好的豆腐脑，拆迁办的工作人员捐款，为她们母子买来装修材料，把不足五十平方米的门市装修得焕然一新，又派于君买来电磨、支好大锅，定在佛塔村抓阄分房日开业。李秀荣等着秦岭来给她剪彩，可是秦岭还在佛塔村忙着为村民发放回迁楼的钥匙。晚上，秦岭带着康有法等二十多人到李秀荣的月亮河豆腐店吃饭。李秀容特意给他们准备了两桌农家菜。

李秀荣对秦岭是感激不尽，她还有两个正在上学的孩子，残疾儿子和大女儿也都近二十岁，他们帮助妈妈打理生意。秦岭告诉李秀荣说："以后，菩提苑居民住满了，你的早点生意会更好。"

佛塔村村民的回迁工作正在有条不紊地进行，李粉团斯人已去，再也盼不来回迁楼的钥匙，大家为她唏嘘之余，不免同情起李粉团，救了一只无情无义的豺狼，最终害人害己。

在滨海市公安局刑警队，警察正在审讯为争补偿款而对前妻李粉团行凶的王海潮。他被戴上手铐，面无表情地坐在椅子上。警察审问他行凶企图和经过，王海潮都如实回答。

原来，在康有法未到李粉团家之前，李粉团和王海潮刚刚吃完饭，王海潮和李粉团要钱，说自己要跟着石德龙他们去香港旅游，需要一万五千元的费用。李粉团不答应，她说有这一万多元钱干啥不好，旅游把钱都搭在路上。说什么都不给王海潮钱。

王海潮曾多次向李粉团要钱，而且要钱的数额越来越大，李粉团满心不快，她没好气的话使本来就不高兴的王海潮更加怒火中烧。王海潮想自己和李粉团并没有办理离婚手续，补偿款本来就应该一家一半儿，就因为离家出走多年，大活人也被李粉团宣告死亡，导致他的户口被注销，土地也被收了回去，就剩下李粉团居住的房宅，补偿也一分钱没他的份儿。有时想起来生气，但追根溯源还是自己的过错，他是哑巴吃黄连，只能把火气憋在心窝里。

那晚上和李粉团要钱遭拒后，王海潮抱着被子睡在沙发上，几乎一夜未眠。天刚一亮，睡眼惺忪的李粉团下地开灯，手划拉到王海潮的额头上，李粉团大惊失色，忘记王海潮昨天夜里睡在沙发上，她以为屋里进来贼了，就大喊大叫的。王海潮起来，训斥李粉团说她神经病，李粉团这才静下来看是王海潮，李粉团本来想早点做饭，吃过好去村部领钥匙。听了王海潮的呵斥，她憋气，就回敬他说，“赶快给我滚出去，不许再回来！”这样的话王海潮听过无数遍，他男子汉的脸无处搁放，多次被驱赶的王海潮嘴上说：“我叫你赶我走，今天钥匙你也别拿了，干脆谁也别住新楼房，死去吧。”说着话王海潮拿起一把水果刀，奔过来就往李粉团身上捅，李粉团躲过去，见王海潮来狠的，就扑过去抢刀，一边抢一边喊：“王海潮杀人啦！快来人啊！”

外面天已大亮，本小区多数是佛塔村村民在此租房过渡，所以上班的去上班，上学的去上学，抓阄的去抓阄，看热闹的去看热闹，李粉团虽然喊得声嘶力竭，但没人听得见。李粉团倒在负心汉王海潮的刀下，还是因为钱。利欲熏心的王海潮不念前妻李粉团在他困境时的收留之恩，反倒变本加厉地要挥霍掉拆迁补偿款，人性的缺失，使他为了一个女人离开发妻，最终又被女人骗个精光，无路可走的情况下回来求李粉团收留。女人具有的母性和慈悲心，李粉团也同样不缺，她看到王海潮起誓发愿要痛改前非，一心一意和她过好日子，相信了他，把他从破败的拆迁旧居中接回来，结果事与愿违，她最终还是被善良和轻信给害了。王海潮说得很轻松，好像讲一件别人家的故事，警察审讯过后，把他押走。

卓尔在山东堡村的拆迁现场，配合周小虎做牛有楼的思想工作，牛有楼起先很配合拆迁公司人员做调查和附属物的统计工作。后来的牛有楼却换了一副面孔，任凭卓尔和周小虎怎么打电话，就是不肯来山东堡村。他振振有词地说，山东堡还剩那么多户，不要先来找他，就不再接听拆迁公司的电话，和动迁人员玩起了失踪。搞得卓尔、周小虎和温暖他们几个人焦头烂额。陆景宽腆着肚子走在热闹的村街上，安慰大家不要泄气，这才是万里长征的第一步。

秦卓尔擦把汗，看着暴热的天气，有点口干舌燥的感觉。温暖看见，忙去街边的铺子里买来几瓶矿泉水，她把矿泉水递给卓尔，打趣说：“一般做拆迁，净和老头老太太们接触，有代沟，工作肯定吃力，千万别吃不住劲儿打退堂鼓。”卓尔喝一口矿泉水，一股沁凉的感觉使他心胸舒坦，说实话，卓尔屡次受挫，思想开始动摇，后悔当初没回北京应聘，在这做这熬心熬肺的拆迁。但是他不能动摇军心，他接过温暖的话说：“你还真小看我，我有的是耐性和牛有楼耗。”

原来，牛有楼的子女得知父亲回来说的情况，觉得拆迁公司是想拿牛家先开刀，撑死胆大的，饿死胆小的，这么多年他们牛家就是靠这个发了点小财。他们劝说父亲别往前挤，观察观察再说。牛有楼掉进厕所后，感到有些不吉利，现在听到儿女们给出的建议，就把伸出的脖子缩回来打算听动静。

秦岭从佛塔村的抓阄分房事物中脱开身，回到山东堡村村部的临时办公室，听取各组情况汇报。

武军、何依萍、兰梅、陆景宽、李毅霖、李宝忠、闵婕、李晓雷、于君负责的三个小组，都没有什么实质进展，兰梅汇报了两次评估的情况。第二次评估的复估单位是村委会让村民们推举产生的，在评估中也适当对村民进行了让利，村民们再也没有可说的了，并且有些拆迁户也签了协议。

已经回到滨海多日的万灵、金海东夫妇，除了到市场买菜，几乎足不出户。他们并没有按照事先的计划，回到滨海市跟着秦岭干拆迁工作。金海东心有顾虑，他觉得，拆迁是一份使人信服的工作，自己是名从狱中出来的劳改犯，做群众工作本身就没有说服力。万灵在厨房里做饭，她招呼金海东过来帮厨。

金海东躺在沙发上，两手垫在脑袋下，望着天花板出神。听到妻子喊他，他起身穿上拖鞋，到厨房帮助妻子摘菜。

万灵切着菜，告诉他说：“咱们回到滨海已经快半个月了，我不想看到你整天在家坐立不安的，咱还是去到秦岭那边看看，哪怕不要工资，就算帮忙，也别做个闲人，整天胡思乱想的。”

金海东把一把摘好的芹菜递给万灵，叹口气说：“我不想面对面和老百姓接触，人家怎么看我？”万灵把切好的菜放到锅里，铁锅丝丝的响声占据整个厨房。等到声音渐渐小下去，万灵回身对金海东说：“你还是走不出你的市长的影子，你现在是老百姓，再说，三年了，谁认得你金海东。”金海东马上指正万灵说：“现在可不比过去，以前电视上天天露面，谁不认得我？”

万灵端着一盘热气腾腾的菜，一手把金海东推到饭厅，把菜交给金海东说：“你就放下以前市长的架子，现在你是人民群众了，是改造好的人，和群众打成一片，不再把自己孤立起来，你就会觉得活着不孤独，有奔头。好了，赶快吃饭，完事咱们去德仁拆迁公司见见秦岭。”金海东不想再违拗妻子的愿望，他们坐下来一起吃饭。

秦岭早起，准备到公司开个例行会，卓尔昨天一天跑下来没有一点效果，心里郁闷便有些泄气，早晨懒在床上玩手机。昨晚上见到父亲秦岭回来，他在桌上啃着面包，告诉爸爸他自己不想干了，要回北京，嘴里的抱怨一大堆。秦岭看着儿子疲惫的表情，觉得儿子还是个孩子，面对要求花样百出的拆迁户们，他的心理承受能力还是有限的。他没有拿出批评教育的腔调教训儿子，而是鼓励卓尔：“就这么三天两天的就能把一个城中村的1600多户老百姓全给说通了，天底下人人都能干拆迁了！你是秦岭的儿子，不能认输，再困难都要往前走，好在剩下的也不多了。”卓尔说：“谁不知道，拆迁越到后面工作越难做。”说完，坐在一边不作声。

秦岭从厨房伸出头问：“卓尔，你早晨想吃什么？我来做。”卓尔那边传来瓮声瓮气地回答说：“我不想吃早餐。爸，冰凌最近要回滨海来，金叔叔和万阿姨回到滨海都快半个月了，你不知道吗？”秦岭手里拿着毛巾从厨房里走出来说：“我怎么知道呢？他们说先在北京待上一段时间的。啥时间回来的？”

卓尔说：“你一点也不关心金叔叔，他和万阿姨回滨海很久了。”秦岭自语：“都怪我忙，把他们疏忽了。对了，冰凌要回来，你和廖静的事到底怎么办？她盯着你不放，是不是你占了人家的便宜？”卓尔一边穿衣服一边不满地说：“爸爸，你能不能不乱猜疑？没影的事。”秦岭不再言语，拿起桌子上的手机，打电话给万灵。

廖静起得很早，她扎着马尾辫，穿着洒满星星蓝点的碎花长裙，手里拿着自己寝室里的不锈钢盆，面目清爽走在街上。阳光温暖，空气凉爽而清新，上早班的人们骑着自行车，惬意地在斑驳的菩提树街边刷刷驶过。早市很热闹，卖菜的、卖水果的、卖早点的、卖鞋帽袜子的，人来人往，把一个设在城市巷子里的市场烘托得热闹非凡。廖静走到卖浆子油条的摊位旁，向摊主要了半盆豆浆和六根油条，付完钱后，她手里拎着热乎乎的豆浆和油条，往卓尔家走去。

廖静自打和卓尔到了滨海市，就被秦岭安排在公司实习，并给她在公司安排了住宿，廖静很感激秦岭，也更离不开卓尔，她总是抽时间为秦卓尔和秦岭买了早餐送过来。

秦岭刚才给万灵打通电话，得知万灵和金海东一会儿要去他的公司，他刚要出门，廖静敲门进来，把买来的早点放在桌上。她看见秦岭拿着钥匙要出门，忙从厨房拿来碗筷，为秦岭盛上热乎乎的豆浆，非让秦岭喝了豆浆再出门。秦岭也不推辞，说了声谢谢，就坐下来喝了一碗豆浆，离开家。

秦岭来到自己家的停车位前，拿钥匙准备打开车门，这时他看到自己的宝马车车门，有几条很深的划痕，并且雨刷器下压了一个纸条，秦岭细看，上面写着："拆迁手辣，补偿低。领导的亲属你也敢动。"秦岭心疼地用手触摸蓝色轿车的油漆，气得想骂人，也怨自己怎么竟干上这得罪人的差事。这一定是山东堡村那些"能人"干的，虽然他们嘴上不说，心里可都窝着股火呢。本来他们早就看准山东堡村是块肥肉，被市纪委的一封公开信搞得魂不守舍的。别说肥肉，啃骨头都得提心吊胆。这些能人是"要钱也要命"，但再这样抗下去，说不定市纪委哪天真的会问责下来，到时可是人财两空了。秦岭挡了他们的财路，他们当然把这个过节记到了秦岭头上。

第二十四章　情比金坚

秦岭早晨还要等万灵老公金海东来公司，没有时间修车，就气呼呼地把车开出小区，心想有时间查看一下监控。

卓尔在洗脸间洗漱，也没和廖静打招呼，廖静把豆浆拿到厨房，为卓尔加热，拿出来时，卓尔已经洗漱完毕，出来到房间换好衣服，坐在餐厅端起豆浆，对廖静说："谢谢，廖静你也吃点吧。"

廖静走到卓尔身边，看着他说："怎么今天这么客气？好像才学会说谢谢。"卓尔看着和他一起吃饭的廖静，欲言又止，等到廖静也吃饱了，卓尔把碗筷一推说："走吧，我有话和你说。"

廖静也不知道卓尔想说什么，有点半是期待地一边穿鞋一边问卓尔："秦卓尔，你能不能不这样神神秘秘的？"卓尔一边下楼一边说："你爸爸不同意你在滨海，还是听话回北京吧。一个女孩子做什么拆迁，我都有点做不下去了。"

廖静和卓尔走在街上，他们准备先去公司。廖静听了卓尔的话，也不想多做辩解，就拉住卓尔的衣袖，直接对卓尔说："秦卓尔，你就装糊涂吧。反正我不走，你拿我也没办法。"卓尔没吱声，招手打车，出租车在他们身边停下来，卓尔上车，廖静眼圈儿有点红了，拉着车门犹豫着。

卓尔说她要是不想去，今天就给她父亲打电话接她回北京。廖静赌气地一低头，钻进车里。卓尔知道她还在生气，就告诉司机，到德仁拆迁公司。

秦岭本想趁着金海东来公司，大家开个例行晨会碰个头，向大家介绍一下他这位老朋友，但他把车开到公司后，竟然不见一个员工来公司。一打电话才知道，大家昨晚没接到通知，今天一早就都下户了。秦岭一个人坐在办公室里等待金海东和万灵夫妇，山东堡百日会战的醒目标语贴在墙上，使他感到时间的紧迫，金海东这个时候来公司，对他很有帮助。山东堡村是他做拆迁以来碰到的最难做的"城中村"，里面各种关系层层交织，难怪孙保赢借口中途撂挑子。五天后，秦岭还要作为被告出庭。这些原告互相联系得很紧密。牵头打官司的人物有王焕春、钱有才、柳树林这一批拆迁户，不比佛塔村的贾文海、石德龙、薛春他们，佛塔村只能在宅基地和附属物上做文章，可山东堡的村民大都有买卖经营，由于山东堡属于黄金地段的城中村，可谓是寸土寸金，所以在拆迁补偿上，更是分毫计较，寸土不让。

万灵和金海东来到德仁拆迁公司，他们走进长长的走廊，推开总经理办公室的门。秦岭还在抚头思考，看见万灵和金海东进来，忙起身让他们坐下，并为他们倒上茶水，并说："海东的加盟，使我有种绝处逢生的感觉。"

金海东略带惭愧地说："秦经理，我曾经是阶下囚，来你的公司都觉得受之有愧。"秦岭笑着说："看你说的哪里话，谁没有跌倒的时候，你能来我这里我还真是求之不得，以你的智慧，在哪行做都会很出色。"

万灵坐在一边的沙发上说："我家海东变得谦逊多了。我真的觉得他会是你的一个好帮手呢！"秦岭说："论年纪，我比海东大一岁，就叫我大哥吧，咱们一起干，我还真缺你这样的顾问。"金海东笑着也不再推辞。

秦岭让他做公司的总顾问，答应给金海东开年薪并参与分红。事情已经订下来，万灵打算让金海东明天正式上任，今天就先回家稍作整理。秦岭还有事，也不挽留，把他们夫妻二人送下楼。

在楼梯口处，下楼的秦岭、万灵、金海东恰好碰上卓尔和廖静。卓尔看到了万灵阿姨和金海东叔叔，忙热情地问他们："金叔叔、万阿姨，你们怎么来了？"金海东和万灵看看卓尔身后的廖静说："我们是来找你爸爸的。你这可真是子承父业呀！怎么样，干得了吗？"

卓尔笑笑说："我刚接触拆迁，太辛苦！真的好难做。"金海东拍拍卓尔的肩膀说："小伙子，你的人生才开始，不要怕难，拆迁就跟在部队当兵一样，很能锻炼人！"卓尔连说："是的金叔叔。以后咱们一起做拆迁，您要多帮助我。"金海东看着卓尔，郑重地点点头。

秦岭还想去西江区土地局，就让卓尔和廖静先去山东堡，和周小虎、温暖他们入户商谈。卓尔和金海东、万灵打声招呼，和廖静赶往山东堡。万灵看着卓尔和廖静走远，问秦岭那女孩是谁。秦岭解释说："她叫廖静。还记得为简爱治病的主治医师廖医生吗？"万灵点点头。秦岭说："她是廖医生的女儿，也是卓尔一个班的同学。"万灵若有所思地点点头，目送廖静和卓尔走远。

秦岭送走万灵夫妇，叫上李晓雷，开车去了滨海市西江区土地局，他让土地局的工作人员翻出山东堡村土地、养殖方面的承包记录。他主要想查出东砬山那片果园的承包人是谁，哪年承包的苹果园。秦岭想，既然这个承包者至今不露面，不是没有得到拆迁消息，就是不便于露面。看来，余下最难攻克的堡垒，不管有多艰难，多凶险，都需要他亲自去面对。当然阻碍肯定不会少，凡是向权威人士动刀的，没有几个人可以相安无事，这本身就需要勇气。

秦岭明白，他不过是名从外省来滨海市"淘金"的一个名不见经传的小人物，这些年在滨海的城市开发建设上，成功地做了几个城中村的拆迁项目，得到了群众的赞誉和领导的认可，但在山东堡村买房买地的能人，大都是有身份又有背景的人物。如果先前不拨开这层皮，拆迁会变得更复杂。山东堡村历经七八次拆迁启动，历任拆迁公司负责人最终还不是都像孙保赢一样，为了自保而选择放弃。

秦岭知道牛有楼四个子女，大儿子是公安局副局长，小儿子在检察院办公室工作，大女儿在市国税局办公室，小女儿在卫生局工作。牛有楼这棵大树，分枝出去的四个支派，不算他的四间瓦房、六间厢房、四间门房，每户还各有一处民房。他们多数出租给外地来的生意人，经营各种买卖。要想先解决老牛家的问题，必须要先从牛有楼开始。令人头疼的是，牛有楼起先还算配合，后来干脆装起病号，躲着不见面。卓尔和周小虎打了几次电话，他就是不接。

早上，周小虎告诉秦岭，他想和卓尔他们换个户到王焕春家商谈，但秦岭觉得这女人有时说话让年轻人很难接受，便让周小虎他们先去柳树林家试试看。柳树林虽然固守着院子里的碉堡，村民送他外号“肉筋头子”，意思是蒸不熟、煮不烂，但是总还比王焕春好说话。

秦岭让山东堡村村书记万泉河把山东堡村土地承包的台账翻出来，也没查到一丝的果园承包者的踪迹，他觉得很蹊跷。

秦岭一个人开车行驶在回家的路上，忽然感到一阵孤寂袭来，他停下车，把简爱的照片从皮包里拿出来，摆放在驾驶台上他一眼就能看到的位置。简爱对着他甜甜地微笑，仿佛要开口和他说话一样。秦岭眼眶发热，他不得不把车靠在路边停下来，拿手抵住青筋凸起的额头，简爱和他的过往又一次浮现出来，渐渐地，简爱的姐姐简晴的脸蓦地出现在秦岭的脑海里。秦岭抑制着心里的念头，自打简爱离世，秦岭就把简晴当作简爱，她们姐妹实在是分不清谁是谁。秦岭多次把这个念头压下去，他觉得这实在是不应该有的想法。虽然简爱走了，但是他还是惦记着简爱的家人，他打开手机给简鹏打电话，想知道他们离开北京后过得怎样，并告诉简鹏，简爱从海南回滨海时，带回来一把小提琴，她从来不让秦岭动，现在简爱不在了，他们可以把它取回去作个纪念。

简鹏声音哽咽地告诉秦岭，那是他托朋友买给女儿的，只是妻子佟青一直瞒着女儿而已。

简鹏和佟青在女儿简爱临终前的撮合下在深圳复婚，他们和大女儿简晴一起经营一家高科技电子公司，在他们的悉心打理下，生意做得风生水起。

简晴在父亲的公司主管研发兼跑营销，经常往北京、天津、上海、河南、安徽、甘肃、辽宁、黑龙江等地跑，她对妹妹工作过的滨海市很感兴趣，也想抽时间去看看妹妹工作和生活过的地方。父母并不反对女儿的想法，他们对滨海也有种说不清的感觉。最近，简鹏让女儿回河北省谈一笔生意，听说妹妹还有一把使用多年的小提琴留在滨海，母亲佟青让简晴拿回来，也好做个信物，纪念简爱。简鹏听到佟青的想法，也没反对。这些日子简鹏加班加点拼命地工作，才能抑制住对女儿简爱的愧疚，只有忙起来才能转移他的注意力，才能求得内心的平静。秦岭打进电话时，简鹏还在公司的车间里看着工人们组装模板。他一看来电话，就知道是秦岭的，马上接过来，两人互相询问后，简鹏告诉秦岭，简晴后天回河北谈生意，顺便到滨海市，把简爱最喜爱的那把小提琴带回深圳，佟青想留个念想，希望秦岭接待一下简晴。

秦岭满口答应，说，简爱的那把小提琴是她从海南带回来的，回到滨海也没太用过，现在还在她以前居住的房间里放着呢，秦岭从没动过。简晴到时他负责接站，在滨海他会安排好简晴的一切，请简鹏放心。简鹏说谢谢。秦岭撂下电话，计算一下时间，刚想开车走，手机又响起来，他一看，是国外长途，林皎月打来的。秦岭埋怨自己，这几个月忙得几乎忘记了林皎月，他满含愧疚地接通电话。

林皎月在电话里问候秦岭后，埋怨秦岭不想着给她打电话，并问秦岭简爱怎么样了。秦岭告诉她，简爱已经离世，他这段时间心里的伤痛还没过去，所以想等心态平复后，再给她打电话。

林皎月“唉”了一声，也表示惋惜，安慰秦岭一番后，她说她在前夫经营餐馆的新泽西州也开了家华人律师事务所，她说她现在很缺人手，要是在新泽西州华人律师事务所干上三年，等于秦岭拆迁二十年的总收入。她盛情邀请秦岭过去加盟。

听起来这是个不错的机会，拆迁使他筋疲力尽，身心疲惫。何不放弃这劳心费力的拆迁，跟着林皎月飞越太平洋，去到国外赚取利润丰厚的财富呢？有一刻，他都想立即答应林皎月，可是一个念头使他很快把这个“好”字咽了回去，山东堡村村民一双双渴望回迁的眼神，还有滨海市领导信任的话语还在秦岭的耳边回响，他明白，自己的肩上还有一副重担在挑，山东堡村的百日攻坚战处在最后攻坚阶段，如果百日会战不能成功，势必耽误开工，村民回迁势必受影响。以他的性格，不会轻易撂挑子。

林皎月虽然是到美国陪读，但终究是投奔了她的前夫。让秦岭去投奔林皎月，是秦岭潜意识里有些难接受。

秦岭回答还在焦急等待的林皎月："皎月，请原谅我不能去你那里，我现在拆迁还在收尾，肩上的担子太重。滨海市的城中村都拆完了，我就去和你一起做我们热爱的律师工作。"秦岭还没说完，林皎月就抢过来说："我知道你舍不下你的拆迁，等你拆干净了，我们也老了。看来我的吸引力远不及你的拆迁。不过，我还是给你留着机会，想好了就给我打电话！"林皎月那边挂断电话，秦岭的手机还在耳朵上贴着。他出神地望着车窗外六月的天空，夕阳下，几朵银白色的云朵被夕阳染红，无数道金光刺破云层洒下来，染红了山峦和海面，城市也披上一层金色的战袍。他和他的车，就像一匹披着金色铠甲的战马，看着城市日新月异的变化，他的心里涌上一股自豪感！从前，他无数次在心里描摹着和林皎月并肩漫步在新兴的滨海市的夕阳下，度过卿卿我我暮年的场景，他眯起眼睛，享受这片刻的轻松和温馨。

在山东堡村做入户动迁的武军、何依萍、兰梅、李毅霖、陆景宽、周小虎、卓尔他们，沐浴在灿烂的晚霞里收工回家。温暖和廖静相约去理发店做了个新潮的发型。虽然因为各种原因，大家入户工作做得成绩各不相同，但是，大家的心情还是不错的，秦岭团队最不缺的就是信心和战胜困难的勇气。这让沮丧的卓尔感到浑身的压力减轻不少，他约周小虎一起去市里看场最近比较火的电影《泰囧》，周小虎说："两个大男人看电影，没情趣。"

卓尔看看走在身边的温暖和廖静，眼里带着坏笑，指着周小虎的鼻子说："哦，我明白了，你是想有美女陪着才舒服。好吧，温暖、廖静，你们做完头发，我请大家看电影。不过，我的时间宝贵，不能磨叽，我买晚场八点的电影票，晚了不候。"周小虎看着卓尔，眼睛笑得眯成一条缝儿。卓尔明白周小虎的那点心思，他总是喜欢和温暖套近乎，看样子是看上温暖了。周小虎不想带上柳明，他觉得自打他来到动迁组，柳明就和他生分，处处和他别扭，周小虎当然清楚，柳明看上了温暖，但是，温暖分明不愿意，周小虎认为这是柳明个人的一厢情愿。

卓尔本打算约上柳明一起看电影，但是，周小虎不愿意，打发柳明回家。柳明不傻，看着周小虎，又看看温暖，故作潇洒地离开，跟着武军和其余六十多名工作人员上了公司的通勤车。其实，柳明的内心还是十分地不情愿。

周小虎、卓尔、廖静、温暖四个人去了市区。

金冰凌的考试复习还在紧张地进行着，一个人在北京，离开父母，男朋友又不在身边，她觉得生活一下子空虚安静下来，这种安静使她感到孤独。她计划要回家陪父母待上一段时间，顺便温习功课。

沈小雨毕业后不再准备考研，他考上了天津市河西区政府，即将前往天津工作。沈小雨对金冰凌的喜爱不能自抑，根本没法安心工作，总是借故开夜车去北京见金冰凌。金冰凌不想见他，沈小雨就在金冰凌住的公寓楼下一直等待着她，哪怕金冰凌不和他搭话，只要可以见到金冰凌安然无恙地进出自习室，沈小雨就觉得很满足。他托别的同学把为金冰凌买的礼物转交给她，金冰凌拒收，但是沈小雨不管，还是坚持每周五都来北京看望金冰凌。

金冰凌为躲避沈小雨的纠缠，选择先回避一下，暂时离开清华园，回到滨海市的家里复习功课。等到沈小雨找不到她，也就心灰意冷了。她提前收拾好复习用的书籍和物品，也没和家里打声招呼，就坐上火车赶回滨海市。

秦卓尔和周小虎在滨海市的火车站溜达，两人刚好吃了一顿牛肉面。他们一边溜达，一边等着温暖和廖静。两个女孩就在火车站附近的发廊烫头发，温暖是个性格沉静的女孩，她留着一头瀑布似的长发，下去工作时，喜欢把头发挽上去，扎一把蓬松的马尾巴。这次，她把长发烫成大波浪弯儿，弯月一般水灵的大眼睛配上一头长发，温暖就减少了沉静，有了女孩的妩媚。廖静是个北京女孩，一向个性张扬的她，在学校里也是打扮得新潮前卫、与众不同，常常引来同学的咂舌。廖静想剪成短发，她觉得和拆迁的职业相配。平时她对班里的其他男同学一向喜欢称兄道弟的，一副大大咧咧的姿态，整得男同学们分不清她是男孩还是女孩，但她对秦卓尔却是另一副模样，像小鸟依人一样努力靠近秦卓尔，无奈秦卓尔心有所属，怎么也不给她走进心里的机会，这让一向内心高傲的廖静感到委屈。虽然父母多次电话催促，还是放不下秦卓尔。

卓尔不是不明白，只是他不能舍弃冰凌，所以，夹在冰凌和廖静中间的卓尔时常有些尴尬，他想过很多办法催促廖静回北京，可是廖静似乎在装糊涂，卓尔无奈，给同学龙飞打电话，想办法让他把廖静带走。龙飞却告诉他自己已经有了女朋友。卓尔彻底感到无奈了。他希望冰凌明白这一切，不要误会他。

六月的天黑得比较晚，冰凌下车时，通红的太阳还挂在山峦上，恋恋不舍，不肯落下去。西天抖开一层绛紫色的云彩，明天又是个好天气。冰凌拉着行李箱，随着下车的人流走出站外。她归家心切，四处打量找出租车。早有眼尖的司机看着下车的人流，上前询问她是否需要搭出租。

温暖和廖静把自己打扮得光彩照人，她们嘻嘻哈哈地出了发廊，来找周小虎和秦卓尔。秦卓尔和周小虎在战前广场一边聊天一边等待着温暖和廖静。廖静跑过来，一把拉住秦卓尔的胳膊，问他，“好看不？”卓尔看着廖静越发剪短的头发，不禁笑了，他对站在一边的温暖和周小虎说：“看看廖静，整个的不男不女嘛！”说完哈哈大笑起来。

周小虎温情脉脉地弯着眼角，看着离他很远的温暖说：“我看温暖理得好看，人也漂亮！”廖静没得到夸赞，听到周小虎品评温暖，就酸中带醋地说：“噢，真是情人眼里出西施，温暖哪里都好。”温暖听到廖静的话，赶忙回击说：“谁是谁的情人啊？不要胡说。”廖静不服气，猝不及防用胳膊挽住卓尔，缠着让卓尔夸赞她。卓尔想挣脱，廖静不依不饶非让卓尔表态。几个人兴高采烈地往电影院走去。

刚从出站口走出来的冰凌，恰好看到挽着卓尔胳膊的廖静，两人还有说有笑。冰凌觉得有一只手在拧着她的心，卓尔很久不打一个电话，原来是和同班的同学廖静好上了。冰凌失望的眼泪不听话地流出来，她拉着行李箱，快步赶上一辆出租车。司机觉得小姑娘情绪不对，就劝她年纪轻轻的要想开，有什么事都能过去。冰凌说自己没事，是想起一件心酸的往事才这样的，司机才开车前行。

卓尔临近电影院门口，摆脱了廖静的热情的胳膊。温暖也和周小虎拉开距离。几个人有说有笑地进了电影院。

秦岭回到家里，不见卓尔回来，猜到他准是又和同事出去吃饭了。自己做了碗热汤面，吃下去后，打电话通知武军，明天早晨开个晨会，迎接公司新成员加入。武军不知道又有谁加入，他也不便多问，答应马上通知大家。秦岭还在思考着林皎月情意绵长的邀约。他打开和林皎月一起办的拆迁案件，上面有林皎月清秀的笔体，他陷入深深的回忆中。

冰凌到了自己家楼下，看到家里温暖的灯光，稳定一下情绪，擦干眼泪，拉着行李箱进了电梯，按下十二楼的电梯按钮，电梯瞬间把她送到楼上。冰凌下了电梯，在自己家熟悉的房门前面，再次稳定一下伤感的情绪，才轻轻叩响了屋门。

万灵和金海东刚刚吃过饭，金海东系着围裙在厨房里刷碗筷，万灵在衣橱里翻找金海东以前穿的衣服，准备着明天去德仁公司的报到。听到敲门声，金海东去开门，隔着猫眼，金海东看见女儿冰凌站在门外，他高兴地回身对万灵说："你女儿回来啦！"说着，金海东打开房门，接过冰凌手里的拉箱，冰凌进来换上拖鞋，撒娇地抱着爸爸说："你们想我了没？"万灵迅速走过来，看着爷俩亲热的模样，故作嗔怪地说："我们才不想你呢，早晚都是老秦家的媳妇。"刚才还满脸兴奋的冰凌一听妈妈的话，马上松开搂着爸爸的手，眼泪落下来。万灵和金海东觉得奇怪，忙拉着女儿回到客厅里的沙发上坐下来。

金海东问女儿："冰凌，是不是秦卓尔欺负你了？告诉爸爸，我去教训那小子。"万灵也弯腰站在女儿面前，心疼地看着女儿，递给她一张湿巾。

冰凌擦下眼泪，说她刚才下车，看见秦卓尔和他们班上的女同学廖静在一起，很亲密的样子。万灵和金海东想起今天上午，在德仁拆迁公司看到秦卓尔和一个女孩，那女孩可能就是冰凌说的廖静。万灵安慰女儿，不要胡思乱想，卓尔同学只不过觉得拆迁新鲜，来滨海做社会实践的。卓尔这孩子，没问题的。再说，没调查清楚怎么能诬陷别人呢！还是等明天问问卓尔就知道了。冰凌带着不安，回到卧室，卧室已经被妈妈收拾得窗明几净，拿出书，坐在床上温习功课。冰凌心乱得很，一时无法安静下来读书学习。她辗转反侧，思索着卓尔到底是怎么回事。金海东和万灵悄悄地站在冰凌的门外，偷偷听着门里面的动静。他们担心女儿为此太过伤心。

沈小雨照例周五开车赶到清华大学，在学校的晚自习教室里没找到金冰凌，同学告诉他，金冰凌今天回滨海了。沈小雨站在教室的走廊里心绪茫然。他忍不住拨通了金冰凌的电话。

冰凌稳定下来情绪，正在看书，听到床上的手机响，看一眼，见是沈小雨打来的，故意不接，任凭手机响着。沈小雨这边很着急，惦记着金冰凌是否安全到达滨海市的家里，金冰凌这边一直无人接听。沈小雨固执地一连打了四五遍，金冰凌没办法，只好接听，没好气地对电话那边的沈小雨说："沈小雨，你有事吗？没事别来烦我好不好？"冰凌说完，把手机挂断，扔在床上。

沈小雨还没问清她到家没有，心里不踏实的他，又硬着头皮，拨打金冰凌的电话。冰凌看着手机突突在床上跳着，只好接听，但却不言语。

那边的沈小雨说："冰凌，你好吗？我就是惦记你到家没有？"

冰凌沉默半天，回答说："我早就到家了，谢谢你的关心。你不要浪费时间天津北京来回跑了，我们不可能的。"

沈小雨立即接上冰凌的话头说："冰凌，只要你一天不结婚，我就有追求你的权利。让我和秦卓尔公平竞争，我保证不伤害你的感情。"

冰凌说沈小雨，"你好自为之吧，我没时间搭理你。"沈小雨多次被冰凌奚落，但还是不舍得放弃金冰凌。他一边下楼，一边抹了下干涩的眼睛，今晚，他不能再开夜车回天津，他要找家宾馆住下休息。

女儿受委屈，万灵心里不踏实，她觉得卓尔不是那种负心的孩子，她决定问问秦岭，这到底是怎么回事。

秦岭还没休息，他在电脑上，通过拆迁公司员工们每天上报的材料，了解和掌握山东堡村拆迁的进展情况。万灵打来电话，他随手接听，眼睛还是盯在电脑上。万灵把卓尔和女同学廖静在一起，被冰凌发现的事情告诉了秦岭，说冰凌正在为此事伤心难过。秦岭皱着眉头，离开电脑，走到大厅里，他对万灵说："万灵，你千万给冰凌说明白，那个廖静是卓尔的同学，她只是通过卓尔在我这里做社会实践的，卓尔从来就没想和她做男女朋友。这事儿我会处理好的，你替我跟冰凌解释一下，让她千万不要为此难过。"秦岭这边说着，那边卓尔稀里哗啦打开房门进屋来。电影散场，他和周小虎把温暖和廖静送回去，这才回家。

秦岭挂断电话，神情严肃地问卓尔："今晚都和谁出去了？"卓尔换上拖鞋，走过来，一脸茫然地看着面目严肃的爸爸说："怎么了爸？看你那脸，怪吓人的。我和周小虎、温暖、廖静出去看场电影。"秦岭继续训斥儿子："我告诉你，明天我把廖静的工资结清，赶紧让她回北京，你们在一起，都让冰凌看见了，你这样会让人家误会的。冰凌今天回滨海了。"卓尔一听，心想坏了，这事肯定让冰凌误会了，他一屁股坐在沙发上，说："冰凌回来了，这也太突然了，今晚我是和廖静在一起，但还有温暖和周小虎啊！看来我真是解释不清了。明天，我就把廖静送走。"秦岭无奈地摇头，回身去书房，继续看他的拆迁汇报。

第二十五章　贼心不死

秦卓尔坐不住了，思来想去他想和冰凌解释下，免得她伤心难过。于是，卓尔回到自己的卧室，拨打冰凌的电话。

冰凌看到手机再次响起来，一看是秦卓尔打来的，她还在生气，不想接听，干脆按了挂断的键。卓尔知道冰凌生他的气，他接着再打，连着打了四五遍，冰凌终于忍不住接听，她对卓尔说："你以后不要再给我打电话了，我们没有任何关系！"冰凌不等卓尔解释，就把电话挂掉。卓尔知道今晚上打再多的电话也没用了，他决定把廖静送走。卓尔告诉爸爸，他要去找廖静谈谈，明天把她送回北京。秦岭默许。

卓尔把廖静叫出来，在一家咖啡馆里，卓尔请廖静喝了咖啡。卓尔耐心地对廖静说："廖静，咱们同窗四年，同学的感情很深，我也知道你一直喜欢我，可是，感情不能勉强，我的女朋友今晚从北京回来，在火车站看见我们在一起，她很难过，提出和我分手，你知道，我是不能答应的。因此，我不想浪费你宝贵的时间，就是不和金冰凌结婚，我也不能娶你做妻子。我打算明天送你回北京。"廖静拿着咖啡羹匙的手在颤抖，她眼睛有些热，强忍着眼泪对卓尔说："秦卓尔，我就等着你这句话，好吧，本来我爸昨晚还说他要来滨海接我，妈妈很快就要回国，让我马上回北京，看来，明天我真的要回北京了。不，既然这样，我就不等明天，现在就去车站买票。”卓尔对廖静说：“你还有工资没拿呢。”廖静拿起背包，挎在肩上说：“工资留给你买电影票，算我请你和金冰凌看电影了。”

凌晨一点，廖静坐上回北京的火车，卓尔送她上车。看着廖静一个人孤零零的背影，卓尔隐隐感到对不起这个痴情的女孩。卓尔看到白色的火车呼啸着离开滨海市火车站，他在站台上徘徊，一个铁路警察走过来，以为他想不开，用奇怪和探询的眼神打量着他，然后催促他离开。卓尔走下站台，打上出租车，赶回家里。

秦岭一直没睡，他惦记着儿子，本想打电话给他，又觉得儿子和廖静在一起谈话，不好随便打扰，他想卓尔一定会做通廖静的思想工作。他也不忍心伤害廖静，毕竟秦岭和廖静的父亲之间，因为简爱，也建立了一定的感情。廖静涛知道女儿和秦岭的儿子是同学，彼此也很谈得来。但是，同学就是同学，他不想他们之间发展成别的比如恋人什么的，他不想女儿在滨海做什么拆迁的苦差事，他们家的女儿一直养尊处优，怎么能灰头土脸地去做拆迁？秦岭知道廖静涛的心思，知道廖静在他这里干不长，也就没有急着撵她走。

卓尔悄悄地打开房门，回到卧室躺下休息。脑子里还是廖静上车时，回头对他深情的一瞥。他一闭上眼睛，火车那子弹头一样的车头就从他的心底呼啸着碾过，搞得他辗转反侧无法入睡。秦岭听到儿子进门扭动房门钥匙的声音，才放下心，他猜到廖静已经离开滨海，深更半夜也不便多问。卓尔疲惫地回到自己的房间，关灯睡去。

金海东虽然很生卓尔的气，但还是打算先到德仁拆迁公司报到。万灵和冰凌送金海东下楼，母女看着焕然一新的金海东，心里升起新的希望。金海东也一改往常的萎靡不振，他迎着清晨澄净的阳光，清爽的空气，在人生落差中峰回路转，重新翻开人生新的篇章。金海东握住女儿和妻子的手，眼睛里分明告诉她们，余生的他就是女儿和妻子的希望！金海东乘坐出租车，赶往秦岭的德仁拆迁公司。

秦岭已经早早来到公司，处理好几个签批文件后，招呼大家到公司门口迎接金海东。

金海东在公司大门外下车，他看到秦岭和公司员工站在大门外，鼓掌欢迎自己。大门上醒目的大字使他感到有点不安，他兴奋地拉住秦岭的手，握了几下，说：“秦岭，感谢你不计较我的过去收留我。只是闹这么大动静干嘛？让人看见你收留一个经济犯做员工，会给你丢人的。”秦岭一边把他让进公司会议室，一边说：“哪里，我要三顾茅庐才对。海东，今后你我在公司可就不分伯仲了。金海东坐在公司会议室前排的椅子上，有点不好意思地说：“担子我可以和你分担，主要的事情我还是门外汉。大梁还需要你来挑。”

秦岭把金海东正式介绍给大家，请他为德仁拆迁公司当总顾问，公司员工们鼓掌欢迎金海东，对德仁拆迁公司的发展也更加充满信心。金海东做了简短的发言。他站起来谦逊地说：“各位朋友，大家好！能够加盟到你们的德仁拆迁公司，是我的荣幸，我是一个经过改造的罪人，以前做了愧对人民、愧对良心的事。从心理上，我想向广大的滨海市人民赎罪，我想出狱后，能够做一项对人民有益的事业，弥补我的过错。拆迁是一项可以和人民群众面对面接触，让彼此可以走进对方心灵的事业，它使我能了解到百姓的疾苦和真正的需要。以前，我没有机会和群众零距离接触。以后，我会认真负责，和大家紧密配合，争取做一个优秀有良知的拆迁人，打好百日攻坚战。”

金海东恳切的话语得到员工们的赞同，曾经的金市长今后将和他们一同，共谋拆迁公司的生存和发展，大家心里都很高兴。卓尔坐在下面听着金海东的讲话，也很感动，今晚下班，他打算把冰凌约出来，向她解释清楚和廖静的事。会议决定金海东参与公司的决策，负责外围关系的协调及公司内部的管理工作。

会议一个小时结束。秦岭把金海东留在公司熟悉情况，他带着大家赶往山东堡村。

卓尔最后离开会议室，想要和金叔叔打声招呼，正好金海东的眼睛在注视着他。卓尔朝着金海东走过去，他心里感到恐慌，不知道该怎么和他解释昨天晚上的事情。金海东严肃地问："卓尔，你是不是心里有了别的女孩子不喜欢冰凌了？你不要不好意思说。"卓尔本来想晚上和冰灵解释，可是金海东关心女儿，直截了当地问卓尔，卓尔不能不回答他。

卓尔认真地说："金叔叔，我还想着晚上和冰凌把这件事情说清楚，现在我向您保证，廖静是喜欢我，从北京追到滨海市，为了我做了差不多一个月的拆迁工作。可是，我和她就是同学关系，我没做过任何对不起冰凌的事。昨天晚上，我把她送走了。希望你们相信我，我和她是不可能的。"金海东点点头，拍拍卓尔的肩膀说："我相信你。以后，要对我的冰凌好些，去吧。"卓尔高兴地对着金海东憨厚地笑笑说："请金叔叔放心，我知道怎么做的。"卓尔转身离开金海东，他也是拆迁攻坚小组成员，要去山东堡村做自己的工作。

简鹏原计划陪着简晴一起到滨海市，可是，临行前，一外商通知要来深圳，他必须亲自接待。为此，简晴独自来滨海市，看看妹妹曾经工作和生活过的地方，理应把简爱用过的生活物品带回深圳。为了母亲不睹物思人，简晴和爸爸简鹏商议只把简爱留在滨海市租住房间里的一把小提琴带回来。

简晴先飞到北京，再从北京坐火车来滨海，她不想惊动秦岭，就想独自一人走走看看，然后悄悄地离开滨海市。对于秦岭，她只有感谢和感恩。感谢他曾经对妹妹的那场至纯至真的感情邂逅，感恩他对妹妹的倾情付出。但那毕竟是妹妹的，为了纪念和忘却，简晴本不想再次和秦岭见面，她希望秦岭在怀念妹妹的记忆里，尽量减少对那份伤感的负累。可是，妹妹的那把小提琴还放在秦岭为简爱腾出的小屋里，简晴不得不去见秦岭。简晴上车前给深圳的爸爸妈妈打电话，告诉他们，她现在正在去滨海市的列车上。

列车飞速掠过华北平原。六月的原野，一片盎然生机，草长莺飞，繁花遍野，大片庄稼在雨水丰沛的季节生长得茂盛而葱茏。简晴的眼睛望着窗外，一刻也没离开过，她想起童年的孤单和寂寞，想起爸爸一直答应和她一起找到妈妈和妹妹的承诺，她在一天天的期盼中长大，直到得知妹妹生病到去世，她无数次梦到妹妹穿着粉色的公主裙，张着臂膀朝她跑来，妈妈左右拥她和妹妹在怀里的场景，这样的场景在脑海里不知演绎过多少回。有时她想，她宁可拿她所有的财富去换取人生最重要的家庭的温暖，也不愿意与亲人天人永隔。但是，人生总是和命运的车轮绑在一起负重前行。她无力改变，只能面对这残酷的现实。

简晴和妹妹简爱的模样酷似，但是，性格却是简晴内向踏实，简爱外向泼辣。简晴学的是电子学，为了帮助父亲照顾生意，简晴放弃了深圳环保局的工作，帮助父亲打理家族企业。简晴的温文尔雅和知性的特点，使她不乏追求者。无论在读高中还是在大学的四年里，简晴始终坚持不谈恋爱，她把心思全部用在学习上，因此，被大家冠上了清高的印象。虽然父亲多次催她把个人的感情问题尽早解决，但是，简晴自有自己对感情的看法。在茫茫人海里，一定会有一个等着她的人，那个人一定也在茫茫人海里寻找她，终有一天，他们会不期而遇。简晴无数次想象，那该是一场怎样的相遇，是在春天的花海里？还是在冬天漫天的雪花里？是天意？还是巧合？这是一场上天早就安排好的戏剧，寻找只是一场浪漫的情节，相遇后永不分开是这场盛大的爱情故事的终点。结果是辛酸或者甜蜜，要看他们各自怎么调和。总之，内心恬静的简晴不善于表达，她是个喜欢把故事装进心里、慢慢消化的女孩子。她内心的情愫需要有人不厌其烦地浇灌，才会开出芬芳灿烂的花朵。

秦岭带着拆迁公司的员工们，分别进入山东堡村，他们开始对山东堡村做最后一轮的动迁商谈。何依萍、武军他们进入王焕春家。

周小虎、卓尔、陆景宽、柳明、温暖还是首先要找牛有楼商谈，作为村里有房屋最多的一户，牛有楼是重点需要解决的。虽然还有万宝良的参照，但是，两家的情况不一样，秦岭把周小虎他们打发到牛有楼家去，自己带着村书记万泉河，去找他的父亲万宝良。

柳树林和其他户主不一样，他不像有的户主一提到谈话就往后缩，秦岭一直不想主动找他谈，根据以往的经验，对待这样的拆迁户，还是放到最后解决比较稳妥。柳树林一直端着，到现在，也快开庭审理他们的拆迁补偿官司了，他想试探秦岭的态度。无奈秦岭对他的想法早就了如指掌，也不屑先找他谈。秦岭让柳树林的儿子柳明做他父亲的思想工作，回家找他父亲谈。秦岭让柳明把拆迁公司的大致补偿标准渗透给他父亲柳树林。柳明答应下来，并向秦岭保证，他父亲的工作交给他来做。秦岭觉得柳明和他父亲不是一路人，他对柳明抱有希望。至少，他回去和柳树林先透个底，这样以后的工作也会好往下进行。

秦岭想先晾着牛有楼，而牛有楼也一直往后缩，经常的三五天不回山东堡一趟，打电话不接，晾着拆迁公司的工作人员，明显是想观望的态度。秦岭和万泉河在村部协商他父亲万宝良的拆迁事宜。万泉河是村干部，他爹的工作做不通，他脸上也挂不住劲。知道内情的是他爹的工作没做通，不知道的还以为是他把自己家拆迁的事往后拖。秦岭问到他家老爷子关于拆迁问题的态度时，万泉河不好继续推三阻四，他说，他和父亲提过，父亲不是不想签协议，他对这座老宅院经营了很多年，也有很深的感情，尤其还有那堆价值不菲的古董，容他时间找个地方归置好后再谈。秦岭一听，觉得也在情理之中。这时，陆景宽打电话来，说牛有楼和他的儿子今天都来了，让秦岭过去一趟，说是牛有楼要找他亲自谈拆迁补偿的事。

贾文海在自己家的楼房里忙着装修，他的儿子贾保利不管装修的事，他把精力都放在东岭村那座买来的宅院上，山东堡百日会战后，秦岭他们就会回到东岭村。

东岭村的拆迁工作才刚刚开始启动，又让秦岭主动地停了下来。东岭村有东岭村的特点，其中不乏钉子户，贾保利就是其中的一户。贾保利虽然东岭交了房，可他根本就没打算腾房，他把屋宅前后院重新粉刷一遍，巩固一下房屋的质量。贾文海不许儿子插手菩提苑返迁房装修的事儿，他派儿子带着媳妇和孩子住到东岭村，就负责看守东岭村的房屋，额外的拆迁补偿款争不到手，他就不许儿子回来住回迁楼。贾保利本来性格憨厚有些内向，只是逼急了，也像疯牛一样能使出破坏性的蛮力。很多时候，佛塔村的人故意疏远他们，贾文海家是被大家冷落的。尤其这次因为他们家的占道和抗拆，影响到多数人的利益，村民们一气之下，把他家的简易房拆掉，贾文海虽然嘴上不说什么，但内心对村民们是怀着不满和愤恨的。他在心里早就叫着劲儿，要在东岭村把损失给找补回来。贾保利一家自打德仁拆迁公司把人员撤到山东堡开始，就搬到在东岭村买的房屋去居住和生活。贾文海和老伴在装修菩提苑小区的楼房，也留心关注着山东堡村、东岭村的拆迁补偿标准，他们尤其关注着哪家给多了，他们好以此为证据向秦岭开出条件。

柳树林穿着一件白布马褂，马褂腋下掏开四个方形窟窿，显然这是为了凉快。他急匆匆地走在街上，阳光烤着他干瘪的额头，毫无光泽的一对招风耳似乎时刻想要探听什么消息一样张开着。他左等拆迁公司、右等拆迁公司，在院子里翘首期盼，就是不见秦岭他们动迁组的到来。按说，他的拆迁补偿申请交到拆迁公司何依萍手里已经不下两周了，就是不见动静。他在心里猜测，他的补偿标准是不是把拆迁办的人给惹毛了？按照他的打算，一旦拆迁公司应允，他还会立即改口，再往上提高补偿，然后才能像扎麻袋一样收口。可是，事情远不像他想象中的那样顺利。昨晚，他还和儿子柳明打探情况，儿子劝他赶紧签协议，早签协议还有奖励。他埋怨儿子端不住，任凭柳明怎样劝说签协议，他就是两个字“没门”。现在，他想打听到一些抗拆的经验，来对付秦岭他们。柳树林急匆匆来找贾文海，贾文海成了他的抗拆军师，而贾文海当然希望多一个和他志同道合的“抗友”。

柳树林走到菩提苑小区，在佛塔前面，迎面碰上了出来提水的刘海葵。他知道刘海葵是原来佛塔村的村民，但他们不熟悉，柳树林绕开刘海葵，想尽早见到贾文海。刘海葵多次见过柳树林从佛塔前经过来找贾文海，她知道这人是山东堡村的拆迁户，自打山东堡村有了拆迁的风声后，这人就一趟趟地来贾文海这里取经。看来，他也是被钱给迷住了心扉。刘海葵手里提着红色塑料桶，弯腰看着柳树林远去的身影，叹息一声说：“卿卿一人，为名而来，为利而往，万事过尽，终竭成空。”柳树林回身看一眼嘴里嘟嘟囔囔的刘海葵，感到莫名其妙。

贾文海一身白灰，为柳树林打开楼门，柳树林侧身进来。贾文海拍拍身上的白灰，问柳树林，“你家拆啦？”柳树林一边欣赏他家的装修，一边告诉贾文海，“拆迁公司开始分组商谈补偿的事，就是不搭理我们这些和拆迁公司打官司的主。”贾文海递给柳树林一支烟卷，点上火后，贾文海吸口烟，显得很有经验地对柳树林说：“市里的头头脑脑们还等着秦岭他们百日会战大捷呢，我看，山东堡村照目前的情况看，别说百日，三百日、五百日也不会出结果。山东堡村可不比佛塔村，情况复杂得很。就拿你老柳来说，你家的碉堡那块就有差不多七、八亩，虽然宅基地没把那片地给划进来，但是，它离你家最近，你已经使用二十几年了，不按面积给你补偿，你答应吗？不答应，怎么办？打官司呀！官司一打，保准你赢！”

柳树林一听贾文海的话，眼睛一亮，心里的底气也越发地足了起来。他坐在洒满水泥的大厅里的板凳上问贾文海：“官司是要打，可这官司能打得赢吗？把握有多大？”贾文海的老伴为他倒来一杯开水，递给他。柳树林接过来，眼睛看着贾文海。贾文海像是一个能掐会算的先生，倚坐在白墙下边的条凳子上说：“撑死胆大的，饿死胆小的。这拆迁一辈子叫咱给赶上了，你不打官司，指望他们开发商和拆迁公司主动给你加面积？做梦吧。”柳树林得到这样的提示，就像得到宝贝一样，把它揣到心里，回家静等法院开庭的消息。

陆景宽、周小虎、卓尔、温暖他们来到牛有楼家，正赶上牛有楼和他的儿子滨海市公安局副局长牛油回家来收拾一批杂物。周小虎和陆景宽和牛有楼探讨拆迁补偿的事儿，没想到，牛油倒是很爽快，告诉陆景宽，让秦岭经理亲自过来和他谈。周小虎马上打电话，让秦岭过来。秦岭听说牛家的爷俩都在，赶紧开车过来。

牛有楼和牛油把秦岭让进后院，牛油穿着一身警服，亲自为秦岭沏上上等的龙井茶。牛有楼手里拿着扇子一边扇风，一边坐在一边的石墩子上呼呼喘气。牛油说：“秦经理，听家父说，拆迁到现在，大家都见过面，你也知道山东堡村拆迁启动过七八次，最终都是半途而废。这次，作为公安局领导的我，也希望拆迁成功，山东堡村的老百姓早点住上楼房。在拆迁方面，我保证支持、配合你们。但是，话说回来，我虽然是个副局长，但也是生在山东堡长在山东堡村的村民，在村里买几间房屋不算事。我爹主张的是临街的房屋，按照商业门市房拆一还一。这些房子我们都经营十多年了，都说拆迁会改善人们的生活，可你这一拆迁我这每年上百万的房租就没了，生活一下就回到了解放前。你们如果答应家父的要求，我们保证劝说大家，撤回状子，我们老牛家就给你给带个头，签下拆迁补偿协议。”秦岭对这个貌似好说话、实际上狮子大开口的公安局领导牛油的要求感到可笑，他不动声色地喝口茶水，面带笑容地说：“牛局长，你也是个领导，在拆迁上应该起到干部的带头作用。你对咱们滨海市的拆迁也有个大概的了解，你提的住宅房换商业门市房的条件不是我们这满足不了，我们滨海市连个先例都没有。咱们说个靠谱的要求怎么样？”牛有楼一听秦岭首先否定了儿子提的补偿要求，马上满脸愠色地说：“秦经理，你先给我算算我这些出租的房屋一年的盈利是多少？拆掉房屋后，我一年的损失是多少钱？我又能干什么去？我孙子、外孙子都指望什么？”牛油打断他爹的话说：“秦经理，你是干过多年拆迁的领导，阳光、公正、公平是拆迁补偿的首要一条，你们把肉埋起来，不肯让利于百姓，这就叫公正和公平吗？”牛有楼早就不耐烦了，他在一边吼起来说：“不谈了，不谈了。谈不妥，没法谈。你们去别的家谈去吧。”秦岭还想说什么，见牛有楼脸红脖子粗地下了逐客令，他只好起身告辞出来。

第二十六章　不忘初心

陆景宽、周小虎、卓尔、柳明、温暖他们坐在牛有楼家院外和那位四川的夫妻打唠。卓尔忙里偷闲地给冰凌打电话，他急着要和冰凌说话，顺便约她晚上出来吃饭，以此消除两人的误会。可是，卓尔连拨三次电话，冰凌就是不接。卓尔心里很烦躁，没办法，他给冰凌发条信息，约她晚上去情侣岛吃饭。信息发出去，不见冰凌回信。

周小虎在四川夫妇的摊位上买来几个苹果，挑一个最大最红的递给温暖，温暖乐呵呵地接过去，拿在手里欣赏着。柳明看到周小虎对温暖献殷勤，心里不痛快，侧身对温暖说："温暖最喜欢吃橘子，苹果还不如大萝卜好吃呢。"周小虎瞪了柳明一眼说："你看你那不开窍的老子，净拖我们拆迁公司的后腿，还苹果萝卜呢，也好意思说。"温暖看着柳明，柳明觉得自己的脸发热，站起来，冲着周小虎喊："你能耐，你去找我家老爷子谈去，别净在大家面前吹牛皮。"周小虎没想到他这一句话，引来柳明这么大的情绪，但他不想和柳明吵。

陆景宽看着周小虎，心里明镜似的知道周小虎看上了温暖了，但是温暖还是没事人一样，让人摸不到头脑。陆景宽本就是个爱多事，喜欢看热闹的主，他对柳明说："柳明说的在理，明天就叫周小虎去做柳明他爹的思想工作。咱们公司一直以来，不都是重结果不重过程吗？再说，人家柳明和温暖是一个村的村干部，你周小虎不要重女轻男的，赶快把苹果分给我们几个，渴死了。”周小虎听陆景宽这么一说，也不好意思分辩，把手里的苹果每人分一个。

卓尔没胃口，把周小虎递来的苹果挡回去。

秦岭出来，看到大家都坐在四川水果摊前的大伞下避着大太阳，他对刚才同牛有楼父子的谈话感到失望。天已近晌午，现在去找万宝良也不是时候，他拉开车门告诉组里的其他几名组员，自己要去第一组的武军和何依萍那里看看情况，入户商谈不能停止，他们可以继续再去下一家商谈。

王焕春一听说拆迁公司的人今天要来登门商谈拆迁补偿的事情，她一早起来，就把剔猪肉的刀子交给男朋友郝大顺，说今天在家和拆迁公司的人员商谈拆迁补偿的事，让他自己去卖肉。郝大顺很听话，一个人骑着摩托，到屠宰场取来一头褪净的猪，用摩托载回来，来到山东堡村已经不再热闹的市场上，把肉摆在肉案子上分割着卖。

王焕春坐在镜子前的板凳上，认真地给自己化妆。她生的男人的骨架，女人的肉，性格也粗犷得有些男人的特质。她是家里的老大，母亲去世得早，父亲好喝酒，每当喝醉回家第一件事就是打孩子，打得王焕春和他的弟弟妹妹们鬼哭狼嚎满院子跑。这样的家庭就靠着长女王焕春挑起家里的重担，也造就了王焕春好勇斗狠的性格。她性格泼辣，就像一根带着药捻子的炮仗，遇火就有上天的冲劲，使她在人生的路上摔过很多跟头。吃亏也不长见识的王焕春十年前和前夫离婚，但在财产分割方面王焕春没让前夫占到便宜，前夫慑于王焕春的野性，也不敢多争取利益，夹着包裹带着两个孩子逃离家门。前夫至今还带着两个孩子在外乡艰难地生活。王焕春对于一双已经二十好几的儿女从不过问，她只认准攒钱。现在和郝大顺挣的钱也不给郝大顺多花，全部都积攒起来，存入自己的银行卡里。她喜欢没人的时候看存折和银行卡的感觉，那感觉比她花钱还过瘾。

郝大顺有时和王焕春过得有点泄气，多次琢磨要和她分道扬镳，就是狠不下心。他对其他肉贩子们形容王焕春说:“这娘们，活脱一个吃人的妖精，想你的时候，她就是潘金莲，恨你的时候，她就是个母夜叉。你说，我对她放不下又提不起来的，真是闹死个人呢！”肉贩子们都笑他，郝大顺也不计较，照例每天和王焕春早起晚归的一起搭伙过日子，过着不冷不热的生活。

自从上次陆景宽不等强拆的法律文书送达就私自把王焕春家的违建猪圈给拆掉后，王焕春去拆迁公司找秦岭上吊、跳楼地闹过，也去西江区政府闹过，为了息事宁人，西江区领导兼任拆迁指挥部指挥的尹宁和政委游鸿找秦岭商量，要在原有的评估基础上，给王焕春再提高点补偿。王焕春见自己的猪圈被拆掉，木已成舟，嘴上不答应拆迁公司给出的条件，心理上其实已经无奈地接受了。但她看到万宝良、牛有楼他们还没松动，决定往后再拖拖，不到最后，决不罢休。她还抱着侥幸心理，争取再提高补偿额度。今天，听说拆迁公司要来找她谈话，她要把自己打扮得入目一些，在形象上先给自己吃颗定心丸，免得没等谈判就输了阵仗。

武军和何依萍不想动用多数人去王焕春家，他把其他人安排到其他户去了，两个人首先来到村东头的王焕春家。王焕春有些日子不去拆迁公司闹腾了，大概觉得闹腾也没有效果，索性不去了。她家的两扇铁大门敞开，何依萍站在院门外喊:“家里有人吗?”

屋里的王焕春一边往头发里别着发卡一边急吼吼地回答:“有人，进来吧。”何依萍和武军直接走进来。

王焕春家院落宽敞，一台破旧的四不像汽车生满铁锈，停在院旁边。院子里罐头瓶子、废纸盒、沾满淤泥的雨鞋、破袜子、皮手套和半尺高的杂草，把一个宽大的院落整得破烂不堪。一只狸猫从窗户台上跳下来，它在台阶上试探性地抬起白爪，寻找干净的下脚的地方。院子里西墙下，用红瓦搭建一个猪圈，里面养着三头肥猪，猪在圈里“哼哼唧唧”地拱地。院西侧闲置地上，原本是村里被倒灌的海水漫上的田地，扔有两年没耕种，王焕春就和郝大顺在上面建起将近500多平方米的猪圈，属于违建房。现在，王焕春还死守着500平方米被推倒的违建猪圈要补偿。王焕春的诉求是，全部置换成楼房就可以。

王焕春穿着一双红色拖鞋，眼睛画着烟熏妆容，打着红唇，从屋里走出来。看到何依萍和武军，她显得很热情，拉住何依萍就往屋里让。

何依萍和武军跟着王焕春进屋。屋里有股难闻的劣质化妆品和厨房里剩菜剩饭的混合气味。何依萍想找椅子坐下来，可是，王焕春家里的椅子上放着还没倾倒出去的洗脸水，盆里的水面上浮着一层脏兮兮的浮沫。

武军寻个马扎坐下来。王焕春尴尬地让何依萍坐在还堆着被褥的乱糟糟的炕沿上。王焕春挨着何依萍坐下来，她没等何依萍他们开口，就急不可耐地说："论年龄，你们都比我大，我就叫你们大哥大姐吧。今天你们来是谈补偿来的，我还是老话，推倒的猪圈那是你们强拆的，不合理。我建那猪圈可是花了大价钱的，怎么就违建了呢？早先没人找我说是违建的呀？反正猪圈不给我置换成楼房，咱其他的没法谈。我孤苦伶仃的，后半生可就指着这猪圈了。"

何依萍看见王焕春嘴里唾沫乱飞，便往旁边挪挪屁股，王焕春跟着又往何依萍身边挪了挪。王焕春家建的500平方米的猪圈属于违建房，这是不容置疑的。她的天价补偿要求，和正常的补偿标准相去甚远，这样要求不合法，根本无法满足她。何依萍把话说得明白，给她讲了国家的有关补偿政策。可是，王焕春听不进去，她的心里填满了早就计算好的补偿标准，往下掉价就像割她的肉一般。她不想和何依萍、武军谈。但她说了个活络话，告诉武军和何依萍，她的要求和补偿标准一点都不离谱，要是不答应，她坚决不搬家，和拆迁公司把官司打到底。

何依萍看她态度坚决，也谈不出个里表，就和武军离开王焕春家。

王焕春本来想今天可以探个底出来，没想到，秦岭派来的员工，只是来和她谈违法建筑怎么个不合法，在规定期限内搬家能给个适当补偿，和她的要求天上地下。送走何依萍、武军他们，她想去菜市场，便锁好房门。

王焕春刚想出大门，柳树林从街边沿着墙根快步走来。老远的，就听见柳树林喊："大妹子，要出门啊？"王焕春回身看见柳树林进院，就从门锁上拔下钥匙说："是呢，大顺一个人卖肉我不放心。"柳树林走近王焕春，问她："都走啦？谈得怎么样？"

王焕春望望大门外说："走了。还能怎么样，车轱辘话，听烦了。我要跟他们秦经理谈。"柳树林假装叹气，趁机火上浇油说："和秦经理谈就能偏向你说话？拆迁补偿可有学问，割谁肉谁疼。我拢了一遍，咱们村一共有三十八户村民对评估有意见的，现在人家二次评估，意见达成一致，该签协议的签协议，该搬家的搬家。还有咱们这四十多户对补偿有意见的，眼下还有动摇的。我看，咱们这几大户要劲儿往一处使，不达到要求，就不答应签协议。过些日子，咱们和他们拆迁公司打的官司就要开庭，一旦赢了，那笔钱可够咱们挣个大半辈子呢！"

王焕春探出脖颈，睁大眼睛问："你说那官司能赢吗？"柳树林鼓励王焕春说："有理走遍天下，有律师帮助咱说话，还怕他拆迁公司？"王焕春半信半疑地说："我天天出摊卖肉，哪有闲工夫打官司，劳心费力的，开庭那天让郝大顺去吧。"

柳树林一听王焕春信心不足，马上追一句说："焕春你就是应了那句话，头发长、见识短，你打赢官司，补偿款赢回来，赶上你卖一辈子肉了。想什么呢！好好算计哪个合适！开庭你不去，郝大顺说话不算数。"王焕春本来想去，又怕输了官司没法说话。现在经柳树林这么一煽风，她想了想对柳树林说："老柳大哥你说的也在理，我要看看秦经理那边的风向，开庭我和你们一块儿去。我走了，市场那边还等着我呢。"王焕春扭搭粗壮的腰身，看着柳树林出了大门，又把铁大门加上一道锁，这才出门。

秦岭在来王焕春家的路上，碰上了武军和何依萍，他了解到王焕春他们的谈话内容，觉得有必要再次和大家根据下户了解到的不同情况，开个碰面会。他回到设在山东堡村的拆迁公司临时办公室，找回来万泉河书记和村长唐跃海，还有指挥部的几名干部，大家一起研究对策。

简晴在滨海市下车是上午10点多，表面安静的简晴，内心装有自己的追求，她十分喜欢大海的波澜壮阔。她光着雪白的脚丫，穿着杏花粉色长裙，乌黑长发被海风吹起来，飘然欲飞。她捡起一枚石子，舞动长臂，把它丢到海水里。她静静地看着海面，思索着，要是妹妹还活着，两姐妹在海边嬉戏该多好。可是，生活总有缺陷相随，妹妹走了，该她来照顾父母。她从包里拿出手机，给秦岭打电话。

说是碰头会，头是碰了，但是还是没有好办法，所以也只能是对王焕春继续打压，压到一定程度，再由秦岭出面，给她适当的让步。

秦岭知道简晴今天到达滨海市，他从山东堡村回到拆迁公司。金海东把上午秦岭交给他的村民拆迁方案整理出来了，他把材料交给秦岭。秦岭连口水还没喝上，就接到简晴打来的电话，说她已经到达滨海市，现在在海边看海鸥呢。秦岭让简晴在海边等他，他马上开车去接她。秦岭上车，一边开车一边给万灵打电话，让她和金海东晚上一起陪着简晴吃晚餐。万灵答应秦岭晚上来见简晴。

简晴白皙的鹅蛋脸在海边炙热的阳光烘烤下，有种灼烧的感觉，她站在海边松树下，把白色遮阳帽带上，背着一个双肩挎包，显得青春而有朝气。

秦岭按照简晴提供的地点，把车停在她的身边，下车帮助简晴拉开车门。简晴说渤海湾的海水好干净，她真想穿上泳装，尽情地跳到海里，畅游一番。秦岭说这里的细沙如面，绵延百里；还有未经开发的翡翠岛，如果没有大海衬托，像是在沙漠里；还有闻名世界的万里长城第一关……他建议简晴多待几天，让万灵陪着她。简晴推脱，等她取回妹妹的东西，就要立刻赶回深圳，帮助爸爸打理生意。

秦岭不便过度挽留，他握着方向盘，看着路旁淡蓝色的海水，情不自禁地说："简晴，你知道吗？要不是简爱生病，我们现在已经在海边举行了隆重的沙滩婚礼。五月是多么好的季节啊！"简晴的眼睛有些湿润，她把脸扭向车窗外，看着一遍又一遍涌上沙滩的浪花，有些伤感地叹口气说："妹妹好没福气啊！"秦岭怕简晴伤感，不再提简爱，他带着简晴赶往简爱曾经居住过的别墅区小红楼。

已经很久不愿意来小红楼的秦岭，打开三楼房门的门锁，推开屋门，带着简晴进来。里面还是简爱住过的样子，所有东西都不曾动过。简爱穿过的拖鞋、睡衣、用过的化妆品、喝水用过的海蓝色的玻璃杯子，物是人非。秦岭禁不住心酸。但他很快掩饰过去，去白色衣柜上取下那把简爱最喜欢的小提琴。不知道为什么，简爱从来不愿意提及这把小提琴，虽然她会拉出悦耳的琴音，她却从不去动它，只是走到哪里都背在身上。秦岭也不愿刨根问底。简爱临回北京前，特地嘱咐他，把这把小提琴放在他这里，等到有机会再来取。没想到，简爱再也回不来了。

简晴在楼房里到处看着。这里曾经留下简爱生活过的足迹。玻璃杯静静地放在床头柜上，没有温度的睡衣挂在木质衣架上，红色拖鞋摆在鞋架上。梳妆台上还有妹妹留下的几根长发。简晴看着梳妆台上的头发，禁不住热泪长流，她把妹妹的几根长发捡起来，用白纸包上，夹在书籍的扉页上，小心地放到自己的背包里，想给爸爸和妈妈带回去。

秦岭安慰简晴几句，把手里的小提琴交给简晴。简晴接过来，站在窗前，对着硕大的落地玻璃窗，把琴身抵在下颚上，修长的手指握住琴弓，一曲哀婉悠扬的《梁祝》在寂静的房间里缓缓飘出来。秦岭惊讶简晴竟然也会把小提琴演奏得这样的娴熟。他从来不敢提出让简爱演奏，简爱也不想去触碰这件东西。秦岭看着长发飘飘的简晴纤细的腰身，仿佛简爱重来人间一样，他有一刻，把简晴当作了简爱，很想走过去，拥抱她。秦岭从后面觉察到简晴一边拉琴一边哭泣。简晴努力抑制悲戚的情感，瘦弱的肩膀随着琴弓在抖动。秦岭走过去，禁不住抱住她，安慰简晴不要再难过，简爱已经走远，留给大家的都是对美好生活的祝福。简晴把头伏在秦岭的怀里，低声哭泣。秦岭递给简晴一块纸巾，简晴擦干眼泪，把小提琴收好，放回到那件绿色琴盒里。秦岭和简晴离开小红楼，简晴临上车前，拿出手机，拍了一张妹妹生活过的楼房的照片。秦岭带着简晴，去到滨海市的德福楼吃饭。

万灵和金海东也一前一后到达德福楼饭店。万灵和简晴在北京相识，并且成了无话不谈的好朋友。见面后，两人还是那样热络。秦岭和金海东点过菜，四个人边聊天边吃饭。

卓尔亲自到万灵家，他想解开自己和冰凌的误会。见到冰凌后，卓尔解释他和廖静的事，冰凌不想听。卓尔耐心地解释，并为自己不慎给冰凌带来的烦恼而道歉。冰凌听到秦伯伯给妈妈的解释，其实对这件事也早已经释怀。但她还想看看卓尔的诚意，假装生气。看到卓尔的态度，她高兴地笑了，指着卓尔的脑门说："秦卓尔，我希望最后一次看到你和廖静在一起。再有一次，绝不答应你。"卓尔向她保证不再有第二次。两人牵手到外面去吃晚饭。

沈小雨刚下班，妈妈孟璐给他端来茶水，爸爸沈雨霏靠在沙发上看电视新闻。爸爸问儿子沈小雨："小雨，听说你每到周五就开车往北京跑。什么样的姑娘让你这样追求？说来我帮你参谋一下。"沈小雨接过来妈妈手里的茶杯，想了想说："爸爸对我未来的妻子人选有什么要求吗？"沈雨霏笑了，他眼睛盯着电视说："我们的眼光怎么可能一样呢？只要你同意，我们不干涉，但你总得让我们知道一些大概的状况吧？比如说，人品、家庭。还是先说说你的那位姑娘吧。"妈妈也在一边帮腔说："小雨还是个孩子，对选择伴侣的标准还真的需要我们帮助参考呢。"沈小雨说："可惜，我看中人家，人家躲着我。"

沈雨霏扭头问儿子："是你同学吧。"沈小雨点头，说金冰凌是滨海市人，父亲曾经是滨海市的副市长，因为收受贿赂被收监，现在已经刑满释放。沈雨霏一听，连忙说，"我听说过这个人，工作方面很出色，出事时也挺年轻。"他为金海东惋惜之余，对儿子的选择加以阻拦，他们不同意沈小雨和金冰凌处朋友。沈小雨生气了，起身回到自己楼上的房间把门关上。妈妈孟璐担心儿子，站在旋转楼梯口下面，望着儿子紧闭房门的方向发愣。

沈雨霏回身喊妻子说："孟璐，你过来，我有话说。"孟璐叹息一声，回来坐在丈夫面前的沙发上。沈雨霏说："儿子的事不要再提，他和那个金冰凌还不是男女朋友关系，金冰凌躲着他，等到时间长了，他自然泄气了。”孟璐点头答应，她对丈夫说：“你们政府办的崔大姐说是给咱儿子介绍对象，说那姑娘人很漂亮，是咱们市文化局的，当时我没答应。要不，明天我给崔大姐回个话，咱们相看一下咋样？”沈雨霏手托下颚，思考一下，说：“看看也行，毕竟小雨也是二十五岁的小伙子了。”

沈小雨回到房间，躺在床上，想着又是一周没见到金冰凌了。她回到滨海市，距离秦卓尔又近一步，这样近的距离会拉近两个人之间的感情。沈小雨内心很烦躁，决定给金冰凌打电话，把自己的心里话说出来，否则，他会后悔自己一直以来的怯懦。他拨了金冰凌的电话。

卓尔和冰凌在一家韩国料理店里吃饭。卓尔为她倒来一杯温凉的冰汁饮料。两人坐下来，卓尔谈着自己做拆迁以来的各种遭遇，有辛酸，有快乐，也有恶作剧，年轻人的心里总是揣着那么多的快乐，他们似乎又回到从前无忧无虑的时光。

冰凌放在桌上的手机响起来，卓尔示意冰凌接听，冰凌把手机拿起来，一看是沈小雨打来的，就直接挂断。卓尔感到奇怪，问她是谁的电话。卓尔带着探询的目光看着冰凌，冰凌如实相告，说是沈小雨打来的。卓尔埋怨冰凌为什么不接听，如果对沈小雨没有感觉，就要直接拒绝他。冰凌解释说她早就明确拒绝沈小雨了，可是沈小雨不听。两人沉默下来。

沈小雨看到金冰凌直接掐断他的电话，心里感到失落。但他的偏执性格使他不想放弃，他再次拨通金冰凌的手机。

卓尔对冰凌说：“冰凌，趁我们还没结婚，我给你选择的权利。要不你接听电话告诉他，我们就要领证结婚了，要不你就告诉他，你还在他和我之间犹疑不定。”手机铃声响个不停，金冰凌很反感卓尔的话，说：“卓尔，我不想和你解释什么，如果你怀疑我的忠诚，那么，我们没什么好谈的。”卓尔也生气了，他看着冰凌的手机，不再言语。冰凌接听了沈小雨的电话，她说：“沈小雨同学，请你自重，我不想你干扰我的正常生活。”沈小雨那边赶紧解释说：“冰凌，请你相信，我对你的爱是没有半点虚假的。我已经想好了，你考研后，就来我的城市，我的爸爸会照顾你包括你的爸爸、妈妈的。我们会很幸福的！”

冰凌无奈地说："沈小雨你太幼稚，感情是不能强迫的。"沈小雨说："冰凌，你不答应，我就去滨海市你的家里找你。"冰凌没等沈小雨说完，就挂断电话，气得把手机摔在桌子上。卓尔听到冰凌和沈小雨的对话，也很无奈，不知道怎么说服沈小雨对爱的狂热和偏执。两人本来好好的一顿饭，被沈小雨搅和得没滋没味的。草草吃了几口，卓尔就把冰凌送回家了，两人不欢而散。

冰凌独自回到家里，心情沉郁，爸爸妈妈还没回来，她走进洗脸间洗把脸，对着镜子照着自己秀气的脸孔，第一次对卓尔的态度感到失落和伤心。沈小雨之前的点点滴滴的关爱，使她突然转变了对沈小雨的看法。他一次次冒着生命危险，下班就开着夜车来北京看她，给她带来吃的用的。沈小雨那张清秀有棱角的脸孔和卓尔俊朗的五官交替出现在化妆镜前，冰凌拿毛巾盖住明亮的镜子。

秦岭和金海东、万灵、简晴吃好饭，离开德福楼饭店。秦岭把简晴安排在海边五星级酒店住下，然后把万灵和金海东送回家。

卓尔独自在家生闷气，他把桌上的水杯拿起来，心不在焉地看着上面的花纹。他不知道为什么和冰凌之间，总是有沈小雨来搅浑水？冰凌的拒绝根本不起作用，他认为沈小雨这是不理智的行为。可是，冰凌和他之间现在还仅仅是男女朋友关系，沈小雨有权利追求她。这些卓尔想也想不清的事情令他内心徒增烦恼，冰凌就像一朵玫瑰花，最终花落谁家还真的不好说。卓尔满心的烦恼，他把白天拆迁户们的登记记录本放在爸爸的电脑前面，一个人坐在沙发上发呆。突然，卓尔的手机响起来，是淞江市的妈妈打来的。

第二十七章　曙光乍现

卓尔放下手里的水杯，把手机贴在耳朵上。妈妈文慧关切地问儿子，“和爸爸在一起，早上能吃上饭吗？拆迁的活儿能做得了吗？累不累？”卓尔也好多天没给妈妈打电话了，他关心妈妈的身体，让她注意休息，别到处转悠，注意安全。卓尔心绪烦躁，叮嘱完妈妈，就想挂断手机。

文慧还没说完，听见儿子想挂机，也就不再坚持她的唠叨。母子匆匆结束对话，恰好秦岭回家，听见母子的对话，也不想插话。卓尔明白爸爸的心思，关闭手机，起身给爸爸倒杯水递过去。

秦岭问儿子，“和冰凌和好没有？”卓尔怕爸爸担心，索性告诉他已经和好了。秦岭放心地坐下来，翻看第一组、第二组和第三组动迁员工们几天来的成果。

根据各组统计的情况看，万宝良、牛有楼、柳树林、王焕春必须各个击破，秦岭要和金海东会同拆迁办的骨干进一步研究对策。

简晴离开了滨海市，她给秦岭留下一张写满字迹的便笺，交给住宿的前台，让他们交给秦岭。服务员按照简晴的嘱咐，收好便笺。

万泉河作为一村之长，在村里跑了一天，和王焕春、柳树林嚼嘴磨牙地商谈拆迁的事儿。王焕春话里话外询问万家老爷子对拆迁持什么态度，弄得万泉河无法回答。他觉察拆迁公司的工作人员也多次提到山东堡村最大的钉子户不是其他老百姓，而是他爹万宝良。万泉河虽然没听到秦岭亲口说这话，但是，公司员工们是秦岭的传声筒，拆迁，首先村干部要带头，秦岭对他说了不下十遍，万泉河心里清楚秦岭的用意。于是，晚上从村部回来，他和爱喝壶小烧的父亲在桌上对饮了几盅秦皇老窖。

万泉河一边漫不经心地给他爹夹菜一边说："爹，你是山东堡村的主心骨，牛有楼他们都在看着你呢，你给拿个主意，动是肯定要动的，别人家的情况也不复杂，该给的，政府不会让老百姓吃亏，不该给的，闹腾归齐也白闹。咱家情况特殊，这几天，拆迁公司的秦经理嘴里含着话，没和我直说，意思是让咱干部带个头。我倒是不担心别的，咱家那老宅子，还有那些古董将来的归处，都是叫我不好回话的事。你要的这些个补偿说出来，还不把拆迁公司的人吓到？依我看，咱要也得贴边。"

万宝良端起酒盅咂一口酒，跟儿子说："你爹我，一不是耗着争什么老宅补偿不走，二不是想做钉子户，我不在乎给我的拆迁补偿多少。我有退休金，富不到哪去也饿不死。我争的不是补偿款，我是在想法保护咱们山东堡祖先修建的这座祠堂。他们拆拆拆的，应该保护的也都拆掉了。人家佛塔村的明代砖塔保护下来了，我们的祠堂就该拆吗？你说，那是什么，那是历史，是文物。如果拆了，我们连祖宗都没了。"

万泉河的想法和他爹的不一致。他想他爹肯定在家里的老宅和古董上面做文章，想父亲在村里有话语权，多争取拆迁补偿也是合乎情理的。至于那座父亲视作命根子的祠堂，万泉河也不太上心。他想把老爹的注意力往自家老宅上拉。可是，他爹就是不上道，这使万泉河很伤脑筋。这样两拧着的想法，就像两股河的水，各自分流。这样怎么向秦岭汇报？他打定主意，干脆先闭口不谈他的家事。

柳明这几天感到压力很大，他一方面跟着秦岭他们做其他村民的动迁工作，一方面还要承受来自周小虎风言风语的压力。他回家试图说服父亲放弃对碉堡的补偿要求，他给父亲柳树林讲政策、讲土地法，可是，柳树林不是一言不发，就是找来扁担棍棒追打儿子柳明，搞得柳明很没面子。有几次还跑到小黑龙家投宿。柳明感到很苦恼，一方面，他想做出表率给拆迁指挥部的周小虎看，另一方面也想做个响当当的男人给温暖看。可是父亲不给他争气，他感到无可奈何。

柳明在拆迁公司碰上秦岭，他问秦岭，“我能代替我爹签下拆迁协议不能？”秦岭明白柳明的心情，可是，柳明的父亲柳树林是房主，没有他的签名，一切等于零。柳明无计可施，只好怏怏不乐地跟着动迁组入户做工作，期间，他也没少受到村邻们的奚落，说他还有脸面做别人家的工作，自己家老子带头抗拆，惹得柳明站在墙角里要哭鼻子。温暖看他一个大男人被奚落，忍不住安慰他，并拿出纸巾，递给他擦眼泪。周小虎看到柳明真心实意地想劝说柳树林签协议，也不再讥讽他，反而安慰他，这使柳明增加了说服父亲的信心。

山东堡村的拆迁收尾一波三折，本来万泉河的父亲万宝良是党员，一定会是拆迁中带头的先锋，可谁知他却是最难攻克的堡垒户。他始终躲避不和拆迁部门对话，使秦岭十分为难。尽管秦岭多次和他的儿子，村书记万泉河商谈，但是万泉河说的和做的根本就不搭边。他只是转达万宝良的话，让把那座祖先的祠堂保留下来。一来作为景点留给后人参观，二来把山东堡的根也留了下来，别拆迁活人都换上了新居，但老祖宗住的地方都拆没了。山东堡的祠堂比不了佛塔村的佛塔，佛塔是文物，但祠堂又算不上，所以万宝良的想法秦岭根本满足不了。下一步他准备不通过万泉河找他爹，自己单独去找老爷子谈谈。对于柳树林，秦岭觉得这是个胶皮糖式的人物，他必须有足够的压力才可能交房。王焕春的野蛮和不讲理是山东堡村出名的，他不怕她撒泼，就怕她拿不是当理说。纠缠到最后，也许需要政府出面强制拆除。而牛有楼和他的儿女们，更是他最伤脑筋的。他们中有的是国家干部，有公职，但又生在山东堡，长在山东堡。牛有楼个人是村里的老户，由于牛氏家族社会关系特殊，所以强拆在理论上成立，在实践中几乎没有可能。山东堡的拆迁收尾像绕毛线团一样错综复杂。

简晴离开酒店时正要结账，这家海边五星级酒店和秦岭的德仁拆迁公司是签约单位，加上秦岭的交代，收银员根本不收简晴的钱。秦岭在酒店为简晴结了账，前台服务员把简晴留下的便签交给他，秦岭看着简晴秀气的笔体，上面写满对秦岭感谢的话语，她说自己替妹妹还有父母感谢秦岭。她让秦岭不要思念妹妹，他可以把她当作妹妹简爱，就当简爱还活着。秦岭对简晴的言语感到贴心，简晴是个和简爱一样善良的女孩。

沈小雨是个说到做到的人，他跟工作单位请假，说有事需要出趟门儿，单位准假后，沈小雨直接去火车站买了去滨海市的车票。他也觉得自己似乎被爱情冲昏了头脑，但是父亲的责怪终究只是责怪，他怀着对金冰凌的炙热情感，也不顾是否是一厢情愿，踏上东去的列车。沈小雨把背包放到行李架上，坐下来，发了一条短信给冰凌，告诉她，他已经坐上去滨海市的火车，下午1点20分到达。他希望下车就可以见到冰凌来出站口接他。沈小雨知道这是他的奢望，金冰凌对他的热情始终无动于衷。有时沈小雨苦恼过，但苦恼过后，他还是心存希望，希望有一天金冰凌会发觉他才是最值得爱她的那个人。沈小雨在手机上看电影以打发旅途上寂寞的时光。

冰凌收到沈小雨发来的短信，一时有些手足无措。她没想到沈小雨会专程来看她，她想告诉妈妈和爸爸，可是，他们会反对声一片。冰凌觉得沈小雨大老远从天津赶过来，如果不见，显得她太没人情味，如果见了，他们的谈话肯定会不愉快。她坐在书桌前，看着手机的短信，不知道怎么给沈小雨回。金海东很早去德仁拆迁公司上班，万灵应市委党校校长的邀请，一早去了市委党校人才培训中心。冰凌不想把沈小雨来滨海市的事告诉卓尔，她怕他多心。卓尔对自己多少有些不自信，经常因为沈小雨和冰凌闹情绪，这样互不信任也给冰凌带来了很大的困扰。时间在一点点消失，距离下午1点越来越近，冰凌始终没给沈小雨回音。

秦岭今天不打算去拆迁公司办公室，他带着陆景宽一起，去山东堡靠海的宗氏祠堂，找山东堡村的核心人物万宝良商谈拆迁事宜。对于这样的拆迁户，秦岭要亲自和他商谈。他的车在祠堂门前缓缓停下来，他和陆景宽从车里下来，轻轻关好车门，陆景宽腋下夹着个皮包，转身推开祠堂的大铁门，他们来到祠堂院子里。

万宝良在撅着屁股洗一块蓝色毛巾，他想为祠堂打扫尘埃。看到秦岭他们进来，便为秦岭和陆景宽搬来红木椅子，放在院中间说："早料到你们会来这儿找我，先喝口水吧。"腿脚麻利的万宝良给秦岭和陆景宽倒了红茶，递过来。秦岭坐下来，接过茶杯，喝了一口，夸赞茶味地道。万宝良也不接话，忙着干自己的活儿。

万宝良此刻穿着宽敞的灰色布衫，拿一块洗干净的蓝毛巾，在给祠堂的红木椅子和列位祖先牌位除尘。这里除了节日、祭日很少有人来，那些山东堡村的子孙们考上大学的，在外工作的，在家经商的，都在打拼自己的事业，但对这座小时候经常由父母带来拜祭的祠堂也倍觉珍贵。听说山东堡村要拆迁，他们中有人特意从外地打过钱来给万宝良，让他保护好立有祖先牌位的祠堂。自从拆迁消息下来，万宝良便每天起早贪黑地守在这座祠堂里。山东堡人闯关东到此落脚，又在此生根发芽，祠堂成为一代山东人闯关东立下的里程碑式的人生记录。虽然他们距离关东仅差一步之遥，但是，四个堂兄弟在闯关东的路上一路同行，最终又全部落脚在山东堡，这一脉山东人为自己的祖先和后代建立一座记录他们历史的祠堂，也的确值得保留和纪念。万宝良其实内心很忐忑，他和多数人的心里一样，希望这场大开发和城镇建设，能把历史的、记录社会变革中的文化标志性的东西留下来。他考虑过那座老宅院落还有里面价值不菲的古董，但他觉得相比较而言，还是这座祠堂分量重。万宝良祖辈多出秀才，文化世家沿袭至今，万泉河的两个儿子全部是从山东堡考出去的高材生。为此，万宝良还特地在孙子上大学前在这座祠堂给他们举行了隆重的祭拜仪式。现在，万宝良收拾好祠堂里里外外，看着洁净的祠堂，感到内心的荣誉感顿增。这座祠堂建于1910年，占地六亩，外观看有点像是古戏台子，四根红木柱子支撑着拱形黑色脊瓦，脊瓦头上四角麒麟兽很有气势地面向天空蹲伏着。祠堂有两扇红油漆的铁门，每天太阳出来，大门是一定要打开的，那是为了迎接太阳的第一缕阳光照射进来。祠堂里面四周墙上分门别类地贴有山东堡二十多个姓氏的族谱，包括谁家哪年中了举人和进士，谁家的孩子哪年考上重点大学，上面都有记载。早几年，万宝良在单位上班，这里由唐家子孙照料。现在，万宝良退休了，他不再启用其他人来照管祠堂。

此刻，陆景宽早就忍不住在祠堂院子里转悠，秦岭知道陆景宽是个急性子，他说："老陆，咱不能坐在这里傻等，走，找他去。"他们从院子里走进祠堂，看见墙上挂着山东堡村村民自山东登州府移民来时的族人领袖的画像，画像下面是山东堡村村民们历代家族已故族人的牌位。祠堂四周墙壁上贴满红红绿绿的家谱，上面标有村民们历代宗亲里有出息的子子孙孙们的介绍。

万宝良看到秦岭进到里面来，便对秦岭介绍起这座祠堂的来历，包括这座祠堂对山东堡村民们的重要性。秦岭原本以为这次来见万宝良又会扑空，因为万宝良起先是躲避着不见秦岭的，也许是万泉河对他父亲几次劝说起到了转变的作用，但万宝良绝口不提拆迁的话题。秦岭着急，百日会战已经过去六十多天，最终什么时间拆成净地，是政府部门安排下一步开工的先决条件。他内心焦急，就连做梦都在和拆迁户商谈。他一边观看祠堂的陈设，一边和万宝良唠嗑。

陆景宽看着万宝良里外忙碌，不肯坐下来说话，早就耐不住性子，他瓮声瓮气地指着万宝良说："万宝良，你还当你是房产局局长呢？我们秦经理来了你还端架子，咱们都是痛快人，憋着屁不放，我跟着难受。"秦岭赶忙用眼神制止陆景宽。

万宝良听到陆景宽的话，放下手里的鸡毛掸子，也没发火，反而笑着对秦岭说："你的这位下属怎么和李逵一样的火爆性格，拆迁沟通可不要随便和群众发牢骚，这样怎么解决问题？"

秦岭听了万宝良的话，呵呵一乐说："可不是的，他这都是叫政府下达的百日会战的命令给逼的。我们在规定的百日内完不成任务，政府是要对我们公司下罚单的。"

万宝良也笑了，他提起一壶开水说："咱们到院子里说话。"秦岭和陆景宽跟着万宝良来到院子里的一张木桌前坐下来。万宝良把开水冲进茶壶里，绿色茶叶迅速浮出水面。万宝良坐下来，他的白眉毛都快把眼睛盖住了，他手里捻着银白色的胡须说："拆迁是千家万户的事，我想政府不会让老百姓吃亏。可是，年代久远的东西该保留下来的，你们不要拆。"

秦岭没等万宝良说完，接过话说："我明白您的意思，想把这座祠堂保留下来。"万宝良点头说是。

秦岭说："老人家，保得住保不住这所祠堂我还真的说了不算。据我所知，政府规划根本没有保留这座祠堂，您的心情我理解，但老百姓的想法也要符合政府的规划。"

万宝良刚才还好好的一副笑脸，转瞬间就布满阴云，他带着不满的情绪说："山东堡村自古以来就有这座古祠堂，做事得有个先来后到吧？我们修祠堂在先，你们拆迁征地在后，作为文物，也不该拆除这座老祠堂。"

秦岭看到万宝良发怒，急忙给他的杯子蓄满茶水，哄着他说："万大叔，您在机关工作多年，对咱这政策研究得比我们还透彻，也比我们明白事理，山东堡村是小家，改造滨海市市容市貌那是大事，什么叫舍小家顾大家？您做过领导，这话您在位时讲过多次。您说，怎么做还用得着我这小辈多费口舌吗？"

万宝良看着秦岭和陆景宽，还是不认账，他说："秦经理，我知道你是个老拆迁人，你别给我戴高帽子，我这人认定的事绝不回头，你还是去找其他的村民谈吧。我这里还忙得很，不送客啦。"秦岭和陆景宽被万宝良下了逐客令，看他已经起身回到祠堂里去了，他们两人面面相觑。秦岭无奈，做了个走的手势，两人怏怏不乐地离开万宝良看守的祠堂。秦岭明白这样的谈话再进行下去，不会有满意的结果，还不如从长计议。

周小虎、卓尔、温暖三人本来是负责谈牛有楼这一户的，可是，牛有楼是犹抱琵琶半遮面。想谈又躲的心态使他几次出面，又都在毫无结果的情况下，渐渐淡出拆迁公司人员的视线。周小虎设法吊他胃口，决定托人告诉他，以后绝不再找他们家谈话，就让他家在山东堡自消自灭。最后实在谈不妥，就要求申请法院强制执行。牛有楼毕竟是牛有楼，他仗着在公安局有一定职位的大儿子牛油的权势，做好了不达目的，誓不罢休的决心。周小虎和卓尔也不着急。按照秦岭的安排，他们来到牛有楼的西院陈秀杰家里。

陈秀杰是个六十多岁的老人，他和老伴住在一座三间瓦房的小屋里。虽是瓦房，但是，房檐低矮，里面苫的羊草还参差不齐地裸露出来，有点风雨飘摇的感觉。山东堡村是滨海市的小康村，但是，陈秀杰驼背、妻子聋哑、儿子痴呆，这样的家庭会好到哪去？

陈秀杰虽然还没有签协议，但是他有自己的难言之隐。今天卓尔想来看看他的儿子有没有消息。

陈秀杰有点驼背，他的老伴耳聋，但夫妻俩很和善，他们把周小虎和温暖、卓尔他们让进屋，给他们捡上一盘红彤彤的苹果。陈秀杰拿起一个个头大的放在温暖的手上说："闺女，吃吧，你是女孩子，我可喜欢女孩子了。我家倒是生了个儿子，可他痴呆，走丢大半年了，也不知道寻回家来。你说，咱们山东堡都在张罗着拆迁，我还真的怕一旦搬迁，这小子要去哪里找我们？"

温暖和卓尔很同情陈秀杰老两口。陈家屋内的陈设很简单，一个躺柜横在炕梢，一张饭桌倚在北墙根下，一领炕席铺在三尺宽的炕上。房檐下的玻璃窗户擦得干净透亮，压水井打在厨房里，锅台灶脑收拾得干净利索，地上堆着一堆刚摘下来的青菜。

周小虎开门见山地说："大爷大妈，我们是德仁拆迁公司的，现在山东堡村拆迁，今天是来和你们商谈拆迁签协议的事儿。也不知道你儿子有消息没？"

陈秀杰坐在低矮的马扎上，搓着干枯的两手，含蓄地说："我知道你们拆迁公司的人讲道理心也善，我平生就积攒下这么一座房子，不像别的人家，家大业大的，你们不是也量过我的房基地和自留地了吗？评估给我的价码也不少，我也没意见。可我不打算现在和你们签下拆迁协议，但我家保证不拉你们拆迁的后腿，我要再等等我的儿子。”周小虎和卓尔都没想到，这么困难的拆迁户，竟然不和政府部门提要求讲困难，还一口答应不拖拆迁的后腿，周小虎他们几个很感动。卓尔说：“陈大爷，您放心，我保证说服我爸爸，让您最后一个走，看看能不能等来您的儿子。”陈秀杰站起来，对着卓尔和周小虎、温暖他们两手作揖，感谢他们的理解和同情。

卓尔和周小虎、温暖自从入户开始，时间已经过去二十多天了，没想到今天终于又谈成一户。并且顺利得令人出乎意料。时间刚过11点，周小虎提出要带着卓尔和温暖去火车站附近的韩式烧烤吃点特色的烤肉。卓尔说：“可以呀，咱们庆祝庆祝。”几个人一合计，时间也不早了，再去下一家调查恐怕赶上吃午饭的时间，谈话也不方便，便一口答应先吃饭去。

市委党校的曾春蕾校长给万灵打电话，让万灵去一趟，他有事想当面和万灵谈。万灵知道曾春蕾校长是前任市长曾燕的弟弟。此人四十五六岁，工作扎实，话语不多，很有心计。万灵还在国土局时两人就认识，但没共过事。

万灵到了市委党校，在四楼的校长办公室见到了曾校长。曾春蕾很客气，知道万灵刚从中央党校毕业。他直截了当地说学校想聘请万灵来党校的培训部做教师。万灵起初觉得很意外，但是见曾校长盛情邀请，心里也很高兴，毕竟自己还不算老，能在余生为社会发光发热，这也算是人尽其才。这样，万灵答应下来，曾校长也很高兴，他叮嘱万灵明天就来党校报到。

冰凌没心思学习，在大厅里拿着手机来回走。她是个内心柔软的女孩子，虽然不爱沈小雨，但是沈小雨的真情不能不令她感动。就算拒绝，对人家也要有个态度。她看看表，12点刚过，她穿上裙子，简单化了妆，背着黑色皮包，穿鞋下楼。招手拦停一辆出租车，上车后，告诉司机到火车站。

文慧很久没见儿子卓尔了，心里惦念，寝食难安。她反复考虑一夜，最后拿定主意，要去滨海市看看儿子，也顺便看望前夫秦岭。她对复婚的念头始终没有熄灭。她说做就做，凌晨起来开始收拾衣物，准备了些自制的山楂罐头、雪梨罐头和酸甜黄瓜等卓尔爱吃的东西。又从厨房搬出一坛腌好的黄酒咸鸭蛋，她拿出一枚来，对着镜子照照，这是秦岭最爱吃的东西。她拿来塑料袋子，往里边装了20枚鸭蛋，这才把要带的东西一起放进手提袋里，收拾齐整，打车到了淞江市火车站。她在售票室买好车票，等着时间上车。

沈小雨有点疲劳，他靠着座椅眯着眼睛睡觉。由于见金冰凌心切，虽然困意不断袭扰，可他还是睡不踏实，总怕坐过站。沈小雨担心这次白来一趟，金冰凌会不会见他还两说，他的内心像是有几千只白鼠在啃噬着。

列车终于在下午1点20分到达滨海市的火车站。沈小雨背上双肩挎包，随着旅客下车。沈小雨刚一踏上滨海市的地面，就觉得海风习习从脸庞温柔地掠过。虽然天津已经热得像火炉一样，但滨海仍然感觉不到火辣的闷热，他有点羡慕生在滨海市的金冰凌，真有福气。

冰凌来时还不到1点，她在火车站旁吃了点韩式烧烤，看看时间快到了，才去了火车站的出站口，等着沈小雨。

这时候，卓尔和周小虎、温暖他们三人也来到韩式烧烤店，他和冰凌擦肩而过，却谁都没注意谁，也没想到彼此会这么巧都来这里吃饭。

沈小雨身材高挑，戴着茶色眼镜，穿着略微不合身的白色衬衣，青涩难掩。出了车站出口，他有点茫然无措，停在一排栏杆边上，他掏出手机，要给金冰凌打电话，又犹豫着把手机放下，看看机动车道上穿梭不停的车辆，他还是鼓足勇气，拨通了冰凌的电话。

冰凌站在出站口的栅栏边上，看到沈小雨从车站的出站口出来，她不想先打招呼，看着他摆动长腿，四顾观望走出出站口，来到距她不足一百米处站下来。冰凌有点得意，心里埋怨这个冒冒失失的沈小雨，贸然前来见她，如果以同学的名义来滨海，她可能会以礼相待，但是，他是以这种关系来见她，冰凌觉得沈小雨太不靠谱。可是，冰凌还是带着矛盾的心情来见沈小雨，她希望能见面把他们之间的关系说清楚，这样，沈小雨也会心无旁骛地开始自己的感情生活，这对他们都好。冰凌走到沈小雨身后，她的手机铃声还在响着，沈小雨听到手机铃声，回头看见金冰凌站在身后，他挂断手机，激动地喊：“冰凌，谢谢你能来见我！本来我都没打算今天能够见到你。”他伸手隔着栅栏要和冰凌握手，冰凌说，“算了，沈小雨，我带你先去吃饭吧。”

第二十八章　内外焦灼

沈小雨和冰凌一起走进一家干净的餐馆。两人要来一份饭菜，冰凌说她刚吃过，就是陪着沈小雨吃点。沈小雨含情脉脉地看着冰凌，冰凌躲避沈小雨炙热的目光。沈小雨拿出一条金项链，递给冰凌，并解释说："冰凌，这是我自己攒钱买的，收下吧。"冰凌摆手不接受，看着服务员端上来的饭菜说："沈小雨，你知道我是不随便收别人东西的，你快吃饭吧。"沈小雨坚持自己的诚心，他离开座位，走到冰凌身边，对冰凌说："我知道你心里装着的都是秦卓尔，可是你想想，你确定爱他吗？你们之间就没有父母之间那份感情因素吗？你不要做上一辈人感情影子下的牺牲品。秦卓尔能给你的，我也能，秦卓尔不能给你的，我照样能给你。你不要再这么折磨我好吗冰凌？"沈小雨手里拿着金项链，他不在坚持让冰凌接受，他站在冰凌身边不动，等着冰凌表态。冰凌让沈小雨坐回去，听她说。沈小雨回到自己的位子上去。

冰凌说："沈小雨，我承认我和秦卓尔之间有父母老一辈人的感情掺杂在里面，可是，秦卓尔务实有担当，我爱他也不是一天两天了，他爱我也是有感情基础的，我们中间没有你，彼此会很好的。我不想你再这么折磨自己，也不想你再折磨我。今天你从天津大老远跑来看我，我很感谢你，可是我要明确地告诉你，我们真的没有未来，你放弃吧。”

沈小雨把金项链放在桌子上，缓缓起身，走到窗前，望着窗外说：“冰凌，从你的眼睛里，我看出来，你并不讨厌我，所以我可以等，直到你和秦卓尔结婚。”沈小雨掷地有声地告诉冰凌他的想法。冰凌也痛快地告诉沈小雨说：“那你就等吧，我们下个月就结婚。”

沈小雨觉得冰凌这是说的气话。他回身坐下来，把筷子递给冰凌说：“来，冰凌，陪我吃口饭，我还真的饿了。”冰凌拿起筷子，慢慢吞咽鲍鱼浇汁米饭。沈小雨为冰凌夹一块铁板烤鱼。两人在不太友好的气氛下，匆忙吃完饭。冰凌也不留沈小雨住下，沈小雨只请了一天的假，他看看时间还早，想找间咖啡屋，和冰凌再谈谈。冰凌不想谈，她坚持先把沈小雨送走。沈小雨不再坚持，随着冰凌往车站售票室走去。沈小雨对冰凌还不死心，他依依不舍地站在冰凌面前，心里有话，却无法表达。沈小雨紧紧地握着冰凌的手，努力噙住眼里的泪水，对冰凌说：“你回去吧，我不想把我们的离别留在记忆里。”冰凌站在那里，心里五味杂陈。沈小雨握着冰凌的手久久不愿松开……

文慧刚下车，吃力地抱着鼓鼓囊囊的手提袋子，随着人流走出出站口。出来后，她四下张望，出租车靠过来，她掏出手机，想给卓尔先打个电话。这时，她看到冰凌在和一个男生在距她不到二十米处说话，那个男孩拉着冰凌的手。文慧觉得终于有机会说服秦岭和卓尔放弃冰凌，她迅速把手机照相功能打开，也不顾地上的包裹，悄悄走过去，连按几下按钮，把冰凌和沈小雨在火车站的照片拍下来。

冰凌本来想挣脱沈小雨，她抽回手的瞬间，发现有人对她们拍照，冰凌大叫着捂上脸，也没看清是谁，嘤嘤地哭起来。沈小雨看到有个四十多岁的女人在偷拍他们，他看到冰凌哭得很伤心，怒不可遏地冲过去，抢夺文慧手里的手机。文慧反抗，把手机送到内衣口袋里，对沈小雨说：“你敢抢手机，我就告你要流氓。”这样一闹，引来很多行人驻足观看。

万灵接受党校的聘请，决定明天就去党校上班，她很久没时间逛街，也想给自己买几件衣服，就约了好友艳秋去广缘商厦。艳秋明天出差，她让万灵陪她先去车站买票，两人边说笑边往火车站走。

万灵和艳秋听见出站口不远处有人吵嚷，就走过来，想看看怎么回事。冰凌蹲在地上，两手捂脸，泪水从指缝间滑落，沈小雨还在和文慧撕扯。万灵一看到女儿，再看看沈小雨，发现文慧挡着沈小雨的手，她不明白这是怎么回事，马上走上来，扶起女儿。冰凌伏到妈妈怀里哭泣。万灵严肃地问文慧："文慧，这是怎么回事？"文慧见到万灵，更加生气，她叉着腰，眼睛不看万灵母女俩，轻蔑地"哼"了一声，指着冰凌说："怎么回事？问问你家的大小姐。扯三拽俩的，我们家可不想娶这样的女孩子，丢不起人。"

万灵看看冰凌和沈小雨，冰凌才看见是文慧阿姨，更加觉得难堪和委屈，她背过身去，不想解释。沈小雨走到万灵跟前，对万灵说："万阿姨，对不起，我是冰凌的同学沈小雨。我是特意从天津赶来滨海看望冰凌的。这个女人刚才偷拍我们，我向你保证，我们真的没有什么。真的，请你相信我。"

万灵听说过沈小雨，也知道他一直在追求冰凌，但是，她和金海东都看重卓尔，冰凌也在和卓尔相恋。她看看文慧还在气鼓鼓的，知道她一直反对卓尔和冰凌恋爱，现在，一句话两句话也解释不明白，她不想现在和文慧解释，就直接对沈小雨说："沈小雨同学，我早就听说过你。但是，强扭的瓜不甜，冰凌不适合你，你还是放弃吧，免得耽误你。"文慧急忙接上万灵的话，她说："哟，现在都什么年代了，合不合适是你家女儿自己的事，我看，他们还真应该是一对儿。"沈小雨看着万灵，听出来这个对他们乱拍一气的女人是秦卓尔的妈妈。他觉得对不起冰凌，让她受到如此待遇。他走过去，告诉冰凌多保重，随后，掏出一条手帕，递给冰凌擦眼泪。冰凌不去接，洁白的手帕从冰凌的肘腕处滑落到地上，沈小雨转身消失在火车站的人海里。万灵看了文慧一眼，对文慧说："请你删除你偷拍我女儿的照片，否则，我不会原谅你。"说完，拉着女儿要离开。冰凌不想走，她想把卓尔找来，看看卓尔是怎么想的。

文慧也不示弱，她从怀里掏出手机，马上给卓尔打了电话。她要向卓尔证明，冰凌不是他应该爱一辈子的女孩子。

卓尔他们也在火车站附近的韩国料理餐馆吃饭，他们几个人吃得很热火，根本不知道外面发生的事。卓尔正在喝冰汁饮料，看到有电话打来，他拿起来一看，是妈妈打来的，得知妈妈突然来滨海看他，便让妈妈等他，卓尔在前台把请客的账单结清。几个人也为卓尔高兴，他们约好，下午山东堡见。卓尔跑出餐馆，在火车站出站口旁边，看见万灵阿姨和冰凌，他首先和万灵阿姨、冰凌打声招呼，然后跑到妈妈跟前。文慧见到儿子，伸开臂膀，卓尔抱住妈妈，娘俩很热情地相拥在一起。文慧想把刚才的不快告诉卓尔，她从包里拿出手机，想找到刚才拍的照片给卓尔看。

万灵和女友的逛商场计划因为女儿出现的尴尬局面而落空。她带着女儿冰凌站在一边，把刚才发生的一幕告诉了秦岭。秦岭觉得文慧做得太出格，他答应万灵，马上去找文慧。秦岭担心文慧会把照拿给卓尔看，只好他把几个生意上的合作伙伴扔在饭店里，自己开车飞速赶往火车站。他对文慧的做法感到气愤，身心俱疲、内外焦灼的秦岭很快把车开到火车站的出站口。他把车停好，三步并作两步地赶到出站口，正好看见文慧和卓尔母子相拥，万灵正安慰着女儿冰凌。他走过来，看到文慧掏出手机要给卓尔看那照片，秦岭手疾眼快，上去夺下文慧手里的手机，对文慧说：“文慧你要干什么？”

文慧看见秦岭赶过来，并夺下她的手机，心里突地升起怒火，睁着杏眼，指着万灵娘俩：“我告诉你秦岭，不要把你们上一辈子的感情强加到我儿子身上，他和金冰凌的婚事我不同意。”卓尔看着爸爸抢下妈妈手里的手机，他感到莫名其妙，又听见妈妈的话，他看看冰凌，冰凌眼圈发红，显然是刚刚哭过，他扳着冰凌的肩磅问：“冰凌，你告诉我，怎么回事儿？”

冰凌满眼含着泪水，她对卓尔说：“卓尔，今天中午，沈小雨来找我，我见到他，也按照同学之间的礼貌接待他吃了中午饭，刚才我送沈小雨回天津时，被你妈妈看见，并且还偷拍了我和沈小雨的照片。我看，咱们分手吧。”卓尔听完冰凌的话，两只手从冰凌的肩膀上滑下来，他对冰凌说：“我最反感你和沈小雨还有往来，告诉你不要理他，可是，你却出面接待他，还一起吃饭，你说是以礼相待，可是谁能证明？”万灵、秦岭和文慧看着他们，都不作声。冰凌叹口气说：“卓尔，我们还是分开一段时间，各自考虑下我们的感情再说吧。”卓尔不说话，挽着母亲文慧的胳膊离开。

秦岭拿着文慧的手机，看着万灵和冰凌母女俩说：“你们不要和卓尔一般见识，这孩子有时任性，等我回去和他做做思想工作就会好的，冰凌，其实卓尔一直很在意你的。”冰凌擦下眼泪说：“秦伯伯，其实我们是该好好考虑下我们在一起是否合适，你给我们一段考虑时间吧！”秦岭看看万灵，无奈地点头答应冰凌，支持冰凌考虑考虑再说。

秦岭和万灵他们各自离开火车站，秦岭把文慧的手机放起来，他想赶往山东堡的拆迁公司，这时，他接到拆迁指挥部尹宁的电话通知，西江区人民法院那边打来电话，告诉他，下周一九点，法院将就山东堡村村民状告德仁拆迁公司关于拆迁补偿不合理一案开庭审理，德仁拆迁公司需要安排人出庭。秦岭答应下来，他回到拆迁办找到李晓雷，交代他根据村民的诉状写好答辩状，写好后他再来审阅。

牛有楼的背后有儿女在给他撑腰，他依然坚持拆迁办把门口的违建房按经营门市房来补偿。牛有楼早在拆迁前，就把房子改在儿子名下。市纪委的一封公开信后，牛有楼想把名字再改回来，怕给儿女添麻烦，但房产局因拆迁冻结，不再办理过户，后经牛油协调也没人敢办。仰仗着他们原来都是村民，他们总想钻一回空子。撑死胆大的，饿死胆小的，这是牛家的座右铭。牛家的子女还是坚持着自己的想法，不肯和拆迁公司对话。

柳树林在贾文海的怂恿下，又去怂恿万宝良、牛有楼等户。法庭快要开庭，目前只有他和王焕春参加诉讼，他希望在山东堡村两个大哥级的人物也配和他们。牛有楼仍明确表示不参加诉讼，万宝良心里暗自鄙视这些人。

柳树林有生第一次当了一把原告，他按照贾文海的指点，请来滨海市非著名律师白马。白马为拆迁的群众打过多起官司，大都以败诉告终。贾文海当初的诉讼材料他看过多次，但却始终没敢接。他不是担心官司输赢，再说他也不是没输过官司，他是担心贾文海闹腾。贾文海曾经拿着一大堆上访材料，上面写着代理律师白马的名字，白马律师一下在滨海市信访届出了名。如果滨海市的司法界知道他真的给贾文海这样的诬赖代理，非嘲笑他不可。贾文海对他意见很大。这次贾文海把白马律师介绍给山东堡的人，白马律师也不好再推辞，反正打官司输赢都挣钱。

柳树林心里对贾文海感激涕零，不住地对贾文海传授的告状经验竖起大拇指。贾文海嘴上说钱是政府给的，能多要就多要，心里早就等着这场官司的输赢，也顺便给自己留点经验，他在东岭村还有没腾空的房子。

秦岭坐在拆迁公司办公室里，拿一把扇子不住地扇风，天气炎热，他的内心很烦躁。眼看距离百日会战结束还有整整一个月，他想找万泉河，探探他父亲的情况。恰好万泉河入户动迁回来，看到秦岭满脸凝重的表情，他的内心已经猜到秦岭是为收尾的事烦恼。他故意假装没看见秦岭坐在办公室，而是直接走到自己的办公室门前，解下裤子上的钥匙，准备开门回到自己的房间歇歇再说。

秦岭看见万泉河在走廊里走过去，他招呼万泉河说："老万，你过来一下。"万泉河听见秦岭喊他，也不好再躲避，就走进秦岭的临时办公室。万泉河坐在沙发上，从兜里掏出一盒双喜烟，递给秦岭一根，掏出打火机为秦岭点燃，再给自己点上，然后嘴里喷出一团烟雾，透过烟雾，看着秦岭，明知故问地说："怎么样？大家都下户了吧？情况不错吧？"

秦岭摇摇头说："这百日会战把人搞得都神经了，我都三四天晚上睡不好觉了，老万哪，你帮我分析分析，这山东堡村一枝不动，百枝不摇的情况根源在哪？"万泉河看眼秦岭，吐出一口烟雾说："依我看，没签约的都有自己的理由，我们得适当提高点标准，让利于民。"万泉河实际是有所图，他爹的房子没有交，但他爹一门心思在祠堂上，对他的老宅和古董并不上心。他是独生子，那老宅某种意义上就是他的，他甚至担心哪一天他爹心气顺了会草草地交了老房子。拆迁一辈子就赶上这一回，在不伤和气的情况下能多要点就多要点，但同时他当然也不赞成他父亲做钉子户，这是他的真实心理。秦岭把手里的烟掐灭，对万泉河说："你的观点我不赞成，先走的吃亏，后走的占便宜，拆迁就怕这个。你父亲的工作还需要你去做，你是党员、村干部，在拆迁问题上，山东堡的几起几落，要是有干部带头，党员在先，就没有拆不了的地块。就说你们那个祠堂，你爹以为是我坚持要拆，这件事得符合国家规划，山东堡村村民向政府写的申请又没得到回复。我看在高楼大厦中间夹个祠堂真的不现实，祠堂该扒还是要扒。"

万泉河看着秦岭，一时语塞。他的嘴角动了动，皱着眉头说："我爹那人思想本来挺先进的，不知道为什么，在拆迁这件事情上磨不过弯儿来，再给他点时间。"秦岭听着万泉河的解释，觉得也在理。

李晓雷把答辩状写好，附上村民的起诉书，把材料交给秦岭。秦岭粗略地看看，诉讼理由真是千奇百怪，不是理由的理由也罗列在诉状中，每个起诉状都是一篇中篇小说，白马律师的一贯做法是先把法官搞懵，至少李晓雷、秦岭是被他的诉状搞懵了。因为白马律师每次都把起诉状写得很厚，所以被代理人都认为他很认真，所以虽然他是屡战屡败，但是还是有人请他。秦岭准备抽时间修改答辩状。

卓尔要把妈妈送回他和爸爸的家里，文慧不答应，她坚持让儿子给她找家宾馆住下来，她要陪陪儿子，打算住上一周，就回淞江。卓尔也考虑到妈妈和爸爸毕竟已经离婚，贸然地带着妈妈回家不合适，他就在家附近找了家宾馆，安排妈妈住下来，然后赶往山东堡村。

在村头的临时拆迁办里，秦卓尔与周小虎、温暖、柳明他们会合。周小虎看看手里的户主名单，指着一户叫万德宝的名字说："这家和曹立本家是邻居，我看咱就去他家，啃一户是一户。"卓尔心里还在生冰凌的气。但是，作为一名拆迁工作人员，工作毕竟是第一位的。他转身问柳明和温暖说："这个万德宝人怎么样？"柳明说："这个人是个单身汉，早年是个影匠，梆子调唱得地道，这几年经常走乡串户卖艺。听说拆迁，他才回村里来。人品嘛，说不上好，但是也不赖。"周小虎踢他一脚说："柳明你这小子，一会好一会赖的，好人坏人都叫你做了。快走吧，带我们去万德宝家。"

万德宝年轻时和柳树林同时追求柳明的母亲，后来真的在"柳树林"中柳树林得了手，因此他战胜了万德宝，但也结下仇恨。曾经有很长的时间，柳树林非常庆幸他父亲给他起了柳树林这样一个有先见的名字。

万德宝家住山东堡村的道南，他家和曹立本家仅一墙之隔。曹立本自打交了房，就去他表哥家借宿，白天上拆迁办帮帮忙，生活也算充实。万德宝是个心思细腻，喜欢计较的人，他跟大大咧咧的曹立本趣味相投，很能合得来。两人经常在大年三十伙着过年，万德宝搬来啤酒、鸡鸭鱼肉，曹立本主管烧制菜肴，两人搭伙过年已经有些年。曹立本打电话告诉万德宝，山东堡拆迁，让他赶紧回来办理手续。可是万德宝不像曹立本沉不住气、端不住架子，他就盯住柳树林，只要不比柳树林少就行，他只这一个要求。他不信婚爱情柳树林战败了，拆迁补偿他还斗不过柳树林。因此他根本不研究拆迁补偿政策，他只研究柳树林。

此刻，万德宝坐在当院的檩条子上，拉着他的皮影小调，嗓子里挤出女人的沙哑腔调来。他回家等待拆迁已经有一个月了，拆迁公司的人员下发的文件他几乎不看，他只关心柳树林交房没有，补偿是怎么给的。他现在很得意，庆幸当初多亏休了那个外地带着三个孩子的女人。琴声断断续续，附和着他一声粗如铁筒、一声又细如铁丝的嗓音。

卓尔和周小虎、温暖、柳明循着声音进院。高大的院墙是大理石新砌的，门口有一对大红福字分别贴在左右两侧。三间大瓦房也是青砖、红瓦，金色窗框和房门，显示出万德宝家的品味。万德宝五十七八岁的模样，他的眼睛细眯着，脑袋上带着导演们常戴的鸭舌帽，不是为了遮蔽烈日，而是要展示艺术范。万德宝家里院子的东侧，有一颗两米高低的大石榴树，石榴花刚落下不久，小石榴便长有指甲盖大小。石榴花有的还没落尽，长在枝丫上欲谢不谢的。院子里很宽敞，一畦韭菜绿莹莹地长在墙边，院里没有鸡鸭，显得冷清许多。万德宝常年不在家，没人喂养，所以，一个人的生活也就少了些许家的味道。

周小虎和卓尔、柳明他们几个人进院，万德宝还沉浸在自己的皮影世界里。柳明站在台阶下喊："老万大叔，我们是拆迁公司的，来和你谈事的。你这是唱给谁听呢？"万德宝睁开眼睛，见是本村的温主任和柳明还有两个不认识的年轻人，知道他们才是拆迁公司的，就放下京胡，戏谑柳明说："你个兔崽子，啥时成了拆迁公司的人了？你来干啥？"

柳明笑了笑，自来熟地给其他三人搬来三把凳子，放在万德宝跟前说："万大叔，咱从山东堡动迁那天起，就是拆迁公司的人了。这不，天天带着大家伙挨门挨户地搞调查，忙乎得很呢。"

卓尔拿起万德宝放在地上的京胡，在手里摆弄着，就是拉不成调调来。温暖捂着耳朵说："卓尔，你快放下吧，吵死人了。"

卓尔把京胡放回去，他问万德宝说："万大叔，听说你的皮影唱遍了华北平原，赶明儿个，请你去关外唱唱怎么样？"万德宝坐在一边，听到卓尔说请他去关外唱皮影，他马上来了精神，他看着卓尔说："咱这皮影是地道的河北皮影，原汁原味的。你是关外来的？"卓尔点头说是。万德宝继续说："关外的皮影还数淞江的好。我那年去过淞江市，那里的皮影艺人已经不多，我现在是咱们华北的皮影文化传承人。"

卓尔和温暖用羡慕的口气对万德宝说："万大叔真是太有才了！你可不可以给我们唱一段听听？"

万德宝看看卓尔和温暖他们，脸上突然露出不悦的神情，他对柳明说："我没心情给你们唱。柳树林的儿子，你带人是来和我谈判的吧？你先把你爹给谈判好了，再来和我谈判。"

柳明的脸颊发烧，他看着万德宝，一时无言以对。周小虎对万德宝说："万大叔何必难为柳明呢，他因为拆迁的事，现在和他父亲成了死对头。拆迁是千家万户的事请，不能攀比。这次拆迁和前几次不一样，大家终究都要走。所以，早动比晚动得到的实惠更多，光奖金的数额就很可观的。”

万德宝把脸扭向一边说：“我只是怕吃亏，我也不是没吃过亏，只要给我的补偿不比柳树林的少，我马上签协议交房。”万德宝说完狠狠地瞪了一眼柳明，心想要不是柳树林在“柳树林”中得手，站在他面前的人应该姓万。因为万德宝的条件说得很清楚，所以卓尔他们无法接话，他们告别万德宝，走出万家大门。

他们告别万德宝，走出万家大门时，周小虎又想给柳明上一课，洗洗脑，他说：“柳明，你明天别再跟我们搞什么拆迁了，你看看人家村民是怎么说你家的？你爹顽固不化，你又说服不了他，他还要跟我们拆迁公司打官司。这样你还怎么去说服其他的群众呢？”

柳明的脸一阵红一阵白的，他看着周小虎，对卓尔说：“卓尔，我今晚上就和我爹摊牌，要不撤回状子，我就和他断绝关系。”卓尔和温暖都笑了，卓尔拍拍柳明的肩膀说：“我能理解你的心情，不要着急，今晚你再试试看，我等着你的好消息。”温暖也鼓励柳明，回家好好和他父亲谈谈，让他不要带着大家打官司。柳明让温暖放心，他会和父亲好好谈谈的。

第二十九章　暗流涌动

山东堡的拆迁工作启动两个多月了，金海东到德仁拆迁公司也近一周了，他把这两个多月的拆迁情况进行了汇总并仔细分析，还和动迁组的组员人了解了情况，和山东堡村委会的人员深入调研，他做的所有这些是想给秦岭拿出切实可行的方案。

以前，当副市长的时候搞调研就是官话、套话，真的不接地气，这次金海东不仅接了地气，甚至把根都扎到了泥土里。他慢慢适应了这种生活，他感到了前所未有的充实。金海东也不是凡人，否则干不到副市长的位置，他不只想在秦岭这拿到一份工资，他更要再次证明自己。

干拆迁真的很难，它难在拆迁要在同一时间点上解决几年、十几年甚至更长时间的历史遗留问题，难在几十年的改革开放，社会飞速发展，组成肌体的每个细胞并非都是健康的，难在拆迁部门没有执法权，秀才似的动迁能解决通情达理的善良的被拆迁户的问题，但解决不了少数钉子户的问题，对此金海东深有感触。

最后金海东得出结论，还是相关政府的态度造成了拆迁难。为什么这么多年违法建筑屡禁不止，而违法建筑又成了老百姓在拆迁中提出无理要求的理由。为什么村里所谓“能人”在山东堡买了房子，是谁给过的户？为什么民宅可以用于商业经营，而一旦拆迁，非把自己的民房说成是商业用房？为什么政府怕钉子户、上访户，社会稳定可以牺牲公平和正义吗？以上种种在拷问相关政府的良心。是不是在有所为时不作为了？在不该作为时乱作为了？

胡思乱想中，金海东一度把角色错位了，一会儿变成了副市长，一会儿又变回了拆迁顾问。他真的有些同情并佩服秦岭了，能把佛塔村拆平，把山东堡村拆到这个程度，秦岭真的很了不起。金海东甚至对秦岭产生了一种愧疚感。

在拆迁中政府应该做什么，拆迁公司应该做什么，被拆迁户应该做什么，金海东的头绪理得越来越清。但今非昔比，这些事当市长时不是很清楚，他没想，也觉得没必要把这些事搞得很清楚，如今他把这些事搞得很清楚了，但他已经不是市长了。金海东曾经幻想过，如果他还是市长，秦岭是他的好朋友而不是钟若明，那滨海市的城市改造将天翻地覆。

山东堡村的小砬山那片占地200余亩的无主果园的情况，村民们对此事了解很少。据村民小道消息，这片果园的主人是市里一位领导的亲属的。他常年不来收果子，只是把这些苹果留给看园子的罗傻子，收的水果就顶了他的工钱。问罗傻子果园主人的联系方式，他脑袋摇得跟拨浪鼓一样说不知道，每次主人来和去都不和他打招呼。问村干部万泉河和唐跃海，也都模棱两可地含糊其辞，目前园主始终没露面。

周小虎汇报了特困户陈秀杰的家庭状况，他说陈秀杰想等待他走丢的傻儿子回来再搬家，否则担心傻儿子找不到家。

负责西片区的武军说，从目前的情况看，西片区95% 的村民已经搬迁完毕，还有七八户正在搬迁中，西片区拆成净地指日可待。

秦岭综合一下，觉得拆迁到了后面，就像喉咙被绳索箍住，有种越拉越紧的窒息的感觉。看来，他不仅要去说服万宝良，还要负责搞清小砬山那片果园的归属。对于陈秀杰的情况，他要亲自登门看望一下，贫困户对于山东堡这样一个富裕村却是少见。还有牛有楼、王焕春、柳树林等等。

金海东让秦岭和他到海边散散步，给秦岭换换脑筋。他想直接参与到动迁工作中。秦岭理解他的心情，金海东不可能让自己成为一个被边缘化的、吃白饭的人，他想重新开始自己的生活。

金海东大学毕业回到了他土生土长的滨海，他思路敏捷、做事认真，是个典型的工作狂。父辈关系、母辈关系、同学关系、亲属关系、邻里关系在他的事业发展中都起到了加分的作用。他很快被提拔为区政府办副主任，接着市政法委办公室主任、区规划局局长、市城建局副局长、局长、副市长，金海东像坐电梯一样顺风顺水。如果不是被钟若明拉下水，金海东很可能做到市长的位子。尽管金海东入狱被判了刑，但是金海东在滨海市的口碑还是很好的，仍有着很好的人脉。在滨海，人们都在骂钟若明，却都替金海东惋惜。

滨海市的海边异常凉爽，这里负氧离子是内陆的几百倍，夏无酷暑，冬无严寒，有百里金沙滩，细沙如粉，海边很少有礁石，是喜欢游泳人的天堂，这里每年要接待国内外2000多万来此旅游的游客。秦岭走在海边栈道上，沐浴着海风，心情果然好了很多。秦岭到滨海好几年了，他喜欢大海，但每天和大海近在咫尺却很少有时间来。他曾和万灵说过，人在大海面前才知道自己的渺小，面对大海，人真的可以把一切放空，困难是人生的履历，这些困难在大海面前只是一个小丑。

金海东说："秦岭，你知道我为什么到你们公司吗？"秦岭一愣，不知道怎么回答。

金海东接着说："我就看你是个爷们。其实在滨海找我的人不少，有的甚至一年前就到监狱找我，让我出来后帮忙。说实在的，我是来赎罪的。"

秦岭马上说："海东，你能放下身段到我这个小公司来，我真的很感谢，自从你答应我的一刹那，我已认定你是哥们了，你可千万别提赎罪这个词。"

金海东叹口气说："我欠你的。咱俩有个共同点就是受不了别人的好，所以我要还上这笔债。”

又是赎罪又是还债的，秦岭干脆逗趣地说：“你打算怎么还？”

金海东反问秦岭：“解决山东堡拆迁收尾，要一户一个药方，你秦岭觉得你的药方开对了吗？”

秦岭停下脚步，看着金海东，想听他的解释。

金海东说：“我们得找到他们的软肋，光靠你秦岭去磨嘴皮子，你以为他们能同情你吗？”

金海东接着给秦岭分析，山东堡剩下的关键户有万宝良、牛有楼、柳树林，这三户金海东分别给秦岭抓了三个药方。万宝良关心的是祠堂问题，你秦岭跟他谈的是想扒祠堂，他当然想不通。如果你跟他谈建个祠堂，那他会怎么反应？佛塔村佛塔的西边有两亩空地，从规划的角度讲没有任何规划价值，如果把祠堂挪到佛塔西侧，那问题不就解决了吗？凡事得想出口。再说牛有楼，他最大的依靠就是任市公安局副局长的儿子牛油，如果市局局长发话，他牛油还敢扛着吗？柳树林是想把那两座碉堡的土地归到他家，傻子都知道这是无理取闹，这事规划局、土地局能说不清楚吗？让他们给柳树林施压，你这边才能谈成。否则，山东堡想要在百日内收尾，只能是理想。

秦岭在拆迁的后半段就反复研究这几户的问题，为此武军、何依萍、兰梅、陆景宽专门研究出几套方案。他非常佩服金海东，短短的几天都能抓到问题的实质。这些药方秦岭都想过，可觉得难以实现，也不能什么事都找市委任书记呀！真是药方好开，药难抓。

金海东猜透了秦岭的心思，说：“接下来，该怎么办？”金海东干咳了两声，欲言又止。秦岭追问道，“该怎么办？”

金海东笑着说：“接下来你该请我吃大餐了，当然要带上万灵。”

金海东告诉秦岭，不能什么事都去麻烦任东书记，市公安局局长崔大庆是他多年的朋友，金海东的父亲和崔大庆的父亲当兵是一个部队的，这些年在监狱他就没少去看金海东。市、区规划局都是他多年的老部下，很多都是他提拔上来的。土地局更不用说，万灵有着相当大的影响力。

这回金海东要去走后门，但不是为了私利，而是为了秦岭，为了拆迁，为了城市改造。

秦岭狠狠地打了金海东肩胛一拳，含着感激的泪光看着金海东，心想，如果还年轻，非要上去亲一口不可。秦岭感叹，海东不愧能当上市长，他思考问题的深度、解决问题的办法是秦岭敢想也做不到的，秦岭顿觉神清气爽。

秦岭和金海东、陆景宽来到村东面的小砬山，正值夏季的小砬山，草木葱茏，野花遍地，绵延的山峰数百里，小砬山就像一粒缀着宝石的项链被大山丢在海的东面，与村民们的民居紧密相连。虽然距离海不算远，但丝毫也没被海雾、海风、海水所侵扰，一片片枝繁叶茂的苹果树叶，张开手掌，托着一粒粒果实，沐浴在阳光中。

秦岭和金海东、陆景宽在果园边停下车，他们走进一扇树枝扎成的栅栏门，一座爬满绿色爬墙虎的黄泥小屋横亘在路边，三只白鹅见到陌生人，叽里呱啦吵闹得不可开交。一个六十岁左右的矮个子男人从屋里走出来，他衣着干净简朴，嘴巴上胡须浓密，像是原始森林里的野人一样，两眼幽深。他一边轰赶着鹅，一边招呼来人。秦岭走上前问他："你就是看果园的吧？"男人伸开臂膀，把几只白鹅轰走。他听到秦岭的问话，点点头。秦岭和金海东、陆景宽坐在黄泥小屋外，浑身被汗水浸透。看园的男人从屋里拿出几把草编的扇子，随手递给秦岭他们。秦岭看着这个老实木讷的看果园的男人，和他聊起家常，秦岭问这男人果园的主人是谁，有联系电话没有。

男人坐在门槛上，手里拿起几根蒲苇草，编织着好看的蝈蝈笼子。他对秦岭的问话不住地摇头，眼睛只顾关注着手里柔韧的蒲苇草。秦岭看看金海东，金海东试图撬开男人的嘴，他觉得和这个男人沟通很费劲，男人给他们找来蒲扇后，根本就不打算搭理他们。他手里的蒲苇草飞快地在他手里翻转，左缠右绕的金色草梗金线一样耀眼。秦岭问他："你和谁在这里看果园子？"

男人不抬头，拿手指指自己的心窝，意思是就他一个人。陆景宽在旁边不耐烦了，他说："秦经理，咱们闹了半天，是和哑巴说话呢，咱们还是别瞎子点灯白费蜡了，去找村干部说话去。万泉河他们不说，那就是有猫腻。"陆景宽的话音没落，看果园的男人盯了他一眼，不满地说："你才哑巴呢。"秦岭笑了，他说："这位老哥说得对，老陆你别胡乱说话。"他转而对那男人说："老哥，山东堡村要拆迁了，这片果园也在拆迁范围内，现在主人我们联系不上，你看是否能把他的联系方式给我们？"男人依然专注着手里的活儿，不说话。秦岭站起身，示意金海东和陆景宽离开。

秦岭和金海东走在绿叶掩映着的果园里，园子里的苹果花已经褪尽。阳光把花草晒出的芬芳气味填进大家的嗅觉中，走在后面的陆景宽打个大大的喷嚏。本想离开果园再想办法的秦岭突然想起了什么，他让陆景宽去车里拿两条云烟回来给他。陆景宽接过秦岭手里的钥匙，跑去拿东西。秦岭不甘心就这样离开，但又撬不开看果园男人的嘴，他想再做下努力。

金海东停下脚步问秦岭又有什么好办法撬开果园里的那个男人的嘴。秦岭看看瓦蓝的天空，拿手拽住苹果树树枝，看着指甲盖大青涩的苹果说："计策我有千万条，只怕人家入不了心。"金海东呵呵一乐，对秦岭说："拆迁把你变成诸葛亮了。"两人哈哈一乐，树上的蜜蜂被他们惊扰，纷纷飞走。陆景宽把两条烟递给秦岭，秦岭招呼金海东他们再次返回到看果园的男人跟前。

秦岭拿过陆景宽手里的云烟，递给还在忙碌着的看果园的男人。男人很自然地在衣襟上擦下右手，看看秦岭，秦岭让他收下。男人把手里的编织品放下，接过秦岭手里的烟，欣赏一番后，回身送到黄泥屋里。出来给他们每人倒了杯淡黄色的茶水。秦岭再问他，他就不像之前那样四顾茫然的了。他再次回到屋里，给秦岭拿来一个撕开的烟盒，上面有两个联系电话，他让秦岭记下。

秦岭和金海东他们很高兴，陆景宽把电话记下来。秦岭问看果园的男人，"这是果园主人的电话吗？"男人点点头。秦岭他们拿上手机号码，上车离开果园。回到车上，秦岭想立即给果园主人打电话，这时金海东的电话响了，金海东接到桐城监狱的电话，电话是钟若明打来的。他告诉金海东，他明天出狱。钟若明比金海东多关了一个月，也是提前释放。金海东很高兴，想去接他，钟若明不让他去，说他自己打算先出去转一转再定是否回滨海市。金海东告诉他，他现在已经到秦岭的拆迁公司，配合秦岭做拆迁工作。问他出来后，有什么打算。钟若明一听金海东到了秦岭的德仁拆迁公司工作，沉默半晌，对金海东说："我本来没什么打算，现在我想直接回到滨海，然后再作打算。"金海东看看秦岭，皱了皱眉头告诉他钟若明回来要到滨海。

秦岭听说钟若明马上出狱了，心里感到高兴，他说："钟若明这小子还真是不管干什么都要拔尖，就连坐牢都要比别人坐得突出。怎么样，出狱后，他有什么打算？"金海东觉得钟若明突然改变主意，提前回滨海，似乎话里有话，他不确定钟若明的动机，也不好胡乱猜度他的内心，他没直接回答秦岭，金海东问秦岭："钟若明想马上回到滨海，你要不计前嫌，也学回观世音菩萨，把他也给收留了吧？"秦岭说："我这人不记得别人的错，只记得别人的好，我可以招他过来，但是钟若明这个人心胸狭窄，是否会屈尊你我的门槛下还真难说。"金海东笑笑，他叹口气说："都什么时候了，他的梦也该醒了！等他回来，我接待他。"秦岭说到时候他去参加晚宴给他接风。金海东点点头，对秦岭竖起大拇指。

秦岭按照看果园男人给的号码拨打，结果接连拨打两个，都是空号。秦岭气得直跺脚，他看着被汽车远远甩在后面的那片果园，告诉陆景宽，把车子直接开到山东堡村村部，他要找万泉河和唐跃海。秦岭让金海东提前回拆迁公司，把他修改的答辩状再看看，细节上再帮他推敲推敲。金海东坐着陆景宽开的车回了公司。秦岭直接去找万泉河，但是万泉河下户去了。唐跃海在村部整理拆迁户的材料。他看见秦岭进来，忙给他倒杯凉白开递给他，关切地问他那片果园的主人查出来没有。秦岭把水杯放在桌子上，他给万泉河拨通了电话，让他先回村部，有事商量，万泉河那边答应下来。

万泉河气喘吁吁地上了楼，进来先把他面前的水喝个精光，他肥腻腻的颈间汗水直往下淌，他拿起椅子上一条毛巾，擦拭一下，问秦岭，“干嘛这么着急叫我回来？我和王焕春她们谈话呢。”秦岭问他谈得怎么样。万泉河说那娘们属泥鳅的，滑着呢。秦岭知道他们肯定谈不成。

万泉河擦把额头的汗水，眼睛在桌子上搜寻烟卷，秦岭递给他一支，给他点燃，万泉河嘴里的第一口烟顺着张开的鼻孔喷出来。秦岭问：“村东面小砬山那块果园谁承包出去的？”万泉河看看唐跃海说：“是谁，老唐？”唐跃海说：“你问我？承包果园那时，我还在外面跑生意呢？谁知道谁承包的。”

万泉河一拍巴掌说：“想起来了秦总，我是果苗子二尺高的时候接的村支书，我爸应该知道，可是我爸说村会计老苗承包出去的，一包就是三十年。可是老苗前年就死了，找谁去？村部没留底子。”秦岭有些生气，他问万泉河：“你接手的村书记，当时听说你还收过租金，怎么就想不起来了？村集体的承包地说忘就忘记了吗？老万，这片果园的拆迁告示我已经贴出很久了，承包人再不站出来，我就要按照无人认领来处理这片土地和果树。”

秦岭是个追求完美的人，按理这片空地征地已经完成，他完全可以向政府交差，但承租人早晚会来找后账，他不想给后期工作留下尾巴。

第三十章　利益驱使

秦岭忙了一整天，在傍晚时分，回到家里。家里清锅冷灶的，卓尔不在家。他想儿子一定是和文慧在一起。他也没给他们打电话，他想自己做点吃的，就系上围裙，走进厨房，打开煤气灶，准备生火做饭。

卓尔下班就来到宾馆，要带着妈妈出去吃饭。文慧的手机还在秦岭的手里，她让卓尔喊他爸爸一起吃饭。卓尔想想，拿起桌上的手机打电话。秦岭听到儿子喊他出去吃饭，知道他是和文惠在一起，秦岭犹豫一下，觉得也应该和文慧谈谈了。就解下围裙，开车去见文慧和儿子。

在滨海一家名叫午后时光的饭店前面，秦岭把车停在车位里，上楼来到208房间，见到了文慧和儿子。他坐下后，从包里掏出文慧的手机，把它还给文慧，然后，招呼服务员要了一壶咖啡。卓尔给妈妈倒上，又给父亲倒满。他坐下来，自己喝了一口。秦岭手里摆弄着咖啡杯子，心里有很多话，不知要从何处说起。卓尔似乎看破父母的心事，虽然他内心寄希望于父母有朝一日可以冰释前嫌，但是感情这东西有时能成就一个人，有时也能摧残一个人，也包括他自己在内，他和冰凌的事情，今晚就非常有必要和妈妈说清楚，他希望爸爸和妈妈重归于好的同时，也希望妈妈支持他和冰凌的婚事。卓尔说他出去买盒烟，就站起身，离开餐厅的包间。

秦岭看着把脸扭向窗外的文慧，首先打破沉寂。他把文慧面前的咖啡杯子往她跟前挪挪，然后端起自己面前的白瓷杯子，喝了一口咖啡，问文慧："怎么事先不打声招呼，突然来滨海？"文慧扭过脸，看着秦岭说："我是个自由人，除了我儿子，和谁打招呼都是多余的。"秦岭笑笑："可是你和儿子也没打声招呼，自己就来了。"文慧不示弱，她有些生气，用生硬的口吻回答秦岭说："哼，我要是告诉大家我来滨海，那还能看到金冰凌的行为吗？幸亏我来得及时，否则，我儿子被金冰凌她们耍着玩还不知道呢。"

秦岭严肃地对文慧说："文慧，你的行为是侵犯人家的隐私权，是要成为被告的，你明白吗？金冰凌只是卓尔的女朋友，既不是法律上的合法夫妻，也不是定下婚事的未婚妻，你没有权利这样对待人家冰凌。"文慧一拍桌子，眼睛里满是怨愤，她的情绪极度激动，吼了声说："秦岭，我早就告诉过你，金冰凌和我儿子不合适，她的家教和我的儿子不合适，所以，我不同意。"秦岭手扶着额头，觉得文慧说来说去都是无理取闹，他强压住内心的怒火，摆摆手说："文慧，卓尔不是我们的私有财产，他是个有自己独立意识和独立人格的成年人了，你和我都无权干涉他的选择。你这么一闹，卓尔和冰凌说不定真的就让你给闹散了。"

卓尔在餐馆附近的超市给他爸爸买来一盒中华烟。在餐馆外，他撕开烟盒，抽出一支烟卷来，点上火，深吸一口，呛得他眼泪都快流出来了。卓尔马上把烟掐灭，他想到冰凌被妈妈偷拍后的惊恐和伤心，不禁感到内疚。他本来想去万阿姨家去安慰冰凌，可想到沈小雨对冰凌的纠缠，偏偏冰凌又背着自己接待了沈小雨。他们之间除了同窗的友情，到底是不是还有一层微妙的感情存在？卓尔很费神，他想让自己清醒清醒再说。妈妈的做法他也不赞同，可她毕竟是妈妈，他会用妈妈能够接受的办法去说服她。至于父母复婚的事，是他一直想要看到的结果，他正在朝着这方面努力着。卓尔把烟头丢进垃圾箱里，转身上楼，来到房间外，听见父母正因为冰凌争执。

他推门进来，招呼服务员，说他已经饿了，要菜谱点菜。秦岭和文慧互相看看对方，也把话题暂时打住。秦岭没有胃口，吃什么都可以，文慧也说不饿，吃不吃都行。卓尔笑笑，说："得了，还是我给你们点吧！"

饭菜上来，卓尔把饺子端到两人面前，为他们摆好筷子，又把菜放在两人都可以兼顾到的位置。他说："爸爸，我妈妈最爱吃的一道菜是川菜的水煮鱼，你给她盛上。"秦岭心里直埋怨儿子，他知道卓尔这是故意的，按照他的意思，文慧变得越来越让人无法接受，他可不想照顾她。可是，卓尔也是二十大几的小伙子，作为爸爸，他怎么可以拒绝他内心的那份渴望呢，哪怕是暂时的温馨，他也要给儿子。于是，秦岭接过卓尔手里的汤勺，拿过文慧面前的白瓷碗，为文慧盛上一碗雪白的水煮鱼，几枚红色尖椒浮在上面，好像是雪地里开了几朵梅花一样，秀色可餐。文慧看看秦岭递到眼前的碗，又看看卓尔，才接过来，说："我还有话和儿子说呢。"秦岭知道她想说什么，就劝文慧说："咱们吃了饭再说，儿子饿了。"

卓尔也随声附和说："妈，我饿坏了，咱们听爸爸的，先吃饭，然后有话回家说。"卓尔这么一说，竟然把文慧的眼泪给说下来了，文慧手里的羹匙掉在桌子上，眼里的泪水扑嗒扑嗒掉下，她说："儿子，你让妈回哪个家去？妈现在就剩下你了，哪还有家？"说着，文慧从纸抽里抽出几张面巾纸，胡乱地擦着眼泪。秦岭和卓尔面面相觑，不知道如何是好。秦岭叹息一声，从椅子上站起来，走到玻璃窗前往外看。面对文慧的眼泪，他的思绪无法平静。

卓尔起身走到妈妈身边，安慰她说："妈妈，您别难过，有我您就有家。要不，您还是听我的话，来滨海和我一起生活吧？"文慧把脸埋在儿子的怀里说："你那么小的年纪，妈妈不想这么早就拖累你。"卓尔拿掉妈妈头上的一片纸屑，轻声说："妈，您说哪去了？我现在需要您来滨海照顾我，还有爸爸。我这是给你们创造在一起的机会，您可别错过了。"秦岭听到儿子说让文慧过来照顾他们，心里有几分反感，他重新回到座位上，对卓尔说："我这些年自己一个人习惯了，卓尔需要你照顾，那就你们一起生活吧。我在海边还有一个房子，住倒不成问题。”文慧听出秦岭还是不肯原谅自己，但是儿子确实是她的牵挂，她抬头看看卓尔，擦下眼泪说：“卓尔，那我就不走了，就在这里陪伴你，直到你结婚。”卓尔点点头，眼睛红了，他把那碗鱼端起来，递到妈妈手里。文慧拿起筷子，吃起来。

陆景宽为动迁柳树林一户心生一计，他想把钱有财的小姨子介绍给柳明。柳树林为儿子柳明的婚事着急，如果把柳明的婚事解决了，还愁柳树林在拆迁上不给面子？也许这样一来钱有财也交了房，这可谓一箭双雕。

陆景宽独树一帜的动迁方案有别于别人，他没和秦岭商量，想来他个事后请功。陆景宽一想这事得先和钱有财夫妇打好招呼，再和柳明说。一想到这，已经下班的陆景宽立马打车回到了山东堡村，到了钱有财的饭店。

钱有财夫妇见老陆晚上来动迁，向陆景宽扔下一句话：“怎么老陆就擅长晚上来动迁啊！佛塔村的李粉团不是走了吗？”这句话弄得老陆满脸通红，但他也不计较。他趴到钱有财的耳根上说：“今晚不是来拆的，是来合的。去给我找个雅间。”

钱有财觉得有点神秘，他们想知道下文，便上楼给陆景宽找了个雅间。山东堡拆迁到这份上，也没什么人来吃饭。放在以前，他们是没有时间搭理老陆的。陆景宽让钱有财把妻子和小姨子叫来，把给他小姨子介绍对象的事说给他们。他们一听是柳明，满口答应。

一大早，柳树林夹着板凳，手里拿张纸，纸上黑字很醒目，上面写着：山东堡村村民联名抗拆书。他准备拿着这份联名抗拆书，在法庭上出示。他已经接连的被几户村民拒绝，灰头土脸的他，终于得到态度坚决的王焕春的支持。王焕春对柳树林保证，绝不当逃兵，奉陪到底。为了表示自己的决心，她再次在抗拆联名书上签下了名字。柳树林顺口夸赞，“大妹子真是个烈性女子！”王焕春戴上油渍麻花的手套，骑上电三轮，出了家门。山东堡村的市场已经拆除，她和郝大顺把卖肉的案子搬到了东岭村集市。

柳树林出了王焕春的家，心里得到了少许的安慰，便悻悻地去了牛有楼的家。

牛有楼这几天白天不回家，就待在市内儿子家里。他选择晚上回家，一是为了躲避拆迁公司的工作人员，二是为了打探消息，掌握第一手资料，今天，牛有楼破例早晨回家。

牛有楼自己煮了面条吃。他把煮好的面捞到大碗里，放上卤汁、香菜，然后把它端到红木油漆的炕桌上，桌子上分门别类地摆着几碟红方和豌豆、芥菜等小菜。牛有楼老伴去世后，他独自一人生活多年，很会做饭。早些年，他在门口的出租房内开了几年早点铺子，煎炒烹炸还是有一套的。他经常在儿子家给孙子孙女们做饭菜。他刚盘腿上炕，准备吃饭，就听见柳树林喊:“有楼在家吗？”牛有楼回头从玻璃窗户看出去，见是柳树林，就放下饭碗说:“在家，进屋说话。”

柳树林把怀里的板凳放在牛家屋门口，掀开门帘子进屋，看见牛有楼桌上的饭菜，说:“嗬，就吃这个？太简单了。你这补偿款下来，两辈子也花不完，省钱有什么用？”

牛有楼让柳树林坐下，他说:“老柳就胡唏唏，谁给我两辈子也花不完的钱？再说，血压高，吃点清淡的，养生。”

柳树林先点头，后又说:“我的官司打赢喽，你可不要眼馋，你得马上写个诉状，过了这个村可就没这个店了。”

牛有楼满脸不愿意，他说:“别呀，咱村经常抛投露面的可不是我，那不是还有万宝良吗？让他开个头吧，我坐车。”

柳树林自始至终没去找万宝良直接出面。他想把宝押在最后，所以，极力怂恿牛有楼首先出面，带领大家去打这场官司。可是牛有楼处事滑头跟个泥鳅似的，他既想多得补偿款，又不想站出来得罪人，这让柳树林觉得牛有楼有种跟着大家和稀泥的感觉。他对牛有楼说:“我要不是没文化，说话赶不上趟，我就做老大打头阵，你这老是数蝲蝲蛄地往后躲着看，最后吃亏的就是你们这样的人。我上午已经和大家商量好，谁积极站出来，签上抗拆声明，如果官司打赢，我就给签声明的发奖励。秦岭他们不是谁先签下拆迁协议，就给谁奖励吗？我是谁签下抗拆声明，站到抗拆队伍里来，我就发给谁奖金，打头阵的多给。”柳树林这些办法是从贾文海处讨教来的。

牛有楼对柳树林提出的奖励不感兴趣，他说告状的事他可以陪着他们出庭旁听，但顶多是出庭鼓舞士气，打头阵牵头的事还是另找他人。

柳树林见牛有楼铁了心不做领头羊，就有些不乐意，他也不想费口舌在牛有楼这里，就指着桌子上的饭菜说：“牛有楼，你就一口咸菜一口面条子歹个够，奖金没你的份儿。”说完，柳树林走出屋门，夹起板凳，出了牛家大院。

牛有楼看着柳树林出院门，呵呵一乐，自言自语说：“哼，瘪犊子才不想多得钱呢，我家牛油有主张呢，还劳烦他老子抛头露面？”说完，一口扒下小半碗面条。

太阳升起来有半杆子高，柳树林肚子饿了，他站在村街上，望着忙碌而不安的人群，在店铺里进进出出的搬家的搬家，拆房子的拆房子。几只被主人扔在村街上的野狗，颠着干瘪的肚子，在垃圾堆里寻找食物。

拆迁就是利益双方在没有硝烟的战场上进行的一场博弈。抗拆户们想争得最大的利益，又各自施展不同的手段，一部分人的可怜和可悲一旦发酵成对利益的无止境追逐，就容易在追逐中失去理智。有人不明白什么该是自己去争的，什么是不该处心积虑争斗的。在利益和贪婪的路上一旦迈开步子，就很难回头。

柳树林本来想再去万宝良家，可一想儿子柳明中午要下班回家吃饭，就抱着板凳往家走。他走得很急，路上有熟人也懒得打招呼，只是敷衍着低头匆匆赶路。

在村街上，陆景宽拦住柳树林，说有事找他谈谈。柳树林忙说：“免谈，免谈，有事咱们还是到法庭上去谈。”陆景宽伸手拦住他说：“你急什么，我还有事儿和你说。”柳树林还要走，陆景宽说：“你要是这样，你儿子的婚事我就不管了。”

柳树林一听这话，停下来，用怀疑的眼光看着陆景宽说：“我儿子的婚事你管得了？你老陆除了拆迁还会干这个？”

陆景宽说：“这次真的不是来谈拆的，是来谈合的。”

柳树林看陆景宽不像是在开玩笑，笑得露出一排烟熏的黑牙。他关切地问：“姑娘是哪里的人？做啥来的？”

陆景宽说：“姑娘是张家口的，在她姐姐的酒店里帮忙。就是那家鲁智深酒馆的钱有才的妻妹。”

柳树林兴奋地一拍手说：“哦，是那丫头啊，挺好的。我回去跟明明说说。明天相相。”两人说定，各自去忙。

柳树林步伐加快，兴冲冲回家。到了大门外，他掏出钥匙，打开铁大门。他知道儿子还没回来，赶紧动手做饭。他早就盼着儿子娶上媳妇，一来了了一件心事，二来也有人接替他打理这个家。儿子柳明自从他牵头状告德仁拆迁公司起，就不像往常和他有话说，回家就绷着一副臭脸，不和他搭茬，这让柳树林很憋屈。他知道儿子因为打官司的事和他生气，他期望儿子能够理解他，和他站在一个立场上支持他，说：“我打官司告状，争来补偿款不就是你的。你娶妻生子哪一点不需要钱？还能怕钱咬手啊！”明天有说媒的，他该开窍了吧？他一边心里期待着一边生火做饭。

柳明和周小虎、温暖、卓尔他们的入户工作没有预期那样顺利，有几家和王焕春家有亲属关系的，立场还是坚定地要打官司，不到最后，不想动摇，还有几户还在左右摇摆中。

中午太阳在头顶烤得他们无处躲藏，他们也就早早收工。周小虎说要请温暖吃饭，顺便要带上卓尔。

卓尔拒绝说：“你们吃饭拿我当灯泡啊，我才不去呢。走，柳明请我吃饭去。”柳明不干，他说回家要和父亲有事商谈。卓尔明白柳明最近很上火，因为他父亲的固执，他觉得很丢脸。

正蔫头耷脑走路的柳明，听见温暖对他说：“柳明，其实你爹就为一座碉堡，串联了那么多人打官司，他明显是被人利用了嘛。你爹一旦吐口签字，百日会战就会少一道障碍，现在看你的力度了。”

柳明看着温暖，为难地说：“温暖，我不敢保证，我可以再试一试。”温暖笑了。卓尔点点头，鼓励他。

周小虎皱着眉毛对柳明说：“想开啦，这事你要不和你爹说，你爹就会成为第二个上访专业户，第一个是贾文海。山东堡因为你爹的抗拆，耽误了百日拆迁攻坚战，那你爹抗拆可就有你的一半功劳了。”

柳明不满周小虎的尖酸言语，他斜着眼睛看周小虎，心里对他的怨愤可不只是这几句话这么简单，他早就不满周小虎对温暖献殷勤。他回敬周小虎说：“有你啥事？狗拿耗子。”

周小虎也不在意柳明的反唇相讥，带着卓尔和温暖要走。

温暖不想和周小虎去吃饭，她推脱说：“周主任，我还有事，你和卓尔去吧。”

周小虎极力劝说温暖一起去，可是温暖却果断回绝。周小虎怏怏不乐地拉着卓尔走了。

温暖看着柳明，对他说：“你回家吧，山东堡村的拆迁到现在，你父亲成了抗拆户，这些天跟着我们入户，听到别人风言风语的，真的难为你了。”

柳明向温暖轻声说：“温暖，我家的事我会尽力去谈，你放心，我会尽力说服他放弃打官司。”柳明虽然答应回去说服他爹，但是心里还是发虚，他看着温暖期待的眼神，心里仿佛得到了莫大的支持，他笑着向温暖保证，他会努力的。说完，柳明独自离开，温暖看着柳明瘦弱的背影消失在斜巷里。不知道从什么时候开始温暖对柳明的眼神里多了内容，这一点柳明心里有数，但他又不敢确定。这段时间周小虎一直都在奚落他，让他很难堪，温暖的支持让柳明有了很大的信心。但他爹不交房，柳明夹在中间相当尴尬。

柳树林知道儿子喜欢吃酱梭子鱼，就给柳明炖了一道味道鲜美的酱鱼，又去碗柜里拿出玻璃酒杯，给自己倒上一杯二锅头。他坐在炕上，看着鱼锅里袅袅飘出的菜香气，忍不住独自喝了一口酒。

柳明每天回家，路上总是喜欢哼着歌儿，他高兴也唱歌，忧愁也唱歌，高兴的时候唱忧愁的歌，忧愁的时候唱欢快的歌，谁也不知道他的内心到底在想什么。今天他心里揣着事儿，走路也就比平时减少了时间。他推门进来时，把他父亲柳树林吓了一跳，看到儿子的脸比平时严肃挺多，柳树林猜到儿子在外面又吃了谁的气。他一直躲避和儿子谈拆迁的话题，他总想把儿子拉来和他站在同一阵线上，可是，儿子和他就像天上飞机撒下的青烟，不是一条线儿。柳树林赶忙下地又找来一只高脚玻璃杯，给儿子倒了一杯酒，放在桌子上说：“明明，看爹给你酱的梭子鱼，今天咱爷俩喝个痛快。”

柳明本来想回来就和父亲说拆迁的事儿，可是看见父亲兴致挺高，觉得喝酒的时候趁机劝说效果也许会更好。他换副笑脸，盘腿上炕，端起酒杯问父亲：“爸你今天好像挺高兴的？是官司打赢了？还是有人给我提媒了？”

柳树林先咂口酒，然后把酒盅放在桌子上对儿子说：“还真让你说对了，你见过钱有才的小姨子吗？”

柳明说：“见过，经常见。”柳树林问：“那丫头怎么样？”

柳明说：“能怎么样？一般。”

柳树林把酒杯放在桌子上，夹块鱼放到儿子的碟子里说：“傻小子，找女人过日子，实诚就好。什么花了朵了的都是瞎说的，靠不住。明天相相去吧？”

柳明深知父亲的脾气，要是顺着他，也许话好说，不能扫他的兴，他说：“我看过多少个了？还相什么呀！再说我哪有心思找对象，我拆迁工作都快干不下去了，大家伙都说我家老爷子和拆迁办对着干，这不是拆我的台吗？”

柳树林手里的酒杯哆嗦一下，他喝不下去了，抹下嘴巴说：“你别一见到我就老是逼我拆迁、签字的，那活咱干不干没啥，咱把补偿款拿到手，爹给你买辆出租车，改行。但是相亲的事别拖了。你老大不小了，爹要看着你成家，我抱上孙子心才安稳。”

柳明放下筷子说：“爹，我才三十岁，不能没有工作，我要是在这次百日攻坚战中工作成绩突出，区拆迁指挥部还要把我调过去呢！”

柳树林一听说要调柳明去政府机关，心里一动，但转而又想，还是钱对他来得实惠，至于柳明在哪里干工作还不就是个挣钱？他拿起牙签剔牙不作声。

柳明看着吃得半饱的父亲沉默地剔着牙，觉得是该提正题了，他说：“爹，我和你说件事儿，咱们去法院把起诉德仁拆迁公司的起诉状子撤回来吧，影响太不好了。”

第三十一章　瞒天过海

柳树林眼睛瞪得很大，他看着儿子说：“你小子说来说去还是绕到这上面来了，咱俩还是别谈这个话题，我这碉堡周围这么多的土地，这些年就归我侍弄，谁来问过？怎么一听说拆迁就想着法子往下减，谁给他们的权利？”柳树林说完，也不怕天热，把被子蒙住脸，不和儿子说话。

柳明看着固执的父亲，连饭都吃不下去了，回到自己的屋里，面对这样的父亲，他不知道该怎么办，内心矛盾的柳明走出家门，想去海边走走。

温暖和柳明在一起工作多年，尤其是最近的两个月，她加深了对柳明的印象，她很担心柳明会因为说服不了父亲而烦恼，温暖在家匆忙吃了口饭，从冰箱里拿出一袋红樱桃，在水池子里洗了洗，给柳明带上。妈妈问她要去哪儿，温暖悄声对妈妈说：“我和同学去海边玩会儿。”

爸爸温云飞在客厅里伸出头说：“小暖，干嘛不陪陪爸爸说话？我有事和你说。”

温暖听到爸爸喊她，忙放下手里的红樱桃，进屋来，甜甜地说：“爸爸，我一会儿就回来，有事回来说呗！”温云飞说：“小暖，你不能当一辈子村干部，想过考研究生没有？研究生文凭拿下来，机会会更多。”

温暖说："爸，我其实很喜欢基层工作，在山东堡村做得还挺开心的。"

温云飞说："只要是你喜欢的工作，爸爸不干涉，但是，机会不要错过，多学习增长知识对你是有用处的。"温暖说："我知道了爸爸。"说完，她冲着爸爸扮个鬼脸，急忙拎起背包拿上红樱桃跑了出去。

温云飞和妻子隔着玻璃，看着女儿开着轿车离开小区。

温暖去找柳明，她开车回到山东堡村，在柳明家大门外，把车停下来，正好遇见柳明从家里出来。柳明在大门外意外看见温暖从车里下来，他内心一热，上前问她："你怎么来了？"温暖说："怎么，不欢迎么？"柳明说："怎么会呢？"温暖倚在红色车门上问他："我带你去看海，顺便兜兜风怎么样？"柳明说："好啊，我也正想看看海去。"

两人上车。温暖的车沿着宽敞的柏油马路，行驶在滨海大道上。温暖看着沉浸在幸福中的柳明问他："看你刚才从家里出来的表情，一定是出师不利了？"柳明点头说："知道吗，有人给我提媒了，那女孩子长得还真不难看。"温暖把车停下来，扭头问他："你去看了么？"

温暖和柳明在海边吹着海风，柳明告诉温暖，父亲给他介绍对象，这姑娘很漂亮，可是他不想去看。温暖问他为什么。柳明说："我早就有女朋友了。"温暖问他是谁，柳明笑了，他看着温暖说："是太阳晒后背，温暖！"

温暖撅起小嘴，说："谁说做你的女朋友了？"两人在海滩上打闹追逐，沙滩上留下他们深浅不一的脚印......

柳明和周小虎相比，追女孩子显得笨手笨脚，但笨手笨脚有时又成了优势。周小虎越使用小技巧靠近温暖，温暖越发觉得笨手笨脚可爱。感情这东西真说不清楚。柳明虽然没有做通他爹的工作，但柳明的正义感、执着甚至小委屈让温暖产生了小喜欢。

秦岭想把自己在海边的一处现房腾出来给文慧居住，他开车准备把钥匙给文慧送去。文慧本不打算住秦岭的房子，可是禁不住儿子卓尔的劝说，她接受了秦岭的钥匙。

秦岭下班，草草下了碗面。卓尔又去了文慧那里，秦岭一个人觉得冷清，起身去倒杯开水，外面的夜色很浓，街道上五光十色的灯光搅动他内心的焦躁和不安。

秦岭拿出简爱的照片，放在电脑旁边，看着她甜甜地对着他微笑。他的眼前清晰地浮现出又一个简爱，那是明眸皓齿的简晴，站在海边，朝他招手，他自语道："简爱，你没死，还活着，在我的生命里，你还活着。"秦岭看着简爱生前的照片发呆。秦岭打开电脑，邮箱里有林皎月上周发来的留言，上面告诉他，她的前夫想和她复婚，问秦岭怎么办。想起自己最近忙得昼夜不分，也很久不查看邮件了，没有及时给林皎月回个音信，他感到心里不安。他不知道林皎月会不会和他的丈夫复婚，如果复婚，也是他所期望的。他拨通国际长途，给林皎月打电话。随着几声"嘟、嘟、嘟"的声音，电话里传来大洋彼岸林皎月的嗓音。

秦岭说："我是秦岭，你的留言我才看见，这些日子，把我忙得跟个陀螺似的，请你原谅！"

林皎月说："我就知道你肯定在忙，我的话你看了吗？"

秦岭说："我看见了，如果你们能复婚，我看最好，雪儿也重新有了圆满的家庭，你也可以旧梦重温，很圆满的结局嘛！"

林皎月说："我和他的旧梦满是伤害，根本没有你说的那么轻松，所以，我拒绝了他。我打算春节前回国，和你一起过个团圆的春节好吗？"

秦岭说："你回来雪儿怎么办？对我们俩的事她怎么看？"

林皎月说："雪儿大了，也不能每时每刻都离不开我。她是非常愿意我和她爸复婚，但她也充分尊重我的意见。"

秦岭对这段感情原本是不打算有所期待的，因为林皎月在国外毕竟每天要面对着女儿和前夫，有着很多的可能再次擦出爱情的火花。早前林皎月让他放弃拆迁去她那里，秦岭没动心思，他觉得还是在滨海使他感到踏实。现在，林皎月为他要在年底回国，秦岭很高兴，但也怕委屈了林皎月，劝她考虑下再说。

林皎月已经下了决心，她说没有什么可考虑的，事情已经定下来了，等到圣诞节雪儿放假，她就回国。

秦岭放下电话，心情很复杂，简爱的“复出”让他回绝了林皎月，如今简爱离开了这个世界，他顺理成章地应该接纳林皎月，但简爱的离去秦岭的心像被带走了一样，这种感觉比简爱活着还强烈，即便秦岭怎么努力，秦岭总感觉空落落的，无法回到从前。文慧在这个时候，打来电话，问卓尔在家没有。秦岭反问：“他不是在你那里吗？”

文慧说卓尔给她送来吃的东西，就离开了，她打电话，卓尔又不接，文慧和秦岭都着急起来。

卓尔从母亲那里出来后，就去找冰凌了。冰凌在家收拾东西，她回家有一个多月了，马上要回学校参加考试，她不准备告诉卓尔自己回学校的事儿。爸爸妈妈下楼遛弯儿了，冰凌一个人环顾自己的房间，有些恋恋不舍。

卓尔在楼下，给冰凌打电话，要请她喝咖啡。

冰凌告诉他说：“我很忙，在复习功课。”

卓尔坚持说：“那我可以上去看看你吗？”

冰凌拒绝说：“我马上就要考试了，想一个人清净地复习迎接考试。”

卓尔一听，立即答应说：“好吧冰凌，不管你对我怎样，我从来没怨过你。你好好复习吧。”

冰凌把手机扔在桌子上，伏在桌子上久久不动。

卓尔不接妈妈的电话是怕她查问他的行踪。文慧一直在卓尔耳边灌输不能娶冰凌为妻的诸多理由来阻拦他们相爱。卓尔不想妈妈伤心，所以干脆先不接听电话。结果卓尔也没有如愿地见到冰凌，他的心里很失落，消极的情绪占据他的内心，他独自行走在马路上，路灯把他的身影拉得很长很长。他两手伏在大桥的栏杆上，看着车辆川流不息地从眼前掠过，想到远在北京那个痴情的廖静，卓尔从胸腔里发出一声无奈的叹息。恰好爸爸打来电话，卓尔接听，知道他们为他着急，赶忙告诉爸爸，他在外面吃饭，刚才信号不好，他马上就回去，到妈妈那里陪她。秦岭这才放下心来。

卓尔回到妈妈那里，文慧看到儿子回来，兴奋地为他端来果汁，问他："去了哪里？是不是去见冰凌了？"更要命的是，文慧一直喋喋不休地诉说万灵的诸多不是，什么在学校就不安分，勾引男同学等等。

卓尔本来想自己静下心来，思考他和冰凌的事，可被妈妈这么一唠叨，他的脑袋都大了。他从沙发上站起来，对妈妈说："好了妈妈，您别闹了，因为您上次的偷拍事件，我们俩现在闹得很不愉快！"

文慧马上大惊小怪地走到儿子身边，两手一拍说："哎哟儿子，这样的女孩子更不能要了，耍小性子、心眼小、犯了错误不让说，天下都是她的了，这还了得。趁着闹意见，咱们和她分了好了！"

卓尔看看妈妈，索性走进自己的房间，关上房门，躺在床上把被子整个蒙上身子。卓尔的心乱如麻，这注定又是一个不眠之夜。

母亲被卓尔关在屋外，嘴里还一直嘟哝着去看电视了。

钟若明坐在长途汽车上，他的身边只有一个简单的行李，里面装着他的衣服。在狱中，他的脸上又增加了几条皱纹，腰身也不再笔直，有些佝偻。但他总是很干净，整个人显得精干利落。他眼睛盯着窗外，心里构想着东山再起的宏伟蓝图。他不想出狱后隐居一隅，他注定不是安分的人，不折腾到最后，他永远不服输。钟若明听说金海东去了秦岭的拆迁公司，钟若明最见不得这个，凭什么秦岭能在天下第一难的拆迁中如鱼得水、逆流而上？而他在事业做得风生水起时却是锒铛入狱，如今孑然一身，凄惨悲凉？他拿定主意，要回到滨海市重新开创他的人生，他需要重新整合人脉资源，也可以借力打力，加盟到孙保赢的拆迁公司去，壮大拆迁队伍，与秦岭抗衡。所以他告诉金海东，他要放弃释放压力的想法，马上回到滨海市。

早上刚一上车，钟若明就给金海东打了电话，告诉他，他下午五点到达滨海市。金海东说为他接风压惊，两人有说有笑，很默契。钟若明觉得自己在滨海做得最正确的一件事，就是交下了金海东这个朋友。

五年前，那时的山东堡村就一直在准备拆迁，孙保赢的金朝拆迁公司负责本项目。原先承包小砬山果园子的主人董明要随着儿子移居海外，海虾得知信息后马上告诉孙保赢。孙保赢在滨海市最豪华的帝都大酒店宴请了董明，董明因为要出国，当然希望把承包的果园转出去。酒没过三巡董明就答应了孙保赢，同意把果园地转包给孙保赢。

孙保赢马上跟姐夫蔡静波汇报，蔡静波说这倒是好事，但不能以孙保赢的名义签协议，在滨海市有几个不认识孙保赢的？结果，蔡静波安排当时给金海东开车的叔伯弟弟李勇，以他的名义跟董明签了协议，这事由孙保赢运作，最后他们再分配利益。

原承包果园的董明跟李勇签了转包协议，孙保赢又找到了山东堡当时的会计，给了他五万块钱，让他把原来的承包合同毁了，并背着当时的村领导在转包合同上盖了章。

孙保赢当时想得简单，在拆迁山东堡神不知鬼不觉时，把果园的拆迁补偿款补给李勇，然后再分钱。可他没有想到五年前，山东堡没拆下去，这次启动本来又是个机会，可他和蔡静波都没想到会被秦岭挤走。秦岭一进入山东堡，蔡静波也不知道该怎么办了，他们只能静观其变。

孙保赢让李勇在开发区的村里雇来一个农民看果园，不付工钱，每年的收成归那个农民，那个农民觉得也不吃亏，反而占了便宜，所以也就答应了下来。

那个农民留下的两个电话号一个是孙保赢的，一个是李勇的，只是蔡静波和孙保赢被传唤后，孙保赢和李勇的电话号都主动注销了，但转包合同还攥在李勇手里。

钟若明在滨海市长途汽车站下车，太阳已经西沉，金海东一个人等在出站口。

盛夏的滨海市游人如织，来这里度假消暑的人来自四面八方，上车的下车的把车站填得人满为患。出租车的生意异常红火，小黑龙晚上和拆迁户的子女们在市内的歌厅里 K 歌，玩够了再一起去飙车。他不像其他拆迁户们的子女可以玩了一整夜回家睡大觉去，他不能彻夜消费时间，他爹打算用拆迁补偿款给他买一辆出租车，白天拉客，一天挣个三头二百的倒也不费劲，可他不满足这些小钱，他爹马志文签下拆迁协议，把老屋置换成一百二十平方米的楼房，余款他爹留着养老和为他娶媳妇用，算来拆迁补偿也剩下不多了。他比不了山东堡的其他拆迁户，除要几套房子外还能拿到上百万的现金，有的干脆不要房子都要了钱，在山东堡千万富翁也不在少数。

小黑龙着急，看着那些哥们，家里因为拆迁一夜暴富，买了洋房、豪华的轿车，让他见识了什么是挥金如土的生活。小黑龙羡慕那些因为拆迁而一夜暴富的拆二代们，为此，小黑龙瞒着他爹，去银行分别办了三张信用卡。那些暴发户的子女喜欢小黑龙的大胆和精明，经过改良的跑车总是小黑龙首先上车试开。油门的轰鸣声让小黑龙神经兴奋，他把车飚得飞一般，那帮年轻的飙车党都嗷嗷拍手叫好，小黑龙像是打了鸡血似的感到前所未有的满足和自豪。生活中，他自已得不到的推崇，在此时得到了极大的满足，虚荣心使他觉得只有和他们一样，自己活得才有价值，因此，小黑龙不惜一切，想融进拆迁户们的子女中间。他把哥们的出租车开出来，拉点活儿，挣些外快。飙车党里的一个人给他打电话，他没注意金海东站在他的车旁边等人。

钟若明提着手提袋子，脚步匆匆地出了出站口。金海东赶紧走过去，喊："若明，我在这呢！"接过钟若明手里的提包。钟若明和他拥抱一下，两人互相看了看，似乎有很多的感慨。

小黑龙见到两人，急忙从车里下来，问他们，"打车不？"

金海东认出小黑龙。秦岭为他家找过房管局，办理过房屋过户手续。当时，他和他爹专门去拆迁公司送锦旗，而后马志文经常去拆迁办帮着干点零活，以示感谢，小黑龙也经常出入拆迁办。

小黑龙一看是金海东，忙说："是金经理，告诉我要去哪里，我把你们送过去。"

金海东一边把钟若明的行李放到车坐上，一边说："到海岛明珠饭店。你买出租车啦？小子知道走正道了！你还真不能光琢磨享受，干出租车这个行业要能吃苦。”

小黑龙痛快答应一声，出租车驶离车站。小黑龙被金海东这么一通表扬，感到脸颊发烧，他开的出租车实际上是城中村拆迁户一个哥们的，哥们晚上飙车累了，白天懒得出车，小黑龙手里缺钱，想借此机会捞点外快，于是干起临时出租的营生。他最近被银行催得紧，让他赶紧去银行还他透支的10万元。小黑龙瞒着父亲，前后一共办了三张信用卡，几个月的时间透支数额巨大，小黑龙整天东躲西藏的，现在连银行的电话都不敢接。

根据金海东的策划，秦岭安排李晓雷给市规划局、土地局写了一份建议，由于山东堡和佛塔村是临村，佛塔村佛塔的西面有两亩空闲地，恳请市规划局、土地局同意迁移山东堡村的祠堂。并把山东堡村祠堂的拆迁补偿款一部分补偿给佛塔村，一部分用于修建祠堂。

金海东让拆迁改造指挥部盖了章，佛塔村村委会也盖了章。他先去和市规划局、土地局沟通，然后分别上报上去。

金海东也约了市公安局局长崔大庆。崔大庆在省里开会，崔局长答应金海东回来后第一时间找他。

秦岭忙完工作，驱车赶往饭店去见钟若明。他早有打算，想请钟若明加盟到他的公司，他和金海东，加上钟若明，会使德仁拆迁公司更加兴旺、发达。钟若明满脑袋生意经，也是难得的人才，虽说犯过罪，但改正过来，还是可以在社会上建功立业的，他也有责任拉他一把。想到这里，秦岭加大油门，很快到了海岛明珠饭店。

秦岭胳肢窝下夹着皮包，上了电梯。

金海东和钟若明一边喝茶一边等待着秦岭和万灵。金海东告诉钟若明，说今晚是由秦岭亲自来为他安排接待的，秦岭一会就到。

钟若明有些愕然，他内心是不想和秦岭见面的。他平静一下情绪，对金海东说：“海东，你知道我现在最不想见的人就是秦岭，他是想来对我炫耀他的成功？他的生活如意？他的仕途顺利？想看看我跌到人生谷底的窘态？想看我现在这副落魄的样子？他玩弄了简爱的感情，怠慢了简爱，简爱的死，我不能原谅他。”钟若明一连串地埋怨，他把简爱的死，都归罪于秦岭。

按照简爱的遗嘱，钟若明也被通知到简爱的死讯。

第三十二章　爱恨交织

金海东听钟若明越说越生气，打断钟若明的牢骚，对钟若明说："若明，你把秦岭想得太离谱了，他可是一直把你当成亲兄弟。原先我觉得他辞了检察官的差事，出来自己闯荡，做事轻率，不成熟。现在，我对他不得不刮目相看，他不但具有刚直不阿的作风，骨子里还有侠义、慈悲、大爱的柔情。跟他在一起虽然时间不长，但是，我觉得这些年跟他比，我的官真是白做了。我的心态不如他，他干拆迁这么多年，上不拍领导的马屁，下不和老百姓较真。对于钉子户，他能放下身段，把他们当成家人对待。这些，我都不如他。再说，简爱的死是生病造成的，怎么可以把责任让他承担？"

钟若明还是不依不饶地说："海东，你知道我虽然没有娶简爱，可是，内心里我是爱她的。我虽然不能娶她，但是我可以给她最好的生活。可是秦岭辜负了简爱，他欲迎还拒的态度是我最不能接受和看不起的。"

金海东背靠着沙发，看着钟若明喋喋不休，便打断他的话说："若明，秦岭和简爱之间的爱，我看爱得比你深沉。秦岭为什么不娶简爱，其中的缘由你知道吗？秦岭骨子里是个保守的男人，年龄的差距才是导致他们不能结婚的真正原因，他想简爱找一个比他还年轻的爱人照顾她。"

钟若明叹口气说：“秦岭总是可以找出冠冕堂皇的理由，我不能理解他的做法。”

金海东不想和钟若明再为这件事浪费口舌，他向钟若明介绍了简爱家的真实状况。钟若明得知简爱竟然在病中与亲生父亲和双胞胎的姐姐见面，觉得这个世界真是充满了戏剧性，悲喜剧每天都在上演。可不管怎样，简爱已经不在了，她的家人的存在，在他这里只是个符号而已。

金海东把钟若明从简爱的世界里拉回来，他说：“若明，秦岭始终想伸手拉你一把。不管你当初在家乡淞江、在海南、还是在滨海市，依他的个性，不管你有多大的势力，他不会求你，更不需要你臣服于他。但是，当你遇到困难时他会主动站出来。当初，是咱们把人家想得复杂了。现在，我和他合作得很愉快。滨海市的拆迁两位大王，孙保赢因为挪用巨额拆迁补偿款被审查，他的金朝拆迁公司摇摇欲坠了，大厦将倾，你何不先稳住阵脚，再从长计议呢？”

钟若明走到窗边，隔着玻璃，望向远处的大海，眼神悠悠，像是自言自语地说：“海东，你的意思我懂，我和秦岭没有不可调和的矛盾。论能力，我不比秦岭差，我只不过是输在运气上。我就想争一口气，凭什么我要依附于他活着？我钟若明要饭都要不到他头上，我要开拓一条自己的路，这样我觉得心里舒坦。”

服务员把秦岭引到事先订好的包间。

秦岭进来，钟若明从窗边回来，手扶着椅子，脸色有些不自然地看着秦岭。

秦岭把手里的包放在桌子上，看着钟若明说：“若明瘦了，人也还那么有神采，出来了，人生从头再来吧！”秦岭说完，伸手让钟若明坐。

钟若明回到自己的座位边，淡淡一笑，坐下来，接着秦岭的话说：“秦总看我还有再造的价值吗？我还曾经想从此隐居乡下，永不入世了呢。”

金海东让服务员把茶水给秦岭倒上。他看着这两个发小相互的语言有拍有捧的，担心钟若明的尖酸惹怒秦岭，赶忙打圆场说：“今晚咱们算是四年后的第一次相聚，我建议咱们今晚一醉方休怎么样？”金海东看着秦岭和钟若明，等着他们的表态。

万灵从党校刚下班就赶来酒店。她理了个颇有个性的短发，穿条暗绿色蚕丝纱裙，丝绒质地的皮鞋，赶来参加为钟若明压惊而摆下的酒局。走到房间外，她就听到丈夫金海东的建议，她直接走进去，把包放下，接过金海东的话说："我看今晚是为钟若明接风和压惊的，喝酒是庆祝的，适可而止就好，咱们还有正事谈呢。"说完，万灵自作主张地让服务员把整箱的啤酒搬走，只留下十瓶，每人两瓶还有余。

万灵打量着钟若明，钟若明显老了，不是面庞而是眼睛，以前的热情和神采似乎已经被岁月磨得混沌。但是，骨子里的计较、妒忌，不安分却仍然在燃烧。钟若明对万灵说："万灵还是美貌依旧，看来，好人好报，你对海东的真情让我感动，今生海东有你，就等于拥有了整个世界，他很幸福，我有点嫉妒了。今晚咱们就听万灵的，每人两瓶啤酒，想喝酒，改日去你们家里喝。"

金海东连忙说好好好，就按照万灵说的办。

秦岭要来一箱青岛啤酒，亲自为金海东倒上，然后走过去为钟若明倒满。万灵自己要了奶品饮料。

金海东作为钟若明和秦岭之间的润滑剂，首先举杯，说了一套为迎接和庆祝钟若明出狱的套话，然后，展望了钟若明未来的光明前景。钟若明很高兴，三人一饮而尽。

万灵起身为他们三人分别把酒杯斟满，秦岭说："有些话，我就是直性子，不想绕着说，若明一直对我有成见，作为男人，往事随风去，大事咱们还得拎起来，我觉得若明有勇气在监狱里立功得到减刑，也会有勇气重新面对新的生活。如果不嫌弃我的庙小，欢迎你和我们一起干！"

秦岭和金海东、万灵都注视着钟若明。钟若明把视线移到别处，猛吸口烟说："秦岭，你的心意我领情，但是我不会去你的公司，咱们还是井水不犯河水的好，你知道我的性格。"

钟若明说完，将一杯啤酒一口喝干。金海东看不下去了，夺过钟若明手里的酒杯说："若明，秦岭是真心为你好，还不赶快谢谢你的老同学？”

秦岭抬手对金海东示意，让他不要管。秦岭对钟若明说：“若明，我最不喜欢牢骚满腹的男人，你不来我公司，我也不会强求，但是作为发小，我对你有一句忠告：安住你浮躁的内心，这个世界谁也不欠谁的，只有懂不懂得珍惜。希望你的未来一帆风顺！”秦岭把酒杯端起来，金海东和万灵也端起杯。

钟若明拿起湿巾擦擦手，随后很随便地把湿巾丢在秦岭面前，站起来对金海东和万灵说：“海东，万灵，我还有事，需要拜访故友，你们喝吧。”说着一边拎起提包一边对秦岭说：“谢谢发小的盛情，来日方长，告辞了。”

秦岭看着钟若明匆匆离席，手里举着的酒杯有点抖，钟若明身影消失在电梯里，秦岭手里的酒杯从他手里滑落，呯的一声，摔得粉碎。秦岭倒在椅子上，脸色发白。金海东和万灵吓坏了，金海东赶忙将他抱住，问他怎么样。万灵拨打120急救车，金海东搀扶着秦岭。秦岭闭着眼睛不说话。

过了10分钟后，秦岭缓过来，额头上全是汗珠。金海东和万灵才放下心来。秦岭告诉万灵，赶快把120急救车打发走，他没事了。万灵和金海东坚持让他去医院检查，秦岭说什么都不去。

万灵下了电梯，交给120急救车200元钱，告诉他们病人情况稳定，不需要去医院了。

饭店里的服务生和楼层经理也被吓得不轻，他们见秦岭神志清醒，才各自散去。金海东劝说秦岭，不要和钟若明一般见识，钟若明极端的个性导致他凡事偏狭极端，虽然本人悟性高又不乏聪明，但是人有时容易聪明反被聪明误。凡事都有度，过了就成了偏执狂了。秦岭拿手巾擦着额头的汗水，感觉胸口好了很多。万灵说，钟若明的单身和诸多不如意，也是造成他自身很大的困扰的起因。一个整天走不出失意的人，怎么会获得开心？既然作为同乡同学的淞江人，就选择包容和慈悲对待他吧。

秦岭觉得今晚的宴会搞成这样，全是他的错，怪自己不够包容使得今晚的晚餐不欢而散。

金海东对钟若明的冲动做法不能原谅，心底里对钟若明的印象大打折扣。

秦岭早就对钟若明不肯臣服于别人名下有准备，但是钟若明在酒桌上的不恭是他没想到的，再怎么酒桌上的人都是一起经过挫折和成长的兄弟，一顿宴席过后，还有很长的人生路要走。从钟若明的口气上听出，他想在滨海重振自己的事业，秦岭希望他能够成功。毕竟时间不等人，钟若明也是四十八九岁的人了。再不抓紧奋斗，机会就永不再来。钟若明出狱回来，原本打算去找原先的合作伙伴吴新东、牛四平、孙保赢等人，可是，他们各自的命运都发生了变化。吴新东和牛四平的地产行业遇冷，新开发的楼盘寥寥无几，资金链断裂。吴新东当初与钟若明在滨海合作时期，有市长金海东撑腰，承包过一些大项目。时过境迁，随着金海东这棵大树被拔起来，把钟若明也给带起来，栽了跟头。虽然钟若明现在出狱了，但是，信鹏房地产的今天也是自身难保，他有心回去，又不想低眉顺眼去求吴新东。听说孙保赢出事后，金朝拆迁公司近乎瘫痪，副经理海虾和主任刘永福撑不起事儿，资金周转也不灵，这些事钟若明出狱后，就已经了解。他考虑先做好详细的调查后，再去找海虾和刘永福商谈加盟的事。他一心想借着金朝拆迁公司原有的基础，期待金朝拆迁公司在他的手里起死回生。这样，他也有了和秦岭抗衡的资本。但是，这其中的难度，对于一个刚刚刑满释放人员是何其艰难？钟若明虽然是个知难而进的人，可现实有时是不管你是什么性格，都要首先让你踏着遍地荆棘，冒雨前行。

钟若明暂时栖身在一家小旅馆，他盖了十一年的楼房，由于没有结婚，就等于没有家一样，没有女人的男人是没有家的感觉的。为此，他只给自己在海南留下一处别墅。他觉得，只要他还能干，别墅、楼房、金钱是随手拈来的事。却没想到，他的行贿犯罪，使他一夜之间几乎变成了无产者。

小黑龙昨晚和一群飙车党玩到很晚，干脆也就不回家，在街上的网吧里对付一下。睡得昏天黑地的小黑龙，由于透支数额巨大，银行多次催要，小黑龙躲避不还，银行以恶意透支诈骗的罪名，把他告到公安局经侦部门，警察正在寻找抓捕他。

秦岭他们公司的拆迁宣传车停在山东堡村的村口，铿锵有力的宣传话语激动人心，牛有楼、柳树林、王焕春捂住耳朵，几个人正坐在万宝良看护的祠堂院子里喝茶，讨论法院开庭的事。

万宝良说他一不起诉，二不出庭，他是党员，得对得住良心。

牛有楼喝口茶水，斜眼问他："那党员还带头签拆迁协议呢，你怎么不带头？你一不交房二不参加诉讼，你老万可没当过中间派啊！你都把我搞糊涂了。"

万宝良脸上有些挂不住，他说："老牛你别拿这话噎我，我最起码要保持一个党员最起码的脸面。你们都别强迫我，我只是要把我们山东堡的老祖宗留下来，我万宝良也知道钱是好东西，但钱不是祖宗。和钱相比，祖宗更重要。"

几个人面面相觑，都陷入沉默中。

宣传车的广播喇叭震得王焕春再次捂住耳朵……

由于马志文的媳妇刚过世，虽然签了补偿协议，但秦岭答应他可以晚些时间腾房，如今七期以过，马志文也找好了过渡房，他开始准备搬家。马志文一个人正往一辆汽车上搬些破东烂西，俗话说："破家值万贯。"马志文看那些瓶瓶罐罐，哪一样也舍不得扔掉，他感慨别人家搬家都是老少齐上阵，而他的儿子别提帮他一把，一连几天都抓不到踪影。妻子因为房屋过户的事寻了短见，他觉得日子过得没知没味的。他一手提着散了包的衣衫，一手提着一塑料筐的破瓶烂罐子，地上还有一堆以前做豆腐用的吊架和压豆腐用的木箱子。生活的无奈，使他选择对一切事物忍耐包容。

西江区公安分局奉命抓捕恶意透支的小黑龙。为了避免打草惊蛇，他们开着警车，悄悄来到小黑龙的家，几名警察下车，看见小黑龙家有人正在搬家，走上前去问马志文马小龙在哪。

两手提着破烂家什的马志文看见几名警察来找儿子小龙，脸上掠过一丝惊恐，他说："你们找他干什么？他是不是又在外面打架了？"

其中一名警察说："这比打架还严重。"

马志文不解地看着警察，半天不敢再问下去。

一位胖警察说："你儿子办了信用卡，恶意透支10多万，银行告他蓄意诈骗，我们是来抓他归案的。"

马志文抓包袱的手一点点松开，包袱里脏乱的衣物散乱开来，撒在地上。他蹲在地上，呕吐起来。

警察问他儿子在哪里，他指着村街上说不出话。

警察问他怎么了，马志文吐出一口痰说："我这家不能过了，你们抓走他吧。"

有几名警察在马志文家房前屋后搜了一遍，没见到小黑龙的影子，其他警察想去街上小黑龙常去的网吧。

马志文看到警察满屋翻找儿子，他后悔了，想把刚才说的气话收回来，他连忙抱住其中胖警察的大腿说："警察大人，求你们不要抓走我的儿子，我把我的拆迁补偿全都拿出来给银行抵债还不行吗？"

胖警察低头看着抱他大腿的马志文，对他说："这事我们也说的不算，我们是奉命行事。"马志文失望地放手。

小黑龙和飙车党们玩了一夜的飙车，此时在网吧里睡得昏天黑地。警察在一张躺椅上逮住他。小黑龙也不反抗，灰头土脸地顺从地跟着警察上了警车。他心知肚明，自己早晚会被警察带走，他明白后悔也没有用。

由柳树林牵头状告德仁拆迁公司的拆迁补偿不公一案，明天就要在滨海市西江区人民法院公开审理了。秦岭在拆迁公司再次审阅了明天的答辩状，他决定安排武军和何依萍出庭。

埋头正在修改答辩状的秦岭被一阵男人的哭声惊动，他听着一个男人哀伤绝望的哭声自下而上，到他的拆迁公司门口突然止住。秦岭看见马志文红着眼睛站在门口，他招呼马志文进来，给他倒了杯凉白开，让他坐下。

马志文用颤抖的手接过水杯，还没张口，两行眼泪滚过皱纹密布的脸颊，他说："秦经理，我家小龙犯事被警察抓走了，我是来求你帮忙来了。"

秦岭问他怎么回事。马志文把小黑龙恶意透支的事说了一遍。

秦岭叹息，这小子胆子比熊胆还大。他问马志文，"你儿子透支这么多，你就一点都不知道吗？"

马志文说他也注意到儿子花钱比平时手脚大，专门抽好烟，经常从饭店带回吃食给他，他以为那都是他那群哥们请的客，也没在意，想不到是儿子背着他办了三张信用卡。

秦岭想了一下，拿起桌子上的电话，给西江区公安局经侦支队的朋友打电话，询问小黑龙的事情。警察说，小黑龙的事正在侦查组卷，马上报检察院批捕，如果他家里能够把他的恶意透支款及时归还，公安机关在征得银行同意后，可以从轻处理。

秦岭把这番话学给小黑龙的父亲马志文，并但心地说："你家的拆迁补偿都拿出来还银行，你们以后的生活怎么办？"

马志文毫不犹豫地说："就算我出去打工挣钱，也不想儿子蹲大狱。"秦岭见马志文态度坚决，要替儿子还上透支的钱，他很为父子之情感动，告诉马志文，"那就马上凑齐透支款，到时我陪你去趟公安局。"

滨海市公安局局长崔大庆回到滨海，他第一时间给金海东打了电话，他非要到金海东的办公室去拜见金海东。金海东说一个局长到拆迁办来不合适，他马上到市局。崔大庆正好手头有几份文件要处理，所以也不坚持。

在崔大庆办公室，金海东见到了崔大庆。崔大庆仍称呼金海东为海东市长，弄得金海东很别扭，但崔大庆说习惯了，改不了。后来两人达成一致，因为金海东年长，崔大庆称呼金海东为海东兄。

崔大庆从抽屉里拿出两盒金骏眉放在金海东面前，说是上武夷山专门给金海东带回来的，金海东也不推辞。

金海东知道刚开会回来的崔大庆一定很忙，他不想耽误崔大庆太多的时间，就说："大庆，山东堡拆迁就剩下三十几户，你局的牛油还有他家的父亲、弟弟、妹妹没有交房，在山东堡影响很不好。"

崔大庆是个急脾气，他马上拿起电话打给牛油。牛油辩解是他父亲思想还没想通，他答应回家做做他父亲的工作。崔大庆可不听他打太极，要求他三天内把自己的房子交了，七天内做通他家里人的工作，把房也交了，否则到政治处报道。

崔大庆回头对金海东说："牛油跟我干了十多年，虽然人滑头了点，但业务上不含糊，你们回去也好好做做他家里人的工作，别让他在这小事上犯错误。"崔大庆是个严厉的领导也是个护犊子的领导。

金海东首战告捷。

金海东把见公安局局长崔大庆的情况向秦岭介绍，秦岭觉得这样的事就得趁热打铁，他马上来到市公安局，找到牛油。

牛油在办公室接待了秦岭，他明白秦岭找他是谈拆迁的事儿。本来就心虚的牛油见到秦岭，赶忙让座并给他倒上茶水。还没等秦岭开口，牛油首先说："秦经理，我不是钉子户，没想做钉子户，本身我是党员，要响应号召，带头支持拆迁，现在山东堡村我的房屋拆迁协议还没签，你们可能着急，我和你们一样，也着急。

秦岭打断他的话，看着牛油满是疙瘩的脸说："牛局长，你也不要和我绕了，拆迁是一视同仁的，我为什么不想三番五次找你谈，因为你是党员，是干部，对于国家的拆迁政策了解得也不少，山东堡村拆迁已经进入尾声阶段，我们的百日攻坚战至今不能提前完成，是你们几户耽搁下来的。我今天来，想和你交个底，我们拆迁是本着阳光、公正、透明的拆迁方式进行的，绝不会偏袒哪个人。"

牛油被秦岭说得满头冒汗，他找来一条毛巾，擦拭脸上的汗水。他看着秦岭，沉默着思考一会儿，才对秦岭说："秦经理，你的话有道理，我也早就想和你把话说透，既然你今天这么说了，我牛油本身是领导，不能扯政府的后腿，这个拆迁协议，我签了。我也会动员我的几个姊妹一起去你们拆迁公司把协议签了。"到了关键时刻，牛油这样的公职人员掂得出来轻重。

在金海东的撮合下，市规划局、土地局召开综合调度会，区拆迁改造指挥部的尹宁、游鸿，区规划局、土地局的相关领导，拆迁公司的秦岭，山东堡村的万泉河，专门讨论山东堡村祠堂的拆迁问题。

秦岭说："这座祠堂区别于其他祠堂，它是山东堡村全体村民迁徙和奋斗的记录史，这里既是村民们节假日供奉和祭祀先祖的地方，也是村民们为后代子孙记录不同时期业绩的地方。虽然谈不上是古迹、文物，但也确实有很深的精神层面的意义。要是拆除，不但拆走了山东堡的老祖宗，也拆没了山东堡子孙们的奋斗史。这样一来，村民们不会不反对，再说，现在山东堡在外打拼的子弟们陆续往回赶，他们想干什么，我们心里都还是个未知数。"

游鸿说："没底也要拆呀，总不能让高楼大厦下面长着一个祠堂吧！他又不是什么文物古迹。群众的思想要靠疏通，这事就交给秦岭来做了。"游鸿看着秦岭坏笑着说。

秦岭知道游鸿话里话外还是把他推到火线上，接过话说："游政委就不怕多牺牲几个兄弟，把炸药包往我怀里推。不过，我有心理准备。"

万泉河说："拆了祠堂就等于拆了我爹的命，尤其他们这些老一辈，说句不好听的，他们离牌位越来越近了，我真的没有好办法，但我只知道祠堂真的拆不了。"

散会后，市规划局、土地局的领导把秦岭留下，他们告诉秦岭，他们已经把山东堡祠堂异地返迁到佛塔村佛塔西面的报告打给市长了，市长让他们再调研一下，等批下来再通知秦岭。由于参加会议的人员太多、太杂，他们在会上没敢说这个消息，怕一旦批不下来，拆迁会更难。

牛油趁着周末，和他的三个姊妹，来到拆迁公司，把拆迁协议签了下来。牛有楼一个人坚守着他的老房，子女们忙着做他的工作。

第三十三章　拷问良知

滨海市西江区人民法院开庭审理了山东堡村柳树林、王焕春等人状告德仁拆迁公司拆迁补偿一案。

武军和何依萍代表德仁拆迁公司出庭，兰梅、卓尔去旁听。

王焕春的诉讼理由是，她家的猪圈占地使用了二十多年，这二十多年没人管没人问，怎么一拆迁就违法了。她家的猪圈盖得比住宅房子都好，她家的猪圈德仁拆迁公司应该按照拆一还一给予住宅房补偿，因为她养猪是商业行为，她没管拆迁公司要商业房补偿已经够让步了。另外因为拆迁，她家没法养猪了，拆迁公司还应赔偿她二十年的经营损失，总计五百万元。

本来王焕春的猪圈属于违法建筑，西江区执法大队已经给她下了限期强制拆除通知书。但由于陆景宽拆房心切，在限期强制拆除通知书没有送达的情况下就实施了拆除，这是违反法定程序的。就此王焕春咨询过本市非著名律师白马。白马律师说，可以告他们违反法定程序拆除。王焕春问然后呢，白马律师说这样法院会判德仁拆迁公司败诉。王焕春问判胜诉了然后呢，白马律师说然后政府再重新给她下一次限期强制拆除通知书并应该在拆除前送到她手中。王焕春追问那然后呢，白马律师说这样他们才能依法拆除。王焕春问能得到钱吗，白马律师说不能，因为你们家的建筑本身就是违法建筑。王焕春一气之下撵走了白马律师。

柳树林是想把圈到他家院里的两个碉堡及周围的土地划到他家。

法庭调查时法官问:“那碉堡是谁盖的？”柳树林说:“是日本人盖的。”武军追问，“柳树林你是日本人还是中国人？”柳树林没有明白武军的意思，用诧异的眼光看着武军。武军接着问:“你和日本人有没有继承手续？”弄得审判庭哄堂大笑。

法庭经过审理分别驳回了他们的诉讼请求，王焕春、柳树林表示都要上诉。

还有几户跟风坐车的村民看到王焕春、柳树林的审理结果也都泄了气。他们有一种上当受骗的感觉，他们不仅拿不到柳树林的奖励，还搭上了这么长时间的工夫，最关键的是少得了那么多过渡费。其他旁听的村民耷拉着头，互不言语，决定回去好好跟拆迁公司谈谈。

山东堡村村部大院里，有一百多位山东堡村民找拆迁公司领导秦岭。院子里的村民不像打架找事的样子，他们很安静地要和秦岭谈谈。听说政府召开会议，山东堡村的祠堂要拆除，他们自发地组织起来，想求秦岭保住这座对他们来说十分有意义的祠堂。

秦岭本来打算去找万泉河，商谈拆迁的事儿，没想到一下子来了这么多的村民。他不知道大家想做什么，就下楼到院子里。村民们首先轻言细语，说出自己对拆掉祠堂的看法。大家七嘴八舌，秦岭耐心地听着，让他们慢慢说。

他们大都是先期签下补偿协议的村民。这些村民为自己家拆迁没动一丝一毫的纷争念头，倒是为那座古老的祠堂来找秦岭说情。他们不是万宝良找来的，而是自发的、从心里想留下祖先们的牌位，留下记录他们与大自然和命运抗争的历史，也包括今天山东堡的后代们在当地和外乡创业的荣光和奋斗历程。他们说，这些都是山东堡人引以为豪的见证。祠堂不仅是山东人闯关东、子子孙孙创业的见证，也能留给后辈们一些值得怀念和感恩的精神寄托，也会激励山东堡的后人们奋发向上。如果能保留祠堂不拆，他们会对德仁拆迁公司感恩一辈子。

秦岭感到为难，不知道怎么和大家解释。其实，为了这座宗氏祠堂，最挂心的是万宝良，他相当于山东堡村的族人头领，整天守着祠堂，祠堂有个风吹草动的都会扰乱他的神经。这一百多位善良村民的出现，使秦岭意识到这座祠堂几乎成了山东堡人的信仰。他非常佩服金海东能想出异地搬迁的好建议，但在政府没有做决定前，他又不能向村民承诺些什么。

秦岭看着这些朴实的村民，坦诚地说："各位父老乡亲，我们都清楚，山东堡村是块宝地，将来这块地会变成高楼大厦，你们说在这些高楼大厦中间，夹着这个祠堂，难看咱且不说，人来人往，吵吵闹闹的，我们老祖宗能休息好吗？政府的规划就是法律，山东堡这块宝地政府也不能不当不正规划个祠堂。大家的心情我可以理解，但大家也都换位考虑一下，政府的规划也很难。"秦岭在人群中对村民们抱拳，表示歉意。秦岭的解释是有道理的，但村民们心里就是过不去这个坎儿。他们不想为难秦岭，不再磨蹭下去，带着遗憾的心情，一起去了宗氏祠堂。

秦岭交给万泉河两项任务，一是找到果园主，二是做他爹的思想工作。这几天秦岭等得着急上火，他给万泉河打电话，让他回拆迁办一趟，看看他那边的进展情况。

万泉河回到村部，来到秦岭的办公室，不气不恼，照例从衣袋里掏出一盒云烟递给秦岭。

秦岭接过烟卷，摆手对按燃打火机的万泉河说："你先说说你那边的情况，这几天我都急死了。"

万泉河坐下来，抹把头上的汗珠说："秦经理你听我说，这几天我忙得就连睡觉做梦都在追查果园的主人，我爹那一届村干部我都问个遍，谁都不知道这片果园承包给了谁。我接手到现在，没有人告诉我这片果园是谁的，那时候想管他是谁的，反正果园承包出去了，跟我也没关系。"

秦岭不耐烦，催促万泉河说："说那些干嘛，往点子上说，查出果园子的主人没有？"

万泉河起身来到秦岭的桌前，弹弹手里的烟灰，回身又坐在椅子上，继续说："秦经理你别着急，听我往下说。"万泉河清清嗓子，仿佛他的嗓子是一条被淤泥堵塞的河流，他咕噜一下，咽下一口唾沫。看着秦岭说："秦经理，这人我是找不到了，也许人家在外地，做买卖发了大财，这块地也不要了，怎么处理还不是由着拆迁办。"

秦岭对万泉河说："我们现在找不到主，等到这项目开工他再杀回来，阻止施工，这种例子也不是没发生过。"

"秦经理你别着急，人倒是我没找到，但我找到了联系方式。"说着万泉河把两个写在手上的电话号码给了秦岭。

秦岭翻开自己的笔记本，和上次看果园的给他的一点都不差，秦岭气得哭笑不得。

秦岭问："是看果园的给你的吧！"

万泉河一愣说："你怎么知道？我给他一条烟才哄出了这个号码。"

秦岭说："你赚了，我上次给他两条烟，他才给我这两个号码，可一打都是空号。"

听到两个加起来快一百岁的人让一个傻子给骗了，金海东走了过来想看个究竟。当得知两个人都得到了同样的两个电话号码后，金海东沉思了，他自言自语："这事我还得去找崔大庆。"

秦岭不解地问："海东，两个空号你麻烦公安局局长？"

金海东不加解释，秦岭也不深问。

秦岭对万泉河说："你说的情况也没有什么意义，怎么着还得我自己处理，山东堡村的村民们都去你们的宗氏祠堂了，你去看看，别整出点什么乱子来。"万泉河答应着，怀着忐忑的心情下楼，去往村中的宗氏祠堂。他还真的担心，祠堂里立着村民们亲人的牌位和后人们的业绩记录。有谁心里不平，打坏这些东西，那是会出大事的。

上午开庭的武军、何依萍、兰梅、卓尔，几个人从法院民事庭出来，坐车回到拆迁公司，他们把开庭审理的情况向秦岭汇报一下。秦岭听取了武军、何依萍等人的汇报，心里的压力减轻了许多。他怕王焕春主张拆她家的猪圈程序违法，那样德仁拆迁公司就会败诉。当然，败诉公司也不会有什么实质损失，但这样会导致王焕春的交房日期进一步拖延，而且村民们不懂法律，一旦听到德仁拆迁公司败诉了，那负面影响可就大了。看今天的审理情况不错，这样一来，他们可以把握机会，继续下户，去和拆迁户们耐心地沟通。

距离百日会战还有二十多天的时间，拆迁任务的完成迫在眉睫，秦岭心里着急，他让武军、何依萍带着组员下去动员那些观望诉讼的二十几户村民。他要亲自去找万宝良，到了这个时候，万宝良还稳如泰山，不急不火的，秦岭坐不住了，他带着陆景宽、卓尔，去找万宝良。

周小虎因为市暑期办缺人手，被临时调到暑期办。周小虎觉得这个节骨眼调他回去真不是时候，他还想着和温暖走近。但毕竟指挥部来了通知，自己就得回去。柳明因为拆迁到了最后，加上柳树林的房子还没有交，没有说服力，他也被调回村部，而温暖配合拆迁办整理全体村民的拆迁档案工作。由于拆迁现场办公室就在村部，所以柳明、温暖还是能天天见面。

万灵去党校上课，门卫隔着半开半关的小窗户招呼她，说是有她女儿学校寄来的一封信。万灵知道一定是女儿冰凌第二学位考试成绩单，一看女儿又获得了清华大学法律学士学位，万灵激动地打电话，把这个好消息告诉了丈夫金海东。冰凌是个要强的孩子，在校四年拿到了两个学位，而且她还要考研究生。

金海东在和秦岭走在山东堡村暴土尘扬的村路上，金海东不想在拆迁最后的艰难阶段坐在公司里，他想去直接接触钉子户，感受他们的内心世界。尤其对万宝良这样的党员钉子户，金海东非常渴望与他正面交流。正在和秦岭说话的金海东，兜子里的手机响起来，他看是万灵打来的，问她什么事。

金海东张着嘴，喜上眉梢，他挂断手机，首先把卓尔喊过来，告诉他：“小子，快给冰凌打电话祝贺下吧，她双学位考过了！”

卓尔想冰凌考什么都能考过，别说是双学位。临毕业前冰凌打算报考研究生，让卓尔给个建议，现在看来冰凌有了英语、法律两个学士学位，他倒是很想建议冰凌去考国际法研究生。

卓尔对金海东点点头说：“放心，金叔叔，我马上打。”

秦岭也很高兴，他说：“冰凌真是个好孩子，自立自强，四年考了两个学位，值得祝贺！”

秦岭他们几个远远地看见宗氏祠堂那边人影幢幢，人们不知道在忙碌着什么。正是七月，天空好像要下雨的样子，人们在昏沉沉的阴雨天里走来走去。

秦岭派万泉河去看情况，万泉河也没了音信。他想等待村民们从宗氏祠堂散去再找万宝良，可是，时间紧迫，哪怕一个时辰，都不能再耽搁下去。万宝良一天谈不下来，秦岭心里就一天不能轻松。至于那宗氏祠堂，万宝良就是一个门神，一副“一夫当关，万夫莫开”的样子。万宝良的老宅和这个宗氏祠堂，成了秦岭的心病。

走在后面的卓尔，看着父亲的背影，心里隐隐有些疼。父亲为了山东堡的拆迁，寝食难安。偌大一个山东堡村，人口众多，情况复杂，不同身份的居民，不同地位的买房人，不同的补偿要求。拆迁就是在理一团乱麻，用千奇百怪的方法，来处理千奇百怪的问题。入户、动员、再入户、再动员，吵、闹、上吊、跳楼、汽油浇身，这一幕幕的闹剧，是他这身材单薄，内心却非常强大的父亲这么多年来日复一日而承受的。拆迁工作，卓尔只做了近一个月，百日攻坚战结束的时间近在咫尺，他有点替父亲担心，担心他完不成任务倒下去。因为后来的收尾绝不是它想象中的那么简单。卓尔替父亲捏了一把汗。

山东堡宗氏祠堂此刻热闹非凡，村民们好像不知道祠堂要拆除，他们当中，男人涂刷墙面，女人清扫院落，祠堂霎时变得美观起来也活跃起来，人们像是要迎来一个盛大的节日。祠堂中的柳树迎风招展，抚摸着人们的笑脸。园子里的菠菜、小白菜叶子又翠又绿。这座祠堂里，有他们祖辈的牌位，和父辈们的创业史，还有儿女们的奋斗史。山东堡村几乎没有抢劫、盗窃的事，这里民风淳朴是出了名的，虽然这儿也来了很多外来人，但到山东堡也都是入乡随俗。这里人祖籍山东，所以倔强也是出了名，这就是山东堡，这是一个在滨海市极具特色的村庄。

这次拆迁，除了王焕春、柳树林、钱有才以外，没人想要打官司告状去为自己非法牟利。万宝良交房不交房都在人们的意料之中。当年背着窝头，住车站，去省里找渔业局，为村里争取滩涂养殖，山东堡村的富裕和繁荣，离不开他。大家想他在拆迁前期就能带头走，可万宝良没走，以前山东堡人富了，是万宝良给山东堡人争取来了利益，今天，他又坚守祠堂，是想给他的先人一个交代。山东堡村的老户们并没有那么难缠，这是秦岭接手以来最为满意的一个拆迁村庄，这是孙保赢想不到的。正如村里的百岁老人万呈祥说的那样："我们不喜欢背后搞阴谋诡计在老百姓身上使手段的拆迁队，德仁拆迁公司赢就赢在以德服人，以仁待人。这样不打不骂，阳光和谐地拆迁，老百姓能不服吗？"

秦岭看到，人们脸上露出微笑，里里外外为这座祠堂打扫卫生，铁门上的铜锁熠熠闪光，可还是有那么多的人争相擦洗。人们扫院子、擦窗棂、擦玻璃、擦祠堂屋内的牌位，大家没有一丝悲戚的神情，脸上依然挂着微笑，互相打趣着说笑，好像在打扮一位要出嫁的新娘。

秦岭站在祠堂大门外，奇怪他们明知道这座祠堂要拆，为什么人们还要去打扮它？人群里，秦岭看到万宝良和他的儿子万泉河，万宝良歪在躺椅里，眼神迷茫地看着忙似陀螺的男女老少。万泉河挺起肥胖、笨重的腰身，站在院子里，冷眼看着人们忙碌着为祠堂化妆。

秦岭带着陆景宽他们进院，人们见了他也不打招呼，依然没停下手里的活儿。万泉河见到秦岭他们进院，笑着对他父亲说："爹，秦岭他们来了。"万宝良依然一动不动地蜷在躺椅里，听着秦岭由远而近的脚步声。

大概是觉得秦岭来找万宝良谈事，村民们看着宗氏祠堂像一个被雨水淋过般清爽干净，就纷纷收了手里的扫帚、抹布、洗刷用的脸盆，把它们通通放置起来。一会儿，人就都散去了。秦岭不知道这些村民这个时候还一窝蜂来到宗氏祠堂修缮和打扫卫生还有什么意义，因为宗氏祠堂马上就要拆掉了。

万宝良看见秦岭走过来，慢慢地坐起来，嘴里嘟哝着：“都发疯了，发疯了，平日里不见半个人影，现在都跑来搞卫生，我不明白他们是怎么了。”万宝良一边嘴里发牢骚，一边连声咳嗽。

万泉河搬来几把板凳，放在秦岭他们跟前，让他们坐下。

万宝良掏出手绢，擦下眼角咳出来的眼泪，对秦岭说：“坐吧，站客难答对。”秦岭笑了，挨着万宝良的身边坐下来。陆景宽和卓尔在干净的院子里走走看看。

秦岭对万宝良说：“万大叔，大家都来帮助您打扫祠堂，您可清闲了！”

万宝良鼻子里“哼”了一声说：“哪个需要他们来打扫？从前各忙各的，除了年节，谁来打扫过？还不都是我在做。”

秦岭笑了，觉得万宝良的牢骚不全是为了祠堂，而是别有所指。秦岭把话题绕过来，对万宝良说：“万大叔，我今天来有两件事，一是这祠堂拆迁您得帮我出出主意，二是谈谈咱家老宅拆迁的事。”

第三十四章　尖端交锋

万宝良一听，浑身不自在，他擤把鼻涕，用手绢擦一下，慢悠悠地说：“你说的两件事其实就是一件事，就看你们怎么个解决这个祠堂了。我守了这祠堂几十年了，不能死了连个牌位都混不上吧！”

秦岭知道，解决祠堂的问题得靠政府决定，金海东正在紧锣密鼓地沟通中，但秦岭想把两件事分开。秦岭继续说：“万大叔，山东堡村的拆迁就快结束了，现在只剩下你们几户有问题的村民，您看，您老人家是党员，我也是党员。拆迁是我的事儿，也是大家的事情。咱们再商量一下，您退一步，我们公司认可自己吃亏，也适当给您往上提点。您那座老宅从来就没跟我们商量过补偿问题，我们问您您又不说，现在拆迁快要结束了，也该有个结果了。”

万宝良拿着手绢的手有些颤抖，他接过秦岭的话：“秦经理，我知道你今天来找我是想和我谈交房的事，我没忘记我是党员，可是党员也是人，也要生活，我有我的立场。按说，我早该和你谈拆迁的事儿。不是不想和你谈，我也有难处，有些事，不到最后，我还真不想说。相信我，不用催，到时候我自然会走。现在那座老宅的价钱，你们给多少我都不签协议。还不是时候，还不是时候。”

万宝良的身体看来大不如从前，他的话语像似春天的雨帘断断续续的。秦岭见他还是这样的固执，心里很着急，他继续劝说："老爷子，老宅是咱个人财产，祠堂是山东堡全体村民的事，再说我们也不可能一下解决两个问题，就是您现在就交老宅，我们又量房又算账的，也不是马上就能办完的。"

万宝良大概不想继续谈下去，他摸索着要躺下来。万泉河扶着他爹把他又放到了藤椅上。

秦岭看眼万宝良，眼神里充满了无奈。

万泉河说："我爹他这些天就不舒服，今天大家来打扫祠堂，他就病得更厉害了。我爹也没说不配合拆迁，咱们还是把他放到后面吧。"万泉河用征询的目光看着秦岭。秦岭看着万宝良双眼紧闭，不想和他们继续对话的样子，就对万泉河点点头，站起来，对万宝良说："万大叔，您好好休息，我们走啦，等您心情好了，我们再谈！"万宝良抬起一只胳膊，对着秦岭他们几个做个往外请的手势，就又蜷在椅子里不动。卓尔走在最后，他看着万宝良躺在椅子里，一副病怏怏的神态，心里也怏怏不乐地跟着陆景宽他们离开宗氏祠堂。

走在大街上秦岭他们看到，牛有楼家的两个房客正往屋里搬腾卖的馒头和水果。他们虽然还住在牛家，但是却转移到市内的露天市场买卖经营。牛有楼这两个月已经不收他们房租，因为门市房被陆景宽推倒后，再盖起来的房子总觉得像随时都可能垮塌的窝棚，不牢固。牛有楼发了善心，不收房租，也算替他照看房屋。租客也为了省钱，对牛有楼感恩戴德。

卓尔下班，直接回到母亲那里。刚一进屋，他想回到房间里给冰凌打电话，不想刚要回房间，母亲文慧端出一盒热气腾腾的饺子，告诉卓尔说："儿子，把这碗饺子给你爸送去，他爱吃的馅儿。"

卓尔说："妈，我爸今晚在外面吃，不用送了。"文慧手里端着饺子说："那就留着他明早晨热了吃嘛。"

卓尔拗不过妈妈，幸亏离爸爸的住处不远，卓尔接过妈妈手里的一盒饺子，给爸爸送去。

母亲文慧在后面手拉着房门叮嘱："儿子，送去就回来吃饺子啊！"文慧的脸上有了喜悦的光泽。

爸爸不在家，卓尔把那盒还冒着热气的饺子放到饭桌上，他不打算这么早回家，他躺在自己平时睡觉的卧室里，给冰凌打电话。拨通冰凌的手机，卓尔从床上坐起来，心里既高兴又忐忑，手机的铃声响起来，卓尔期待的心有点扑扑直跳。

冰凌终于接了电话，她说："是卓尔呀，我在外面和同学吃饭，有事吗？"

卓尔听出冰凌略带冷淡的声音，但他还是说："祝贺你，冰凌，考过了双学位。"

冰凌那边沉默一会儿，传来一声微弱的："谢谢！"卓尔感到有股凉意掠过全身，他挂了电话，把手机扔在床上，眼睛闭上，想大睡不醒。

妈妈文慧见卓尔去秦岭那里还没回来，看着桌子上的饺子慢慢变凉，她有些着急，给卓尔打手机。卓尔看着妈妈打来的电话，不想接听，就把手机调到静音，反过来扣在床头柜上，任凭手机在柜子上突突地跳着。文慧心慌了，不知道卓尔为什么不接听电话，她找出一副鞋穿上，准备下楼去秦岭那里找卓尔。

文慧赶到秦岭住的六楼，她没有这里的钥匙，急得用手敲打楼门。"咚咚"的敲打声传进来，卓尔猜到一定是妈妈，他起床打开房门。

文慧看到儿子，这才把心放下来，她埋怨说："儿子，你可把妈吓坏了，怎么不接电话呢？"说着，脱掉鞋子，换上拖鞋，跟着卓尔走进来，四处看着秦岭的住处。

卓尔说："妈，我又不是小孩子了，你不要整天为我担心。我不想吃饭。"

文慧有些生气，她说："你跑了一天，能不饿？走，咱们回家吃饺子去。"一边说一边拉着卓尔的胳膊往外拖。

卓尔挣脱妈妈的手，不耐烦地说："妈你回去吧，我不饿就是不饿。"

文慧说："儿子你不走，妈就在这里陪着你。"卓尔回到他的房间，又一次躺下来。文慧以为儿子累了，也不多问，拿起拖布，为秦岭打扫房间的卫生。

秦岭应万灵和金海东的邀请，来到饭店为冰凌考上双学位祝贺。万灵和金海东问秦岭，"卓尔为什么不来？"秦岭说他回去给冰凌打电话，想一个人和冰凌说话。万灵和金海东心领神会，三个人在饭店庆贺了一番。

吃过晚饭，秦岭开车回到小区楼下，他看见楼上的家里有暖暖的灯光透过玻璃照出来，知道一定是卓尔回家来了。他觉得儿子很孝顺，自从文慧来滨海后，卓尔两头跑，两边都要兼顾到，他有时可怜儿子，这么小就要做得跟个小大人似的，唯恐冷落了爸爸或者妈妈。文慧来滨海以后，精神状态比以前好了很多，她的心里有了精神支柱，而秦岭所做的一切，完全是为了考虑儿子的感受，她感到内心很踏实。

秦岭思索着上楼，打开防盗门，一眼看见文慧正在厨房清洗碗筷。自打文慧来滨海，这还是第一次来他这里，秦岭不知道怎么和她说话，只是淡淡地问一句："卓尔呢？"

文慧拿下巴往卓尔的房间点一下，秦岭心领神会。他来到卓尔的房间，见他的屋子里还黑着，没点灯。秦岭想把灯打开，文慧急忙走过来，把秦岭的手拿下来，悄悄地指着卓尔，拿手指竖在嘴边，示意他不要开灯。秦岭莫名其妙，不知道儿子这是怎么了。

文慧在厨房给卓尔做了一碗面条，里面埋着两个荷包蛋，她看看时间已经是晚上九点了，就把面条端到桌子上，去卓尔的房间喊卓尔起来吃饭。秦岭在他的书房里整理拆迁文件。

文慧把卓尔房间的灯轻轻地打开。卓尔拿手遮住眼睛说："妈，你干啥呢，人家想睡觉。"

文慧走到卓尔的床边，俯下身去，摸摸儿子的额头，又回手摸摸自己额头说："儿子，你哪里不舒服吗？"

卓尔翻个身，脸朝向墙说："我哪都好，就是不想别人打扰我，让我静一静。"

这时候，秦岭走进来，听见儿子的话，看着儿子反常的样子，他似乎明白了什么。秦岭坐在儿子的床边，对卓尔说："卓尔，你是成年人了，遇事不能这样消沉，你可以跟我讲出来，爸爸毕竟比你经历得多。"

卓尔坐起来，两手挠着头发，不耐烦地说："爸！妈！能不能给我点个人空间，我需要清静一下。"

秦岭说："好的。我答应你。但是，感情方面，你不要困在里面走不出来。你和冰凌之间顺其自然比较好，我们又没人强迫你们怎样，像你这样优秀的孩子，还愁前路无知己吗？"

卓尔看一眼爸爸和妈妈关切的眼神，对他们说一句："我没事儿，不饿，你们也休息去吧。"卓尔说完，蒙上毯子躺下去。

秦岭和文慧离开卓尔的房间。文慧看了看厨房桌子上的那碗面条，解下围裙，搭在灶台上，她伸头看眼书房里的秦岭。秦岭静静地坐在电脑前，全神贯注地修改拆迁文件。文慧走出厨房，拿上自己的衣服，对秦岭说："我要回去了。"秦岭把头扭过来说："走吧，路黑注意点儿。"文慧走到屋门处换鞋子。

卓尔听到妈妈要回海边的家去住，叹口气坐起来，冲着门外说："妈，你一个人走我不放心，要不，你就住下吧？"文慧的脸颊发烧，她说："儿子，妈一个五十岁的老太婆，没人劫色也没人劫财了，你放心睡觉吧。"卓尔推开被子说："妈你等等，我送你回去。"卓尔赤脚下床，走到大厅里，要穿鞋子送妈妈。秦岭看到儿子起床，要送文慧回去，也急忙关掉电脑，走出来说："我也出去遛个弯儿。"卓尔看着爸爸，心里很高兴。

一家三口人一起下楼，虽然是暗夜，但是，这是他们分别五年后，第一次三口人单独在一起。卓尔左手挽着爸爸的臂膀，右手牵着妈妈的手，像小时候那样，兴奋之情溢于言表。秦岭看到儿子高兴，顺水推舟说："我也好久没和卓尔一起散步了，要不，我也和你一起送送你妈，顺便散步？"这是卓尔一直渴望的，他高兴地应承下来。

文慧心情复杂，走在昏黄的路灯下，她感觉夜不再那么黑，似乎天上的星星都要比以往明亮、温馨。她有意地跟在爷俩身后，看着他们高大的身形，心里感到无比的欣慰。有一刻，她的眼里有热乎乎的泪在转。

秦岭走在卓尔的身边，他其实是想趁着儿子送文慧这空当，跟儿子说说话，让儿子把心思说出来，免得憋在肚子里要出毛病。秦岭感到儿子挽着他的手臂分外有劲，他拉住卓尔的手说："卓尔，其实爸爸把你留在身边从事拆迁这件苦差事，心里也感到不安。常言说，人往高处走，水往低处流。你愿意在北京开创你的事业，按说爸爸应该支持你。可是，你刚毕业，还年轻，觉得你先从最艰苦的事情做起，先经受一番心理承受能力的历练，你才会在以后的生活中经得起摔打。现在你按照爸爸的意愿回来接受锻炼，可我却把你和冰凌分开，导致你们的恋爱产生了隔阂。虽然你从来没告诉过我，可是你的一言一行告诉我，你们的恋爱遭遇到阻碍。今天晚上你回家时，是高兴的，可是你给冰凌通完电话，却是这样的情绪，爸爸看得出来，你们的感情出了问题。"

卓尔握着爸爸的手，使劲握了握。沉默地听着爸爸说完，他站下来，看着灯影里，悄悄跟在后面的妈妈。他说："爸，你不要自责，我知道你做的一切都是为了我好。我确实给冰凌打电话祝贺她考试成功，我是真诚的。可是冰凌好像很冷淡，不想和我多说话。我能看得开，她比我优秀，人也漂亮，我想把我们的关系慢慢放下。"秦岭看着儿子的眼睛问他："卓尔，放弃这段感情你心里会有结吗？如果你们真的走不下去了，爸爸不会强迫你，只不过你不要陷在痛苦里走不出来，做人要拿得起放得下。"卓尔说："爸爸你放心，我会做到的。"秦岭的心如释重负，他也相信儿子经过挫折，会很快成熟起来。

文慧听到卓尔和冰凌的感情出现分歧，心里很复杂，她虽然一直不同意，但是只要儿子喜欢，她当母亲的也自然不能一味地阻拦。但当她慢慢看开时，两人却又处于疏离的边缘。文慧一直沉默地跟在后面，狭长的街道上，三个人的身影被灯光拉得很长很长。

山东堡村是个百年老村，在全国各地及国外有很多在外打拼的后裔，听说山东堡拆迁，他们的宗氏祠堂要拆除的消息，纷纷从四面八方返回山东堡，因为这里供奉着他们祖先的牌位。

柳树林、王焕春的败诉在山东堡影响很大，那些被他们拖住的村民纷纷到拆迁办签了协议。何依萍和李晓蕾在办公室接待了他们。这是山东堡自拆迁之日起，最后一次交房小高潮。人们不计前嫌，高兴地排着队和拆迁公司签署了拆迁补偿协议。拆迁公司为他们找来搬家的货车，那些还冒着烟火的民房，很快就要随着拆迁户们的离去，被钩机、铲车一一拆除，一个外面披着褴褛衣衫，内里珠光宝气的山东堡村，很快就要建起摩天大楼，山东堡村的子子孙孙再也找不到生养他的村庄，随之而来的社会变迁，将还给他们一个清新脱俗的生存环境。

秦岭和金海东感到前所未有的兴奋，拆迁百日会战的曙光就在眼前。秦岭递给金海东一支烟卷，金海东不抽烟，只是放在鼻子底下闻闻，就还给秦岭。秦岭笑他不懂享受。金海东摆手，说自己享受二手烟就很奢侈了。秦岭看着高如小山的拆迁文案，心有余悸地对金海东说："眼下还剩下最令我头疼的几户，听说在外地打拼的山东堡人要在他们的宗氏祠堂拆除前回来，他们到底要干什么？是要集体抗拆吗？要是那样，咱们的百日会战可就不能完美收官了。金海东摇摇头，叹口气说："兵来将挡，水来土掩，我们就静观其变吧！"

第三十五章　以心换心

傍晚，王焕春骑着电动摩托，摩托后架子上驮着卖剩下的猪肉，在山东堡村被拆得高低不平的瓦砾中间左拐右绕地艰难前行。摩托车上坡下坎的歪里歪斜，王焕春扶不住车把，整个人歪在一户拆除剩下的山墙上。王焕春疼得龇牙咧嘴，站起来，抬起胳膊看看，好在没受伤，只是屁股跌在粉刷过白灰的山墙上，蹭了一屁股白灰。王焕春和摩托较上劲，她努力把摩托扶起来，那块剩下的血肉模糊的猪肉一览无余地袒露在夕阳下面。王焕春用一张油纸遮盖住肉块，但还是被风给撕开一个边角，引得苍蝇一路跟来。王焕春骑着摩托终于到了牛有楼家，在牛家大门外，她把摩托熄了火，停靠在牛有楼家的院墙边上。她腰上还系着皮围裙，皮围裙油渍麻花的看不出颜色。王焕春伸脖看看牛有楼家院外的出租房已经是人去楼空，她便径直走进后院，喊声："牛大哥，在屋没？"

牛有楼在后院耳房里收拾破东烂西，听到王焕春的声音，他跨过地上的瓶瓶罐罐，走出耳房，搓着两只布满老年斑的手，笑呵呵地说："大妹子来了，我这成了住家小姐，看家护院呢。"

王焕春也笑了，她说："我那破猪圈也没了，房屋谁也扛不跑，不守了。我来问你还抗诉不呢？"

牛有楼让王焕春坐在石头凳子上，两人面对面，牛有楼指着耳房说："大妹子，你没看见，我都开始收拾东西呢。昨晚上我那二小子来，把我那屋里藏着多年的东西都给砸了。他说我再不搬家，人家单位就要查处他们，你说我这不是两头不落好吗？我抗拆为了谁？我这么大岁数了，能花多少钱？不懂我就罢了，还砸我的东西。"牛有楼喘起来，他的嗓子像是架了台风箱，呼呼喘气。

王焕春劝他："牛大哥你可别生气，把你气出好歹的，我可沾不起包。搬不搬家那还不是你说的算？"

牛有楼一拍大腿说："现在我说的不算了，归我儿子女儿说的算了。他们生怕毁了前程，逼我搬家，把我前院的租客都给赶跑了。"牛有楼带着哭腔，擦把鼻涕。

王焕春看出来牛有楼根本就不可能再接着扛下去了，他的子女逼他签拆迁协议。牛有楼年岁也大了，打官司告状他耗不起。她说："儿大不由爷，你就签了协议吧，我自己上诉。"

正在犹豫徘徊中的柳树林也来找牛有楼商议上诉的事，走到大门外，就听见王焕春的大喇叭嗓，吵嚷着要上诉。柳树林走进牛家大院接茬说："上树，上房的，泄气就上不去喽。焕春你跟他们拆迁公司干到底了！"王焕春说："对，我和他们的官司打到底。"柳树林看看牛有楼左右为难的眼神，拿手指点着牛有楼说："你这一辈子都是围着儿女们的屁股后转，官司不打了，认输了，明个去拆迁公司签拆迁协议去吧。反正我是和焕春一个意见，官司输掉了就死守着房子看谁敢动，让他们见识见识什么叫真正的抗拆户。"

王焕春纠正他："什么抗拆户？人家管咱们叫钉子户。"

柳树林说："不管他什么户，我现在也不和他们打官司，我就做钉子户，不搬家，不签协议，看他们拿我怎么办！"

王焕春和柳树林看着牛有楼，知道他很快就会缴械，可是家家都有难唱的曲儿，牛有楼的子女们抗拆到最后，还不是因为考虑到身为公家的人，端公家的饭碗，也不能搞得跟个村里的农民似的，做个死猪不怕开水烫的钉子户，所以，牛有楼被瓦解是早晚的事儿，他们也不感到奇怪。

两人走出牛家大院，看着一台挖掘机把宗氏祠堂旁边的大树连根拔起来，心里也跟着好像有种东西被连泥带土拔起来。一台铲车载着那棵大树，突突地开走，喷出墨黑的尾气。夕阳下，那座宗氏祠堂竖在遍地瓦砾的尘埃里，显得无比的突兀。四顾看去，万宝良家的灰黑两色老宅四周被烂砖头包围，院子里的柳树也显得蔫头耷脑。柳树林家还藏在东砬山那片果园子下面，靠着喧嚣的大海，小屋像是一粒船帆掩在风浪里。山东堡村的周围高楼林立，这里却还有没拆掉的几处建筑，拆平不知道要等到何日。柳树林看着那座祠堂在阳光下，发出昏黄的光亮，他和王焕春对视一下，异口同声地说："我的房子我做主。"柳树林呵呵地笑了，王焕春骑着摩托，趺趺撞撞玩杂技一般把摩托骑回家。

廖静从滨海市回来后，正好遇上一家中外合资的生物科学研发公司需要研究人员，这正是她学的专业，算是对口。以她的专业所长，做一个年薪50万的研究人员，也算是为自己和父母以偿所愿。她乘坐地铁，到自己就职的单位需要一个多钟头，但是她就是喜欢乘坐地铁。地铁乘客虽然多，但是她喜欢这样。人多的时候，她就可以忘掉孤单，有了片刻的拥挤，仿佛就可以把她越来越孤单的灵魂挤出体内，甩给地铁内空洞的隧道里。只有这一刻，她会忘记卓尔。

廖静走出地铁口，单位就在地铁口500米的地方。她抱着一摞书，走上电梯。一抬头，看见德国籍的主管雷奥，他长得高大英俊，很绅士的样子。廖静上班只有一周，可是，却经常在电梯里碰上雷奥。雷奥向她热情地打招呼，廖静也回他一个微笑。主管雷奥是位年轻的德国柏林大学生物系毕业生，毕业后，随着跨国生物科学研发公司，在北京开了家合资企业，在这家中外合资企业做主管。

中医越来越受国外的重视，现在西医受到了越来越多的挑战，中医的影响却越来越被人们接受。中国的中医走出了国门，国外很多人想怎样把现在的生物技术和中医结合起来，为未来的人类治病、养生开辟一个崭新的领域，这里也有很大的商机。因为中医的根在中国，所以他们索性把公司开到了中国，在研发上投入了大量的财力。

廖静走进自己的办公室，她放下肩上的背包和书本，拿起桌上的咖啡壶，泡了一杯咖啡，坐下来，拿起手机，给卓尔打电话。

秦岭早晨约了何依萍和卓尔，去了王焕春家。王焕春和柳树林昨晚商议好既不上诉也不签协议，要做钉子户。王焕春今天起得晚，她把郝大顺打发走，先去屠宰场取肉，她说她要晚会儿去市场，以后也许就不去卖肉了，就在家泡着不搬家，做抗拆户，不，是做钉子户，看谁敢把她从家里抬出去。

郝大顺看着王焕春说："你小胳膊拧得过大腿吗？抗什么拆？做什么钉子户？你那猪圈都被人家拆了，你还抗个什么劲儿？还是痛快地把房子交了，要不也要像佛塔村的贾文海，粪坑丢石头，激起民愤，大家伙给你拆喽。"王焕春说："你滚一边去，别搁这气老娘。"

郝大顺一个人开着电三轮去了屠宰场。

王焕春穿着大花裤衩子，天热，她把被子往床头一堆，下地来到院子里，看着躺在院子里耍赖的电动摩托，抬起穿着红色拖鞋的脚，使劲踹了一脚。不想，她的脚丫子卡在车轮的辐条里，疼得她抱着脚在院子里转圈儿。她俯身揉揉脚，往脏兮兮的地上吐口吐沫。蹲下身子捡起地上的扳子修理断了辐条的摩托。一会儿，辐条换上后，她试着骑上去，却怎么也打不着火。车子昨晚充的电，可就像是一只放了血的鸡，怎么都扑腾不起来，王焕春气得把扳子、钳子扔了一地，她的心里突然涌起酸楚。看着院子外面被拆得七零八落的村庄，往日里热闹非凡的景致不复存在，她的心里感到一阵恐惶。她把眼光转向西边那几排被拆迁公司推倒了的猪圈，又生了一回气。都赖当初没办土地手续，要是猪圈还在，她还有理可辩。无论如何，上面的砖头水泥还值些钱，折价也比按照违建推倒好得多。为此，王焕春恨得陆景宽牙根痒痒。她可不像柳树林，还跟陆景宽他们搭话。她上次去拆迁公司闹，那是闹着给拆迁公司领导看的。王焕春回到屋里，摩托修不上，今天哪儿也别想走，她干脆仰面朝天躺在床上。

秦岭和何依萍、卓尔来到王焕春家，何依萍在大门外喊："焕春妹子，你在家吗？"

王焕春一骨碌从床上爬起来，从玻璃镜看出去，见是拆迁公司的人来了，她急忙起床穿上衣服，隔着门说："我在家，等一下。"王焕春洗把脸，梳下头发，穿上鞋子，这才去大门外打开门，让大家进来。

卓尔的手机响起来，见是北京的一个陌生号码，他想想，还是接听。那边传来廖静的声音。卓尔看一眼父亲，赶忙走出王焕春家的院子，在大门外，他说："是廖静啊，你还好吧？"

廖静说："我在一家中外合资企业做生物研究，这家企业主要研究生物技术怎样和中国的中医结合，很有前景的。这里的工资很高，你也回北京，来我这里做，我可以帮你推荐。"

卓尔说："谢谢廖静，我现在走不了，这里的百日会战还没结束，我爸爸很着急。我要帮助他把山东堡拆迁做完，才可以考虑回北京。"

廖静关切地问他："山东堡拆得怎样了？"

卓尔说："剩下四家老大难，不知道什么时候才能谈妥。"

廖静在电话那端叮嘱一句："卓尔，你把山东堡拆完，提前给我打电话，我先把你的推荐信交上去，怎么样？"

卓尔说："不用了，廖静，我还说不准去不去呢，谢谢你！"

廖静有点不高兴，她说："卓尔，这可是北京跨国企业里待遇最好的单位，你不来，你的专业不是白学了吗？"

卓尔犹豫一下说："到时候去或是不去我再告诉你好吗？"

廖静无奈地说："好吧，随你。"两人挂断电话。

卓尔站在大门外，心里想的满是冰凌。今天一早，他看见金海东叔叔满面春风的样子，心里隐隐地感到失落，冰凌离自己越来越远，如果真的要分开了，他还真的难以一下子割舍这段情感。卓尔心里很难过，又不能对金海东和万灵阿姨说什么，本来他们两家没有婚约。卓尔只能把这份情感埋进心里，希望有一天，他们可以冰释前嫌，重归于好。

卓尔走回院子里。王焕春搬来几张凳子，让大家坐下。秦岭坐下来，何依萍站在王焕春身旁，王焕春刚才慌乱中，头发没梳好，她散开发辫，嘴里叼着红绳，把毛茸茸的黄头发变成三股辫，发梢系上红绳，显得张狂中有几分诡异。尽管她去拆迁公司骂过、哭过、跳过楼，可是她毕竟是经历过风风雨雨的人，扮人扮癫王焕春演得很拿手。王焕春见秦岭亲自上门，觉得也许事情会有转机。这个经商头脑灵活的女人心思缜密又不乏精明，她给大家拿来几瓶矿泉水，她说她家从来不泡茶，没那心情，再说累了一天也懒得整那玩意儿，谁渴了，就喝矿泉水。

秦岭说："大妹子，咱们不打不成交，你这火爆脾气以后可要改改了，你这样时间长了，郝大顺也得被你给气跑了。"

大家都笑了，王焕春自己也忍不住"扑哧"一声笑出来。她说："我这人炮筒子，有时候遇事拢不住火。我知道你们今天来找我是谈拆迁的事儿，秦经理来找我，是要给我怎么样的补偿条件？"王焕春说话喜欢直来直去，开门见山。

昨夜秦岭思考到半夜，今天要怎样和王焕春商谈，他寻找打开她思想的突破口，既不使拆迁户产生反感，又不能让她得寸进尺。他想王焕春实际上是个很不容易的女人，她没有丈夫和孩子在身边，心里缺乏安全感。虽然有个郝大顺搭伙过日子，可是，搭伙的和丈夫的感觉相差十万八千里，互相是不可能走入内心的。王焕春在拆迁补偿上非得挣个高低，是为了以后考虑，秦岭也能理解，对她还是很同情的。他昨晚想出一个两全之策，不仅要考虑到她的利益又得要兼顾到她的性格。

关于王焕春猪圈的补偿问题，王焕春到法院的诉讼理由是，违建猪圈早在山东堡第一次启动拆迁时就建成了，自己家雇来推土机，把一片丘陵地推平，在上面建上猪圈。平整土地就花了很多钱，盖猪圈的水泥、砖头、钢筋、石头、人力，又投进去很多钱。虽然按照王焕春的说法比盖别墅都费钱很夸张，她提出的猪圈按照商业门市房的标准拆一还一补偿更是无理要求，但是，盖猪圈确实有成本投入，这样，争执就在所难免。秦岭在公司班子成员会议上分析，"王焕春的猪圈被强拆了，但是是在限期拆除通知书没送达的情况下实施的，这是违反法定程序的，虽然她在诉讼中没有提出，我们非常主动，但我们也要考虑这个因素。虽然王焕春交房过了奖励期，但公司也可以破例给她，作为补偿，这样，看看王焕春能不能同意。”

秦岭拿着王焕春递来的水，喝了一口，他对王焕春说：“大妹子，今天来就是和你谈补偿的事儿，你看山东堡村拆得就剩下你们四户了，咱就别等了，你那猪圈要是按照违章建筑，政策上是一分钱补偿也得不到的。你上法院告我们，要对你的猪圈按照商业门市拆一还一补偿是在哪儿都讲不通的。现在你不想上诉了，要做钉子户，你的心思我们都理解。拆迁一辈子才赶上一次，想多得点是可以理解的，但太离谱了是谁都做不到的。大妹子这辈子也不容易，我想你如果能马上交房，我让评估公司对你的猪圈再评估一次，本着就高不就低的原则进行，另外你家交房过了搬家奖励期，但我们还是把搬家奖励给你，你看怎样？”

秦岭等着王焕春的表态，王焕春败诉了，此一时彼一时，他们认为这个价格一定会打动王焕春。这是公司开了先河，算是为了照顾她这样的家庭境况。可是，王焕春慢慢地把两臂抱在胸前，把身体依靠在猪栏旁边的木头上说：“我感谢秦经理，你是慈善心肠，可是我建猪圈的花费要比你们给的补偿高多了。那时的一千元，相当于现在一万元，我当初投资十万元，你们算算该给我补偿多少？”何依萍看着说得吐沫星子直飞的王焕春说：“你说用了十万元，我看过你的猪圈，蹦着高算也就值个五、六万元钱，你这样的要求可太过分了。虽然赶上百年不遇的拆迁，可也不能漫天要价呀！也要贴点边。”王焕春的嘴动了动，看着秦岭，没说话。

何依萍从凳子上站起来，她说：“焕春，咱们都是女人，这些年真的不容易，你风里雨里的我们都掌握在心里，正因为体谅你的难处，我们经理才在公司会议上提出给你破例提高补偿标准，这是拿我们员工的工资补给你。人心都是肉长的，我们再要给你增加补偿标准，其他的几家怎么办？也提高吗？那补偿的款项从哪里来？还从我们公司员工的手里扣吗？谁家不养老婆孩子，谁家没有个大事小情的？”何依萍说到动情处，眼里有泪花在闪烁。

秦岭看何依萍说话声音哽咽。他看看王焕春，王焕春低头拿脚踢着地面上的一颗猪粪球默不作声。

卓尔递给何依萍一块纸巾，何依萍接过来擦擦眼角。

卓尔回想刚才廖静的话，感到拆迁做得这么艰难，真的不如像廖静那样做个拿年薪的白领。要不是为了协助爸爸，他早就想离开拆迁公司，回北京去了。

大家看着王焕春，王焕春还是抱着双肩坚守自己的底线。秦岭站起来，看着王焕春说：“大姐，当初孙保赢来山东堡拆迁时，你的猪圈早就被他盯上了想偷偷拆了，那样到最后，一分钱补偿款你都得不到。我们本着人性化拆迁的原则，宁肯公司损失也不能亏待老百姓。城市建设要都像你这样分毫不让，那你们就一辈子永远住这大杂院，臭水沟子边上。还是多为大家想一想吧，你也体谅体谅其他老百姓，不要像贾文海那样，山东堡的返迁就耽搁在你身上了。”

王焕春始终一言不发，坚持她的补偿要求。卓尔见和她沟通太费劲，坐不住了。他想这女人咋这么不好说话呢。要是当初补偿一点都不给她，也许时间一长，最后她也得妥协。但是，百日攻坚战结束的日期近在咫尺，时间不饶人，这么难谈的户，他也替父亲着急。

秦岭看到王焕春态度坚决，觉得还是时机未到，工作的方法不对，他想把她家再放一放，于是想离开王焕春家，他刚抬脚往外走，却被地上那台病怏怏的摩托绊了一下，差点摔倒。他看到王焕春家院子里躺着那台红色的电动摩托，旁边扔着扳子、钳子，就知道摩托车出了问题。秦岭在检察院时单位的车就总出毛病，刚开始去修理厂修，时间长了，他就自己捅咕，什么油路、电路的，他也明白了不少。秦岭走过去，捡起扳子和钳子，把车轮的辐条先调好，然后，试着打火，却怎么都打不着。秦岭向王焕春要来电笔，“嘁哩喀喳”为王焕春修起电动摩托来。何依萍、卓尔站在一边观看，王焕春给秦岭递检修的工具。大家都不说话，好像是忘记了自己的身份。

正值正午，阳光火热的光线投下来，把人烤得跟个炉中的烤鸭似的。秦岭脸上的汗水一条条流下来，卓尔心疼，从手包里拿出几张面巾纸，递给父亲，秦岭说不用了，拿手擦一下脸，油污把他闹个大花脸，黑黝黝的车油搞得他像个非洲人似的。何依萍看着秦岭，禁不住笑起来，卓尔也笑了。王焕春大概被大家的笑感染了，她看了秦岭的花脸，也禁不住“咯咯咯”地笑起来。

秦岭看到大家都在笑他，自己也露出一口白牙。手忙脚乱地鼓捣一阵，电动摩托竟然“突突突”地发动起来。

秦岭把摩托车修好了。王焕春给他打来一盆清水，给他拿来一块新的香皂。香皂的香味扑鼻而来，秦岭把手和脸洗干净。

王焕春看着秦岭和大家，脸上都是汗珠，嘴里啧啧几声说：“你们也真不容易，大热的天儿。”

秦岭听出王焕春虽然在拆迁补偿上锱铢必较，分毫不让，但是，毕竟人心都是肉长的，她也有同情心。秦岭觉得今天和王焕春的话只能谈到这为止，他带着几个人离开王焕春家。王焕春把他们送出大门。临出大门前何依萍说：“大妹子，你看这车都修好了，你的房什么时候交。”王焕春立马收回笑脸：“这车能值几个钱？这是两码事！”

柳树林看到一群人从村部出来，去了王焕春家，他站在一株柳树下，躲在树后面观察。拆迁拆到现在，柳树林不明白，动迁组的工作人员为什么去他家丈量完宅基地后就没了下文？虽然他内心着急，希望动迁组的人能上门找他，但是，他们好像很能沉住气。昨晚，柳树林给佛塔村的贾文海打电话，探问个中原因，柳树林着了急。贾文海还在给他打气，说他这人，办不成大事，有点风吹草动，就沉不住气了。什么叫钉子户？就是既不主动找拆迁部门，也不和他们多废话，不达到目的，死扛到底。

柳树林说：“哎哟，老贾，你不知道，我们原先说好抗拆到底的40户，熬到最后，恐怕连三家都不到。”

贾文海说老柳你看过电影吧，坚守阵地。就算剩你一人，也要坚守，你要是抗拆到底，你就赢了。我的房子拆迁办偷偷多给了我100万，要不我能这么老实嘛？柳树林当然把这个消息也告诉了王焕春，还告诉他贾文海家的强拆是假的，是演给别人看的。王焕春也梦想着那100万，可拆迁办的人总是不提，她觉得还没到时候。

虽然柳树林有了贾文海的鼓励，心里有点底，但是，他看到牛有楼的思想在儿女的劝说下，就像小阳春的雪一样，开始融化。签下拆迁协议那是早晚的事。原想王焕春可以和他摽在一条船上，谁知道动迁组天天上门做工作，对她就像对待慈禧老佛爷一样恭敬，国家政策、家长里短，跟她一条一条地摆明。尤其是公司的总经理秦岭亲自多次上门，王焕春这样没见过啥世面的女人，还不被他们给拉下水？柳树林站的时间长，两腿开始打哆嗦，盼着动迁组的人赶快离开王焕春家。等他望得脖颈发僵，眼睛直流泪时，终于看到一群人走出王焕春家大门，王焕春热情地和他们打招呼。柳树林猜测，这个王焕春保不准是被人家给拉下水了。他的心里开始打鼓，他要试探去找动迁组，这么大个村子，怎么就单单把他冷落下来呢？柳树林假装在废墟堆里捡拾烂纸箱子，假装不经意地碰上动迁组的人。他紧走几步，在动迁组必经的废墟踏出来的路上猫腰捡破烂。

这几年，柳树林捡破烂上了瘾，倒也不是生活所迫，要靠捡破烂为计，主要是看到东村扒，西村拆的，钢筋段、电线头、废纸、塑料满街扔。这几年，他经常锁上家门，到拆迁中的村镇、街道捡破烂。别小看捡破烂，柳树林就靠捡破烂，给儿子柳明攒下了一笔娶媳妇的费用。

秦岭和何依萍老远就看见柳树林挡在前面破砖烂瓦的路上。秦岭和何依萍对视一下，何依萍心领神会。她老远走过去，和柳树林打招呼："老柳大哥，你在忙呢吧？"

柳树林眼见得动迁组的工作人员走过来，听到何依萍打招呼，站直了身子，手里拎着废纸箱子说："是何大妹子啊，我这是瞎忙呢，哪像你们，整天忙正事。"

何依萍笑了，她说："老柳大哥，你还真能稳住神儿，没看见大家伙都搬得差不离了吗？你打算住那间破屋里一辈子啊？！”柳树林呵呵一乐，自嘲地说：“谁不想住高楼、睡好床？可搬家得有人找我来呀，你们动迁组谁来找过我呢？”

秦岭和卓尔走过来，秦岭听到柳树林的话，接上说：“柳大哥，今天就打算去找你，这不在这遇上了，就不用去你家了，在哪谈话，也离不开拆迁的事，你有什么想法说说吧。”柳树林认识秦岭，他说：“秦经理可真巧，你来了，咱们就打开天窗说亮话，我不怨你们不找我谈，晾着我。我也有难处，我那碉堡也圈进院子里四十多年了，占地六、七亩。这些年，我维修、看护的力量没少出，怎么到了拆迁就什么都不是了呢？碉堡是小鬼子修的，可他建到了我的院子里，这不算占了我的地吗？我家的地你们不给补偿，你看这合理吗？”

第三十六章　果园谜团

秦岭听着柳树林一口气讲完话，看着柳树林脚底下一堆破烂，他的身材很高，像一颗长得不直的垂柳。秦岭早就想好把柳树林放到最后谈，不是别的原因，是觉得柳树林不断地召集村民联名打官司告状的，把一锅清水搅浑。秦岭很生气，本来可以在他的要求基础上浮动一些，把这份拆迁补偿协议签了，可是柳树林就是要走联名抗拆的路，胁迫拆迁办多给他补偿。

按说在山东堡“能人”有的是，干什么都轮不上柳树林牵头。柳树林知道如果是干别的，根本就没人听他的，柳明说过，柳树林根本就不是当头的料。可在拆迁这个事上柳树林确实当了一把头，抗拆小团队也确实需要一个能上窜下跳的人。

柳明的思想比他爹进步多了，毕竟是年轻人，秦岭不想柳明和他爹为拆迁的事闹翻，他们父子相依为命，不能在拆迁上让他们的感情产生裂痕，只能慢慢想办法。现在听说柳明和温暖在恋爱，秦岭为柳明祝福。虽然柳明和柳树林是一家人，但他们毕竟是两个人，不能因此迁怒于柳明。

秦岭接过柳树林的话说：“柳大哥，你的补偿要求我早就掌握在心，你院里圈上的两座碉堡，你说是日本人盖的，现在怎么又成了你的私有财产？你要这五六亩地的补偿，你觉得能下去手吗？如果你不动员大家打官司告状，把拆迁户的心搅散，拆迁就不会出现打官司告状的烂事。”

柳树林不以为然，他辩解说：“秦经理，那座碉堡就修建在我家院墙东边，一墙之隔，我不把他圈进来，碉堡早就垮掉了，政府还拿什么教育后代，记住历史呢？”秦岭觉得柳树林是在强词夺理，他说：“老柳，你说的和拆迁根本是两码事，现在市政府已经在催促我们拆迁公司百日攻坚战按时结束，山东堡的抗拆户还有你们四家，牛有楼很快就要签协议，所以准确地说，还有你们三家，继续上诉只能是浪费时间，到时候，我们也会申请对你们强制拆除。”柳树林一脸的不高兴，他抬脚踢了踢脚边的破烂，嘴里嘟哝一句：“你们不答应给我增加补偿面积，我就是死也不许你们拆我的房子。”

秦岭觉得柳树林的工作还是做不通，他的想法还停留在增加碉堡周围的面积上，他对柳树林笑笑，便和何依萍、卓尔离开柳树林，要赶回山东堡村村部的拆迁办。

往日沸沸扬扬的山东堡村现在已经变成了一个偌大的建筑垃圾工地。秦岭他们停下脚步，看着钩机带着粗大的钻头，一下一下穿透坚硬的水泥，山墙和屋顶瞬间轰然坍塌，灰尘四散腾起，房屋成了一片废墟，几幢二层楼房像似一个流浪汉，圪蹴在废墟的包围之中，楼檐下还张贴着红色的“过桥米线、麻辣烫”之类的广告单子。由于墙面和砖头豁裂，广告纸也耷拉下来半幅，旁边拆除的灰尘每一次腾起，广告纸就跟着呼扇一次，仿佛它是一只不凡的鹰，不愿与灰尘为伍，意欲飞上高空。秦岭把眼光投向那座兀立在尘埃中宗氏祠堂，在红油漆十分显眼的祠堂门口，不知道什么时候开来十多台名车，还有一些普通的轿车，白色的、黑色的、蓝色的、灰色的，色彩不一的轿车排在祠堂门口。有人在出出进进的，手里拿着鲜花和祭品。

何依萍看看秦岭说：“他们大概是回来祭祖的吧。”秦岭看着祠堂的方向，不无担心地说：“看来，没你想的这么简单，他们这是要常驻沙家浜啊！”

来人中，有的还往下卸着行李，并没打算祭祖后马上离开的意思。秦岭心里有些紧张，猜测他们接下来是不是要死守祠堂不让拆迁呢？

东砬山果园里的红富士苹果长得有小孩子的拳头大小，藏在绿叶里，露出青涩的脸孔。这里的水果没人打药，都是随着它自然生长，能长多大就长多大。主人也不指望它来出钱，就连纸袋都没套。何依萍、武军、卓尔和村主任唐跃海走在通往看果园小屋的路上，身边的果树每棵都有成年人胳膊粗细。大多数的老果树虬枝像伞盖一样撑开，树下一片阴凉。看园人养的小狗支愣耳朵，听见有人进来便狂吠起来。三人径直走过去，看园子的男人手搭凉棚，唤住小狗，让何依萍他们进来。唐跃海和武军告诉他，他们要来丈量这片果园子的实际面积。那人说：“你们量吧，我不掺和。”

卓尔早就被头顶的大太阳烤得汗流浃背，他把背包里的皮尺递给武军，低头看脚背上鼓起来的水泡。他抚摸灼痛的脚背，眼睛里有泪要涌出来。小白狗不知道深浅，跑来舔他的脚背。他把不知趣的小白狗挡在一边，看着何依萍和武军他们走过果园的围墙，开始丈量这片果园。

天空依旧蔚蓝，偶有鸽子呼哨着从天空飞过，卓尔看着天空掠过的鸽子，一阵孤单袭上心头，眼里含着泪，他不能忘记冰凌，他和她在一起的每一瞬间都再次涌流出来，他既想协助爸爸做好拆迁，又想到外面的世界去闯一闯。他到现在也不赞同爸爸的观点，与其说拆迁锻炼人的耐力，还不如说爸爸要用拆迁的工作来蹂躏他脆弱的神经和还未成熟的心智。有几次，他在夜里辗转反侧，他想走到爸爸的房间告诉他，我不想配合你的想法，我要离开这个折磨人的工作。如果非要我做下去，你就会造就一个乖戾的儿子。最终，理智说服了他，他看不了可怜的父亲每天面对着上门讨说法的拆迁户们，那些拆迁户们对父亲喷着口水，诉说各种有理和无理的诉求。他同情父亲独自承担这样的局面，他想为父亲分担些唾沫和口水，可无奈肩膀还嫌稚嫩。爱情也使他备受折磨，望着蔚蓝的天空，卓尔想到冰凌到的身边，和她解释一下，他决定晚上和爸爸谈谈心。卓尔似乎觉得脚也没有刚才那般的疼痛，他的情绪随着希望而渐渐平复。

廖静在公司收拾东西，她受领导指派，明天要和德籍同事雷奥一同到滨海市出差。雷奥第一次出差去滨海市，显得很兴奋。他围在廖静身边，问他都需要带些什么东西。其实雷奥是个经常为跨国公司跑业务的老行家，他当然知道该带些什么诸如材料啊、电脑之类的东西。廖静不想和他多说，她麻利地收拾好需要带的文件，抱着背包和雷奥打声招呼，匆忙跑上电梯，电梯迅速下降，她在里面想着一直目送她上了电梯的雷奥，不禁偷笑一下。廖静从电梯里走出来，她要把这个消息告诉卓尔，那里距离卓尔工作和生活的城市很近，她可以找各种借口和雷奥请假去见卓尔。想到可以见到卓尔，廖静很兴奋，她拨通卓尔的手机。

卓尔刚想给冰凌打电话，问问她在不在北京，这时候赶巧廖静打来电话，卓尔先接了廖静的电话，廖静说她明天到滨海市出差，顺便来看看他。卓尔说不行，他要去北京。廖静觉得很失望，想问他哪天回来，又觉得有点多余，但廖静还不死心，赶紧告诉卓尔，她要在滨海市住上三天。卓尔说，如果不去北京，还是欢迎廖静过来看看。廖静觉得卓尔回来还有见面的希望，她高兴地关掉手机，走进喧闹的地铁里，乘车回家。

卓尔给冰凌打电话，一连拨了几遍，冰凌那边就是不接。卓尔很着急，不知道冰凌为什么不接电话，他的心情很沉重，一边帮助何依萍他们做记录，内心期待着冰凌给他回话。

廖静受领导指派，明天要到滨海市出差。晚上回来，刚一进屋，妈妈就神神秘秘地把她拉到沙发上坐下来，然后回到厨房的橱柜里，拿出一盒稻香村的甜点递给她。廖静接过来，奇怪地问妈妈说："妈，您有什么事求我吧？平常您是不许我吃甜点的，怎么今天不怕我胖了吗？"

廖静的妈妈坐在女儿身边，笑着说："静静，妈妈的同事吴阿姨您记得吧？"廖静点头，她奇怪地看着妈妈。妈妈继续说："他的儿子出国留学刚回来，现在在英国的一所艺术大学任讲师，加入了英国国籍，吴阿姨说他的儿子要在北京找一个女朋友，将来一起定居英国，吴阿姨相上你了。吴阿姨的儿子叫陈冠英，我见过，好高，好帅气的。要不，咱见见？”

廖静一想妈妈准是为她的婚事，等妈妈一口气说完，廖静拍拍额头说：“妈，您这是帮我介绍的第二十四个男朋友了，他们个个都是什么研究生、博士生、海归的，以前我看在您老人家着急的份儿上，我见了，不是都有缘无分吗！得了，您饶过我吧，不见了，不见了。”廖静说完，拎起背包走进自己的卧室，她要收拾该带的物品。

廖静的妈妈江枫气得一跺脚，把手里的稻香村糕点扔到桌子上，嘴里嘟哝：“得了，我还不管了，你就做你的剩女吧！看将来谁还看得上你？”

廖静涛刚好下班，刚一进屋，就听见妻子的唠叨，他一边脱鞋，一边问：“和谁唠叨呢？就不怕嘴皮子磨破喽。”

江枫看到丈夫回来，拿手指往女儿的房间狠狠地点几点，小声说：“我能和谁说，还不是你那小冤家。我们科室的吴姨要和咱们做亲家，他儿子冠英现在在伦敦艺术大学做讲师，小伙子一表人才，她就是不见！气死我了！”

廖静涛今天刚做了两台手术，疲惫地把皮包扔在沙发上，顺势坐下来。他劝慰妻子：“孩子的事，别太操心了，大概她心里有谱了。”江枫看着丈夫，埋怨道：“有什么谱，还不是心里装着那个同学秦卓尔。那样会耽误她的，你要小心。”

廖静涛叹口气，一边站起来走向餐厅一边说：“感情的事儿还是让她自己把握吧，你我都说了不算。”江枫赶上来，拿手指按在嘴上“嘘”了一声，埋怨丈夫道：“你小声点，静静听到该撒野不好管教了。”江枫说完，从厨房里端出晚餐，走进女儿的房间，叫她吃饭。

廖静往背包里装了笔记本电脑和一套欢喜的运动衫。听见妈妈唤她吃饭走出来，看到爸爸把一双筷子递给她，她接过来，坐在爸爸身边，端起白瓷碗里的红枣米粥喝了一口，和爸爸说：“爸，我明天出差哦。”

廖静涛问她：“出差呀，要走多远啊？”

廖静说：“不远，就去滨海市。”

江枫端着装着红绿相间的青红椒走来，听到女儿说去滨海市出差，忙紧张地问：“静静要去滨海市几天啊？”

廖静说：“三天。”江枫话里有话地说：“静静，公司派你外出，可不能耽误时间在外面。”廖静看看妈妈紧张的神情，不说话，埋头吃饭。廖静涛和妻子江枫互相对视一下，继续吃饭。

冰凌考过双学位后一直没有离开清华大学，她要准备研究生考试。

沈小雨照常每周坐火车或是自驾车赶来看望冰凌。虽然冰凌一再拒绝，但是，好女怕缠郎，时间长了，冰凌被他的真情打动，偶尔出去见一下沈小雨，但并没有答应和他做恋人。沈小雨不泄气，每周五坚持驾车前来清华园看望冰凌。

沈小雨照例来到清华园接走冰凌，他们一起在外面吃了顿西餐。冰凌手机一直处在静音状态，她根本没听见卓尔的电话。等到送走沈小雨，冰凌才看见手机里有卓尔的电话。回到寝室，冰凌坐在床上，看着手机，想给卓尔回电话，同寝室的同学珠珠拉她出去散步，她本来想拒绝，却奈何不了同学的热情，只好先不给卓尔回话。

卓尔心情沉重地回到家里，爸爸还没回来，可能还在公司加班，他给妈妈打电话，希望她过来给他做饭。文慧把在家做好的冷面提过来，到楼上，看见儿子无精打采的样子，知道儿子有心事，也不便于问他，就直接给儿子盛上面，端到卓尔跟前。卓尔在看电脑，他接过妈妈手里的面，端到桌子上，拿起筷子吃起来。文慧坐在儿子身边，欲言又止。卓尔看见妈妈坐下来，问她吃了没有。文慧说没吃，在等他。卓尔放下筷子，去厨房取来白瓷碗，给妈妈盛上面，让她一起吃。

秦岭在外面吃完饭，回家看见文慧在这里，正在给卓尔洗衣服。秦岭对文慧的不断造访感到尴尬，邻居们总有人劝他和文慧复婚，他不知道怎样回答人家的好意，可是在他的心里，复婚根本不可能。他直接脱掉上衣，回到书房，打开电脑，然后喊卓尔到书房，问他今天下去量果园的详细情况。

卓尔神情落寞地走进书房，他拿起一本书哗啦啦翻弄着，心不在焉。

秦岭问他今天的丈量情况。卓尔说，所有的数字都统计好了，在何依萍阿姨那里。秦岭问卓尔，“怎么了，好像有心事？”卓尔说他想去北京看看冰凌。

秦岭手拄着下颚，想了一会儿说：“儿子，你真的喜欢冰凌吗？”

卓尔点点头。秦岭说：“要是这样，爸爸就放你走吧，我不能把你们分开。最终你们都会恨我的，我可不做你们感情上的罪人。”

卓尔既高兴，但又舍不得爸爸，他说：“爸爸，我还是帮你把山东堡村的拆迁拆完再走吧。”

秦岭态度坚决地说：“怎么，不相信爸爸的能力？别忘了，我做了这么多年的拆迁工作，还有什么可担心的，你走吧，越早越好。”卓尔犹豫着，最终秦岭替他找来行李箱，帮助儿子收拾衣物。

文慧看到秦岭为卓尔收拾衣物，得知卓尔要回北京，她有些舍不得，看着儿子高兴的神态，文慧知道他想回去找冰凌，也不好阻拦，只好默默地帮助卓尔收拾东西，眼里有泪水滑出眼眶，她悄悄抬手去擦拭，叮嘱儿子在外小心之类的细节。文慧不再提及儿子和冰凌的事情，她明白一切都要随缘。

卓尔把秦岭带到妈妈身边，他把爸爸的手放到妈妈的手上。秦岭明白儿子想干什么，他像被电到一样把手抽回去，连说：“儿子，你走吧，不要惦记家。我不会让你妈妈受委屈。”卓尔看到爸爸的态度，还是很失望，看来他们复婚的事依然是遥遥无期。卓尔失望地回到自己的房间，默默地整理物品。

文慧看到秦岭刚才的动作，也觉得再在秦岭的房间里待下去会很无趣，她走进卓尔的房间，拥抱一下儿子，然后回身想走。卓尔抱住妈妈，把脸埋在妈妈浓密的卷发里，告诉她说：“妈，我在北京安顿好就把你接去。”文慧流泪点头，之后离开秦岭和卓尔，独自回到她的住处。

廖静和雷奥踏上火车，他们坐在一排座位上。雷奥给廖静讲他的家乡是德国的第二大城市，那里工业和商业都是世界闻名。现在，那里成了音乐、戏剧、设计、美食的天堂，雷奥希望廖静能够到他居住的城市去走走看看。廖静觉得旅游对她来说也不是新鲜事儿，她答应雷奥，有时间一定去看看。雷奥显得很兴奋，表情丰富的脸庞因为兴奋而发红。

秦岭把儿子送上车。卓尔是带着复杂的心情回到北京的，他既想回到冰凌的身边，又想帮助父亲完成百日拆迁攻坚战，可是自古忠孝难两全，他要靠自己闯出一片天地，这也算为父母尽孝了。

廖静和雷奥乘坐的火车在唐山和卓尔乘坐的火车擦肩而过，廖静还想着到北戴河后给卓尔打电话。可是，卓尔已经离开滨海，去北京看望金冰凌了，廖静还在期待着他们分别后的重逢呢。

钟若明想接手孙保赢的金朝拆迁公司，金朝拆迁公司因为孙保赢犯罪撤出后，近乎解散的状态。钟若明找到金潮拆迁队的副总经理海虾和主任刘和福，请他们在六合居小酌。

让钟若明感到意外的是，一向对他毕恭毕敬的刘和福海吃海喝够了，抹着嘴巴，拿起桌子上的毛巾擦把满手的油说："你现在的身份我怎么觉得和你合作有风险呢？"

海虾刚把杯底的酒喝干，听到刘和福的话，忙打圆场说："老刘你喝多了。"

钟若明虽然听出刘和福话里有话，但还是不想和刘和福闹僵了，现在不是树敌的时候，他内心记下了这笔帐。

海虾给他出主意，说要想重新启动金朝拆迁公司，最好是找一家在滨海市有实力的开发企业挂靠在他们的旗下，既能重振金朝拆迁公司的士气，又能使金朝拆迁公司起死回生。

钟若明把滨海市的企业挨个想个遍，有些开发企业因为自己被关押前的排挤而产生隔阂，不可能再合作了。大洋开发集团当然是全市首选的企业，无论实力还是势利，都是独一无二。可是邓耀北一直不看好他，去找他的公司挂靠，无异于自讨羞辱。目前唯有去找信鹏房地产公司的吴新东，毕竟是曾经的合作伙伴，怎么说钟若明也为信鹏公司的兴旺发达做过贡献。于是，钟若明答应海虾出去找挂靠单位。直到三人离开饭店，钟若明的脸还在发烧，就为刘和福的那句话。钟若明站在酒店门前，目送两人东倒西歪地走远，心里还在感慨：这世道，真是落魄的凤凰不如鸡。

钟若明抱着一线希望，来到信鹏房地产开发公司找到总经理吴新东。吴新东的房地产公司现在盖的两个楼盘处在停建状态，资金无法回笼，房子卖不出去，大部分资金都压在楼盘上，愁得吴新东拔了两颗牙。他的公司已经够了破产条件。坐在办公室抽闷烟的吴新东死的心都有，听说钟若明来找他，他不耐烦地告诉副总经理牛世平说："我不见他，就说我不在公司。"牛世平回复等在楼下的钟若明，吴经理不在。这点伎俩对于精明圆滑的钟若明来说，是心知肚明的。吴新东当初和他是穿一条裤子的铁哥们，现在就连见一面都那么难吗？钟若明不甘心，他推开牛世平，径直上楼，走进吴新东的办公室，看到吴新东手拄着下颚，眼睛盯着天棚。见到钟若明进来，吴新东一愣，最后还是站起来，给钟若明让座。

钟若明很生气，他不想为了求人而把顶到脑顶的气收回来，他不坐，对有些尴尬的吴新东说："新东，不想见我我理解，可你不该跟我撒谎诳我。"

吴新东不自然地捋了一下毛寸短发，露出苦笑说："钟大哥您别误会，我现在被公司的事儿整得心烦，兄弟也是不想在情绪不好的时候见您。"

钟若明听到吴新东这么解释，心里的芥蒂多少解开些。他坐到板台旁边的沙发上，吴新东让牛世平为钟若明泡杯茶。钟若明一看吴新东的办公室，就猜到信鹏公司远不像四年前他在时的那般模样。这间办公室是他原来用的，原先这间四十五平方米的办公室里，几盆绿植长得葱绿茁壮，枝叶犹如小孩子的巴掌一样，伸向白色天棚。那盆君子兰无论冬夏，总是花期特别的长，花色艳丽无比。房间里的陈设简单却不空旷，阔大的老板台擦得纤尘不染，上面摆放着水晶球雕刻的地球仪，地球仪上雕刻着一只上山虎，张着嘴，似乎在嘶吼。现在一看这间办公室，板台上面落满灰尘，半落地窗户的玻璃上满是下了几场雨后留下的灰尘。远看，仿佛外面的车水马龙都是披满污垢。办公室内空旷得令人觉得寂寥，绛红色的木地板上满是鞋印，办公桌上就剩下一只笔和一个半开半合的笔记本电脑。

吴新东坐在板台后面的椅子上，像是饿了几天的猫。这里的一切都在表明，这家公司虽然牌子还挂着，但已经是在苟延残喘。钟若明有心帮助信鹏公司重振当年的景象，但是，开发企业在这样的形势下，没有雄厚的资金支撑，想东山再起是很难的。吴新东之所以不再开发，一是在房地产市场遇冷的当下，要知难而退，二是孙保赢合作的5000万，随着孙保赢出事，信鹏公司陆陆续续把这笔资金给抽了出去，这对信鹏公司是雪上加霜，接着资金链出现了严重的问题。这一切，钟若明在监狱里的报纸上，就已经了解到了。他原来的股份完全被房地产泡沫所稀释，现在的企业完全是顶着银行的负债过日子，细算起来，钟若明在信鹏房地产公司的资产已经是了负数。但他没有听到吴新东的准确消息，依然对信鹏公司抱有希望。他把自己这次来的目的说给吴新东。

吴新东眨着眼睛，悉心倾听钟若明的话，得知钟若明的来意，吴新东叹口气，先把信鹏公司的大体情况介绍一下，也把自己的苦衷明白地告诉了钟若明。他说金朝拆迁公司原本不是什么大的拆迁企业，挂靠到一个大的，在社会上有一定名望的房地产开发公司比较稳妥。挂靠像他这样带死不活的企业，不但拆迁公司振作不起来，还会把他们的公司一并拖下水。虽说吴新东不像以前那样对他以礼相待，但信鹏公司的不景气的确就摆在面前，钟若明的心一点点被失望蚕食。

最后，吴新东干脆直接说，他的企业不想因为其他的旁枝末节受到牵扯，力量有限，不予挂靠。钟若明半天没说话，他搓搓手，站起来，拍拍吴新东的肩膀，落寞地离开信鹏公司。

钟若明高大的身影在正午的街道上投下一缕阴影，影子变得佝偻虚幻。钟若明被收监的这几年，除了头发花白，身材也走了形有些驼背。他想到了逝去的简爱，她在的时候，他的公司一直向踩高跷似的走点，干什么都挣钱，拿块土疙瘩都会变成金子。简爱这么一走，一切就像水漫坡堤一样，一切都在慢慢地溃败下去。当初的不顺，钟若明归咎于公司管理不善，但是深究下来，觉得管理不善是一方面，简爱离开后就觉得诸事不顺，最后甚至锒铛入狱。信鹏公司交给了吴新东，管理到今天，企业变成这般模样，说实在的，钟若明很心痛。正午的太阳烤得他满脑袋汗水直流，肚子也在咕咕的叫。他拿手遮住刺眼的阳光，在车水马龙的街头找饭馆。有点规模的饭店他不能进去，一盘土豆丝就敢朝你要个三十块二十块的，钟若明已经不是当初在海南和滨海市动辄就飞来飞去的开发商。他的错误已经使他跌入社会的底层，变成连吃顿饭都要摸摸口袋的平民百姓。自打出狱以来，他就没有额外的收入进口袋，他必须在最短的时间内，找到谋生的本领，否则，会饿死在街头。钟若明感到前所未有的恐惧，他踌躇半天，走进街边一家门面不大的面馆，寻个靠窗的位置坐下来。

一个戴着白帽、系着白围裙的男人走过来，手里拿着塑封的点菜单子，殷勤地递给钟若明，用一口河南话说：“老板想吃什么，自己点。”钟若明假装接过单子，上下扫几眼，上面的菜便宜的有五元钱一碟的花生米和海带丝，面条有十多种，价格从八元到二十元的不等，钟若明要了碗鸡丝面，又要一碟花生米。老板吆喝着拿走点菜单子，告诉钟若明马上就好。

钟若明耐心等了有十分钟左右，那位河南的男人端着一碗热气腾腾的鸡丝面，一边喊着“来喽”，一边把面碗放在钟若明面前。钟若明看到男人的手沾满白面粉，但他顾不得这些，迫不及待地顺手从桌子角上的玻璃瓶里抽出一双方便筷，扯去塑料膜，挑起面条在嘴边吹着。河南人很快从灶间端出一碟花生米，放到钟若明面前。这个碟子小得可怜，里面的花生米油亮亮的鼓着肚皮，少得可以数得过来。钟若明几乎不用咀嚼，就把一碗面条送下肚，花生米还不够他打牙祭，一共花去十五元钱。结了账，钟若明走出饭店。

钟若明被正午的阳光晃得睁不开眼睛，接下来他竟然不知道要去哪里。四顾茫然，他觉得也没有必要给海虾打电话，没有结果的消息还不如沉默。钟若明想到金海东，以前他对金海东佩服得五体投地，年轻有为的金市长可以呼风唤雨，他们两个联手做一番事业真是再默契不过的好搭档。现在，他替金海东委屈，再怎么落魄，金海东也曾经是一市之长，现在跟着秦岭去做拆迁，丢了自己的脸面。按照钟若明的想法，等他把金朝拆迁公司重新整合后，他还是想把金海东从秦岭那边挖过来，把拆迁公司总经理的位置让出来，让金海东坐第一把交椅。金海东毕竟在滨海市做过领导，以前结交下的人脉还在。虽说人走茶凉，但是余温还在。这样既有利于金朝公司的发展，又可以使金海东有面子，人钱两得，何乐而不为？不过钟若明做了阶下囚，虽然洗心革面重新做人，但是人生的污点无法洗得脱。海虾和刘和福的口气里，明显是瞧不上他。但钟若明就是钟若明，任何打击都不能使他屈服，他像一只草原狼一样，左奔右突，希望在绝望中，在人生的低谷处突出重围。眼下，望着偌大的滨海市，车水马龙，热闹非凡，人们都是一副心满意足的样子，而他却站在这十字路口，不知道朝哪个方向走。秦岭虽然公司的规模和实力都有，可是钟若明不想求他，钟若明恨他辜负了简爱，对简爱在感情上不负责任。简爱的死，是钟若明不能原谅秦岭的理由。要不是对秦岭心有芥蒂，他也许会选择暂时挂靠到他的德仁拆迁公司名下，慢慢把企业培育起来后，再展翅高飞。钟若明是个睚眦必报的人，别人他也许不计较，但是对秦岭，他不想原谅。他把滨海市所有他熟悉的、半生不熟的人都想了一遍，才觉得此刻自己像是长在沙漠里的一株植物，孤独寂寥，无人问津。有一刻，他甚至觉得还不如在监狱里度过余生，至少他还可以有事做。虽然不能体面地活着，但至少他和其他的劳改人员是平等的。现在，他还要背着一个“劳改释放人员”的符号，面对着社会和人群。他开始感到悲凉和绝望，鬼使神差地来到了原佛塔村的佛塔。

佛塔庄严肃穆，那旷远的铃声似乎时刻也没停止，在抚摸绝望人的灵魂。刘海葵一手拄着拐杖，一手抚摸着“小白”，若有所思地问钟若明：“施主觉得什么是快乐。”钟若明一脸茫然地回答：“我也有过钱，也有过女人，但也真不知道那时叫不叫快乐。说有过钱吧，但我没打败秦岭，说有过女人吧，我又没有得到心爱的女人。活了半辈子，我还真不知道什么是快乐。”刘海葵淡淡一笑，“施主不会有快乐，想打败谁自己已经输了，要知前世因，今生受者是，欲知来世果，今生做者是，还是放下吧！放下吧！”钟若明似懂非懂，“我也想像您一样图个清静，但我真的清静不下来，还有很多事情要做，而且必须做……”钟若明像是说给刘海葵，又像是自言自语。刘海葵摇摇头，“争来争去一场空，不看破怎能放下，施主还是没看破呀，我等着你，等着你……”

钟若明向佛塔三鞠躬，告别刘海葵，来到一家商场，买了两瓶烈酒，放进裤袋里，走出商场，去了火车站。

钟若明是要去简爱的墓地，看望他一直感到歉疚的简爱。直到现在他才醒悟这些年他始终爱着万灵，一颗痴心空托付，万灵真正爱的还是他的丈夫金海东，他只不过是一厢情愿地把那份感情埋藏在心里，而辜负了当初对他一往情深的简爱。是他逼走了简爱，才使简爱来到秦岭身边。如若当初把她留在信鹏房地产开发公司，对简爱付出真情，也许简爱的命运就不会这么悲惨。简爱的死深深地折磨着一向铁石心肠的钟若明。钟若明对于简爱的死一直自责，内心无法释怀，他只是不想被人看出来。钟若明心里清楚，伤简爱最深的是他。秦岭和他之间，只是感情付出的性质不同。他一直视简爱是他的附属品，能有缘在一起，又珍惜不起来，一旦有别人介入，他又是不甘心。对于简爱的死，无形中让他对秦岭的隔阂更加深一步。他把一切罪过都归罪于秦岭的出现。他把对秦岭的不满压在心底。他想再次东山再起，击败秦岭，却又遭遇到目前这样尴尬的窘态。钟若明买了票，很快等到了火车，他从万灵那里打听到简爱的墓地，他想以赎罪的形式去拜祭简爱。

秦岭把金海东整理出来的山东堡村拆迁收尾情况送到拆迁指挥部。尹宁和游鸿一起分析了万宝良、王焕春和柳树林家的情况。牛有楼昨晚上给秦岭打电话，他不想再抗下去，答应上午九点半来拆迁公司，签订拆迁补偿协议。秦岭告诉尹宁和游鸿，山东堡村的村民似乎在酝酿着一场什么样的大事，一些山东堡村出去打拼的子弟最近不断云集，一起相邀回到滨海市，他们先回来的，都聚集到村中的宗氏祠堂去修补和清扫祠堂。

尹宁告诉秦岭要观察山东堡村村民的动向，可不要搞出什么大事件来。秦岭也很担忧，调规划是个很复杂的事情，这些天金海东一直在和土地局、规划局沟通，也不知道最后的结果是怎样的。游鸿说："咱们不要管他们，事先和西江区公安局打好招呼，一旦有事，提前通知他们。"距离百日拆迁攻坚战结束还有二十天，尹宁有些着急，唯恐不能拆成净地。

牛有楼昨晚上又经历一场儿女们的电话轰炸，他本来想儿女们只不过是做做表面文章就罢了，雷声响、雨点稀。没想到，儿子牛油电话里说，"老爹你再不去拆迁公司签协议，我们哥几个自己回村扒房，到时候你连一分钱也甭想得到。"牛有楼心里骂着儿女们，却是满脸苦状地满嘴都是"嗯嗯啊啊"。牛有楼不傻，儿女先前和他拧成一股绳，不挣个盆满钵满的绝不罢手。可是，他们都是年轻的机关干部，又是党员干部，经单位领导点拨，也掂得出哪头轻哪头重。因此，动员老爹不成，哥几个就每晚电话轰炸，牛有楼受不了。早晨起来，牛有楼在自己的大院子里转悠，虽然心里抵触和拆迁公司签协议，但看到院外一片残垣断壁的被拆除的房屋，心里不免觉得落单，狠狠心，还是答应孩子们，去把拆迁协议签了。

牛有楼锁上房门，看看院外墙根下那辆歇了很久的电动摩托，这样的拆迁村落，地上满是砖头瓦砾，摩托断然是骑不了了。他揣上户口本、身份证等证件，带上宅基地证、房本等手续径直走向拆迁公司。

秦岭和何依萍在拆迁公司，何依萍在她的办公室整理上次柳树林家的房屋和宅基地丈量出来的数据，她按照秦岭的意见，把柳树林主张的碉堡面积扣除，然后在扣除后的基础上，适当增加点补偿。

秦岭佩服柳树林的沉着和冷静，到了收尾期了，还是坚持自己的主张不妥协。下周金海东就要带着市里土地局、规划局、人防办和城管局的相关领导去攻坚。

柳明最近也是十分着急，他来找过秦岭，让秦岭给他拿个主意，怎样才能说服他的父亲。秦岭问他和温暖相处得好不好，柳明说还不错，只是温暖对他的父亲有意见，反对他父亲做抗拆户。秦岭建议柳明带着温暖去做他父亲的思想工作。柳明说他试试看，不知道温暖会不会答应。

温暖实际上是觉得由她去说服柳树林的可能性不大，怕丢面子，所以才几次拒绝不愿意去。

牛有楼在这大热天呼哧带喘地上了村部的小楼。三层楼的水泥台阶，他每迈一步，都要站下来喘气、擦汗。等到他上到三层，在李宝忠、闵婕的办公室门口站下时，汗水已经把他的浮肿的眼皮给糊住。闵婕看到牛有楼站在门口，手扶门框喘粗气，急忙撂下手里的笔，到门口把牛有楼给搀扶到屋里的沙发上坐下。闵捷端来一杯水递给他说："牛大叔这体格，可要减减肥了，大热天多遭罪呀！"

牛有楼接过水，等到气儿喘得匀净了，才把水"咕咚咕咚"喝下去，抹把嘴边的水珠说："这年纪，喝口水都长肉。我是来签协议来的，别看我主动地来了，可我还是想和秦经理说说，我那房子就不能再给我增加几十平方米的面积了？"

李宝忠递给牛有楼一把扇子，含笑看着他说："牛大叔，您这要求提了多次，要是政策上允许，我们还卡着您干啥？虽说您坚持到了最后，但是我们是按照政府的条文和标准来做拆迁的，能照顾的我们尽量照顾，不能开绿灯的，我们也不敢放行，多理解吧。"

牛有楼总觉得爱哭的孩子有奶吃，可是坚持到最后，却依然还是主张不到政策外的照顾，他不吭气了，满脸通红地望着窗外一动不动的柳梢，听着知了一声比一声尖利的长鸣。闵婕催他拿户口本签协议，他就像是没听见一样。

秦岭在旁边的办公室，听说牛有楼来签协议，他推开桌子上的一堆文件，来到他们的办公室，他热情地和牛有楼打招呼，并坐在他身边的沙发上。

牛有楼眼睛一亮，看着秦岭说："秦经理在家呀，我可赶巧了。今来想把协议签了，签之前还想和你说个情，把我屋前的门房再给增加个二十平方米的面积，我包管痛快地签协议，你看秦经理咱也是说理的人。"

秦岭笑了，他说："牛大叔，要是能答应您的，这事还能拖到现在吗？我真的没有这个权力。前几拨搬走的村民还都在看着你们这些嚼嘴磨牙的抗拆户呢，厚此薄彼他们不都得打上门来才怪呢！”牛有楼拍着胸脯正色道：“秦经理放心，我老牛不会向外透漏一个字。”秦岭耐心地劝导：“牛大叔，天底下没有不透风的墙，这种昧着良心的事不但我没有权力这么干，就是拆迁指挥部也没有这个权利为哪个人开绿灯。”

牛有楼沉默下来，办公室里只听见他呼呼的喘气声。秦岭、李宝忠、闵婕他们谁都不说话，看着牛有楼绷着潮红的胖脸。

牛有楼最后的要求还是没能达到，他摸索着从兜里掏出户口本、身份证，站起来，走到闵捷的办公桌前把它交到闵婕的手上。说：“签了吧，咱这小胳膊拧不过大腿。”

秦岭说：“牛大叔其实挺配合我们的，就是老盼着住宅房换门市，不合理的要求谁敢答应啊！”牛有楼办理了交房手续。

秦岭回到自己的房间，武军他们也来到拆迁公司，他们要商议下一步对万宝良的动迁策略。

王焕春来到拆迁办，她每次来腰里都别着一把剔骨尖刀。她在拆迁办的院子里边舞动剔骨尖刀，边大骂陆景宽。一阵耀武扬威后也累得够呛，一口气喝下一瓶自带的矿泉水，骑上摩托走人。牛有楼一直缩在闵婕的办公室，对于王焕春的无理取闹，他似乎也感到过分。他见王焕春走远，才装上签好的拆迁协议，独自下楼，离开拆迁公司。

廖静和雷奥到了滨海市，他们按照约定的地点，在赫顿酒店见到了中方的合作方负责人简晴。简晴在爸爸的公司做电子产品销售和研发，现在研发出新的高科技的电子产品，二元脉法光电仪器，专门用来探测病人早期的发病病灶和起因。这是简晴在北戴河四通养生院、中国著名中医家傅振才先生的帮助下研发出来的。这种高科技的产品他们自己没能力单独生产，现在要和合作方对接。简晴之所以把谈判地点定在滨海市，一是因为中医家傅振才先生就在滨海市，二是她喜欢轻松的谈判环境，三是这儿是她妹妹生活过的地方，如果有第四个理由的话就是因为这儿还有个秦岭。

第三十七章　柳暗花明

廖静想去看望秦卓尔，她推掉了雷奥去海边的邀请，而是坐上去滨海市的公交车，她想给卓尔一个惊喜。虽然卓尔一直不拿她当作女朋友，但是廖静的内心深处还是喜欢着卓尔，她一次次在按键上按下秦卓尔的电话号码，一次次又放弃，想着分开一个多月后，卓尔会是什么样子？廖静的心里有着莫名的激动。

卓尔已经到了北京，在清华大学的学生公寓外，他给金冰凌打了电话，告诉她，他已经来到了北京，想一辈子陪伴她。

金冰凌说她已经和沈小雨到了天津。

卓尔追问她，“为什么会和沈小雨去天津，你是不是还去了沈小雨的家？”

金冰凌坦言相告，她是去天津和沈小雨订婚的，让卓尔不用再等她，她摆脱不了卓尔母亲的阴影。

卓尔站在丁香树下，整个人就像石化了一样，这突然的消息使他几乎失去了理智，他在电话里喊：“金冰凌，你把手机交给沈小雨，我要和他说话。”

冰凌言语冷淡地说：“不用了卓尔，谢谢你曾经的陪伴！”

卓尔的手机从脸庞滑落下来，眼泪涌出眼眶。他扶住丁香树的树干，看茂密的绿叶间疏漏处有阳光浸过来，照在他的脸上，泪水冰凉地滑过脸颊。突然，他手里的手机响起来，他急忙看一下，见是廖静打来的，他不想接听，任凭手机的铃声响着。

海浪哗哗地冲击着礁石，廖静给卓尔打电话，卓尔那边却不接，她很着急。停了一会儿，廖静又拨通了卓尔的电话。

卓尔擦干痛心的眼泪，离开清华园，为了证明自己不比沈小雨差，他要漂在北京，凭着自己的能力，闯出一番天地。卓尔要去找在北京一家出版社工作的同学龙飞，暂时安顿下来。廖静的电话又响起来，卓尔接听。廖静说她已经到了北戴河，下午没事，到滨海市来看他。

卓尔有些内疚，这些日子和冰凌的矛盾闹得他魂不守舍的，他觉得明知道廖静会来滨海，却没告诉廖静自己去了北京，害得她去了滨海傻等。卓尔说："对不起廖静，我上午坐火车来的北京，你不要等我，快去办事吧。"

廖静听到卓尔淡淡的回应，失落感再次浮上心头，她问卓尔："你这次来北京就不走了吧？"卓尔答应一声："嗯，不走了。"

廖静那边有些高兴地说："那好啊，我介绍你来我们的公司吧?！"

卓尔迟疑半天，才说："我看看吧。"

卓尔在地铁里，手里捏着手机，思绪杂乱无章，看着地铁呼啸着掠过一站又一站。他整整在地铁里坐了两个来回，才在龙飞等待的出站口走出来，害得龙飞把电话都要打爆了。

见到卓尔，龙飞走上去，接过他手里的肩包，搂住卓尔的肩膀埋怨他说："哥们，我以为你被绑架了呢。不就是个金冰凌吗？何必把一个优等生绑在她身上，来我们的出版社，小资的美女海了，你随便挑。"

卓尔说："谁不知道你们出版社就那几名戴着眼镜的书虫美女。你可还单着，有美女你早就下手了，还轮得到我？"卓尔虽然心里难过，但他还是故作轻松地跟着龙飞来到他的临时住所。

来到龙飞的租住楼房里，卓尔看到这里窄得不能再窄，一张床，一台电脑，厨房连着卫生间。卓尔不管龙飞，他像是脱水的瓜果一样懈怠地躺在单人床上，只想睡觉。龙飞插上电源开关，为卓尔煮面。

钟若明找到了简爱的墓地，他把简爱最爱吃的大樱桃放在简爱的墓碑前，再把一朵鲜红的玫瑰花倚在石碑上。然后坐下来，起开一瓶烈性白酒，倒在地上一点儿，独自喝起来。喝到半瓶时，钟若明开始唱歌，他唱的是简爱曾经唱给他听的“女人花”。唱着喝着，钟若明逐渐感到眼前在晃。他已经喝得酩酊大醉，伏在简爱的墓碑上酣睡。

廖静和雷奥在赫顿酒店见到简晴和中医家傅振才，双方经过两个小时的洽谈，愉快地签下合约，廖静和雷奥匆匆赶回北京。

简晴给秦岭打了电话，告诉他，她来北戴河办事，下午的飞机上北京，不能去见秦岭。简晴心情很复杂，她想到简爱生活过的地方走一走，可远在天边的渴望近在咫尺却没了勇气。她想见到秦岭，可又莫名其妙地怕见到秦岭。

秦岭答应事一忙完马上赶往北戴河机场送她。简晴委婉拒绝，她想见又不敢见秦岭。秦岭说无论他怎样忙，都要去送送简晴。

金海东和市规划局、土地局沟通终于有了结果，经过层层审批，又经市长办公会同意，决定把佛塔村佛塔西面的两亩空闲地拨给山东堡建祠堂。

金海东哼着不着调的京剧来到了秦岭的办公室。秦岭正在翻阅山东堡宗氏祠堂的档案资料，为解决这祠堂问题皱着眉头，一听这奇怪的歌声禁不住笑了。“海东，是不是想上星光大道了？”秦岭打趣地问。金海东不管不顾仍在哼着，好像很陶醉。“晚上有兴趣出去喝一杯吗？”金海东像小孩一样搂住秦岭的肩膀。秦岭用手中的笔点点金海东说：“你小子还有心情去喝酒？”金海东一把抢过秦岭手中的山东堡宗氏祠堂的档案资料，狠狠地摔在桌上说：“山东堡祠堂异地返迁市里批准了。”秦岭跳了起来，在金海东的前胸又不轻不重地打了一拳，金海东边躲边用手指着秦岭说：“请你以后不要用这种表达方式。”接着用手捂着前胸。秦岭高兴地用手向金海东做了个飞吻的手势，说：“这样可以了吧！”两个大男人笑得合不拢嘴。

万宝良今天第一次没去宗氏祠堂。他坐在院落里的葡萄架下，这座空旷的老宅里只有他一个人，他把看护院落的雇工打发走了，烧了一壶好茶独自品尝。

秦岭带着武军、何依萍来到万宝良的老宅。在老宅收藏品的院落里，看见万宝良独自品茶。他奇怪今天的万宝良似乎在等待着他们的到来。秦岭他们一进院，万宝良就看见他们，他稳稳地坐在椅子上，把早就准备好的茶杯一字摆开，挨个倒满红茶，嘴里说着："我把茶给你们泡好了，先品品我的茶。"秦岭他们三人挨着万宝良坐下来。秦岭打趣说："万大叔赶上能掐会算的诸葛亮了，知道我们今天来。"

万宝良脸上戴着笑靥说："人老了，脑子糊涂，但还记得河子昨晚告诉我，你们今天要来。"

秦岭他们互相看看，武军不知道下文该说什么。秦岭端起茶杯，喝了口茶，在嘴里品品说："万大叔的茶一定是极品，味道真的不错。"

万宝良打趣地问："那你说说这是什么茶？"万宝良从小家境就好，父亲就爱喝茶，所以在父亲的熏陶下，他从小就对茶文化有些研究。在当地，万宝良常出去斗茶，自诩为十公里范围内的茶王。秦岭不是品茶行家，他只知道这茶非比寻常，但怎么个好法，叫什么名，产在哪均说不上来。何依萍喜欢茶道，没事在家爱喝茶，她说："万大叔，这茶是上好的金骏眉，产在武夷山。"万宝良摇摇头说："你只说对了一半，这茶是金骏眉的升级产品，叫金祖，还没正式上市呢，和金俊眉是同族，都是红茶，产至云南的高山古树，树龄比我爷爷的年龄都长。"说完无比自豪。

万宝良看看秦岭说："秦经理来找我，好像不是专门来品茶的吧？"

秦岭放下手里的杯子说："万大叔一向通晓人情世故，我们来了只能是谈拆迁的事。你看现在山东堡的拆迁工作已经进入尾声，希望您老也支持我们，及早把拆迁协议签下来，我也好对市里有个交代。"

万宝良喝一口茶水，漫不经心地问："不是还有王焕春、柳树林吗？"

秦岭见他还有观望的想法，便说："万大叔是党员，既然不能起先锋模范作用，但也不能给组织拖后腿。现在到了百日攻坚战最后的关口，您可不要首先倒下，你是扛旗的人，不要让大家失望啊！"

万宝良沉思良久，缓缓地说:“秦经理的话让我感到汗颜，在拆迁之初，我记得和你们保证过，我不会拖后腿。现在看来，你们是让我先搬迁。那宗氏祠堂你想给我怎样一个说法?”

秦岭觉得时机基本成熟，他马上将了万宝良一军，说:“大叔您的意思是说，祠堂的问题解决了，您家的老宅问题也就解决了。”

万宝良有些生气，山东人的犟脾气又上来了，他瞪了一眼秦岭说:”秦岭你小瞧你大叔了，我的党龄比你的年龄都长，我不是一个追名逐利的小人。把我们山东堡老祖宗的问题解决了，我家的老宅你就给大叔按照拆迁补偿政策算，多一分钱大叔都不会向你开口。”

秦岭见时机已到，把政府决定对山东堡的祠堂异地返迁的消息告诉了万宝良。万宝良老泪纵横，他站起身向山东的方向鞠了三个躬，回身拉住秦岭的手激动地说:“感谢秦经理，这样我也算对列祖列宗有交待了。”

秦岭离开万宝良家，开车直接去了北戴河机场。简晴乘坐的飞机再有一个小时就要起飞了。秦岭风风火火冲进大厅，在安检口见到了简晴。

简晴本应过安检候机，但她到了安检口就迈不动了脚步，来回徘徊了许久。

简晴看到秦岭，停顿了一下，伸出白皙的手，和秦岭握了握，说对不起，时间来不及，要不就去滨海看他了。秦岭久久不想松开简晴的手，她就是简爱再现，看到简晴，秦岭恍惚又回到从前和简爱的离别送往中。他松开手，简晴和她的随行人员进了安检口，逐渐消失在人流中。秦岭怅然若失，只记得简晴对他的回眸一笑，使他又勾起对简爱的回忆……

简晴离开北戴河，乘飞机直接到达北京。她有个习惯，每次来北方，都要去妹妹的墓地看看。仿佛这样就会见到妹妹的容颜一样。她和随从二人驾着北京分公司的车来到简爱的墓地，此时，天已经快到傍晚时分，简晴看到妹妹的墓前卧着个身材高大的男人。这男人头发有些斑白，嘴里喷着酒气，还轻轻地喊着:“简爱、简爱。”简晴的随从围上去，把他从地上架起来，问他话，他还沉溺在醉醺醺的酒乡里。简晴告诉随从说:“把他先扶到车里，给他喝点水。”简晴猜想，这个人一定认识妹妹。

简晴祭奠完妹妹，天已近傍晚。她回到车上，看看醉汉还没醒，就嘱咐随从把他拉回到分公司，免得夜里在墓地着凉。

小黑龙的信用卡透支一案已侦查终结，秦岭以代理人的身份陪着马志文来到公安局。小黑龙的父亲马志文瘦得脱了形，见到儿子，他真想上去打他几巴掌。可是见到儿子也瘦得像只猫，做父亲的心软了。

秦岭为小黑龙辩护。鉴于小黑龙悔罪态度较好，马志文为儿子退回透支款，小黑龙被当场释放。马志文对秦岭千恩万谢，小黑龙也鞠躬向秦岭致谢，含着眼泪，跟父亲回家。

钟若明醒来已经是第二天清晨。简晴把他安排在分厂的宾馆住下来，为了弄清楚这个人的身份，她特意等他醒来，问个究竟。此刻，钟若明稀里糊涂睁开眼睛，看着晨曦从米黄色的窗帘间照射进来，洒落在他身上洁白的被子上。钟若明仿佛是在梦中，他不知道自己什么时候住进这样高档的房间里来。他坐起身，推开被子，下地穿上衣服，拉开窗帘，向外面望望，也看不出这是哪里。

他打开房间的门，喊服务员。

一个胖嘟嘟的女服务员走过来，问钟若明："先生，请问有什么需要帮忙的？"

钟若明说："请问我这是住在什么地方？"

服务员笑笑说："先生，我们这里是北京的京郊，这是银河电子设备有限公司的分厂，你住的是企业下设的银河宾馆。"

钟若明更加糊涂。他问："是谁把我弄到这里来的？"

简晴早早起来，坐在宾馆院子里的银杏树下，看着笼子里的一只小白兔。说是小白兔，但四只脚是黑色的，嘴巴也是黑色的，它在笼子里老实地伏着，见到有人来，它警觉地抬起头，咕噜地转动着一对明亮的眼珠，看着简晴。

简晴手里拿着一个绿色花瓷杯子，杯子里装着喂小白兔的食物，她捏起小勺子，给小白兔往槽子里投饲料。这是简晴自己养的，每次来北京，她都要来喂它。

喂完小白兔，简晴拍拍手，托着绿色长裙，回到楼上，看看时间已经是早晨七点半，她想过来看看昨晚的醉汉是否醒来，便踩着松软的地毯，走向302房间。

在走廊尽头，简晴听见服务员和那位醉汉在对话。醉汉莫名其妙的打听，使简晴觉得好笑，她轻轻走过来，接过服务员的话说："你还没告诉我你是谁呢？这样吧，请你先跟我到二楼用早餐吧，然后我再告诉你是怎么来的。"

钟若明远远地看见简晴，吓得他说不出话来，他以为产生了错觉，这不是简爱吗？钟若明直接冲出去，奔到简晴身边，上下打量问她："你就是简爱的姐姐，简晴吗？"简晴笑笑说："没错，我就是。"钟若明说："你怎么？"简晴说："你先回房间收拾好，下楼吃饭吧。"

钟若明看着款款离开的简晴，忘记了回房间洗脸。还是服务员喊他："先生，你该下楼用早餐了。"钟若明才醒过神来。

服务员为简晴和钟若明打来早餐，钟若明为简晴把酸奶倒上。钟若明问简晴怎么来到这里。简晴告诉他说："我是简爱的姐姐，叫简晴。我父亲在深圳开的电子设备企业这两年效益很好，我们就又在北京开了这家银河电子设备分厂。我一边帮助父亲打理企业，一边做电子设备研发，这不，刚从北戴河洽谈业务回来，就在我妹妹的墓地遇上你了。现在，该介绍介一下你是谁啦。"

钟若明拿起毛巾擦擦手，又拿羹匙搅搅杯子里的咖啡，有些难为情地说："说起来我是你妹妹简爱之前的老板，简爱是我的员工，也是我的秘书。"

简晴打断钟若明的话，看着钟若明的脸问："哦，你就是钟若明。我听妹妹说过你。她当初爱的是你，可是你却不爱她，对吗？"

钟若明似是而非地摇摇头，白瓷羹匙不小心"当啷"一声落到咖啡杯子里，咖啡汁溅到桌子上。钟若明叹口气说："我是钟若明，我和你妹妹当初在海南时，彼此很合得来。可是回到滨海市以后，说实话，我离我的大学时期钟爱的女同学近了，加上她的初恋秦岭也在滨海，我就想和他争口气，不结婚，一心恋着她。和简爱在感情上就拉开了距离。是我糊涂啊！辜负了简爱，后来她离开了我和我的公司。我这一辈子最对不起的就是简爱！”钟若明说着眼睛酸涩，他从纸巾盒里抽出纸巾，擦擦眼角。

简晴眼睛已经湿润。她声音哽咽着说：“妹妹好可怜，她是带着遗憾走的！”简晴的泪珠滚落在手里的杯子中，和酸奶混合在一起。

钟若明递给简晴一块纸巾，他此刻不知道怎样来安慰简晴，只是呆呆地看着难过的简晴，默然无语。

简晴和钟若明吃过早餐。简晴告诉钟若明，她下午要回深圳，问钟若明要去哪里。

钟若明站在宾馆大厅里，眼睛望着吊下来的水晶灯，茫然地说：“我现在已经无路可走，我是个劳改释放人员，出来后没人相信我。我想重新组建一支拆迁队伍，可是没有人相信我会重振当年的雄风，连最好的朋友都不让我挂靠到他的公司。”钟若明叹口气，接着说：“我这是活该，负心的事儿做得太多，报应。”

简晴看着钟若明，想了想，喊来身边的工作人员，嘱咐说：“给他打进100万启动资金，就算简爱借他的。”

钟若明简直不敢相信自己的耳朵，他看着简晴，一句话也说不出来，只是握紧简晴的手说：“我受不起，受不起。”钟若明并不是没有见过钱，但此时的100万对他来说就是一个天文数字。

简晴对钟若明说：“我知道你和秦岭一起长大，也是好哥们，你曾经帮助过我的妹妹，在她困难的时候，给了她可以安身立命的工作，就凭这个，我也要帮你重新振作起来。”

钟若明感激地对简晴连说谢谢。他和简晴的工作人员办理好手续后，简晴带着随从工作人员离开了北京。钟若明没想到这次去北京祭奠简爱，会意外地从失望的谷底遇上救星简晴，他带着勃勃雄心回到滨海市，准备接手金朝拆迁公司，重振大业。

第三十八章　回迁风波

廖静和雷奥回到北京，外向活泼的雷奥经过一段时间对廖静的了解，已经深深地爱上了廖静，浪漫的雷奥在列车上就大胆地向廖静求婚。廖静心里深爱着同学秦卓尔，她拒绝了雷奥。

雷奥很伤心，一直追问她为什么。

廖静不想回答，就以谈公事的办法把雷奥的话题引开。

火车终于到达北京站。廖静急匆匆和雷奥打声招呼，就独自走开。雷奥站在来来往往的人群里，无奈地两手一摊，缩缩脖颈，表示这小姑娘真难懂。他本来说好晚上邀请她吃啤酒鸭的，可是廖静早就消失在人海中。

佛塔村抓阄分完钥匙后，村民们开始装修新房，购置家具。村民像打扮新娘一样收拾自己的房屋。从平房到楼房的质的飞跃，让村民做梦都露出笑容。康有法连续担任了四届的村主任，在他之前有三届村主任。由于康有法在佛塔村人气极旺，所以一当上村主任就下不来了。康有法已经65岁了，干完这一届他也准备让年轻人来干。在他的任期内佛塔村实现了拆迁、返迁，他心里别提多高兴了。他想在村民装修完房屋返迁时搞一个热闹的庆典仪式，算是给村民一个交代，也是给自己一个交代。

原打算在十一正式乔迁新居，可村民们耐不住性子，一个月左右都把房屋装修完了，康有法和村班子成员商量，干脆算日不如撞日，提前回迁。

佛塔村要乔迁新居了，一串串红彤彤的鞭炮挂在小区大门口。大门是大理石的石料。拱形门上刻着两条巨龙，巨龙脚下踩着一方滚圆的石球。昂头的龙吐着祥云，精神抖擞。菩提苑三个大字刻在两条龙的中间。大门外，踩高跷的、打鼓的、吹唢呐的、敲锣的好不热闹。一群青年人化上妆容，站在高跷上不停地扭动着身姿，言语里满是喜庆。佛塔村村民从今开始，就变成是菩提苑小区的居民了。小区里一共有3000多户居民，他们今天统一乔迁，很多人换上新装，等在小区大门外，今天有市领导来为他们小区的回迁之喜剪彩。村主任康有法和村长常生等村委班子在大门外忙碌着。

贾文海没出来，仿佛回迁是别人家的事儿。贾文海的老伴儿不知道从哪里捡来一张红纸，她把红纸剪出来一对喜鹊，准备贴在返迁楼窗户上。一对喜鹊就要飞了似的张着嘴，似乎在报喜。儿媳妇早早从东岭村回来，领着孩子，要去看热闹。儿子贾保利还在东岭村看守房屋。贾文海一直不吭气儿，看到老伴往窗户上贴红纸，他不由分说，一把将那对剪纸喜鹊从玻璃上扯下来，揉成一团，抛在地上。他老婆骂他，他也不还嘴，从餐桌底下拿出一卷白布，夹在腋下，疾步来到菩提苑小区大门外，等待市领导们的到来。

秦岭带着德仁拆迁公司的二十二名员工来到菩提苑小区，他们看到原来垃圾遍地、污水横流的佛塔村变成了鸟语花香的崭新的小区，心里感到少有的成就感。康有法、常生看到秦岭他们，赶忙把他们迎进小区大门前的椅子上坐下来，和秦岭热情握手，感谢他们拆迁公司拆旧换新的善举。佛塔村的返迁对秦岭也是意义重大，这毕竟是他亲手拆的第一个村，虽然贾文海极力阻挠，延误了交房时间，但今天佛塔村的村民也都如愿住上了新居。村民们围着秦岭，想在小区的菩提苑三个大字前面合影留念。

刘无良一直在人丛里晃来晃去的，他扶着妈妈，带着老婆孩子等着观看回迁放鞭炮、演节目。

秦岭看着这一切，心里感到无比高兴。他在人群里，看见一个苍老的身影，怀里抱着一尊菩萨。秦岭细看，这是看守佛塔的刘海葵。她也走出佛塔，赶来参加今天的回迁庆典。

秦岭走向她，问候到："刘妈妈，您也来啦？以后那座佛塔留给别人照管，你还俗回来住楼房，享清福吧。"刘海葵把怀里的铜雕菩萨像抱得更紧，看是秦岭，便露出满脸的微笑，她说："是小秦经理呀，你是活菩萨呀，你了了我的心事，我们佛塔村都要感谢你！我可不住楼房，我住佛塔最舒坦。"刘海葵说着，抱着菩萨像走开。

九点整，市委书记任冬，市长吕铎、拆迁指挥部等部门主要领导来到佛塔村，几辆车在菩提苑小区停下。市领导走下车。锣鼓声、唢呐声、鞭炮声响起来，高跷队扭得更欢。

热闹持续足有十几分钟，拆迁改造指挥部指挥尹宁主持了回迁庆典。他示意锣鼓家什先停下来，然后拿着话筒，开始主持佛塔村村民回迁菩提苑小区庆典。尹宁先请滨海市市长吕铎讲话。吕铎现场发挥，首先祝贺佛塔村回迁，其次他讲得更多的是拆迁后要适应村民向城市居民的转化，现在村民们手里都有了点钱，政府鼓励创业，同时市、区政府要加强村民创业的引导和指导，要帮助他们改变原有的生活模式和谋生的方式。企业也要优先解决村民的就业问题，最后他要求政府相关部门尽快解决失地农民的保险问题。

秦岭也为佛塔村的延迟回迁给村民带来的不便和损失向大家表达了歉意。

最后，市委书记任冬为菩提苑小区的全体居民做了简短的发言。当大家把剪子和红色的扎着红花的丝绸拿上来，准备剪彩时，贾文海从人群里迅速走过去，用身子挡住那条红丝绸，掏出怀里的一条两米多长的白布抖开，白布上写着：告佛塔村全体村民强拆书。

秦岭看到，半米宽的白布下面写着他的房屋被本村村民强行扒掉，要求全体村民赔偿他家的损失。没等秦岭他们看完，人群里发出一片哄笑声。

康有法说："这个贾文海，把状子告到家门口来了。"

贾文海堵在等待剪彩的红绸前面，任书记和吕市长等领导也无法动手剪彩。

秦岭劝导贾文海，贾文海不但不给面子，反而更加嚣张，事态就这么僵持着。

佛塔村村民互相观望，不知道该怎样阻止贾文海。康有法和常生也对贾文海没有办法。前来参加佛塔村回迁的西江区公安局的几个巡警见贾文海横在剪彩的领导前，手里举着横幅，怎么劝说都没有效果，一名带队的警察不等市委书记开口，便朝其他几名警察挥挥手，警察上去撕下贾文海手里的白色横幅，把贾文海推到人群外。贾文海还想挣扎，却被警察们死死地按在一棵柳树下。

任书记走过去，让警察放开贾文海。他扶着贾文海从地上站起来，给他拍打拍打身上的土说："贾文海，为拆迁的事，你折腾这么多年，现在回迁住楼房了，你也该是享福的年纪了！咱别折腾了好不好？"

贾文海气得呼呼直喘粗气，他看到任书记来和他说话，气先消了一半，他说："我折腾不折腾的那都是小事。我要告他们这帮无赖，拆了我家的房屋，我为拆迁补偿跑了北京三十次，省里二十次，市里不计其数，跑坏我十双鞋子一百双袜子。"贾文海扳着指头算着。

任书记说："咱们的政府是讲理的，你从市里到省里，打了多次的官司，不是都败诉了吗？任何不正当的拆迁补偿要求我们都不能随便满足的，长此下去，会助长不正之风的。你不要告你的乡亲们拆了你的房屋，就是他们不拆，我也要下令拆你的房子。任何有损群众利益的事，政府都不能不管。现在，你有楼房住，又有余钱花，你还想告的哪门子状呢！"

任书记一席话说得贾文海的脑袋耷拉下来。长期以来，他就想直接和领导对话，把自己的委屈说出来，可是，他的诉求是有悖于社会常理的，不能同情和支持的。如果一个领导没有原则，采用退让的办法处理这样的非法要求，那么我们立法的意义何在？贾文海被任冬书记这样的一番话给镇住了，凭他多年的上访经验，每次上访领导都顺着他说，都像一个救世主似的，给他一些实惠，他本想这次花100元买来的横幅能给他挣来100双鞋来，哪知任书记年纪不大，态度倒软中带硬，没想到政府还会有这样的干部。他自知理亏，站在村民围成的人墙里，一个人显得那么不自然。贾文海看看任书记，满是皱褶的嘴角动了动，对村民们说："有什么好看的，我又不是演猴戏的。"贾文海觉得自己自讨没趣，灰溜溜地独自溜回家了。

贾文海的老伴和儿媳妇站在人群里，高兴地看着回迁庆典，他们好像是局外人，和贾文海根本就不是一家人似的。

石德龙和薛春回到人群里，他们俩自发地要求在庆典现场表演节目，贾文海的搅局并没影响回迁的喜庆气氛，石德龙和薛春你一句我一句说起了快板书。尹宁笑着对任书记说，入乡随俗、入乡随俗。

城中村子脏又乱，房屋高低不一般。

白天进屋像夜间，不开灯光看不见。

道路出行不方便，环境污染人人嫌。

谁家要是遇了难，抢险车辆难救援。

治安管理实难管，户主房客互埋怨。

这种现象不改变，百姓定把政府怨。

改变其实也不难，支持政府搞拆迁。

就地安置新家园，帮助百姓解困难。

动迁工作不容缓，政府商家齐动员。

评估小组进家院，拆迁安置做宣传。

拆一补一来计算，百姓越听越舒坦。

急急忙忙把家搬，鞭炮声中离家院。

财务小组把账算，安置协议把字签。

排号选房争优先，房屋大小自己选。

一切手续全办完，即将发放安置款。

安置房等两年半，家家搬进新家园。

小康生活赛神仙，家家户户都喜欢。

大家巴掌拍得春雷一样响，有人起哄喊：“再来一段儿。”康有法回头朝人群说：“大家不要喊，咱们市领导要给咱们的菩提苑小区剪彩呢。”石德龙和薛春欢喜地回到人群里。

剪彩开始前，康有法和村委会的几个负责人把一个红色绶带交给刘海葵。刘海葵脚步蹒跚着走过去，把绶带交给任书记。

绶带上写着：拆迁为国为民不怕流血流汗百姓爱他。

任书记高兴地接过刘海葵手里的绶带，亲自给秦岭戴在身上。

秦岭穿着洁白的衬衫，眼镜后面那双干净的眼眸沉静地看着大家。他的身上多了条红色的绶带，人显得更加精神。

任书记对大家说：“乡亲们，你们能够住上这样花园式的小区，除了要感谢政府加大力度旧城改造外，还要感谢德仁拆迁公司的全体员工和总经理秦岭同志。我们滨海市要是没有一支过硬的拆迁队伍，没有一支德仁拆迁公司这样的拆迁铁军，就没有滨海市人民的安居乐业的生活。秦岭同志拆迁多年，没发生过一起流血事件，他是所有拆迁人的榜样！”人群里一片掌声。

任书记和其他几位市领导开始剪彩，锣鼓声、鞭炮声再次响起，五颜六色的彩纸被礼炮送到高空，漫天下起了五彩的雨帘。人们在小区的门口，广场的空地上尽情地踩高跷、扭秧歌。

佛塔村从乔迁之日起，就走进了历史，菩提苑新居就此取代了佛塔村。肮脏破旧的佛塔村从西江区彻底消失，这一片绿荫成片的回迁小区，整体上改善了村民的居住环境，也提升了滨海市的城市形象。

秦岭从菩提苑小区回来，就遇上刚从王焕春那里回来的武军、何依萍他们。几个人一起上楼，来到拆迁公司。

秦岭脱掉西装外套，汗水把他的白色汗衫打透，他把绶带收起来。

何依萍拿过秦岭手里的绶带，看到上面的字迹，很受感动。她说：“咱们干了这么多年的拆迁，有这一句话也就值了！”

武军从桌子上拿起一瓶矿泉水，先喝了几口。

秦岭一看这架势，知道王焕春那里肯定又是白跑一趟。

陆景宽心直口快，他说："这个王焕春，我们今天去她家，她就是不跟我们提交房的事，老是和我们兜圈子，打听秦经理怎么没来，该不是对秦总动心思了吧？"陆景宽说完，便露出一脸的坏笑。

秦岭不想听陆景宽开玩笑，他说："我看是你老陆对人家动坏心思了吧！说说正经的。"秦岭说完，把脸转向武军和何依萍。

何依萍把矿泉水瓶子放到桌子上，对秦岭说："看王焕春那架势，猪圈的非法占地不给一定数额的补偿，人家是不能签协议的。她是一口一个找秦经理谈，我看就是找任书记谈，也还是那两句车轱辘话。"

秦岭坐在椅子上，手里摆弄着笔，他说："她不是每周都来拆迁办闹吗？这事不能躲了，我们还是应该主动出击。"

陆景宽说："可这娘们这些日子也不主动来闹了，你说玄乎不？"

秦岭说："王焕春闹与不闹，都是她的一个策略，闹无外乎让我们重视她，多给她点补偿。她当年建猪圈确实费了不少力气，十年前的五万也不是个小数目，再说山东堡这些年搞拆迁，弄得她也确实没心情搞经营。建猪圈花了钱，养猪又赔了钱，她心里不平衡是可想而知的，所以对她这户除了依法还要入情入理地加以解决。"

武军说："我看这个办法可行，就怕那娘们是人心不足蛇吞象的主儿。那可就不好办了。"

第三十九章　釜底抽薪

秦岭说："还是我和何大姐去吧，你们两个下午去山东堡村的拆迁现场，看看拆除的进度情况，然后给我汇报一下。"

眼看就到吃午饭的时间了，秦岭饭也不想吃，喊上何依萍，去王焕春家，趁着中午王焕春在家的机会继续商谈。

秦岭路过柳明的办公室，看见柳明往他这里看，秦岭停下来，嘱咐柳明说："柳明，下午去你家，你把温暖带上。"柳明答应下来。秦岭和何依萍下了楼。

柳明看着秦岭和何依萍下楼，来到温暖的办公室。温暖还在整理拆迁资料，看到柳明进来，她从抽屉里拿出一个黄莹莹的香瓜递给柳明说："我来时洗好了，吃了吧。"

柳明接过来，把香瓜在手里团了几下，往高空抛一下，双手接住后，对温暖说："温暖，我想求你个事儿行不？"

温暖一边往电脑里敲字一边说："我知道什么事，你不用说了，我不想去。"

柳明细眯着眼睛，笑着走到温暖身后说："真是知我心者莫若温暖啊！可是这件事你不帮我，我今后这名声可就要臭到底了。"

温暖停下手里的活儿，对柳明说：“柳明，你臭不臭的找你家老爷子去。又不是我不让他签协议来着。反正我懒得和你爸对话，思想那么顽固思想。”

柳明着急了，他手扶着温暖的椅背说：“温暖，是秦经理让我通知你去我家做说客的。为了给我正名，恢复我的名誉，你就辛苦一趟吧！”柳明抓住温暖打键盘的手哀求她。

温暖扑哧一声笑了，她转过身，有点担忧地问：“柳明，我怎么觉得信心不足呢？你爸那脾气，该不会把我赶出来吧？”

柳明笑了，他把香瓜掰开，递给温暖说：“不会的，就是不答应，也不会赶你出来，他以后还打算让他儿媳妇伺候呢！”两人都笑了。温暖收拾了一下办公桌，午饭也免了，一起下楼，温暖买来时令水果，跟着柳明一起去了他家。

温暖觉得，这时候去做柳明父亲的思想工作可能要比先期去做要好得多。听说金海东领着市、区规划局、土地局的相关领导去了他家后，他满嘴起大泡，躺在床上闭门不出。

柳树林不想再去告状了，第一是因为儿子柳明的劝告，使他打消了念头，第二是原先告状的几家，刚开始决心挺大，后来在秦岭和他的动迁工作组的劝说下，一个个都画了魂儿，签了协议，只剩下一个没主意的王焕春，也就是一个只会撒泼的主。原先在贾文海和白马律师的辅导下，柳树林觉得法律知识都掌握了，可到了法庭上却又觉得自己在法律上很不在行。所以柳树林干脆选择不上诉了，他来了一个“死猪不怕开水烫”的战术。金海东领着市、区相关部门的领导到他家时他才知道，拆违法建筑时没拆他家的炮楼不是说炮楼就合法了，而是拆炮楼还要和军分区、人防办打招呼。柳树林被金海东这么一折腾几乎崩溃了，他开始盼望秦岭他们的动迁组的来找他谈话。

柳树林站在黑漆漆的铁大门外，百无聊赖地看着远处的钩机和铲车。钩机上那柄巨大的钢钻，一下又一下地把一座座腾空的房屋凿得只剩下一堆堆残砖烂瓦。几台斯太尔大货车，装着冒尖的建筑垃圾，往返在曾经沸腾着的村庄里。腾起的灰尘几乎把这座城中村周围的高楼挡住。两个身影渐渐地从灰尘中出现在柳树林的视线里，其中的一个人他一眼就认出来，是儿子柳明，另一个是穿着玫红色裙子的女孩。人影越来越近，柳树林认出这女孩是村里的妇女主任温暖。她该不是来动员他交房的吧？她来能干什么？柳树林猜测着温暖的来意，柳明和温暖看见柳树林站在大门外，正东张西望地看风景。

温暖说："叔叔，您在家呢！"

柳树林说："在呢，快进屋吧，看把这闺女晒得，大热的天。"柳树林没和儿子说话，回身进院，拉开房门，喊温暖进屋。

温暖进屋后，看着是三间瓦房，东西屋的，中间隔着灶间。灶间很干净，锅盖擦得锃亮，地上扫得连个树叶都没有。水缸也擦得洁净。温暖想，这是个细致又干净的老人。

柳树林打开立式冰箱门，从里边拿出半块西瓜，去灶间拿刀把它切成花瓣形状，放在白瓷盘里端给温暖。

温暖捡块小的吃了一口，又凉又甜的，温暖的心里有些感动，看着柳树林说："叔叔，这房屋子收拾得可真干净啊！"

柳树林笑了，他看着温暖，又看看儿子说："不收拾还像个家的样子吗？柳明他妈走了，扔下我们爷儿俩，明子忙，又没娶上个媳妇，我不收拾家，这家就没人管喽！"

柳明不失时机地走到温暖坐着的沙发边上，从茶几上的盘子里拿出一块西瓜，非得让温暖当着他爸的面咬一口。温暖脸红了，不好意思地笑了一下，郑重其事地咬下一口西瓜瓤，粉红的西瓜瓤上留下一弯月牙的形状。

柳树林似乎明白了什么，他有些手足无措的，又去冰箱里拿出那剩下的半块西瓜，抱着走向厨房。温暖走上去，拦住柳树林说："叔叔，不要切了，多了浪费。咱坐下说会儿话。"

柳树林很听话地把西瓜送回冰箱，柳明给他爸爸搬来一把椅子说："爸，您坐。将来，温暖就会替你收拾咱们这个家了，您就好好养老吧。"

柳树林很听话地坐下来，激动地连声说："好好好！"他看着儿子，脸上的笑容像菊花一样灿烂。

温暖接过来柳明递来的毛巾擦擦手说："叔叔，我和柳明相处得很好，他通情达理，善解人意，在外面人缘好，又会办事。我想，您有这么好的儿子，那肯定和您的教育分不开。可以看得出，您老人家也一定是这样的人。所以，我觉得嫁给柳明不会吃亏。"

柳树林高兴地连连点头，说："这闺女眼光就是长得准成！你来山东堡村工作两年，你听谁说过我老柳家为人不好，做事不踏实？名声好着呢！"

柳明看着温暖，眼睛里满是赞许的神色。

温暖递给柳树林一块西瓜，柳树林捧在手心里，看着温暖。温暖继续说："叔叔，我是经过了解才和柳明恋爱的，人常说，看人要看三辈，才知道家风和人品，柳明的太爷、爷爷还有您老，都是为国家做过贡献的人，尤其是柳明的太爷，也是扛过枪、打过仗的老革命。听说他就牺牲在您家后山坡的碉堡旁边。"

柳树林马上接上说："这闺女把我们的家底了解个透，谁不想当先进，当年我也要求过入党，就差那么一点点就加入了，咱也是要求进步的人。"

温暖和柳明对视一眼，温暖说："叔叔，这个碉堡是个有着纪念意义的地方，如果拆掉真是可惜。后代们连纪念都没处去。今天拆迁公司的秦经理还问柳明，你爹就想趁着拆迁，大捞一笔？这不是拿碉堡敲我们的竹杠吗？"温暖看着柳明。

柳树林说："闺女，我真的不是想敲竹杠，这个碉堡我义务维修守护多年，要不是这样，早就破坏掉了。我是十多年前在拆迁还没动静那时，把它给圈进来的。"

柳明接过他父亲的话说："爸，你圈进来的是国有土地，怎么就成了你的呢？况且，你把周围的土地多圈进来十几亩，人家怎么给你补偿？咱不能趁着拆迁占公家的便宜不是！"

温暖给柳明使个眼色，制止他。温暖说："叔叔，您看大家都交房了，您这个过去为解放做过贡献的革命家庭，让全村老百姓看您为了不属于自己的土地硬和国家要钱，不是让人对您不敬吗？大家会怎么看您？看柳明？柳明前一段连下去做动迁都觉得嘴短，您就看在我俩的面子上，把那座不属于咱们的碉堡和它周围的土地让出来，把拆迁协议签了吧？以后，有我和柳明给您养老呢！”

柳树林听着温暖入情入理的话，觉得有点心甜，但还是不想这么痛快地答应他们。也总觉得抗了这么长时间，一点好处没捞着，有点不甘心。他说：“闺女，叔叔懂你的心思，可是我这可都是为了你和柳明好。秦经理那边你们再做做工作，就不能再松动松动吗？”

温暖看出来做通柳树林的工作有门儿，她竭力劝说：“叔叔，我明白您是为了我和柳明想多争取一些补偿。可是不属于我俩的钱，我们也不能用。秦经理那边咱还是不去说吧，我们也张不开口。你要是认我这个儿媳妇，明天就去把拆迁协议签了吧？”

柳树林还是有些不情愿，但又碍于温暖的情面，他坐在床边的椅子上，思考半天，既不说拒绝，也不说答应。

温暖和柳明不知道还应该说什么，最后还是温暖打破僵局，她建议说：“叔叔，您带我去参观参观那座碉堡好吗？”

柳树林欣然同意，他走出房门，热情地把温暖带到房西面的一片菜地里。这片菜地足有四、五亩，菜地周边用青石垒砌得平平整整，几颗槐树长在墙外，绿生生的叶子遮蔽住正午的阳光。这片地种满了土豆，紫色的、豆粒大的土豆花和绿色的叶子把土地打扮得花枝招展，蜜蜂勤勉地往来在花丛里采蜜。

温暖生怕蜜蜂蜇到她，躲着这些飞来飞去的蜜蜂，柳明护着她。柳树林带着温暖沿着土豆地往上走。柳树林把这段山坡用青石垒上了台阶，沿着台阶拾级而上，一座高出地面两米多高的碉堡，旁边挨着两米远处还有一个同样高的碉堡，竖立在一片缓坡上。柳树林告诉温暖，这就是他一直守护着的碉堡。

温暖沿着碉堡四周走动，观察着这两座布满弹洞的碉堡。碉堡水泥坚固，虎视眈眈地守望着大半个滨海市，这里地势高，视线好，既能避暑纳凉，又可以欣赏滨海的美景，难怪柳树林不愿意搬迁。碉堡周围有十几亩地被柳树林圈进来，种上谷子。青青的谷穗不太大，在微风里摇着头。这就是存在补偿争议的土地。

温暖一边抚摸着带有弹洞的碉堡一边说："叔叔，您老把碉堡保护得这么好，连上面子弹打的弹孔都保存下来，您可真是有心人啊。"

温暖走到柳树林身边，抬头看着柳树林说："叔叔，我今天来第一是想认认门儿，第二是想和您老商量一下拆迁的事儿，我该说的也说了不少，我和柳明恋爱看的是人品，不是看贫穷还是富贵。如果用不正当的手段挣来再多的钱，我也不稀罕。至于签不签协议，您看着办吧。"温暖对于柳树林的执拗也感到无奈，她明白柳明不敢和他爸爸直接谈，为了拆迁的事，柳明已经被他父亲骂过多次，温暖觉得柳树林也不会给她面子，她想趁早离开柳家。可是，又心犹不甘，秦经理对她和柳明抱了很大的希望，如果她说不通，下午秦岭就要亲自登门和柳树林谈，这样对她和柳明都很没面子。

柳树林看出温暖对拆迁的事很着急，以温暖的家世和温暖本人，做柳家的儿媳妇，柳树林高兴还来不及，他有一刻暗想，老柳家这是烧对了哪炷香，有这么好的儿媳妇，让他柳树林只想磕长头感谢。他愿意为未来的儿媳妇温暖奉献上柳家的所有。可是，温暖来了一是为了表明身份，二是为了动员自己及早签下拆迁协议。他抗了一百多天，第一拨孙保赢他就扛过来了，第二拨秦岭他们进入他死守底线到现在，扛来扛去还不是为了儿孙后代们？如果不答应，温暖会觉得老柳家人品有问题。为了这个，把儿子的媳妇耽误了，他老柳岂不是罪人？柳树林看到温暖要走，心里开始打鼓。

温暖下午要上班，就不在柳明家多留，她对柳树林告辞。柳树林心里有万千种不甘，心慌意乱中，他选择了妥协。他对温暖说："小温，你回去告诉拆迁公司的秦经理，我答应他了，明天就去签协议。"

柳树林突如其来的改变，让温暖和柳明感到意外的惊喜，柳明说：

“我爸真是给温暖面子，我说话他从来不往心里去。”

温暖停下脚步，转过身，看着满面慈祥的柳树林说：“叔叔，您放心，咱们不去争那些不应的补偿款，我和柳明给您养老！”

柳树林高兴地连声说：“好好好！”

温暖和柳明一起回到村部，秦岭入户动迁还没回来。

秦岭和何依萍还在王焕春家里，他们就在院子里的太阳底下晒着。闻着满院子的猪粪味道，忍着轰炸机似的苍蝇不时往脸上、脖颈上冲锋。虽然王焕春给他们两个搬来塑料凳子，但是，那塑料凳子上满是油污，秦岭和何依萍只能选择站着说话。

王焕春最近也不去拆迁公司闹了，她能使的招儿都使了，耍赖、跳楼、打、砸，就差自焚了。当然这些招都是给别人看的，一个拼命要钱的人还会自焚？只是外行看热闹内行看门道。她觉得这些花招对于德仁拆迁公司都是无用的。他们的忍耐使她打消了使用过激手段的念头。

秦岭把他的意见详细说给王焕春，适度提高补偿，是因为同情王焕春一个女人支撑着这个家，何依萍也跟着不断地敲边鼓。

王焕春还是水涨船高地往上要，她满面笑容，既不发火，也不答应。

秦岭心里这个急，他已经做到最大限度的让步，对于这样一个铁了心的钉子户，秦岭好话说了一火车，还是不起作用。

何依萍对王焕春失去耐心，她说：“焕春，咱不能得寸进尺，给你的补偿标准是我们经理特殊的照顾，别人是没有这样的待遇。我们马上就拆成净地了，如果你还是抗拆到底，我们也会采取措施。”

王焕春听到何依萍不软不硬的警告，有些抵触。她问秦岭：“秦经理，反正我不搬家，你们也不能强拆我的房屋，强拆可是犯法的。”

秦岭一边轰赶直往脸上盯的苍蝇，一边回答王焕春说：“说句实话，山东堡拆到现在，你家的房子完全具备强拆条件，我们真的是不想强拆一户。拆迁一辈子也许就赶上一次，我们是想让所有的村民都享受到优惠政策。”

王焕春听着秦岭的话，不再言语。但是，她的表情告诉秦岭，她不想妥协。

秦岭的脸上开始往下流汗，午后一两点钟的太阳要把他和何依萍烤熟，他觉得眼前的阳光撒下的光晕在扎着他的皮肤，他觉得眼前一黑，腹内恶心，人也不自觉地要倒下去。何依萍吓坏了，急忙去扶他。

秦岭知道自己这是中暑了，他急忙扶着石墙往大门外走。刚走出王焕春家的大门有十几米远，秦岭支持不住，倒了下去。何依萍抱住秦岭，不让他倒下去，她喊王焕春赶紧拨打120急救车。

秦岭中暑住进医院，拆迁公司的事儿暂时由金海东代管。虽然距拆迁已经进入倒计时，但这也是无奈的事儿。

金海东听到消息来看望秦岭，武军和陆景宽也来了。

秦岭还在昏迷中。武军问金海东，是否要给卓尔打电话。

金海东说先不要惊动卓尔，他才回北京，还是给万灵打电话吧，她不太忙。

万灵得知秦岭中暑住进医院，便慌忙从家里出来，在附近的水果摊上买来一兜新鲜的水果，提到医院。看到金海东、武军他们都在医院守着。

秦岭输液，病情也有所好转，万灵告诉大家这里有她照顾，让大家有事的去忙吧。

万灵、金海东、武军和陆景宽还有事情要忙，也就都陆续离开。

卓尔在龙飞那里也住不长久，他租的房间太小，只能容下一个人。临来北京时，爸爸给他一笔钱让他留作临时在北京安身的费用。卓尔是个从不浪费的人，能将就也就将就一晚上，这样有龙飞陪着也不孤单。龙飞的出版社也缺卓尔这样的人才，龙飞建议卓尔去他那里看看。卓尔的工作还没有着落，就答应跟着龙飞一起去出版社试试看。

龙飞让卓尔睡在床上，他坚持自己睡在地板上。龙飞躺在狭窄的地板上问卓尔："老秦，你和金冰凌之间的感情，不会就这么没戏了吧？说心里话，我倒是希望你和金冰凌好上一辈子，那样，你就给我和廖静之间创造了增进感情的机会。老秦，你知道吗？廖静她心里装的都是你，我连一丝空气都挤不进去！"龙飞的拳头在空中划了一个弧，最后落在自己健硕的胸脯上。

卓尔看着身材高大的龙飞一副沮丧的样子，便笑着告诉龙飞："龙飞，你的机敏劲儿哪去了？你去追啊，我和廖静之间根本就没有什么。追女孩是需要手段的，你别老是一通电话轰炸，你就不能换个方法，改天我教教你。"

龙飞有点醋意，酸酸地说："得了，我追她？中间隔了你这样一座大山，我追得上吗我？你还改天教教我！"

卓尔叹口气说："龙飞，看来我和金冰凌之间是没戏了。人家都跟着沈小雨去见公婆了。"

龙飞打趣道："你还沉浸在金冰凌的世界里呢？我劝你还是改弦更张的好，再说你和冰凌骨子里都有点强势，性格肯定不互补。"

廖静刚回到家，就迫不及待地给卓尔打了电话。

卓尔和龙飞在一起就胡乱侃大山，两人睡意渐浓的时候，卓尔接到廖静打来的电话。廖静问卓尔在哪里，卓尔说他在大龙这里。廖静约卓尔出来喝茶。卓尔说太晚了，不想出去。廖静问他来北京有什么打算。卓尔说他想跟大龙去出版社看看。廖静说她可以跟主管建议一下，去她的公司谋分职业干干，毕竟是个跨国的企业，薪水很高。卓尔沉默一会儿，说："我还是想跟着龙飞去试试，我不习惯合资企业的快节奏。"廖静无奈地说："那好吧，你先跟着大龙试试，如果不行，我再想办法。明晚上我会去大龙那里，看看你们两个。"

龙飞见卓尔挂了电话，嘴里咕哝一句："这个廖静，毕业都大半年了，才说来看看我，还不是为了看你。"

卓尔没吱声，他闭着眼睛，把手探到龙飞的脸上，摸着龙飞胡须浓密的脸说："睡吧，睡吧，小心醋精中毒。"

第四十章　历史缩影

秦岭住了一天医院就要出院。万灵见他还很虚弱，劝他多住一天。秦岭不听，他的心早就回到山东堡的拆迁现场。他吃了早饭，便赶往拆迁公司。

秦岭在山东堡的拆迁工地上，见到了武军和何依萍、陆景宽三人。他们见秦岭身体已经基本恢复过来了，也都放心了。何依萍劝他多住几天院，养好了再来上班，拆迁公司由他们照应着。秦岭说不用，在医院心里也不静。武军指指山东堡村紧靠文澜苑小区高层下的一处低矮的房屋说："秦经理，你还记得当初卓尔他们入户的那家吗？"

秦岭看着那户低矮的两间黑瓦房，如果不是细心查看，它几乎被砖头瓦砾掩埋住了。拆迁的灰尘铺天盖地，它还是坚守在那里，仿佛与世隔绝。秦岭有些自责，并脱口而出说："罪过啊，我忙得几乎把陈秀杰家给忘了。"

武军说："经理你不要惦记，他家的拆迁补偿款我们早就发放到位了。你给的额外补助也早就交给陈秀杰了。"

秦岭一摆手说："不对，我说的不是这些，我想去看看他的儿子回来没有。"

武军和陆景宽他们都互相看看，然后又都一起摇摇头，表示不知道。秦岭率先往陈秀杰家走去。

俗话说，家再小，终究是家。陈秀杰和他的低智商老伴儿，每天顶着袭人的热浪和拆迁的灰尘，坐在自己家门口，眼巴巴地望着远方，盼望着傻儿子可以找到回家的路，突然出现在他们面前。陈秀杰把废弃的泡沫叠在一起，拿皮绳系上，放在低矮的房门口，让老伴坐在上面。他自己则去远山割来荆条，坐在门口的石墩子上，编织着蝈蝈笼，换来零花钱，买点油盐酱醋茶。

从年初开始，儿子失踪有200多天了，是死是活，陈秀杰无法知道。他已经老了，没有能力出去寻找儿子，老伴也是扔不下的。骨肉失散中，最难过的是唯一心智发育正常的陈秀杰，他的痛楚只有自己才能深切地感受到。他们小屋的灯光几乎彻夜长明，那是一盏留给儿子的灯，照彻他糊涂的心智，让他回家的路不再迷茫。

今早，陈秀杰起得格外的早，晨雾还没散去，机器和流浪狗的吠叫声一起袭来。陈秀杰知道拆除的铲车和钩机马上该拆到他的这条街道了。这条街道之所以就剩下他一家没拆，是奉了秦岭的令。他把老伴喊起来，给她穿好衣服，告诉她说："咱们走吧，不能耗着耽误人家拆除。咱给狗子在这里留下一个物件，认出来物件，就算认得他的爹娘了，认不出，他就是傻透顶了，没法，真没法！"

陈秀杰放下编织半截的蝈蝈笼子，找来给儿子绑扎的风筝。儿子自小就喜欢呼啦啦地笨拙地玩风筝，风筝的图案是一只鲲鹏鸟儿。陈秀杰今年重新扎了一个鲲鹏展翅的风筝，并把鲲鹏的眼睛画得大大的。陈秀杰尽量把它扎得结实。他要把它立在拆除后的老房子原址上，留给归家的儿子一个标记。

秦岭推开陈秀杰家的房门。几个人一起走进来。

陈秀杰端着碗，手里捏着羹匙，给他的老婆喂饭。又稠又白的米饭，里面掺和着雪里蕻咸菜，被陈秀杰一勺一勺地填进面目呆滞的女人嘴里。女人的胸前满是洒落的米粒和菜汤。陈秀杰看到秦岭他们来了，马上放下饭碗，紧张地一边拿衣袖蹭着炕沿上的灰尘一边说："秦经理，快坐。不好意思，劳您大驾来我这里，是来催我搬家吧？我们马上就搬家，不会误你们的事。"

秦岭看那低矮的小房，由于受到左邻右舍拆除房屋的震动，山墙有的地方已经出现裂痕，这样的房屋住下去很危险。秦岭说："老陈，这屋子我不催你搬家也不能住下去了，墙都裂缝了，太危险！你儿子回来没呢？"

陈秀杰含着泪声音哽咽着说："没有，孩子是找不到家了，饿死还是淹死都不知道。"

秦岭安慰陈秀杰说："老陈，不要把事情往绝处想，说不准他哪天就回来了呢！这样吧，我把老陆留下来帮你搬家。"

陈秀杰十分感谢秦岭，他对秦岭抱抱拳说："谢谢秦经理的照顾，给您添麻烦啦！"

秦岭给陈秀杰留下5000元钱，让他暂时安置好生活。

秦岭和武军、何依萍回到拆迁公司。没想到在村部大门外，遇上前来签协议的柳树林。

昨晚，由于秦岭中暑还没出院，柳明和温暖不想打扰秦岭，想让他好好养病，也没把柳树林工作做通的事情告诉秦岭。秦岭看到温暖、柳明和柳树林出现在村部大门口，猜想到他们两个谈判成功了。秦岭对柳树林交房心里早有把握，先是政府告知其违法打压柳树林的气焰，再者打出温暖这手感情牌，再顽固的"碉堡"也能攻克。

武军问柳树林："老柳，日本鬼子给你开两个炮楼的转让手续了？"

柳树林看看温暖和柳明，红着脸说："我也不想抗着不拆，要不是温暖，我还真不想交，这事你就感谢温暖吧！"

秦岭笑了："老柳，那我可就要感谢温暖了。你可真是精明得很，拿温暖做你的儿媳妇，来跟我交换。这个功劳我给柳明和温暖记上，可没你的份儿！"说完，秦岭大笑起来。

柳树林也笑了。温暖和柳明也互相相视一笑。几个人一起上楼，李宝忠、闵婕为柳树林办理了交房手续。当年柳树林的太爷为攻打日本鬼子的碉堡牺牲了，如今柳树林死守碉堡，差点让秦岭栽倒在碉堡前。

自从秦岭在王焕春家的院子里被晒得中暑后，王焕春一直没再主动找过秦岭，她守着偌大一座房屋，足不出户，等着拆迁公司的工作人员来求她搬离山东堡村。拆迁公司的人越着急她越不急，她想，拆迁办的人怎么也靠不过她，最后会跟她妥协的。

滨海市公安局局长崔大庆开会回到了滨海，金海东拿着秦岭给他的两个停机的号码，找到崔大庆。金海东让崔大庆通过公安局的技术手段查看这两个号码停机前的主人。崔大庆马上安排下去，很快原主人姓名浮出水面，一个是孙保赢，一个是蔡静波的叔伯兄弟。至此，东砬山的果园归属问题真相大白。

公安局立即对蔡静波和孙保赢案补充侦查。孙保赢很快就交代了和他姐夫合谋、想骗取拆迁补偿款的事实。蔡静波矢口否认，他说这都是孙保赢的个人行为，与他没有一毛钱关系。并辩解说，是他当初举报的金海东，有立功表现，对他应该减轻处罚。

对于王焕春一户，秦岭始终抱着同情的心态，一个女人家忙里忙外的确实不容易。至于王焕春的性格他觉得和她的早年离婚有关，没自信的人才会狂躁，离婚后她对任何人都有戒备心，她当然不相信拆迁办的人，虽然拆迁办的人包括秦岭三番五次到她家去做工作，她还是怕被别人欺骗。秦岭始终觉得王焕春最后会回归理性。

但拆迁改造指挥部的人包括拆迁办除秦岭外的其他人对王焕春早已失去了耐心，他们觉得不要再跟王焕春这样的人费口舌，他们已经走完了行政强拆的所有法律手续，决定对王焕春一户实施强拆。

秦岭的心思其他人也都知道，他也多次表露过，希望山东堡一村不进行一户强拆，就能完美收官。有人说他是一个完美主义者，但秦岭内心清楚，佛塔村的贾文海就是一个强拆的例子。强拆后他多次上访，给政府添了很多麻烦，强拆后解决他家的问题也是一波三折，如果王焕春家强拆对完成目标是有好处的，但后期会带来很多麻烦，那么站在大局的角度，秦岭还是不想强拆。拆迁改造指挥部的尹宁、游鸿做秦岭的工作，最后秦岭妥协，但秦岭提出他和指挥部的领导再出一次面，给她最后一次机会。

尹宁、游鸿、秦岭、何依萍来到王焕春家，王焕春躺在院子里的藤椅上，不屑地看着来的这群人。何依萍看着懒洋洋连动一下都觉得奢侈的王焕春说："大妹子，这回区领导和拆迁办的领导都到齐了，你可别丧失这次机会，实心实意地跟领导说，别一张嘴就500万、1000万的。"

王焕春挪了挪身子说："别组团来糊弄一个女人家，我要1000万咋了？还多吗？我那猪圈用了十几年也没人说违法，怎么你们一拆迁就违法了？你们开发商盖高楼、挣大钱，单说我猪圈那块地就能盖起一栋高楼出来，你们上亿地挣，我要1000万就多了？"王焕春说得满嘴冒白沫。

游鸿越听越来气，他抢过王焕春的话说："大妹子，你拆一还一面积好几百平方米，我都快退休了也没你的房子多，如果不拆迁，你的房子也就值20万，这一拆迁你的房子能卖上二、三百万，你也不能狮子大开口啊！什么事都适可而止，我们不是组团来欺负你，是你在为难我们。"

王焕春从藤椅上跳下来，指着游鸿的鼻子骂道："你们政府的没一个好东西，和开发商穿一条裤子，我的房子多怎么了？也不是我偷来的也不是我抢来的，是我一把泥、一块砖垒起来的，不像你们，都是腐败分子，别在我这一个农村老娘们儿这装穷。"

秦岭一看双方杠上了，马上接过来说："大姐，我们不会欺负任何一个人，尤其对你，我觉得该想到的都想到了，你不能一拆迁连自己房子值多少钱都不知道了。再说我们多给你，别的老百姓怎么办？我们必须一碗水端平。"

王焕春马上把枪口对准秦岭说："你们什么一碗水端平，柳树林不得到好处能走吗？佛塔村的贾文海被政府强拆了，最后你们不也是多给了100万，你们别骗我，我啥都知道。"

拆迁就是这样，猜疑、以讹传讹，谎话说多了就成了真话。贾文海被强拆了多得了100万是他自己传出去的，因这事秦岭问过贾文海，贾文海嘿嘿一笑说，“我吹吹牛逼还犯法吗？”弄得秦岭哭笑不得。有一段时间德仁拆迁公司把贾文海的拆迁补偿方案公布了出去，过了一段时间又有传言，说拆迁办公布的拆迁补偿方案是假的。

何依萍说：“大妹子，贾文海的话你也敢信啊！如果你觉得柳树林的补偿多，你可以到拆迁办去查档案，你心里有底再签协议，这样总归行了吧！”

王焕春脑袋摇得像拨浪鼓一样，买的没有卖的精，做生意的她才不信这一套。

尹宁招呼秦岭他们回拆迁办，最后他告诉王焕春，三天内，政府要对她的房屋进行强拆。并告诉秦岭王焕春不再享有优惠政策，要严格按照法律标准来补偿。秦岭过去告诉过王焕春，如果政府强拆，她家的补偿只能按照法律标准来计算，优惠政策无法享受到，这样损失就是近50万。

王焕春一屁股坐到地上，大骂：“你们这个四人帮，组团来欺负我一老娘们儿，谁敢扒我的房子，他家三姨夫、四大爷都不得好死。”

一行四人离开王焕春家，任凭王焕春坐在地上耍泼。王焕春连哭带闹也不是第一次了，大家都知道越劝她，她闹得越欢，所以大家都有了经验。果然当四人走出二十步时，后面的哭闹声戛然而止，何依萍好信回头看看，见王焕春复又躺到了藤椅中，像刚才的一切都没发生过一样。

万宝良听到秦岭说能把宗氏祠堂异地安置，他的心病去了，身体也就硬朗了起来。他把各家族的领头人召集到一起，研究列祖列宗怎么过渡，最后大家一致同意，正式通知在世界各地、全国各地打拼的山东堡人的后裔在祠堂拆除前都来祭祖，然后把列祖列宗的牌位请回各家，等新祠堂建好后再归位。

一时间山东堡又热闹了起来，原来回来的、陆续返回来的，都十多年没见面了，人们三五一小聚，十个二十个一大聚，拆迁又给大家提供了一个大团圆的机会。

每个回山东堡的后裔都到祠堂尽了一份孝，扫地、擦玻璃、刷墙、涂油漆，在外人看来根本不像拆祠堂。

万宝良又像回到了当年当村长那阵子，忙完东再忙西，说等人凑齐了，择个良辰吉日，再搞个集体拜祭活动。

万宝良把自己老宅的手续交给了秦岭，让秦岭怎么给他算账都行，因为他相信秦岭，最后他只负责签字。

陈秀杰家已经荡然无存，系着长线的风筝一头被施工人员压在土里，另一头一只大鹏还在蓝天上飘摇。这是两位思念孩子的老人，为儿子留下的回家的记忆。

秦岭看着风筝，鼻子一酸，眼泪差点流下来。他极力忍住，告诉施工人员，这个风筝要一直保留在这一片土地上，直到正式开工为止。

王焕春真的把游鸿气坏了，他给王焕春准备了一个豪华的强拆阵容：公安人员15名，城管人员15名，法警10人、其他工作人员10名；救护车一台，消防车一台，钩机2台，铲车1台。人和机器浩浩荡荡去往王焕春家。

王焕春依旧躺在院子里的藤椅上，她一看这阵势从藤椅上轱辘了下来。王焕春顺势在地上打起滚来哭爹喊娘。

警察们迅速拉好警戒线，游鸿让警察把王焕春请出强制拆除现场。工作人员往外搬东西，公证处清点财物，搬家公司的工人往车上装清点完毕的东西。

王焕春趁警察没注意，一下扑向游鸿，游鸿正拿着小喇叭指挥，见王焕春突然扑向自己吓了一跳。游鸿以为王焕春会撕他、挠他，可没想到王焕春一把抱住了他，一把鼻涕一把泪地大哭起来。她求游鸿道："游政委，我交房，不要强拆了，你大男人不能跟一个老娘们儿一般见识，千万不要不给我优惠补偿。"游鸿一下愣住了，他一个劲地躲王焕春，但游鸿个子矮，王焕春个子高，王焕春一把鼻涕一把泪的还是弄了游鸿一脸。

多年来，由于政府怕得罪人，不敢搞强拆。老百姓就抓住了政府这个弱点，以为真的就不能强拆，所以强拆只是一个吓唬人的名词。总说狼来了，人们习惯了就不可怕了，但狼真的来了，又让人们一下接受不了。

游鸿也被王焕春弄得心软了，他对王焕春说："今天人马都到齐了，强拆是必须要强拆了，如果你在我下令强拆前赶到拆迁办去签协议，优惠政策还给你。”王焕春差点在游鸿的脸上亲一口，她马上拿着房本、宅基地证、户口本狂奔向拆迁办。

那些山东堡村的后裔们像啸聚山林的梁山好汉一样聚在一起，今天他们要搞一个特殊意义的祭祖仪式。万宝良准备了一个很严肃的发言稿，等于把山东堡村的历史又讲了一遍，接着是海外代表发言、国内代表发言、晚辈发言，然后人们按照辈分，分批次拜祭祖先，每人都给祖先敬上一炷香。小孩们燃放起鞭炮，一时间山东堡村就像过年一样热闹。

山东堡村的宗氏祠堂此起彼伏的鞭炮声直到下半夜还在稀稀落落地响着。

廖静请卓尔出来喝咖啡，顺便也带上龙飞。龙飞明白自己的角色只是个灯泡。龙飞虽然觉得心情不爽，但为了秦卓尔，他觉得必须当一回灯泡，顺便学点经验。

卓尔走进这家咖啡店，这是他们这些大学生经常光顾的咖啡店，具有原始浪漫的风情，他和冰凌经常来这里。卓尔一时想起冰凌，和廖静说话也有些词不达意。

三人一边喝着咖啡，一边聊着。

廖静问卓尔，“今天跟着龙飞去了出版社，感觉怎么样？”

卓尔知道出版不是自己的专业所长，但是能暂时安顿下来，不是所学的专业又怎样。今天的出版社社长对卓尔的文字鉴赏能力和组织能力还是很欣赏的，他让卓尔先留下，要试用期过了，才可以正式录用，卓尔当时没答应。廖静一听，马上建议卓尔明天跟她去她工作的企业去应聘，说：“正好我们部门还缺一名实验员，你干吗不去试试呢？”

龙飞也说：“老秦，以你的能力，先从基层做起，相信你的潜质，在那里才会发挥你的能力和水平，你还是去廖静那边看看吧。”

第四十一章　此情难却

金冰凌也在这家咖啡店喝咖啡，意外地看见卓尔、廖静和一位高大的长着浓密胡须的男孩子在一起。金冰凌刚坐下，马上拿起背包，跑出这间咖啡店。外面正下着小雨，冰凌在雨中独自走着……

滨海市西江区山东堡村的宗氏祠堂昨夜的鞭炮声渐渐安静下来，宗氏祠堂周围落了一层彩色的鞭炮纸屑。山东堡的后裔们在太阳刚升起时，就一起站在宗氏祠堂周围，好像等待着检阅一样庄严肃穆。

一阵“轰隆隆”的汽车发动机的轰鸣声由远及近，秦岭和他们德仁公司的全体员工坐着二辆客车来到山东堡村宗氏祠堂的拆除现场。远远地，他看见宗氏祠堂周围站满了山东堡的后裔。秦岭在祠堂大门外跳下车，他像是一位检阅的将军，径直走进山东堡村村民的宗氏祠堂里去。

秦岭看见祠堂里原先摆满牌位的地方已经被清空。记录着山东堡村村民们上百年的创业史也都被撤下来，祠堂内空空如也，但没有一片狼藉的迹象，反而打扫得格外干净。

秦岭走出来，到了大门外，先向宗氏祠堂深鞠一躬，然后大喊：“开拆！”这时候，那些山东堡的子孙们一起鞠躬，向古老的祠堂致敬。他们是向艰苦创业的祖先们做一次集体的祭奠，目送它留下艰难的历史尘埃，走向辉煌的新的发展篇章。

祠堂在巨大的机器轰鸣声中倒下来。秦岭被一股巨大的惯力抛向空中，一只只有力的臂膀把他抛起来，那是陪自己多年走在拆迁路上的战友、兄弟，也有山东堡村的后裔们……

山东堡村宗氏祠堂在人们的欢呼声中和机器的轰鸣中被夷为平地。山东堡村村民的子孙们争先拍下这座宗氏祠堂从存在到消失的每一个瞬间。

与此同时，钟若明重新接手的信鹏房地产公司重新开业。鞭炮声中，钟若明的脸在烟雾中绽放出令人捉摸不透的笑容，不知道他的心里又在酝酿着什么。重新开张营业的鞭炮声不知道是附和着秦岭成功拿下山东堡村的百日拆迁攻坚战？还是宣告将继续和秦岭的德仁拆迁公司对抗？

秦岭知道钟若明得到简晴的资助，并变卖了他海南的别墅，花500万收购了负债1000万的信朋房地产公司，同时金朝拆迁公司也挂靠到了他的企业名下。钟若明就是钟若明，不甘人下，不成功便成仁的座右铭让他要么绝处逢生要么死得透彻，他有着别人无法理解的生存之道。

这时，秦岭突然接到大学同学沈雨霏的电话，沈雨霏告诉他下个月要带着妻儿来滨海市度假，希望见到他、万灵和钟若明。

秦岭很高兴，分别二十多年，他们彼此很想念，他问沈雨霏的儿子参加工作没有。沈雨霏如实相告，秦岭期待着他们同窗四载的老同学在滨海的重逢！

林皎月没有打招呼，突然自作主张回到滨海市，她想给秦岭一个惊喜。林皎月此次回国，是想带秦岭一起去国外定居。她在机场下飞机时，告诉秦岭，她回来了。

秦岭得知林皎月突然回国，万分惊喜，开车去机场接她。

分别不到一年，他们在机场紧紧相拥。林皎月穿着橙黄色的长裙，留着齐耳卷发，白皙的鹅蛋脸、浅浅的酒窝，丝毫看不出她已经是个高中女孩的妈妈。

两人来到风景怡人的北戴河海边，一起牵手漫步在沙滩上，秦岭问林皎月能待多久。

林皎月停下来，看着秦岭说：“我要等到你答应跟我一起走的时候。”

秦岭知道她这次回来是想把他带走，去异国他乡去打拼。他沉默下来。

林皎月告诉秦岭，她想带他一起出国定居。她开的华人律师事务所工作繁忙，她根本就接待不过来。为此，她要回来接秦岭，顺便处理一下自己名下的房产。

秦岭说：“出国定居我还从来没有考虑过，还是让我考虑考虑再回答你吧。”

林皎月点头说：“我给你时间，可是我不希望你让我失望！”林皎月两手一摊，把肩往上一耸。

秦岭把林皎月送回她的家里，两人鸳梦重温。

秦岭从林皎月家回来，接到市委秘书办冯秘书打来电话，说市委、市政府研究决定，8月1号要开一个庆祝会，庆祝山东堡村百日拆迁攻坚战的圆满结束，希望他准备讲话材料。

秦岭算下时间，就在后天。坐在车里，他突然觉得很累，他很想舒服地睡上三天三夜。可是，东岭村那边的拆迁才刚刚开始，那里又会有怎样可爱的拆迁户在等待着他呢？

秦岭发动轿车，赶往下一个拆迁地——东岭村。